LAS ESCUELAS DE FÚTBOL

Objetivos, Contenidos, Metodología y Evaluación

Antonio Wanceulen Ferrer

El uso genérico del masculino en la redacción de esta obra, no tiene otra pretensión que la de hacer su lectura más fluida, bajo un criterio de total respeto a la igualdad entre las personas

Título:
LAS ESCUELAS DE FÚTBOL
Subtítulo:
Objetivos, Contenidos, Metodología y Evaluación.

Autor:
Antonio Wanceulen Ferrer.

Editorial: WANCEULEN EDITORIAL
Sello Editorial: WANCEULEN EDITORIAL DEPORTIVA
Colección: WANCEULEN FÚTBOL FORMATIVO

© Copyright: WANCEULEN, S. L.
I.S.B.N. (Papel): 978-84- 9993-730-4
I.S.B.N. (Ebook): 978-84- 9993-731-1
Dep. Legal:

Web: www.wanceulen.com
www.wanceuleneditorial.com

Email: info@wanceuleneditorial.com
C/. Cristo del Desamparo y Abandono, 56 41006 SEVILLA

Primera Edición: Año 2016

Reservados todos los derechos. Queda prohibido reproducir, almacenar en sistemas de recuperación de la información y transmitir parte alguna de esta publicación, cualquiera que sea el medio empleado (electrónico, mecánico, fotocopia, impresión, grabación, etc), sin el permiso de los titulares de los derechos de propiedad intelectual. Cualquier forma de reproducción, distribución, comunicación pública o transformación de esta obra solo puede ser realizada con la autorización por escrito de sus titulares.

*Esta obra ha sido posible por la ayuda de
María José Moreno Mejias , mi esposa .*

*Juntos , se la dedicamos a nuestros nietos :
Lola Wanceulen García,
Rocío Wanceulen Gutiérrez y
José Francisco Wanceulen Gutiérrez*

ÍNDICE

LAS ESCUELAS DE FÚTBOL. Objetivos, Contenidos, Metodología y Evaluación

INTRODUCCIÓN.. 17
1ª PARTE: ORGANIZACIÓN... 23
  1. BASES PARA EL PROYECTO DE UNA ESCUELA DE FÚTBOL............ 25
    1. Las Escuelas de fútbol.. 25
    2. Justificación del proyecto... 25
    3. Que es una Escuela de Fútbol y que aporta a la formación
    de jóvenes futbolistas.. 25
    4. Lo que no es una Escuela de Fútbol....................................... 28
    5. La Escuela de fútbol como primer peldaño formativo............ 28
    6. Una propuesta modular para 240 alumnos............................ 28
    7. Medios humanos aplicables... 29
  2. ESTRUCTURA ORGANIZATIVA DE UNA ESCUELA DE FÚTBOL........ 31
    1. La Escuela de Fútbol puede organizarse en cualquier núcleo social...... 31
    2. Organigrama de Fútbol Formativo en un Club de élite (Cantera).......... 31
      2.1. Organigrama simplificado de una Escuela de Fútbol........ 32
    3. Estructura organizativa por Etapas y Áreas de Funciones...... 34
      3.1. Etapas formativas: Pre-Benjamín, Benjamín y Alevín........ 34
      3.2. Área de Administración y Gestión.................................... 35
      3.3. Área de Formación Deportiva... 35
      3.4. Área de Preparación Física... 35
      3.5. Área de Medicina deportiva.. 36
      3.6. Área de Psicología.. 36
      3.7. Área de Pedagogía... 36
      3.8. Área de Documentación... 36
      3.9. Resumen de medios humanos... 36

2ª PARTE: OBJETIVOS FORMATIVOS EN LAS ESCUELAS DE FÚTBOL........ 39
  ¿Qué es lo que queremos conseguir
  ¿Cuales son nuestras finalidades educativas?
  **3. CARACTERÍSTICAS GENERALES DE LOS JÓVENES PARTICIPANTES
  EN LAS DISTINTAS ETAPAS DE LA ESCUELA DE FÚTBOL**............... 41
    1. El proceso formativo a desarrollar debe basarse en las características
    de los jóvenes futbolistas... 41
    2. Características generales del alumnado de Primaria.............. 41
      2.1. Características generales.. 41
      2.2. Características psicológicas.. 42
      2.3. Características fisiológicas.. 45

3. Características generales, características motrices e implicaciones metodológicas 47
   3.1.- Benjamines (8-10 AÑOS)............ 47
      3.1.1.- Características Generales............ 47
      3.1.2.- Características Motrices............ 48
      3.1.3 - Implicaciones Metodológicas............ 48
      3.1.4.- Contenidos técnico-tácticos............ 49
   3.2.- Alevines (10-12 AÑOS)............ 49
      3.2.1.- Características Generales............ 49
      3.2.2.- Características Motrices............ 49
      3.2.3.- Implicaciones Metodológicas............ 50
      3.2.4.- Contenidos Técnico-Tácticos............ 52
4. Áreas de desarrollo social 52
   4.1. Procesos Cognitivos............ 52
   4.2. Comportamiento Social............ 53
   4.3. Comportamiento Emocional............ 53
5. Características generales del alumnado de la Etapa de Educación Primaria. 54
   5.1. El niño(a) de 6 años............ 54
   5.2. El niño(a) de 7 años............ 54
   5.3. El niño(a) de 8 años............ 55
   5.4. El niño(a) de 9 años............ 55
   5.5. El niño(a) de 10 años............ 56
   5.6. El niño(a) de 11 años............ 56
6- Características generales de los jóvenes futbolistas: aspectos cognitivos, aspectos corporales y motrices, aspectos afectivos y actitudinales (Expósito Bautista, Juan- 2010)............ 56
   6.1. PRE-BENJAMINES............ 57
      6.1.1- Aspectos cognitivos............ 57
      6.1.2- Aspectos corporales y motrices............ 57
      6.1.3- Aspectos afectivos y actitudinales............ 58
   6.2. BENJAMINES............ 58
      6.2.1- Aspectos cognitivos............ 58
      6.2.2- Aspectos corporales y motrices............ 58
      6.2.3- Aspectos afectivos y actitudinales............ 59
   6.3. ALEVINES............ 59
      6.3.1- Aspectos cognitivos............ 59
      6.3.2- Aspectos corporales y motrices............ 60
      6.3.3- Aspectos afectivos y actitudinales............ 60

7- Fundamentación de los criterios aplicables a las características de cada etapa, referenciada en expertos.................... 61

4. BASES PARA EL PLANTEAMIENTO DEL PROCESO FORMATIVO Y LA CONCRECIÓN DE OBJETIVOS.................... 63

1. Las enseñanzas mínimas para el Área de Educación en Primaria, fijadas en el sistema educativo español, como referencia de los objetivosy contenidos a establecer en las Escuelas de Fútbol......... 63
2. Objetivos para cada etapa y categoría de la Escuela de fútbol............... 66
   2.1. Etapas formativas y categorías.................... 67
   2.2. Objetivos generales y objetivos específicos, en el fútbol formativo... 67
   2.3. Resumen de objetivos generales.................... 67
3. Fútbol Formativo: visión global de etapas y materias.................... 69
   3.1. Etapas del proceso de formación del futbolista.................... 70
   3.2. Resumen abreviado de objetivos para cada nivel.................... 70
4. Puntos de referencia para los objetivos aplicables a la competición..... 73
   4.1. Los objetivos en un marco Educativo-Recreativo.................... 73
   4.2. Los objetivos en un marco Educativo-Competitivo.................... 74
5. La visión positiva de la competición.................... 74
6. La visión negativa de la competición.................... 76
   a) En el campo de la inteligencia.................... 76
   b) En el campo de la voluntad.................... 77
   c) En el campo de la sociabilidad dinámica.................... 77
   d) En el campo de la afectividad.................... 77
7. Criterios competitivos aplicables en las Escuelas de Fútbol................. 77

5. OBJETIVOS FORMATIVOS PARA CADA ETAPA EN LA ESCUELA DE FÚTBOL 79

1. Las Escuelas de Fútbol y los objetivos educativos 79
2. Resumen global de las finalidades educativas para Pre-Benjamines, Benjamines y Alevines, en una Escuela de Fútbol.................... 80
3. Bases para desarrollar una programación de sesiones en los distintos niveles.................... 81

6. EL FÚTBOL COMO MEDIO FORMATIVO: SUS POSIBILIDADES EN EL DESARROLLO DE LOS VALORES HUMANOS.................... 87

1. El joven futbolista como protagonista del proceso Valores educativos en los deportes colectivos.................... 87
2. Objetivos educativos del deporte en cuanto a los aspectos motrices, físicos y sociales.................... 89
3. El Deporte en edad escolar debe ser integrador y no marginador........ 90
4. Responsabilidad de la Educación Física y el deporte en el desarrollo de los valores humanos.................... 91

    5. Finalidades de la Educación Física y Deportes.. 91
    6. Cualidades del deporte educativo... 93
    7. Tipos de práctica deportivas: praxis y rendimiento...................................... 94
    8. Los juegos deportivos recreativos... 95
    9. El límite de la acción educativa del fútbol.. 96
    10. "Fair Play" y los valores del deporte... 97
    11. Compatibilidad entre Fútbol Educativo y Fútbol de Alto Rendimiento.. 98

3ª PARTE: CONTENIDOS PARA CADA MATERIA Y PARA CADA NIVEL EN LA ESCUELA DE FÚTBOL... 101

  ¿Qué aspectos trabajaremos para conseguir los objetivos?

7. CONTENIDOS DE APRENDIZAJE PARA CADA ETAPA..103
    1. Los contenidos como medio para lograr los objetivos................................ 103
    2. Resumen de contenidos según materia y edad del joven futbolista.... 103
        2.1. Técnica... 104
        2.2. Táctica.. 106
        2.3. Capacidades motoras.. 107
        2.4. Factores psicológicos.. 109
        2.5. El fútbol como medio socializador... 109
        2.6. Contenidos socializadores.. 110
        2.7. Cuadro-Resumen de contenidos socializadores................................ 111
        2.8. Contenidos reglamentarios.. 112
        2.9. Contenidos de salud.. 113

8. FORMACIÓN Y APRENDIZAJE DE LA TÉCNICA... 115
1. Parámetros a aplicar en la formación y aprendizaje de la técnica del fútbol 115
2. Técnica individual de fútbol.. 116
  I. Golpeo con el pié.. 117
    1. Concepto 117
    2. Superficies de golpeo... 117
    3. Dirección del balón según el punto de golpeo... 117
    4. Ejemplos de uso de las superficies de golpeo.. 118
  II. Controles... 120
    1. Concepto.. 120
    2. Principios básicos para un buen control.. 120
    3. Amortiguamiento.. 120
    4. Control orientado... 120
  III. **Conducción**.. 125
    1. Concepto.. 123
    2. Ventajas que puede tener la conducción como
        acción técnica del fútbol... 123

 3.- Desventajas que puede tener la conducción....................124
 4. Principios de una conducción favorable.........................126
IV. **Golpeo del balón con la cabeza**..128
 1. Concepto..128
V. **Finta**..131
 1. Concepto..131
 2. Aplicación de la finta..131
 3. Tipos de finta..133
VI. **Regate**...135
 1. Concepto..135
 2. Clases de regate..135
 3. Ventajas del regate...138
 4. Desventajas del regate..139
 5. Cuando es conveniente el regate....................................139
 6. Cuando no es conveniente el regate.............................140
VII. **Tiro**..141
 1. Concepto..141
 2. Superficies de golpeo en el tiro, según la distancia....141
Técnica colectiva..146
VIII. **El pase**..146
 1. Concepto..146
 2. Principios aplicables a la realización del pase...............146
 3. Acciones de los compañeros, para favorecer el pase....147
 4. El pase como principio básico del juego.......................147
Técnica defensiva...151
IX. **Interceptación**..151
 1. Concepto..151
 2. Entrada..151
 3. Tipos de entrada...152
 4. Carga..154
 5. Corte...156
 6. Despeje..158
 7. Despeje orientado..159
9. FORMACIÓN Y APRENDIZAJE DE LA TÁCTICA.....................163
 I. **La táctica en el fútbol**...163
 1. La organización del juego de equipo..............................163
 2. Táctica defensiva...164
 3. Táctica ofensiva...165
 II. **Transiciones de ataque y defensa**..................................166
 1. De ataque a defensa..167

2. De defensa a ataque	167
III. **La importancia de la táctica en la formación del futbolista**	168
Acciones de Táctica Defensiva	168
1. Marcaje	168
2. Repliegue	169
3. Basculaciones	170
4. Coberturas	171
5. Permutas	171
6. Temporización	172
7. Pressing	172
Acciones de Táctica Ofensiva	173
1. Desmarques	173
2. Desdoblamientos	175
3. Cambios de ritmo	176
4. Cambios de orientación	176
5. Ataque	177
6. Contraataque	178
7. Ayudas permanentes	179
IV. **Modelos tácticos**	180
1. Modelos tácticos defensivos	180
2. Modelos tácticos ofensivos	181
V. **Principios aplicables al desarrollo práctico de cualquier acción defensiva**	183
1. Varios conceptos a tener en cuenta	183
2. Varios principios defensivos	185
10. LOS SISTEMAS DE JUEGO EN FÚTBOL 7	191
1. Aspectos específicos de la modalidad de fútbol-7, que influyen y condicionan las decisiones sobre los sistemas de juego y sobre las características de los jugadores a alinear	191
2. Los sistemas de juego de Fútbol-7	195
2.1. Sistema 3-1-2	196
Ventajas	197
Inconvenientes	197
Consignas claves a los jugadores	197
En las diferentes fases del juego	198
2.2. Sistema 3-1-1-1	199
Ventajas	202
Inconvenientes	202
Requisitos para su buen funcionamiento	203
Consignas claves a los jugadores	203

  En las diferentes fases del juego.. 205
 2.3. Sistema 3-2-1... 208
  Ventajas.. 208
  Inconvenientes... 208
  Requisitos para su buen funcionamiento... 208
  Consignas claves a los jugadores.. 209
  En las diferentes fases del juego.. 210
 2.4. Sistema 2-3-1... 212
  Ventajas.. 212
  Inconvenientes... 213
  Requisitos para su buen funcionamiento... 215
  Consignas claves a los jugadores.. 215
  En las diferentes fases del juego.. 216

11. EL TRABAJO DE LAS JUGADAS A BALÓN PARADO EN LAS PRIMERAS ETAPAS.... 219
 I. Desarrollo ordenado de las jugadas a balón parado........................... 219
  1. Repertorio de jugadas.. 219
  2. Hacer nuestras jugadas a balón parado, con organización y sin dudas 219
  3. Condiciones para la estrategia ofensiva.. 219
  4. Movimientos que conviene hacer en las acciones a balón parado....... 220
  5. Precauciones defensivas en toda acción estratégica.................... 222
  6. La barrera clásica como medio defensivo a considerar................ 222
  7. Acciones que se pueden aplicar para salvar la barrera en saques libres 223
 II. Ejemplos prácticos de jugadas a balón parado................................... 224
  1. Saques libres.. 224
  2. Saques de banda.. 237
  3. Saques de esquina... 240

12. FORMACIÓN Y DESARROLLO DE LAS CAPACIDADES COORDINATIVAS. 245
 1. Las capacidades coordinativas como componente............................ 245
 de la eficacia motriz del deportista... 247
 2. El movimiento coordinado.. 246
 3. Fases sensibles para las capacidades coordinativas......................... 247
 4. El trabajo de las capacidades coordinativas precede
 al de las capacidades condicionales y ambas, favorece
 los aprendizajes deportivos... 248
 5. El equilibrio.. 251
 6. La agilidad como cualidad compleja y resultante............................... 252

13. FORMACIÓN Y DESARROLLO DE LAS CAPACIDADES CONDICIONALES: BREVE SÍNTESIS APLICABLE A LAS ESCUELAS DE FÚTBOL... 255

1. Influencia de la fuerza en el rendimiento deportivo.................................. 255
   1.1. Factores condicionantes de la fuerza... 256
   1.2. Manifestaciones de la fuerza en la actividad deportiva................. 258
2. Influencia de la resistencia en el rendimiento deportivo........................ 259
   2.1. Factores condicionantes de la resistencia...................................... 260
   2.2. Tipos de esfuerzo en resistencia... 261
   2.3. Entrenabilidad de la resistencia en edades tempranas................. 261
3. Influencia de la velocidad en el rendimiento deportivo.......................... 263
   3.1. Factores condicionantes de la velocidad.. 264
   3.2. Tipos de velocidad.. 263
   3.3. Entrenabilidad de la velocidad.. 266
   3.4. Velocidad en edades infantiles y juveniles..................................... 266
4. La flexibilidad.. 268
   4.1. Conceptos y componentes... 268
   4.2. Factores que influyen en la flexibilidad.. 269
   4.3. Flexibilidad y lesiones.. 269

14. Los factores psicológicos en los niveles de la escuela de fútbol, como ayuda a la formación integral: actitud, inteligencia y capacidades cognitivas.. 271
   1. La actitud y sus componentes como base del perfil psicológico del joven futbolista... 271
   2. Inteligencia y cognición.. 273
   3. Inteligencia corporal cinestésica.. 273
   4. Autoconcepto, autoconfianza, autoestima, autoeficacia...................... 275
   5. Los aspectos cognitivos en la formación de los jóvenes futbolistas (Pre-Benjamines, Benjamines y Alevines) 276

15. La dirección de equipo en el fútbol formativo.. 279
   I. **El equipo: su organización interna y su cohesión**............................... 279
      1. La organización interna del equipo de fútbol................................... 279
      2. Actitud relacional entre los jugadores del equipo........................... 280
      3. La relación entre el entrenador y los jugadores............................... 280
   II. **La motivación y su influencia en el proceso formativo y en el rendimiento en fútbol**...281
   III. **El clima motivador del equipo**... 281
      1. La motivación.. 281
      2. El clima motivador del equipo.. 281
      3. Nivel de activación... 282
   IV. **Aptitudes para la comunicación entrenador/jugador**.....................282
      1. Facultades para la comunicación 285
   V. **Influencia de los padres en el clima motivacional**............................ 285

16. INICIACIÓN A LAS REGLAS DE JUEGO 286
1. La función del árbitro y de las reglas de juego 286
2. Propuesta de contenidos sobre reglas de juego en las Escuelas de Fútbol 286
   a) El terreno de juego 286
   b) El Balón 287
   c) El número de jugadores 287
   d) La duración del partido 288
   e) El equipamiento de los jugadores 288
   f) Faltas e incorrecciones 288
   g) Saques de centro, de meta, de banda y de esquina 288
3. Resumen de las funciones del árbitro de fútbol 289
4. Resumen sobre las Reglas de Juego 289
   Aclaración importante 290
   I. **Marcación y dimensiones del terreno de juego** 290
   II. **Infracciones que se sancionan con tiros libres** 292
   III. **Regla del fuera de juego** 297
   IV. **Fichas teóricas sobre el fuera de juego** 301
   V. **Reglas de juego en saques de esquina, de banda, de meta y de salida** 310
   VI. **Fichas teóricas sobre saques de banda, de meta, de esquina, de salida y otras reglas de juego** 311
   VII. **Sanciones disciplinarias** 322
   VIII. **Resumen sobre varios conceptos de las reglas de juego** 324

4ª PARTE. LA SALUD DEL JOVEN FUTBOLISTA 327
17. LA SALUD DEL JOVEN FUTBOLISTA 329
1. La obesidad y la infancia 329
2. Los efectos de la actividad física sobre los participantes en la Escuela de Fútbol 330
3. Los beneficios del deporte para los niños 331
4. El ejercicio en la niñez 331
5. Razones por las que los niños y adolescentes deben hacer deporte 333
6. Beneficios del ejercicio a nivel psicosocial 335
7. El ejercicio ideal según la edad del niño
   Beneficios de la práctica deportiva para niños
   (Fundación Española del Corazón) 336
8. Hábitos saludables en la infancia 337

5ª PARTE: METODOLOGÍA APLICABLE EN LA INICIACIÓN AL FÚTBOL.
¿Cómo vamos a conseguir los objetivos propuestos? 339
18. BASES METODOLÓGICAS PARA EL APRENDIZAJE DE LA TÉCNICA Y DE TÁCTICA, EN LA ESCUELA DE FÚTBOL 341

1. Introducción 341
2. Clarificación de conceptos 341
   2.1. Elementos de la actividad 343
   2.2. Estrategia en la práctica aplicable al aprendizaje de la técnica
   y la táctica en fútbol 342
3. Argumentos a favor y en contra de los distintos métodos 345
4. El fútbol como habilidad abierta 347
5. Edad y maduración para el aprendizaje 347
6. Bases para el proceso de enseñanza/aprendizaje ....
   de gestos técnico-tácticos y conductas táctico-técnicas 349
7. Prácticas con oponentes y compañeros 351
8. Observaciones basadas en el trabajo práctico con jóvenes futbolistas 352
9. Orientaciones metodológicas 359
10. El proceso de enseñanza/aprendizaje bajo un modelo comprensivo.
    De la Técnica a la Táctica/De la Táctica a la Técnica 358
    a) Métodos de enseñanza aplicados al fútbol 359
    b) Modelo tradicional: de la técnica a la táctica 359
    c) Modelo alternativo: de la táctica a la técnica 359

6ª PARTE: EVALUACIÓN DEL PROCESO FORMATIVO.
¿Cómo sabemos si hemos conseguido los objetivos propuestos? 361
19. LA EVALUACIÓN DEL PROCESO FORMATIVO 363
    1. Definición de Evaluación 363
    2. Importancia de la Evaluación en el Fútbol Formativo 363
    3. Ámbitos a evaluar 365
    4. Bases para la evaluación a realizar en el Fútbol formativo 367
    5. Evaluación del entrenador de fútbol 367
    6. La Evaluación del proceso de entrenamiento 368
    7. Evaluación de la acción didáctica 368
    8. Resumen de aspectos formativos susceptibles de ser evaluados 371
    9. Test Europeo de condición física (Eurofit)   372
    10 Relación de pruebas motoras y factores que evalúan la Batería
       de Tets de EuroFit 374
       a) Objetivos 375
       b) Protocolo general 375

   • La obra incluye:147 juegos y ejercicios representados gráficamente
   y aplicables a la enseñanza de los contenidos. 44 Tablas sobre la redacción del
   texto.

BIBLIOGRAFÍA 381

INTRODUCCIÓN

El concepto PRE-FÚTBOL y el concepto ESCUELA DE FÚTBOL

Como una aportación a la aclaración del concepto Pre-Fútbol y de su forma de organización denominada Escuela de Fútbol, me parece conveniente empezar esta mi segunda obra sobre dicha temática, haciendo las siguientes concreciones:

Es conveniente recordar la situación económica y social del periodo 1974 a 1980, junto a la situación del deporte de base y la insuficiente disponibilidad de instalaciones deportivas en Sevilla, en ese periodo.

Antecedentes: En 1975, la Dirección de un Centro Educativo de Sevilla, me encargó entrenar y coordinar la participación de tres equipos de fútbol de nivel Alevín, que participaban en una competición del Instituto Nacional de la Juventud. Cuando terminó ese Curso y ante la carencia de medios para organizar deporte de base en esas fechas, en toda la ciudad, hice una reflexión muy adaptada a esa carencia, que permitiera ofrecer a los niños puestos deportivos normalizadamente organizados:

- Había que adoptar una organización simplificada pero de suficiente calidad formativa, que permitiera participar a un alto número de niños, sin desplazamientos, sin gastos de arbitraje, etc. y de forma gratuita para los niños y su familia.
- Había que usar medidas especiales para aprovechar los terrenos de juego, buscar porterías de menor tamaño, usar balones especiales en partidos y pelotas para entrenamientos.
- Había que contar con personal que supiera hacer un trabajo con calidad y que lo hiciera altruistamente.
- En cuanto al número de jugadores en competiciones de pre-fútbol, nuestra posición siempre fue abierta, adaptada a las circunstancias de todos los núcleos sociales organizadores. Según la zona, las competiciones podrían ser desde Fútbol-4 a Fútbol-9.
- Había que disponer de medios de seguridad y atención de incidentes y lesiones, ya que se estimaba una alta concentración de participantes.
- El niño como centro del proceso deportivo, por encima de todo.

Con estas bases y aprovechando campos de albero existentes, hicimos la primera convocatoria de participantes. También convocamos a jóvenes árbitros, asistencia presencial de Cruz Roja que nos atendía en los días los partidos, alta participación de los padres y muchas ganas de aportar a los niños plazas para iniciarse en el fútbol. El resultado fue alrededor de 300 niños que querían participar en ese Pre-Fútbol que nosotros empezamos a llamar Escuela de Fútbol.

Fue una clara consecución de la función social que debe cumplir el deporte de base: actividades con la máxima calidad y seguridad posibles, gratuito e integrador, sin conceptos excluyentes. Había carencia de medios, pero el logro fue posible gracias a la calidad del grupo humano concurrente y a la labor de Altair, que apoyó una iniciativa pionera con la que logramos un alto numero de puestos deportivos para los niños de la zona, sin coste alguno para sus familias, hasta 1981

Desde 1975 a 1982, que yo dejo el Centro, la Escuela de Fútbol alcanzaba una cifra de 500 niños y además, sirvió de motivación a otros deportes, no solo a fútbol.

Es decir, en Sevilla en 1975, ya trabajamos bajo el concepto Pre-Fútbol y Escuela de Fútbol. Lo decimos desde el respeto y aceptación a cualquier otro antecedente que pueda existir. Por nuestra parte referenciamos como importantes a la Escuela Deportiva Altair, Escuela de Fútbol de Mareo en Gijón (España) y también a la Escuela de Fútbol de Vichy (Francia).

En 1982, publiqué la obra *Las Escuelas de Fútbol. Organización de la función social y de los aspectos físico-técnico*.

En base a dicha obra, organizamos dos importantes acciones:
- En 1983, "Correr es vivir", con la Delegación P. de Deportes de Sevilla, en una promoción conjunta con la Federación de Asociaciones de Vecinos de Sevilla y en distintos barrios de la ciudad.
- En 1986: El Presidente de la Federación Andaluza de Fútbol me encarga la puesta en marcha de 18 Escuelas de Fútbol en Andalucía, en base a la referida obra y las organicé, las dejé en funcionamiento y siguieron cumpliendo sus fines.
- Desde 1998 a 2016, actividades profesionales en tres clubes de primera división de España, de distinguida atención al concepto cantera.

El concepto Fútbol Formativo

Para definir el concepto Fútbol Formativo consideramos de interés hacer antes referencia a otros conceptos existentes y que forman parte del proceso:
- Pre-fútbol es el proceso en el que el niño pasa desde el juego sin reglas al fútbol.
- Las Escuelas de Fútbol, en general, son la forma organizada del Pre-Fútbol:
    a) Escuelas de Fútbol federadas, competiciones internas para abaratar costes organizativos y definiéndose como un proceso educativo–recre-

ativo.
  b) Escuelas de Fútbol federadas, con competiciones externas y definiéndose como un proceso educativo/competitivo.
- Cantera, fútbol base, etc. se corresponden con los distintos niveles que funcionan en los clubs con objetivos formativos hacia la practica recreativa o hacia el alto rendimiento.

Fútbol Formativo es un proceso en el que se tiene al joven como referencia principal, de modo que se favorezca su formación como futbolista al mismo tiempo que su formación como hombre.

Tiene aplicación desde las Escuelas de Fútbol hasta la participación en el fútbol adulto.

Objetivos de la presente obra
La presente obra está dirigida a:
- Quienes quieran organizar una Escuela de Fútbol en base a criterios fundamentados que permitan un alto nivel de calidad en el trabajo a aportar a los niños participantes.
- Quienes tengan ya una Escuela de fútbol en funcionamiento y quieran perfeccionar el trabajo que realizan.
- Quienes quieran introducirse de forma especializada en las Escuelas de Fútbol como primer peldaño formativo.
- Entrenadores que quieran ofrecer a los jóvenes futbolistas de 6 a 12 años un trabajo fundamentado, con criterios formativos adecuados.

Estructura de la obra
Se han incluido todos los componentes del proceso formativo: objetivos, contenidos, metodología y evaluación, aportando referencias fundamentadoras que faciliten los criterios aplicables en cada caso que se presente dentro del ámbito de las Escuelas de Fútbol.

En el desarrollo de la obra se aportan ejemplificaciones prácticas que se han considerado necesarias para cada uno de los contenidos.

1ª Parte: Organización
Se define qué es una Escuela de Fútbol y su estructura organizativa en cualquier núcleo social, por etapas de los niños participantes y por áreas de trabajo, cuyas funciones son las que dan calidad al proceso formativo.

2ª Parte: Objetivos formativos
¿Qué es lo que queremos conseguir?
¿Cuáles son nuestras finalidades educativas?
- Se definen las características generales de los niños en las edades de las Escuelas de Fútbol para que sirvan de referencia a los criterios aplicables

en el proceso.
- Se detallan las bases para el planteamiento del proceso formativo y la concreción de objetivos.
- Se aportan criterios y datos que sirvan de base para desarrollar el trabajo práctico de sesiones.
- Se analizan los valores educativos en los deportes colectivos.

3ª Parte: Contenidos para cada materia y para cada nivel de la Escuela de Fútbol.
¿Qué aspectos trabajaremos para conseguir los objetivos?
Los contenidos como medio para conseguir los objetivos propuestos para cada etapa:
- Formación y aprendizaje de la técnica.
- Formación y aprendizaje de la táctica.
- Los sistemas de juego en Fútbol-7.
- El trabajo de las jugadas a balón parado en la primeras etapas.
- Formación y desarrollo de las capacidades coordinativas.
- Formación y desarrollo de las capacidades condicionales: breve síntesis.
- Los factores psicológicos en los niveles de la Escuela, como ayuda a la formación.
- La dirección de equipo en el fútbol formativo.
- Iniciación a las Reglas de Juego.

4ª Parte: La salud del joven futbolista
- Beneficios del deporte para los niños.
- Hábitos saludables.

5ª Parte: Metodología aplicable en la iniciación al fútbol.
¿Cómo vamos a conseguir los objetivos propuestos?
- Bases metodológicas para el aprendizaje de la técnica y de la táctica.

6ª Parte: Evaluación del proceso formativo.
¿Cómo sabemos si hemos conseguido los objetivos propuestos?
- La evaluación del proceso formativo.
- Ámbitos a evaluar
- Evaluación del entrenador, del entrenamiento y de la acción didáctica.

Las actividades que se desarrollen en nuestra Escuela de Fútbol tendrán el nivel de calidad proporcional a los medios humanos y materiales que se apliquen. No debe organizarse ninguna Escuela de Fútbol, que no cuente con los medios que garanticen a los niños la seguridad y formación necesarias.

Creemos que habría que concienciar a los organismos que corresponda, sobre el apoyo económico de estas actividades que tanto aportan a la formación de la juventud y a la consecución de objetivos prosociales. **Es buena inversión social…, dicen que muchos contenidos, se aprenden mejor en los terrenos de juego que en las aulas.**

Nota importante

Será dominante, el garantizar la seguridad del niño futbolista en las actividades en la Escuela de Fútbol, respetando y tomando como referencia las reglas y criterios dictadas por las Autoridades Educativas y por cada Federación, favoreciendo su formación integral, limitando los esfuerzos físicos y psíquicos en cada caso, peso de balón, dimensiones y seguridad de instalaciones, etc. Es decir, hay que impedir todo esfuerzo físico o psíquico inadecuados. Tanto en partidos como en entrenamientos o en cualquier otra situación y todo ello, tiene como responsables a técnicos y directivos de cada Escuela de Fútbol. Salvo acuerdos organizativos con Federaciones o Administración Oficial

Lo propuesto en la presente obra, pretende ofrecer unas pautas organizativas genéricas, en ningún caso para aplicación directa, pero que sirvan de ayuda a cada Técnico cuando redacte su propio Plan de Entrenamiento y Actividades.

Es decir, Entrenadores, Preparadores Físicos y Directivos, cuando participan en una Escuela de Fútbol, prestan una importante labor prosocial, pero contraen una alta y exclusiva responsabilidad sobre la salud psicofísica y sobre el proceso formativo de los niños participantes.

1.ª PARTE: ORGANIZACIÓN

Capítulo 1
BASES PARA EL PROYECTO DE UNA ESCUELA DE FÚTBOL. ETAPAS DE PRE/FÚTBOL.

1. Las Escuelas de Fútbol

Nuestra propuesta es que en la Escuela de Fútbol que quiera cumplir con su función social, no se condicione en nada la participación de los niños, no se realice una selección previa, no se excluya a ningún niño si no es motivado por indicación médica en relación con su salud.

En nuestra Escuela de Fútbol se da prioridad a la función social del deporte en relación con los aspectos técnicos. No obstante, se proyecta un trabajo planificado y de calidad, aplicando técnicos adecuados y los medios necesarios para proporcionar a los niños un aprendizaje que permita orientarlos a continuar sus etapas siguientes en los niveles futbolísticos que mejor vayan a su proceso formativo.

Hay que hacer compatibles estos principios que buscan el respeto a la salud psico-física del niño, con un posterior proceso, en las etapas siguientes, en las que si podrían participar en colectivos selectos, y que tengan como referencia el fútbol de alto rendimiento, pero siempre bajo el respeto a su formación integral y a su salud.

Bajo estos criterios estaremos ayudando a la formación como hombres, pero estaremos en la mejor posición para ayudarles a conseguir sus objetivos en el fútbol, tanto sean de carácter educativo/recreativo o de carácter educativo/competitivo, es decir, para el alto rendimiento.

2. Justificación del proyecto de Escuela de Fútbol

La Escuela de Fútbol, nace con el objetivo de ser el primer peldaño formativo del fútbol base, anteponiendo el concepto formación sobre cualquier aspecto resultadista.

Se cumplirá la función social propia de una Escuela de Fútbol, colaborando en la formación integral de los jóvenes, al mismo tiempo que se les facilita una actividad deportiva bien organizada, que los inicia en el aprendizaje del fútbol y sin condicionante alguno para participar.

En el trabajo de la Escuela, se subordina todo el proceso a la formación y se aplica el principio de competir para formar, no formar para competir.

3. Qué es una Escuela de Fútbol y que aporta a la formación de futbolistas

Una Escuela de Fútbol es una especial organización de la participación de los jóvenes futbolistas, que trata con progresión metodológica, el logro de los objtivos físico- técnicos y de las restantes áreas formativas, pero respetando y favoreciendo el natural proceso evolutivo de esos jóvenes.

Desde la creación de la modalidad de fútbol-7, que tuvo lugar en Sevilla, a principios de los años 70, y en las que Wanceulen Ferrer, Antonio fue la base hasta la actualidad, el fútbol-7 no ha modificado sus supuestos básicos, aunque sí lo ha hecho en cuanto a su difusión, siendo hoy la modalidad utilizada casi en exclusiva en toda España para los niños y niñas que tienen entre los 5 y los 11 años, incluso en algunos lugares llegando hasta los 13 años.

Tanto para los clubs en los que se practica un fútbol de carácter recreativo, en el que la participación está íntimamente ligada al entretenimiento y a la realización de una actividad lúdico-competitiva donde la progresión deportiva queda en el plano que le corresponde, es decir, de apoyo a la formación integral y favoreciendo la salud del joven futbolista, como para aquellos clubs que persiguen, además, un objetivo más intensivo de mejora de las acciones técnicas y tácticas y de formación para la élite, el fútbol-7 tiene muchas ventajas:

La mejor adaptación de las dimensiones del terreno de juego a las características físicas de los niños en esta etapa de iniciación, especialmente respecto a la dificultad para realizar desplazamientos de balón a media y larga distancia.

El índice de participación de cada jugador es mayor que en el campo de fútbol-11. Debido a esto, el jugador afronta un mayor número de situaciones de juego en proporción al tiempo de presencia en el campo, adquiriendo más experiencia en menos tiempo, lo que acelera su progreso en el aspecto táctico. Además, aunque de forma menos acusada, también es más rápida la mejora de la ejecución de las acciones técnicas. Otro punto que se favorece es la motivación del joven jugador.

Las dimensiones del terreno son más pequeñas, por que el jugador también lo es. Sin embargo, la proporcionalidad espacio de terreno/jugador es mucho menor que en la modalidad de fútbol-11, por lo que la participación es constante. Dicho de otro modo: el balón siempre está cerca del jugador; aunque esté en la esquina opuesta del campo, en cuestión de segundos puede venirle encima, por lo que el jugador no tiene nunca ratos muertos, siendo siempre posible su participación inmediata. Eso favorece tanto la selección como la formación de un futbolista dinámico que permanezca siempre atento al desarrollo del juego.

A nivel organizativo, el espacio donde se participa es más pequeño, pudiéndose jugar dos, y hasta tres partidos en el mismo espacio donde se desarrollaría un solo partido de fútbol-11, produciéndose una mayor participación de niños y niñas respecto al tiempo y al espacio disponible.

En todo el abanico de casos, en cuyos dos extremos se situarían, por un lado, los equipos de clubs con objetivos puramente recreativos cuyo objetivo es la máxima participación posible, y en el otro extremo, la actividad futbolística con objetivos más exigentes respecto al progreso de los jóvenes jugadores donde se situarían los equipos que forman parte de clubs orientados a la formación de un futbolista de alta competición, el fútbol-7 tiene todas las ventajas, y apenas inconvenientes. Pero, para ello, en todos los casos que se encuentran dentro del intervalo de los dos extremos citados, es necesaria una presentación y participación organizada del equipo en los partidos que disputan. Los sistemas de juego específicos al fútbol-7 que aportan ese orden, serán el objetivo de este trabajo, en el que analizaremos las características, ventajas e inconvenientes de cada uno de ellos.

Tanto en este caso específico del fútbol–7, como en el resto de modalidades del fútbol, la aplicación correcta de un sistema de juego adaptado a las características de los jugadores de los que dispongamos, es un elemento indispensable para el buen funcionamiento del equipo y del rendimiento óptimo de los jugadores en los partidos. Sin embargo, debemos ser conscientes que no es, ni mucho menos, el elemento determinante que garantice por sí solo que un equipo alcance su objetivo de ganar el partido. Los sistemas de juego "solo" aportan orden y coherencia al juego del equipo, siendo su correcta aplicación una condición necesaria, pero no suficiente, para garantizar el buen funcionamiento del equipo y de los jugadores. Sin embargo, la aplicación errónea de un sistema de juego, por inadecuado, o por estar mal instruido, disminuirá drásticamente las opciones de obtener un buen resultado. Un equipo con un sistema de juego inadecuado, erróneamente seleccionado o defectuosamente aplicado, estará dejando el resultado del partido mucho más cerca del azar.

En las Escuelas de Fútbol:
- Debe ser aplicable la libre participación de todos los jóvenes aspirantes, sin selecciones restrictivas, salvo condicionantes médicas y de salud.
- Se realizará un trabajo programado y de calidad, aplicando técnicos especializados que desarrollarán metodología, objetivos y contenidos, acordes con el Proyecto y con total respeto a la salud psico-física y a la formación integral de los jóvenes jugadores.
- Se empieza el trabajo en edades anteriores a las habituales, procurando para los aprendizajes una adecuada progresión y la educación física se va cimentando correctamente.
- Se controlará, con calidad, un número importante de niños que se inician al fútbol.
- Se hace una especialización precoz pero no se hace una exigencia precoz.
- Se aportará al niño una formación polideportiva básica.

- Se evitan riesgos de entrenamiento excesivo en niños. Es decir, se antepone la salud del joven futbolista a los objetivos de rendimiento.
- En estas edades, se sigue el criterio de aprender sin la presión del resultado.

4. Lo que no es una Escuela de Fútbol

Una Escuela de Fútbol, no es un grupo más o menos numeroso de niños, que a partir de 8 o 9 años se dividen en equipos, a los que después de unos determinados entrenamientos, los ponemos a competir. En la Escuela de Fútbol es necesario marcarse objetivos mas completos, en consonancia con lo que debe aportar una Escuela de Fútbol, tanto dentro del contexto de su función social como de su función técnica, en su condición de primer peldaño del fútbol base. (Wanceulen Ferrer, Antonio-1982).

5. La Escuela de Fútbol como primer peldaño formativo

Teniendo en cuenta las edades de los niños participantes, sus características generales y su específica etapa formativa, existe una alta responsabilidad en la forma de organizar y gestionar una Escuela de Fútbol.

La estructura organizativa que se establezca, los objetivos y contenidos que se fijen y la forma de cómo enseñarlos, tienen que respetar y favorecer el progreso formativo integral diseñado por los Organismos Oficiales de Educación.

La Escuela de Fútbol debe ser el primer peldaño formativo, bajo el criterio de considerar a los niños participantes como el elemento más importante del proceso formativo.

Orientando la organización de la Escuela de Fútbol hacia objetivos claramente educativos, los padres pueden aportar una participación similar a la del contexto de enseñanza Primaria, pero alejados de injerencias innecesarias y perturbadoras del proceso. Entrenadores y Monitores, cumplen funciones parecidas al Profesor.

La participación de padres y madres, en la Escuela de Fútbol se pueden encauzar en una Comisión que actúe como ayuda a las actividades correspondientes, sobre todo en las Escuelas de Fútbol propiciadas por núcleos de economía limitada.

De acuerdo con lo expuesto anteriormente, la Escuela funcionará bajo la responsabilidad de un Director Técnico y estará entroncada en el Club, Asociación, etc. de quien dependa su organización.

6. Una propuesta modular para 240 alumnos en Pre-Fútbol (80 Pre-Benjamines, 80 Benjamines y 80 Alevines)

Se puede orientar una participación de alumnos que permita una competición interna en la Escuela de Fútbol, con efectos favorables:
- Control directo de los efectos educativos deseables en la Competición

- Abaratamiento del coste de las actividades: desplazamientos, arbitrajes, etc.
- En este punto, referenciamos nuestro trabajo en Escuelas de Fútbol: conseguíamos ofrecer a mas de 400 jóvenes futbolistas, menores de 11 años, con imaginación y trabajo, una calidad suficiente a pesar de los medios disponibles en esas fechas (1982), y esa calidad en la realización de las actividades en dichas Escuelas de Fútbol, hacía que los niños participaran con gran ilusión e interés. Competiciones internas, bien organizadas, económicas pero con elevados efectos formativos. Solo al final de cada temporada nuestros equipos participaban en determinadas actividades externas y sin embargo los niños estaban altamente vinculados.

Datos para una propuesta modular
El número de participantes podría ser:
(Desarrollar también para 400 alumnos)
8 equipos de 10 jugadores Pre-benjamines de 2º año...........80
8 equipos de 10 jugadores Benjamines 80
8 equipos de 10 jugadores Alevines.......................................80
                    Total alumnos:....................240

Se podrían organizar 3 competiciones de Pre-Fútbol, a doble vuelta, para el periodo Octubre-Diciembre y 3 Competiciones a doble vuelta desde Febrero a Mayo. En cada Categoría habría 8 equipos compitiendo, admitiendo otras variantes en cuanto a la organización de competiciones y de acuerdo con el número de participantes que tenga la Escuela de Fútbol.

Al sugerir plantillas de 10 jugadores:
- Los jugadores tendrán en los partidos una participación generalizada, que facilitará su formación.
- Se puede establecer una relación Profesor/ Alumno 1 / 20, adjudicando a cada Profesor 2 plantillas de 10 jugadores (Por ejemplo: 1 de Benjamines de 1º año y otra de Benjamines de 2º año, para que no sean de la misma competición).
- Otra forma, podría ser una relación Profesor/Alumno de 1 / 12.

7. Medios humanos aplicables

La Escuela tiene su primer responsable en el Director Técnico. Cada categoría Prebenjamín, Benjamín y Alevín tendrá un coordinador, que podrá ser uno de los Entrenadores. La formación previamente programada para cada grupo de jugadores, será aplicada bajo la responsabilidad de su Entrenador/Profesor. Se trabajará con criterio unificado en la participación de Preparadores Físicos, Entrenadores de porteros, Delegados para Competiciones, Personal Auxiliar, etc.

Puede ser conveniente la participación de la familia del joven jugador, en aspectos que supongan una colaboración educativa y sin interferencias en el proceso formativo diseñado en la Escuela de Fútbol. No obstante, en caso de injerencias en la gestión, mejor que no se utilice.

Capítulo 2
ESTRUCTURA ORGANIZATIVA DE UNA ESCUELA DE FÚTBOL

1. La Escuela de Fútbol puede organizarse en cualquier núcleo social

Puede organizarse una Escuela de Fútbol, en cualquier núcleo social interesado y con suficiente potencial en cuanto a la participación de niños y con capacidad para atenderla debidamente: en Clubes de fútbol, Asociaciones, Colegios, pueblos, comarcas, Ayuntamientos, Diputaciones, Federaciones, etc.

Cuando la Escuela de Fútbol se organice en el seno de Clubs de fútbol de élite, que busquen la formación de futbolistas para el alto rendimiento, la Escuela debiera mantener sus principios básicos:

Participación de todos los niños y niñas, sin aplicarse condiciones restrictivas, sin selección previa y aplicando una formación deportiva sin presiones resultadistas.

Cuando el joven participante en nuestra Escuela, pase a las siguientes Etapas dentro de la Cantera de un Club de élite, entra en otro nivel formativo, en el que se favorecerá, igualmente, su formación integral, haciéndola compatible con su posible formación hacia el alto rendimiento.

En Canteras de élite, la Escuela de Fútbol debiera ser el primer peldaño formativo de la estructura organizativa y funcionar con una filosofía diferenciada en comparación con las demás Áreas y Etapas.

En dichos Clubs de élite, la Escuela de Fútbol funcionará bajo la responsabilidad de su Director, que a su vez, dependerá del Director de la Cantera y recibirá el apoyo organizativo de las demás Áreas:

- Gestión y Administración
- Medicina
- Psicología
- Instalaciones y Material Deportivo
- Etc.

2. Organigramas para Escuelas de Fútbol según núcleo organizador

2.1. Organigrama simplificado de una Escuela de Fútbol Formativo, en un club de élite

2.1. Organigrama de una Escuela de Fútbol Formativo, en un Club de élite

PRESIDENTE DEL CLUB, ASOCIACIÓN, ETC.
JUNTA DIRECTIVA
DIRECTOR DE LA ESCUELA DE FÚTBOL

ETAPA PREBENJAMÍN		ETAPA BENJAMÍN				ETAPA ALEVÍN	
ÁREA DE ADMINISTRACIÓN Y GESTIÓN	ÁREA DE FORMACIÓN DEPORTIVA	ÁREA TÉCNICA	ÁREA PREPARACIÓN FÍSICA	ÁREA DE MEDICINA DEPORTIVA	ÁREA DE PSICOLOGÍA	ÁREA PEDAGOGÍA	ÁREA DOCUMENTACIÓN
1 SECRETARÍA GENERAL	COMISIÓN TÉCNICA	COORDINADORES DE LAS DISTINTAS ETAPAS FORMATIVAS	COORDINADOR ÁREA DE PREPARACIÓN FÍSICA	COORDINADOR ÁREA MÉDICA	COORDINADOR ÁREA DE PSICOLOGÍA	COORDINADOR ÁREA DE PEDAGOGÍA	COORDINADOR ÁREA DE DOCUMENTACIÓN
2 GESTIÓN ECONÓMICA	DIRECTOR DE LA ESCUELA						BIBLIOTECA DEPORTIVA
3 RELACIONES PÚBLICAS	COORDINADORES DE ETAPAS PREBENJAMÍN, BENJAMÍN Y ALEVÍN	ENTRENADORES DE LOS EQUIPOS	PREPARADORES FÍSICOS	MÉDICOS FISIOTERAPEUTAS	LICENCIADOS EN PSICOLOGÍA	CONTROL FORMACIÓN ACADÉMICA FORMACIÓN HUMANA ENTORNO SOCIAL	DOCUMENTACIÓN TÉCNICA Y FORMATIVA PARA TODAS LAS ÁREAS
4 INSTALACIONES Y MATERIAL DEPORTIVO	RESPONSABLES DE LAS DISTINTAS ÁREAS	ENTRENADORES ESPECÍFICOS DE PORTEROS					JORNADAS Y CONGRESOS

2.2. Organigrama simplificado de una Escuela de Fútbol Formativo en núcleos sociales de deporte de base

PRESIDENTE DEL CLUB, ASOCIACIÓN, ETC.				
JUNTA DIRECTIVA				
DIRECTOR ESCUELA DE FÚTBOL				
ETAPA PREBENJAMÍN		ETAPA BENJAMÍN		ETAPA ALEVÍN
Secretaría	Comisión Técnica	Coordinadores de etapas	Responsable de preparadores	Salud y Formación
Administración y gestiónes	• Director Escuela • Coordinadores de Etapa • Otros responsables	Entrenadores y Monitores	Preparadores Físicos	Medicina Deportiva • Psicología • Control formación académica • Entorno social

Aclaración importante:

En esta obra tratamos de describir una Escuela de Fútbol que proyecte una estructura organizativa de buen nivel.

En apartado 2.2. Organigrama simplificado de una Escuela de Fútbol Formativo en núcleos sociales de deporte de base, ubicable en cualquier núcleo social, en el que se concentre un mínimo de medios y el apoyo institucional, hemos incluido una estructura organizativa ambiciosa y avanzada, en la que referenciar nuestro trabajo, buscando obtener la máxima calidad posible a favor de los jóvenes futbolistas de nuestra Escuela.

El nivel de esa calidad estará condicionado por el apoyo institucional, federativo, de clubes, etc. pero creemos que la importante función social que puede realizar una Escuela de jóvenes deportistas, no solo debe recaer en unos maravillosos locos del fútbol que se dejen la piel por dar un servicio de calidad a los niños, careciendo de medios adecuados.

Por ello, nuestra propuesta de Organigrama de una Escuela de Fútbol pudiera parecer ambiciosa, pero esperamos que en muchos núcleos sociales se apoye por los distintos estamentos un trabajo que perfeccione la forma de atender a los niños participantes en estos primeros peldaños formativos del deporte.

En todo caso, nuestro apoyo y reconocimiento a esos Entrenadores, Monitores, Colaboradores y Directivos de pequeños Clubes, que se desviven día a día por ofrecer un trabajo importante y de calidad, a pesar de la carencia de medios suficientes.

3. Estructura organizativa por Etapas y Áreas de Funciones

LA ESCUELA DE FÚTBOL queda estructurada en TRES niveles:
- Etapa Prebenjamín.
- Etapa Benjamín.
- Etapa Alevín.

Para disponer de un agrupamiento de funciones operativo, debidamente delimitado y convenientemente interrelacionado, se trabaja con la siguiente estructura para un Proyecto de 240 Alumnos:

3.1. Etapas formativas: Pre-Benjamín, Benjamín y Alevín
- Control por parte del Coordinador específico de cada Etapa.
- Etapas formadas por 8 equipos Prebenjamines, 8 equipos Benjamines y 8 equipos Alevines.
- Formación de plantillas de los distintos equipos pertenecientes a cada etapa formativa.
- Control de Incorporaciones y Bajas.
- Control y Evaluación del proceso formativo desarrollado en cada etapa.
- Seguimiento, Control y Evaluación específicos de la Competición y Ca-

tegoría, y del desarrollo de la Temporada de las distintas plantillas de la etapa que coordina.

3.2. Área de Administración y Gestión

- Gestión y Administración General.
- Secretaría General de la Escuela de Fútbol
- Atención a los jóvenes jugadores y su familia
- Planificación de Horarios de Entrenamientos y Partidos.
- Instalaciones y Material Deportivo:

Para llevar a cabo las actividades de la Escuela de Fútbol, dando cobertura a unos 240 jugadores en competición interna son necesarias unas instalaciones suficientes, donde sea posible desarrollar un trabajo formativo de calidad. Variando en cada caso según el número de participantes, podría enumerarse, como referencia:

Un campo césped artificial multi-fútbol para fútbol-11 y fútbol-7 y varios campos césped artificial fútbol-7(según número de participantes en la Escuela Fútbol)

- Vestuarios y servicios
- Servicios médicos
- Iluminación de campos y exteriores
- Despachos para Dirección, personal técnico, etc.
- Salón de usos múltiples
- Tablón de anuncios para información general
- Almacén para material deportivo
- Etc.

3.3. Área de Formación Deportiva

- Dirigida por una Comisión Técnica, la cuál estará encabezada por el Director Técnico de la Escuela de Fútbol y formada por él mismo, los Coordinadores de Etapas y los responsables de las distintas Áreas.
- Control General del Proceso Formativo.
- Unificación de Criterios Formativos y Metodológicos a aplicar en la Escuela de Fútbol
- Planificar y Evaluar el Proceso Formativo

3.4. Área de Preparación Física:

- Unificación de criterios de la Preparación Física a aplicar en la Escuela de Fútbol, según objetivos marcados por el Director Técnico y los Entrenadores.
- Propuesta de Planificación del Trabajo Físico a desarrollar en la Temporada.

- Evaluación de la Condición Física.
- Elaboración en colaboración con el Área Médica de Consejos y Pautas de Actuación relacionadas con la Alimentación, Recuperación, Descanso y Hábitos de Vida saludables.

3.5. Área de Medicina Deportiva:
- Se estructura bajo la necesidad de cobertura para unos 250 futbolistas.
- Compuesto por un Médico y otros profesionales, según posibilidades.
- Elaboración y Supervisión de Consejos y Pautas de Actuación relacionadas con la Alimentación, Recuperación, Descanso y Hábitos de Vida saludables.
- Diagnóstico y rehabilitación de Lesiones.

3.6. Área de Psicología
- Aportar al joven futbolista recursos psicológicos para afrontar la competición y mejorar su rendimiento.
- Ayudar a compatibilizar dichas exigencias con una convivencia equilibrada de las diferentes áreas de actividad y entornos de relación del joven: familiar, deportivo, académico y social.

3.7. Área de Pedagogía
- Control del rendimiento escolar; apoyo y asesoramiento relacionados con la mejora del mismo: Técnicas de estudio, distribución de los tiempos, dedicados al estudio, al entrenamiento, y al ocio.
- Aspectos relacionados con el Entorno Familiar y Relaciones Afectivo-Sociales, que puedan afectar su formación.

3.8. Área de Documentación
Realizará entre otras las siguientes funciones:
- Gestión de Recursos Documentales.
- Creación de Biblioteca Deportiva.
- Tratamiento de Documentación e Información Especializada.
- Colaboración con la Comisión Técnica y otras áreas del Proceso de Formación Deportiva.
- Colaboración en la Organización de eventos formativos y actividades deportivas.

3.9. Resumen de medios humanos
A continuación se incluye un resumen de funciones y de medios humanos que participan en la estructura organizativa de la Escuela de Fútbol y que hacen posible el funcionamiento de la misma:

DIRECTOR DE ESCUELA DE FÚTBOL	
ÁREA DE GESTIÓN Y ADMINISTRACIÓN	REPONSABLE DE ÁREA
	ORGANIZACIÓN DE COMPETICINES
	RELACIONES INSTITUCIONALES
	RESPONSABLE DE INSTALACIONES Y MATERIAL
ÁREA DE FORMACIÓN DEPORTIVA	DIRECTOR DE ESCUELA DE FÚTBOL
	COMISIÓN TÉCNICA
ETAPAS: Prebenjamines, Benjamines y Alevines	COORDINADOR DE ETAPAS
	PLANTILLAS PRE-BENJAMINES, BENJAMINES Y ALEVINES
	ENTRENADORES
ÁREA TÉCNICA	ENTRENADORES DE LAS ETAPAS FORMATIVAS
	ENTRENADORES ESPECÍFICOS DE PORTEROS
	COORDINADORES DE LAS ETAPAS FORMATIVAS
	ÁREA DE PREPARADORES FÍSICOS
	MÉDICOS
ÁREA DOCUMENTACIÓN	REPONSABLE DE ÁREA
	BIBLIOTECA DEPORTIVA Y DOCUMENTACIÓN PARA LAS DISTINTAS ÁREAS DEPORTIVAS
ÁREA DE PSICOLOGÍA	COORDINADOR ÁREA DE PSICOLOGÍA
	PSICOLOGOS
	CONTROL DESARROLLO SOCIAL DEL JOVEN FUTBOLISTA
ÁREA DE PEDAGOGÍA	TUTOR RENDIMIENTO ESCOLAR
ÁREA DE COLABORADORES	DELEGADOS
	UTILLEROS
	OTROS COLABORADORES

ESTRUCTURA CURRICULAR APLICADA A UNA ESCUELA DE FÚTBOL

Para que en el proceso formativo que se aplique a los jóvenes participantes en una Escuela de Fútbol, exista una secuenciación interna coherente, proponemos el siguiente Esquema, que al mismo tiempo vamos a utilizar como guía del desarrollo de la presente obra.

PROPUESTA DE ESTRUCTURA CURRICULAR APLICADA A UNA ESCUELA DE FÚTBOL	
1. CARÁCTERISTICAS GENERALES	a) Aspectos cognitivos b) Aspectos corporales y motrices c) Aspectos afectivos y actitudinales
2-OBJETIVOS	Concretar nuestras finalidades educativas
3-CONTENIDOS	Aspectos que trabajaremos para conseguir los objetivos
4-METODOLOGIA	Forma de conseguir los objetivos
5-EVALUACIÓN	Comprobar si hemos conseguido los objetivos propuestos
6-BASES PARA EL ENTRENAMIENTO CON NIÑOS	Fundamentos aplicables a entrenamiento y competición
7- PROPUESTA PRÁCTICA	Programación desarrollada de entrenamientos y actividades

A.Wanceulen Ferrer-2014

2.ª PARTE:
OBJETIVOS FORMATIVOS
EN LAS ESCUELAS DE FÚTBOL

¿Qué es lo que queremos conseguir?
¿Cuales son nuestras finalidades educativas?

Capítulo 3
CARACTERÍSTICAS GENERALES DE LOS JÓVENES PARTICIPANTES EN LAS DISTINTAS ETAPAS DE LA ESCUELA DE FÚTBOL

1. El proceso formativo a desarrollar debe basarse en las características de los jóvenes futbolistas

Para una adecuada planificación y programación del proceso formativo a llevar a cabo en las Escuelas de Fútbol, es necesario conocer las características de los jóvenes que en ellas participan, con el fin de concretar con fundamentación, los aspectos siguientes:
- OBJETIVOS FORMATIVOS. Cuales son nuestras finalidades educativas
- CONTENIDOS PARA CADA ETAPA Y PARA CADA MATERIA. Que aspectos trabajaremos para conseguir los Objetivos.
- METODOLOGÍA A APLICAR. Como vamos a conseguir los objetivos

Por ello, hemos revisado lo analizado por Sierra, Ángela (2003); Giménez, Francisco J. y Sáenz-López, Pedro (2004); Oña, Antonio (2005); Castaño, Javier (2006) y Expósito Bautista, Juan (2010) y sobre lo que expresan, incluimos a continuación resúmenes diferenciados y de acuerdo con las referencias de estos autores. Con ello, tratamos de concentrar fundamentos consultables, con relación a las características de los participantes en nuestra Escuela de Fútbol:

2. Características generales del alumnado de Primaria (Según Sierra, A., 2003)

Sierra Robles, Ángela en su obra "Actividad física y salud en primaria. El compromiso fisiológico en la clase de Educación Física", (2003:22-30), estudia las características generales del alumnado de Primaria y de dicha autora, incluimos un resumen que consideramos aplicable a las etapas participantes en las Escuelas de Fútbol y según los siguientes apartados:
- Características generales
- Características psicológicas
- Características fisiológicas

2.1. Características generales

Los sujetos con los que trabajamos en las clases de Educación Física son niños de entre 6 y 12 años. Según Ruiz Pérez (1987) y Gutiérrez (1992) se encuentran encasillados dentro de las etapas de la niñez y preadolescencia. Estas mismas edades, según la clasificación de la edad evolutiva realizada por Lucherini, se corresponden con la tercera infancia –de los 6 hasta la crisis puberal, 10-12 años– o principios de la pubertad en niños de tercer ciclo de Educación Primaria con un desarrollo más avanzado (Giampetro y cols., 1987). El propio currículo de EP tiene en consideración las características del desarrollo infantil en esta etapa, sus peculiaridades evolutivas, su estructura de pensamiento, su desarrollo afectivo y social y los principios generales de aprendizaje más adecuados a tener en cuenta: concepciones previas, intereses y motivación, distancia óptima entre conocimientos nuevos y los ya aprendidos, etc. En este apartado revisaremos tanto las características psicológicas como las fisiológicas.

2.2. Características psicológicas

Abordaremos a continuación, de forma breve, el desarrollo evolutivo en sus manifestaciones cognitivas básicas, del conocimiento social y desarrollo moral, de la personalidad, y de las relaciones sociales en la familia, escuela y con los compañeros.

Entre los seis y doce años se producen cambios muy importantes en el funcionamiento cognitivo de los niños. Al comienzo de este período el niño posee una capacidad intelectual notable como demuestra el hecho de realizar las complejas tareas que subyacen al aprendizaje de la lectura o la resolución de sencillos problemas algebraicos. Al final del mismo, las transformaciones cognitivas le permiten enfrentarse a tareas intelectuales propias de un adulto. En términos piagetianos, los *procesos cognitivos básicos* al comienzo de este período están caracterizados por la aparición de las operaciones concretas, mientras que el final está marcado por la llegada del pensamiento formal. Se producen cambios en el funcionamiento de la memoria operativa consistentes en una mejora de las habilidades de procesamiento y estrategias que utilizan los sujetos. Además, con la práctica y el dominio de una tarea, los procesos implicados en su realización se automatizan, disminuyendo la cantidad de recursos que debe movilizar (García Madruga y Lacasa, 1991).

Las modificaciones que se producen en el *conocimiento social* de los niños afectan a todos los ámbitos. Son las consecuencias lógicas del incremento de experiencias que el niño va teniendo en y con las distintas realidades sociales que conforman su mundo. El desarrollo del conocimiento interpersonal de los seis a los doce años sufre una evolución importante ya que existe un lapso temporal muy amplio. Difícilmente se puede encontrar una misma descripción que fuera válida para los niños de siete y once años, por lo que a continuación, basándonos en Padilla y González (1991) presentamos una tendencia evolutiva apreciable en estos años.

En el conocimiento de las características de los otros:

Los niños son progresivamente conscientes de que los demás también les pueden conocer a ellos. Así, van comprendiendo que deben disimular sus intenciones en los juegos, para que sus estrategias no sean descubiertas.

Pasa de poder adoptar sólo perspectivas diádicas, en las que él y otro están implicados, a ver esa situación desde el punto de vista de una tercera persona y comprender que se puede tener un enfoque distinto del problema al no hallarse implicado en él.

De ser capaces de tomar en consideración situaciones o características de personas a las que conocen, pasan a poder ponerse en el lugar de grupos amplios, comprendiendo la problemática y sentimientos de desconocidos.

Son capaces de suponer que otro niño puede pretender engañarles en un juego, aunque no lo conozcan, basándose para ello en muy pocas claves, tales como sonrisas o miradas furtivas.

De poseer una visión deslavazada de las características de otros, pasan a poseer una visión más integrada, advirtiéndose un interés por reconciliar características aparentemente opuestas.

En cuanto a la concepción de las relaciones se observa una evolución en lo que respecta al modo en que los niños conciben las relaciones que ligan a las personas. Así, los amigos lo son no porque juegan juntos o se dan cosas, sino porque comparten pensamientos, sentimientos o confían los unos en los otros. Las relaciones no se basan en intereses parciales sino que se conciben como satisfactorias para todos los implicados. Y de tomarlas como dadas o impuestas entienden que deben basarse en el consenso mutuo. .../...

En esta etapa, de 6 a 12 años, se logra un gran avance en el desarrollo moral debido al importante progreso en la descentralización, al aumento de la capacidad para adoptar otras perspectivas, a una mejor comprensión de las normas que establece la sociedad, etc. De todas formas, al igual que sucede con otros aspectos sociales, hasta avanzada la adolescencia no se dispone de la madurez suficiente para conseguir una auténtica autonomía en el terreno del razonamiento moral, en el sentido de lograr unos principios morales propios y autoaceptados, independientes de la autoridad y de las reglas externas. .../...

Los niños de estas edades se consagran a la mejora de sí mismos y sus propias capacidades, con importantes componentes competitivos de los que trata de salir con el menor daño posible a su autoestima, tratando por todos los medios de evitar los sentimientos de inferioridad e incompetencia. Las relaciones con sus progenitores evolucionan en esta fase hacia un nivel realista de dependencia en aquellas áreas en las que ésta resulta todavía necesaria, y de independencia, allí donde pueden permitirse relaciones más igualitarias. La diferencia entre un ambiente familiar agresivo o cálido puede suponer que el aprendizaje tenga o no, unas pautas positivas para su realización como persona, y la proyección en el mundo deportivo será acorde a lo que representa la esencia misma del deporte (Jodra, 1992). Otros adultos distintos a los padres cobran un papel significativo, y sobre todo, ganan una enorme importancia los compañeros o iguales, con los que el niño se identifica u opone, se une o enemista, pero sobre todo se compara.

El desarrollo del *autoconcepto* provoca que en torno a los 6-8 años los niños y niñas empiecen a describirse como personas con pensamientos, deseos, sentimientos y como miembros de determinados grupos sociales o familiares más que en términos físicos y de actividad. La fundamentación del autoconcepto va a dejar de estar en la opinión de los adultos sobre el niño para elaborarse, cada vez más, según los propios juicios y la evaluación de la evidencia. …/…

Biddle (1993) indica que uno de los temas clave a los que se enfrentan los educadores en este momento es el desarrollo de la autoestima en los niños. En consecuencia, los efectos beneficiosos del ejercicio físico sobre este aspecto son un tema importante a tener en cuenta e investigar, tanto desde el punto de vista de la salud como desde el punto de vista educativo.

En lo referente a la motivación hacia la práctica deportiva, Jodra (1995) indica que el acercamiento a la actividad deportiva del niño durante esta etapa se produce generalmente por un interés personal. Por lo tanto podemos determinar que su motivación es predominantemente intrínseca (aunque obtenga recompensas materiales o verbales). Si en estas edades el niño se mueve bajo una motivación extrínseca, el carácter que adquiere el deporte para su vida está condicionado por los premios que se logren y en menor medida por la satisfacción personal o el disfrute en la tarea, además si las recompensas fallan, su interés por la práctica deportiva desaparecerá. La importancia de este tema estriba en la responsabilidad de los padres y entrenadores de los niños para que las motivaciones intrínsecas sean las predominantes. …/…

En cuanto al *desarrollo social*, el niño amplía su ambiente más que nunca hasta entonces, a través de las relaciones interpersonales en la escuela y en la vecindad. La competición y la cooperación, el saber, los sentimientos de superioridad o inferioridad, etc., se fraguan en el ejercicio de tales relaciones. …/…

… Otro factor que influye indirectamente es el concepto que el profesor tiene del alumno, de ahí la importancia de manifestarle al alumnado sentimientos de eficacia, seguridad en sus ejecuciones y baja ansiedad para desarrollar percepciones positivas respecto a sí mismos y sus compañeros.

… Frente a la idea de amistad como interacción física momentánea que caracterizaba a los preescolares, en torno a los 6-7 años la amistad se traduce en la ayuda y el apoyo unidireccional. Aún no hay conciencia clara de la naturaleza recíproca de la amistad. Más tarde, sobre los 8 años ya se concibe como un proceso bidireccional. Paralelamente, empiezan a ser conscientes de que puede ser una realidad perecedera. Durante estos años también es frecuente que se organicen formando grupos que se estructuran basándose en unas metas que le dan coherencia, apareciendo la figura de líder, como el compañero capaz de satisfacer (por sus habilidades intelectuales y competencias sociales) las necesidades del colectivo.

En resumen, emocionalmente es más estable, abandona los caprichos y racionaliza su situación multiplicando sus intereses y motivaciones. Obediente y capaz de posponer sus necesidades, es la etapa denominada del "niño bueno", De la Cruz (1989a).

2.3. Características fisiológicas

Es comúnmente admitido que la actividad física posee efectos favorecedores sobre el organismo de los niños. Tanto médicos como educadores promueven la práctica de juegos y deportes entre los niños y los jóvenes como medio de asegurar una adecuada maduración biológica. Cuando el ejercicio mejora el nivel de aptitud cardiorrespiratoria y neuromuscular, se le puede considerar como útil y terapéutico. El desarrollo de una mayor aptitud orgánica y mayores habilidades corporales, son razones que impulsan a promover adecuados programas de actividad física que incentiven un desarrollo y crecimiento, evitando lesiones y enfermedades como consecuencia de una inactividad mantenida.

Analizamos brevemente la respuesta funcional de los alumnos de primaria a la práctica de actividades físicas, abordando los cambios morfológicos y fisiológicos producidos en estas edades, que son más relevantes en la práctica del ejercicio físico.

El crecimiento y el desarrollo son dos conceptos estrechamente ligados. El primero se refiere al incremento cuantitativo de los diferentes órganos y es fácilmente mensurable y constatable. El desarrollo hace referencia a la calidad de esta maduración, siendo más difícil su cuantificación. Se puede considerar que el crecimiento afecta a los aspectos cuantitativos y el desarrollo a aspectos cualitativos. En este proceso de crecimiento y desarrollo se distinguen una serie de estadios o etapas caracterizados por cambios concretos, manifestados con mayor o menor rapidez. Esto hace que no todos los individuos tengan un mismo ritmo de crecimiento.

El crecimiento en la edad escolar es armónico, de tal manera que se realiza sin picos bruscos y con unas proporciones corporales similares a lo largo de todo el proceso. La relación entre el segmento superior e inferior es igual a uno alrededor de los 10 años. Se inicia el desarrollo de la musculatura acompañado de una pérdida gradual de tejido adiposo. A partir de los siete años se empieza a encontrar una auténtica cavidad medular en el hueso con tejido hematopoyético. Las curvaturas vertebrales se han establecido y en las chicas se puede apreciar hiperlordosis. Funcionalmente, se continúa en un proceso de adaptación. El crecimiento del corazón está estabilizado, siendo seis veces el del nacimiento. La frecuencia cardíaca media es de 98 pulsaciones por minuto y la tensión arterial media es de 110 (sistólica) 60 (diastólica) mm Hg. Las diferencias de peso y estatura no tienen grandes desigualdades para cada edad (De la Cruz, 1989b).

Durante este período se alcanza la plena maduración del sistema nervioso, y el desarrollo motor se caracteriza por una mejora y una perfección en las ejecuciones, que alcanzan índices elevados de efectividad. La rapidez con que se ejecutan las acciones, la precisión en las mismas y el progresivo aumento en la dificultad de las tareas son elementos destacables de esta fase. Mejoran las estructuras espaciales y temporales, y con ello se logra una fina coordinación en las acciones, riqueza y seguridad en los movimientos y desarrollo de las nociones de proximidad y lejanía. … /…

… La consolidación de la lateralidad se manifiesta en una casi total integración de la derecha y la izquierda con la consiguiente posibilidad de realizar movimientos segmentarios, tanto simétricos como asimétricos. Al final de la etapa, las capacidades coordinativas de niños y niñas están prácticamente al mismo nivel que las del adulto. Por esta razón, se considera una fase evolutiva crucial para muchos de los aprendizajes y desarrollos motores posteriores, Díaz Lucea (1993) …/…

… Ahora cabe preguntarse qué implicaciones tienen las características fisiológicas en el desarrollo de las capacidades físicas. De forma genérica, no es comparable al de los aspectos coordinativos, motivo por el cual en estas edades se produce un desarrollo deficiente de la fuerza muscular y un leve aumento de la resistencia aeróbica. La fuerza se incrementa después de los 13/14 años, observándose diferencias según el sexo a los 11 años. Antes de los 10 años, el rendimiento de fuerza de los niños apenas se puede mejorar mediante un entrenamiento específico para la fuerza, únicamente se puede alcanzar una mejora de la coordinación muscular, ya que a esta edad no aumenta el diámetro de las fibras musculares. En lo que se refiere a la velocidad, algunos autores opinan que la etapa comprendida entre los 6 y los 11 años es fundamental para establecer las bases del desarrollo de esta cualidad, bases sin las cuales serían inútiles muchos esfuerzos posteriores.

La flexibilidad, al ser una cualidad regresiva, ve disminuidos de forma muy leve pero constante sus niveles, a no ser que se realice un trabajo adecuado. Por sexos, las diferencias son constantes pero muy reducidas existiendo un predominio de la fuerza, resistencia y velocidad para los chicos y de la flexibilidad para ellas, Hahn (1988).

Las principales características de la entrenabilidad en Educación Primaria las muestra Hahn (1988), quien las recoge de Martín (1982). Así, sigue sin poder entrenarse la fuerza en general (fuerza máxima) y la fuerza resistencia. Mejora la fuerza explosiva, sobre todo en las extremidades inferiores, no pudiéndose demostrar entrenabilidad. Entre los 7 y 9 años se observa un avance en las características de la velocidad, se mejora sobre todo la velocidad de reacción, pero antes de los 10 años no se alcanza un nivel relativamente bueno y comienza a mejorar la frecuencia de los movimientos, lo que inicia la formación de las capacidades de sprint.

La resistencia aeróbica se incrementa, debido sobre todo a una mayor captación de oxígeno y al aumento del volumen cardíaco. Se puede entrenar para mejorar los factores cardiopulmonares de resistencia; Batalla (1995) indica mejoras a partir de los 8 o 9 años. Como se ha comentado anteriormente, sin entrenamiento la flexibilidad va disminuyendo.

Al final del tercer ciclo de Educación Primaria y comienzo del primer ciclo de la Enseñanza Secundaria Obligatoria hay posibilidad de incrementar la fuerza explosiva, insistiendo en el componente de la velocidad. La velocidad de reacción se incrementa y la general del movimiento sigue creciendo. Se produce un fuerte incremento de la resistencia demostrándose la entrenabilidad de factores cardiopulmonares en niños entrenados, y cuando falta estimulación la flexibilidad disminuye notablemente.

3.- Características generales, características motrices e implicaciones metodológicas (Según Giménez y Sáenz-López, 2004)

Giménez, F. Javier y Sáenz-López, Pedro, en su obra *Aspectos Teóricos y Prácticos de la Iniciación al Baloncesto* (2004: pp.53-56), desarrollan las características de cada categoría del Baloncesto y desde Benjamines, como base para la secuenciación de contenidos.

De dichos Autores, tomamos para las categorías participantes en las Escuelas de Fútbol, las siguientes características e implicaciones metodológicas

3.1.- Benjamines (8-10 años)

3.1.1.- Características Generales

Estudiaremos las características generales siguiendo la clasificación de Oña (1987), en la que, para su estudio, divide la personalidad en los ámbitos cognitivo, social, emocional y motriz.

El niño, con la entrada en el mundo escolar, va superando poco a poco las insuficiencias de la preescolaridad: egocentrismo, inestabilidad, globalismo, simbolismo. Es un período de estabilidad y disponibilidad general, hay un gran salto de calidad con relación a la etapa anterior. Los alumnos avanzan en todas las áreas, a nivel social empiezan a superar poco a poco el egocentrismo con lo que comienzan a entender la colaboración y el trabajo en equipo. A nivel emocional, son más estables, atienden mejor las explicaciones y puede estar realizando durante más tiempo la misma tarea. También avanzan a nivel cognitivo, aunque su capacidad de aprendizaje sigue siendo global, hasta los 11-12 años (Le Boulch, 1976).

3.1.2.- Características Motrices

Como en las otras áreas, la motriz experimenta un gran avance. Mejora las habilidades perceptivas y básicas. Van mejorando los desplazamientos y las posturas, mejor ajuste espacio-temporal y mejora notablemente la coordinación. También mejora el desarrollo de las cualidades físicas básicas. Van entendiendo las reglas y el trabajo en grupo. El aprendizaje motriz debe ser todavía predominantemente global, como hemos indicado en las características generales.

3.1.3.- Implicaciones Metodológicas

Observando las características anteriores comprobamos que los alumnos en esta edad han dado un gran avance. Son capaces de entender reglas sencillas, son más estables y sociables y han mejorado motrizmente. Por lo tanto creemos que podemos empezar con la introducción en el mundo del deporte y lo que ello lleva consigo, la competición. Pero, la iniciación en el mundo del deporte y de la competición no puede ser de golpe, creemos que debe existir unos pasos intermedios en los que tanto las reglas como las exigencias físicas se adapten a las características psicoevolutivas que vimos anteriormente. Más adelante presentaremos una propuesta tanto de competición como de actividades para ir formando a nuestros alumnos en este magnífico deporte, de forma progresiva.

TABLA IMPLICACIONES METODOLÓGICAS EN LA CATEGORÍA BENJAMÍN.		
ÁMBITO	CARACTERÍSTICAS	IMPLICACIONES METODOLOGICAS
COGNITIVA	• Muy global, todavía, pero entiende y atiende mejor.	• Actividades fundamentalmente globales y polivalentes
SOCIAL	• Va superando el egocentrismo • Le gusta medirse con otros	• Fomentar el trabajo en equipo • Podemos iniciarnos en el mundo de las reglas y la competición: el deporte
EMOCIONAL	• Más estable, menos fantasioso • Mejora la concentración	*Entiende mejor las tareas propuestas *Puede realizar durante más tiempo una tarea
MOTRIZ	• Avance general, mejora tanto las habilidades motrices como las cualidades físicas	• Mayores posibilidades: Trabajo de habilidades genéricas y específicas Inicio en el desarrollo de las cualidades físicas • Actividades globales y lúdicas

(Fuente: Giménez y Sáenz-López (2004)

3.1.4.- Contenidos técnico-tácticos

En estas edades, se produce el primer encuentro de nuestros alumnos con este deporte. Los medios que debemos empezar a trabajar deben ser los más sencillos, como es lógico.

Siguiendo la clasificación de Pintor (1989) vamos a ir citando los medios técnico-tácticos que debemos trabajar en cada categoría.

- MEDIOS INDIVIDUALES DE ATAQUE: manejo de balón y todo tipo de variantes de bote y tiro.
- MEDIOS INDIVIDUALES DE DEFENSA: sólo hablaremos de defensa individual. Cada jugador es responsable directo de su oponente pero sin trabajar todavía ni postura, ni orientación. En estas edades la defensa tiene menos importancia que el ataque ya que es menos motivante para los chicos.
- MEDIOS COLECTIVOS BÁSICOS DE ATAQUE: el trabajo de los medios colectivos se reducirá al trabajo del pase-recepción, fomentando sus variantes: pase y progresión, y pase y alejamiento. Volvemos a repetir que el trabajo de estos medios a estas edades será de la forma más polivalente posible ya que son todavía muy jóvenes, y evitaremos una especialización demasiado temprana.
- MEDIOS COLECTIVOS BÁSICOS DE DEFENSA: todavía nada en estas categorías. Como ya hemos comentado, los chicos/as en estas edades no entienden todavía el juego colectivo, y menos en defensa.

3.2.- Alevines (10-12 AÑOS)

3.2.1.- Características Generales

Es una etapa donde pasamos de superar por completo las insuficiencias preescolares a adentrarnos en la pubertad, antes las chicas que los chicos.

Se supera por completo el egocentrismo, tienen ya necesidades de comportamiento autónomo. A los alumnos les motiva el pertenecer a un grupo deportivo, entienden y respetan las reglas algo más complicadas, y les gusta la competición. Mejora el lenguaje por lo que aumenta la comunicación. A nivel cognitivo el pensamiento se va a ir pareciendo al de los adultos. Son menos globales que en la categoría anterior, y algunos son capaces de dividir gestos sencillos en sus partes más importantes. Son chavales bastante estables emocionalmente, es la llamada edad del niño bueno.

3.2.2.- Características Motrices

Es una edad muy importante en el aprendizaje motriz de nuestros alumnos. Es quizás la etapa donde más coordinados y con más "seguridad motriz" se encuentran durante el período de formación. Ribas (1989, pp.19) nos confirma lo que acabamos de plantear, afirmando que "un aspecto interesante de las características antropométricas en la última parte de este período prepuberal es la relación constante entre la altura y la masa corporal magra. Esta relación proporciona las bases idóneas para el aprendizaje motor y la coordinación neuromuscular de ejercicios que no impliquen el empleo intensivo de la fuerza". Por lo tanto, es un etapa que debemos aprovechar para el aprendizaje técnico-táctico de formación. Algunos autores lo denominan "períodos sensibles", por la mayor facilidad que los jóvenes de estas edades tienen para el aprendizaje motor.

Por la fragilidad de los centros de crecimiento esqueléticos y la escasa masa muscular, la aplicación de ejercicios intensos son potencialmente peligrosos.

Mejoran enormemente todas las habilidades básicas, lanzamientos y recepciones, la carrera, el equilibrio y la coordinación. Mejoran las habilidades genéricas y específicas. Sigue desarrollando las cualidades físicas, aunque no de forma tan importante como las va a mejorar con el desarrollo en la pubertad, donde aumentará tanto la fuerza como la velocidad. En esta edad hay un gran interés por la práctica deportiva, le gusta hacer deporte y competir.

3.2.3.- Implicaciones Metodológicas

Como vemos es una edad muy importante en el desarrollo de nuestros alumnos, ya que es la fase previa a la pubertad con lo que ello conlleva. Es una edad que debemos aprovechar desde el punto de vista motriz por dos causas fundamentales. Una, por el gran interés por la actividad física que demuestran los alumnos y que debemos fomentar y acrecentar con actividades que les resulten atractivas.

Y dos, porque como afirma Jolibois (1975), citado por Antón (1990), antes de entrar en la pubertad deben estar desarrolladas las habilidades básicas del deporte que practiquemos, baloncesto en este caso. Ribas (1989) también nos confirma la importancia de esta edad en el aprendizaje motriz como vimos anteriormente.

TABLA IMPLICACIONES METODOLÓGICAS EN ALEVINES		
ÁMBITO	CARACTERÍSTICAS	IMPLICACIONES METODOLÓGICAS
COGNITIVA	• Cognición parecida a la del adulto • Comienza a desarrollar la capacidad analítica • Le gusta medir y evaluar todo	*Fomentar el pensamiento crítico *Dentro del aprendizaje global, podemos realizar correcciones analíticas sencillas *Situaciones reales de juego *Competiciones deportivas adaptadas
SOCIAL	• Superación completa del egocentrismo, socialización plena • Comprende y respeta las reglas • Mejora la comunicación • Comienza a desarrollarse una moral autónoma	Es importante el trabajar en grupo, equipo deportivo *Trabajo de respeto hacia las reglas y compañeros *Fomentar las buenas relaciones dentro y fuera del campo *Necesidad de pertenecer a un grupo deportivo
EMOCIONAL	• Gran estabilidad y control. Etapa del niño bueno • Aumentan sus intereses y motivaciones	*Explicar la significación de las actividades *Más facilidad para la realización de las actividades. Más variabilidad *Fomentar el interés por el deporte
MOTRIZ	• Mejora general: habilidades básicas, genéricas y específicas. Desarrollo de las cualidades físicas • Gran interés por las actividades deportivas	* Seguimos trabajando de forma polivalente. Más posibilidades *Actividades significativas que aumenten el interés por la actividad física de nuestros jugadores/as

(Fuente: Giménez y Sáenz-López, 2004)

3.2.4.- Contenidos Técnico-Tácticos

En esta categoría, debemos seguir desarrollando de forma polivalente tanto las habilidades motrices como las cualidades físicas (Antón, 1990).

- MEDIOS INDIVIDUALES DE ATAQUE: bote, tiro, rebote, paradas y fintas.
- MEDIOS INDIVIDUALES DE DEFENSA: defensa individual. Les podemos ir explicando la postura a adoptar, pero la orientación y las ayudas intentaremos que ellos se vayan dando cuenta a través de la indagación y el descubrimiento guiado.
- MEDIOS COLECTIVOS BÁSICOS DE ATAQUE: Pase y progresión. De forma muy básica haremos ver a nuestros alumnos la posibilidad de cambiar de posición después de pasar para conseguir desmarcarnos del oponente, o para conseguir un lugar idóneo para recibir y poder intentar el enceste. También podemos iniciar los aclarados y la fijación del impar. Siempre de forma global y progresiva, sin abusar de estos medios, y siempre que dominen los medios anteriores.
- MEDIOS COLECTIVOS BÁSICOS DE DEFENSA: Aunque todavía no podemos hablar de defensas colectivas sí que podemos iniciar las ayudas defensivas de forma muy simple. Esto no quiere decir que cada jugador deba estar preparado para ayudar en una posición determinada respecto al balón y al oponente, pero sí que vayan comprendiendo que si algún oponente supera a su defensor y se escapa de nuestro compañero habrá que defenderlo o nos anotará un tanto.

4.–Áreas de desarrollo social

(Resumen tomado de Oña Sicilia, Antonio, 2005: pp. 235-237 en su obra *Actividad Física y Desarrollo. Ejercicio físico desde el nacimiento*)

4.1. Procesos Cognitivos

El ajuste a lo real marca el atributo fundamental de esta área. El sujeto va a usar los procesos y elementos de la cognición adulta (operatoria), pero aún sin un total grado de eficacia al no poder explotar los procesos formales.

... La percepción se ajusta a los parámetros espacio-temporales y a los conceptos básicos operativos que la sustentan, con ello: comprende el tiempo y se adapta a sus consecuencia prácticas, conecta varias conductas (p.e. se adapta a la trayectoria del balón) y su montante conceptual (funcionamiento del reloj, el calendario...). Con respecto al espacio, sabe organizar los objetos y diferenciar distancias, áreas y volúmenes; desarrolla las relaciones topológicas y proyectivas que distingue Piaget (1983). Igualmente, afronta la interacción témporo-espacial usando y comprendiendo la idea de velocidad, aceleración...

... En la escolaridad las operaciones son concretas, porque aún no domina los procesos de formalización. Por tanto, comprenderá nociones lógicas, matemáticas o lingüísticas, así como su uso en la resolución de problemas, pero su referencia se realizará sobre objetos o datos concretos.

La evaluación es otra cualidad cognitiva propia de este período, el sujeto precisa comparar, medir en suma relacionar seriando las cosas para conocer el lugar de cada una y el suyo propio.

4.2. Comportamiento Social

La escolaridad es una etapa de socialización plena del sujeto. Comprende que se ha de adaptar a una unidad superior a su propio Yo. Esa unidad tiene unas necesidades de funcionamiento autónomo y es algo más que la agregación mecánica de varios sujetos, teniendo un significado propio. Así mismo, asimila que sus actividades y funcionamiento se han de regir por unas normas o reglas que hay que aceptar concienciar y poner en práctica en toda su amplitud. Esto permite poner en funcionamiento actividades reglas y grupales como los juegos y deportes.

La competición es otro fenómeno que comienza con esta edad, y es una consecuencia de esa actividad cognitiva de evaluación, por la que mide y compara. Sin embargo no es una competición a imagen adulta, es menos compleja y sin tantas contaminaciones culturales y emocionales.

En otra vertiente, podemos decir que mejora la comunicación gracias al avance del lenguaje y por el aumento de la interacción grupal. También, es la fase de comienzo de una moral autónoma; aparece la idea de deber moral y un sistema de valores de raíz fundamentalmente social.

4.3. Comportamiento Emocional

El comportamiento emocional continúa avanzando en la dirección ya emprendida de estabilidad, control y matización; consiguiéndose un gran salto en cada aspecto. Se produce el denominado síndrome escolar del niño bueno, tan propio de esta etapa; ya que el niño, en general, es atento, obediente, y puede aplazar sus primeros deseos.

Los intereses y motivaciones son mucho más variados que en la preescolaridad, descentrándose de sí mismo, para compartirlos y ajustarlos al entorno. Se agrupan y ordenan en sistemas, siendo ahora las motivaciones secundarias las organizadoras de las demás: tanto las sociales (comunicación e interacción) y las del logro (competición, resultados), como las de conocimiento (disonancia, evaluación, curiosidad).

5- Características generales del alumnado de la Etapa de Educación Primaria.

(Según Javier Castaño Ruiz, 2006. pp. 13-15 en su obra *Propuesta Didáctica para el Área de Educación Física en Educación Primaria*).

5.1. El niño(a) de 6 años.

PLANO MOTOR:

Tiene adquirido el ritmo, equilibrio y las coordinaciones tanto a nivel de motricidad fina y gruesa como de espacio y tiempo. Reconoce la derecha-izquierda en sí mismo y realiza órdenes de desplazamiento en el espacio. Sabe sentirse solo, va al baño, hace lazos y se ducha solo.

PLANO EMOCIONAL:

Responde negativamente a coacciones. La docilidad que mostraba a los cinco años la va perdiendo y se rebela ante situaciones que considera injustas, tanto si son provocadas por adultos o por sus compañeros. Es más "respondón".

PLANO SOCIAL:

Le gusta la actividad física, las luchas. Busca amigos constantemente, discrepando de ellos por las ideas propias.

PLANO ESCOLAR:

El criterio del maestro o maestra prevalece por encima de todo, habla para dirigirse a alguien y suele estar centrado en las tareas, permaneciendo mayor tiempo ejecutándolas, prestando su colaboración.

5.2. El niño(a) de 7 años.

PLANO MOTOR:

Baja su actividad con respecto a los seis años. Pone mucha atención, repite la misma acción muchas veces hasta llegar a dominarla. Controla mejor sus manos y ojos, pudiendo permanecer más tiempo en las mismas posturas.

PLANO EMOCIONAL:

Se emociona fácilmente. Se tapa los oídos para no escuchar ruidos fuertes. Le falta confianza en sí mismo, siente con mayor sensibilidad y se muestra algo introvertido.

PLANO SOCIAL:

Se hace servicial, soporta los juegos en grupo. Ordena su habitación, tiene celos de los menores, comienza la afición por el coleccionismo. Los niños tienen juegos violentos, al contrario de las niñas.

PLANO ESCOLAR:
Se fija en los demás que le rodean, tiene sosiego en su trabajo, conoce el tiempo y se da cuenta de su consumo.

5.3. El niño(a) de 8 años.

PLANO MOTOR:
 Cambian las proporciones corporales y ya hay diferencias morfológicas entre los sexos. Los ritmos psicomotores se encuentran en alza. Los niños juegan con cierta dureza y entusiasmo.

PLANO EMOCIONAL:
 Es espontáneo y desordenado. Pasa continuamente d un tema a otro. Admira a los padres.

PLANO SOCIAL:
 Aprecia más a los demás. Tiene necesidad de consejos y es menos servicial, aunque le gustan los premios. En los juegos hay separación por razón de sexo y tiene rivalidades con los demás. La televisión es muy importante en su vida.

PLANO ESCOLAR:
 Le gusta la escuela, ya domina mejor el espacio y es capaz de volver a casa solo. Habla en familia de la vida escolar y de sus experiencias.

5.4. El niño(a) de 9 años.

PLANO MOTOR:
 Aumenta su control postural y conoce sus dimensiones. Es más coordinado y su complexión física es un puente entre la infancia y la preadolescencia.

PLANO EMOCIONAL:
 Expresa las emociones. Hay que motivarlo y se siente avergonzado si se le llama la atención delante de los demás. Le agrada que le traten como un adulto, aunque desprecia al otro sexo.

PLANO SOCIAL:
 Es servicial y ayuda. Tiene amigos íntimos. Quiere clasificar y conocer todo.

PLANO ESCOLAR:
 Le gusta la escuela. Tiene orden, trabajo rápido, aunque necesita ser estimulado.

5.5. El niño(a) de 10 años.

PLANO MOTOR:

La estructura corporal ha cambiado. Quiere gastar las energías. Las niñas muestran ya signos de preadolescencia, mientras que los niños se desarrollan más lentamente. Por ello, empeora el nivel de coordinación y equilibrio. Aumenta la fuerza muscular y hay mayor desarrollo neurofisiológico.

PLANO EMOCIONAL:

Es menos miedoso, más sincero y apegado a la familia. Es más realista y tiene poca armonía con el otro sexo.

PLANO SOCIAL:

Ocupa su tiempo de ocio en juegos. Le gusta crear y tener amigos íntimos. La televisión sigue teniendo gran importancia.

PLANO ESCOLAR:

Muestra autocrítica. Le gusta aprender y tiene más memoria. Muestra ansiedad de una libertad de acción y organiza él mismo su espacio y tiempo.

5.6. El niño de 11 años.

PLANO MOTOR:

Tiene un gasto continuo de energía. Muestra su competitividad y es fuerte. Las niñas se lanzan hacia la preadolescencia y los niños aumentan su masa corporal.

PLANO EMOCIONAL:

Es rencoroso, y a veces desagradable. Tiene mejor comportamiento fuera de la familia. Tiene celos y muestra curiosidad.

PLANO SOCIAL:

Suele discutir y criticar. Muestra intereses personales. Se separa del otro sexo.

PLANO ESCOLAR:

Descubre el humor. Tiene gran capacidad de trabajo. Les gustan las actividades extraescolares y muestra una insaciable curiosidad, al mismo tiempo que habla y expresa ideas.

6- Características generales de los jóvenes futbolistas: aspectos cognitivos, aspectos corporales y motrices, aspectos afectivos y actitudinales (Expósito Bautista, Juan. 2010).

Con relación a la especialidad fútbol, incluimos a continuación un resumen de lo expresado por Expósito Bautista, Juan (2010), en su importante trabajo *Es-*

cuelas de fútbol base. Planificación y programación cuando describe el desarrollo personal de los alumnos de la Escuela de Fútbol, Pre-Benjamines, Benjamines y Alevines:

6.1. Prebenjamines

6.1.1- Aspectos cognitivos.

El desarrollo cerebral atraviesa un período de crecimiento estable, estando en una etapa de pensamiento intuitivo, que se va "descentrando", con predominio de la percepción global e indiferenciada, polarizada sobre los aspectos más llamativos. La atención suele ser inestable y se mantiene mientras dura el interés, manifestándolo en las cosas que les gustan.

Los niños a estas edades no tienen una representación adecuada de la realidad: conciben las cosas a su imagen (gran subjetivismo) y se creen el centro de todo (egocentrismo).

Carecen del sentido de lo relativo, de la reflexión y de la autocrítica. Son imaginativos, imitativos, curiosos e impacientes.

Como resumen, diremos que, durante la etapa Pre-benjamín, se produce un paso progresivo del pensamiento egocéntrico y sincrético al pensamiento descentrado y analítico.

6.1.2- Aspectos corporales y motrices.

Es un período de aumento progresivo y se estable en el crecimiento físico, sobre todo de las piernas. El cuerpo manifiesta una forma, generalmente, rectilínea y relativamente plana, siendo notable en la caja torácica.

Se produce una pérdida de las almohadillas de grasa (sobre todo en las articulaciones) y una mayor robustez en el cuello, desarrollando a su vez los grandes músculos y no tanto los pequeños, lo que produce un desequilibrio en la coordinación. No obstante, como los procesos de maduración del equilibrio y de la coordinación son patentes, muestran aceptables patrones motores y habilidades básicas.

Se produce de manera considerable un gasto de energía, ya que es habitual que pasen de períodos muy activos a otros cercanos al agotamiento. La resistencia es baja y se cansan rápidamente, por el gran crecimiento del corazón, en comparación con los años anteriores.

Poseen poco control de los impulsos motores y se encuentran en el paso progresivo de la acción del cuerpo a la representación corporal, pasando también del movimiento global al diferenciado.

Tienen sentido cinestésico del ritmo y del espacio; se encuentran también en la afirmación definitiva de la lateralidad y diferenciación derecha / izquierda. En este periodo es donde pueden aparecer los defectos posturales del movimiento.

Por último, es muy probable que encontremos a niños que padezcan, fácilmente, enfermedades respiratorias altas, por el aumento del tejido linfático, productor de las defensas sanguíneas (amígdalas, vegetaciones).

6.1.3- Aspectos afectivos y actitudinales.

La salida del entorno familiar propicia el inicio de la sociabilidad, pero la camaradería es casual y frecuentemente cambiante.

Son egocéntricos, individualistas, impositivos, sensibles y no aceptan bien las críticas, pero buscan y desean la aprobación del adulto.

El deseo de afirmar su personalidad crea tensiones. Pocas veces son generosos; no obstante, comienzan a cooperar y a trabajar en grupo, pero necesitan la intervención del adulto para asentar las bases.

En la mayoría de sus acciones son indiferentes al sexo. Tienen dificultades para tomar decisiones y un comportamiento inquieto.

Les gustan las cosas familiares y tienen necesidad de seguridad, es decir, que el adulto este cerca de él pero sin meterse en su actividad.

Participan en juegos de cooperación y respetan las reglas establecidas si son simples y concretas.

6.2. BENJAMINES

6.2.1- Aspectos cognitivos.

Período de estabilidad del crecimiento cerebral. Entran de lleno en el subperíodo de las operaciones concretas. Comienzan a utilizar la lógica y a ser más independientes de los aspectos perceptivos. Empieza a predominar la realidad sobre la imaginación, desarrollando y consolidando la capacidad analítica.

Son capaces de organizar nociones espaciales y temporales, de formar clasificaciones y categorías de objetos y aparecen nociones de conservación de la sustancia, del peso y del volumen. La atención es mayor, pero aún es evidente un desasosiego general.

La representación mental del cuerpo se consolida, así como las nociones derecha/izquierda. Esta edad es intelectualmente más curiosa que la anterior y generalmente aventurera.

6.2.2- Aspectos corporales y motrices.

El ritmo del desarrollo se estabiliza y los cambios estructurales son menores. El crecimiento en altura es más lento que en el período anterior; en cambio, aumenta en anchura por lo que, morfológicamente, el niño está muy proporcionado; no obstante las extremidades siguen creciendo más que el resto del cuerpo.

Debido a que los músculos pequeños se desarrollan más que los grandes y a que hay una mejora en lo sensorial y en lo neurológico, la coordinación mejora, espacialmente la óculo / manual por lo que se produce un refinamiento de la coordinación motriz.

Este período se caracteriza por la escasez de enfermedades aunque aumenta el tejido graso subcutáneo, lo que unido a una alimentación inadecuada, puede provocar la aparición de sobrepeso y de obesidad.

Ganan en equilibrio y vigor. Tienen un excedente de energía, lo que se traduce en un aumento considerable de la vitalidad y en un infatigable afán de actividad, que busca el rendimiento y la competición.

Su motricidad es orientada y voluntaria, consiguiendo dominar¬dominar su movimiento (total dominio motriz y mayor fuerza muscular), se produce una independencia funcional de los diversos segmentos y elementos corporales por lo que hay independencia de la derecha y de la izquierda.

Aumenta la economía motriz, a favor de un movimiento más exacto y funcional. Es una fase de mayor rendimiento corporal y de movimientos más económicos y eficaces.

Responden mejor a los esfuerzos de resistencia porque el corazón y los pulmones alcanzan mejores condiciones. La recuperación después del esfuerzo es relativamente rápida. Con una práctica apropiada se estimula la capacidad aeróbica y la hipertrofia del músculo cardíaco.

6.2.3- Aspectos afectivos y actitudinales.

No suelen crear problemas de relación con el adulto ya que coincide con el desarrollo por la determinación de tomar decisiones. Suelen discutir sobre lo correcto y lo incorrecto, aunque se encuentran adaptados a su estatus y satisfechos con el papel que les corresponde.

A pesar de que tienen gran deseo de independencia y el sentido de la rivalidad es grande, la búsqueda y aceptación por los demás se hace muy importante, desarrollándose con ello los instintos gregarios (hacen pandillas).

6.3. ALEVINES

6.3.1- Aspectos cognitivos.

El cerebro es capaz de actuar de forma más eficiente y de tratar más información y de manera más rápida, debido a la maduración de las estructuras cognitivas (atención, percepción, memoria, inteligencia).

Su comprensión temporal se perfecciona, lo que se traduce en una capacidad para hacer proyectos.

Acceden al pensamiento formal, comprendiendo las leyes internas que subyacen en los fenómenos reales, comprendiendo los principios generales de la acción siendo capaces de elaborar síntesis a partir de datos reales.

Desarrollan el pensamiento abstracto, teniendo la capacidad crítica y afán por explicarlo todo en términos de leyes del pensamiento.

La lógica de las operaciones concretas tiene su apogeo; reflexionan, se plantean problemas, sopesan los pros y los contras antes de tomar una decisión, sopesan la acción y piensan sus ideas ejerciendo una crítica rigurosa.

Al final del ciclo comienza a emerger la inteligencia teórica, diferenciándose de la inteligencia práctica.

6.3.2- Aspectos corporales y motrices.

El proceso de desarrollo se acelera preparando la pubertad, aparecen los primeros signos de maduración sexual. Se origina el segundo cambio de configuración morfológica¬morfológicagica, caracterizado por peculiares desarmonías y el crecimiento rápido de las piernas. Es el momento del llamado estirón del crecimiento, debido a que aumenta en pocos años un número considerable de centímetros, aunque no todos lo hacen al mismo tiempo.

Los cambios estructurales se manifiestan por modificaciones en el tejido óseo, siendo a nivel escapular en los niños y pélvico en las niñas.

Los músculos aumentan en longitud a medida que crecen los huesos produciéndose un equilibrio en todas las funciones del desarrollo.

En este período se perfeccionan muchos de los logros motores alcanzados en años anteriores. Aumenta la actividad física, manifestando mejoras en los grandes sistemas encargados de la producción de energía, lo que favorece que sean capaces de estar más tiempo trabajando, con mayor intensidad y con mayor rapidez; es decir, se manifiesta una mejora cualitativa y cuantitativa, el niño es capaz de hacer muchas cosas y bien.

6.3.3- Aspectos afectivos y actitudinales.

En esta etapa poseen un sentimiento vital de optimismo. Separan definitivamente el mundo interior del exterior. Poseen un conocimiento más objetivo de la realidad.

Descubren el "yo personal", aumentando el sentimiento de sí mismo, de la propia identidad. La motivación por el logro se va independizando de la estimulación familiar y docente, centrándose en el grupo de pares.

Muestran interés por practicar y compararse con los demás en sus proezas motrices: luchas, competitividad, hacerse valer y reconocer.

Se refuerzan de las relaciones de grupo elaborando a su vez un sistema rígido, quieren ser tratados como adultos.

Comienza el distanciamiento entre los dos sexos, a lo largo de esta etapa se refuerzan las formas y los comportamientos relacionados con el sexo (el niño y la niña acaban identificándose con el papel que la sociedad asigna a cada sexo, interiorizando las normas de conducta correspondientes).Aparece el orgullo masculino (sentimiento de superioridad frente a las niñas, "sexo débil"). Comienzan a preocuparse por todo lo relativo al aspecto corporal.

7- Fundamentación de los criterios aplicables a las características de cada etapa, referenciada en expertos.

Recomendamos aplicar a nuestros objetivos, a nuestras finalidades educativas en cada etapa, criterios basados en la anterior información, que corresponde a autores de reconocido prestigio.

Cuanto mejor conozcamos las características de los jóvenes participantes en nuestra Escuela de Fútbol, mayores serán nuestras posibilidades en el planteamiento formativo idóneo y en las finalidades educativas adecuadas.

Capítulo 4
BASES PARA EL PLANTEAMIENTO DEL PROCESO FORMATIVO Y LA CONCRECIÓN DE OBJETIVOS

1.– Las enseñanzas mínimas para el Área de Educación en Primaria, fijadas en el sistema educativo español, como referencia de los objetivos y contenidos a establecer en las Escuelas de Fútbol.

El fútbol de base que se practique en una Escuela de Fútbol, es una forma de deporte para todos y puede definirse como una actividad que contribuye a la elevación de la calidad de vida y aunque no estuviera obligadamente vinculada a la Educación Física de la enseñanza oficial, si creemos debe tenerla como referencia de sus objetivos formativos, tanto en entrenamientos como en competiciones, proporcionando siempre efectos recreativos y de disfrute.

Las Escuelas de Fútbol, no condicionan su oferta de plazas deportivas y actúan abriendo la participación a todos los niños-as, los cuales dispondrán de un fútbol de competición adecuada y bajo principios que favorezcan su formación integral, con criterios lúdicos y de recreación.

Todo ello, mediante actividades deportivas, entrenamientos y competiciones bien organizadas y con profesionales de suficiente nivel, de forma que aunque se trabaje sin selección previa y sin conceptos excluyentes, se haga viable que cuando los jóvenes deportistas terminen su participación en la Escuela de Fútbol, según su nivel, puedan:

Seguir en Clubs de fútbol federado de competición normalizada.
Pasar a Clubs orientados al alto rendimiento.

En ambos casos, se logran los fines de la función social de una escuela de fútbol, es decir, favorecer la formación integral del joven, la práctica continuada del deporte y hábitos de vida saludables.

Desde la idea de que consideramos fundamental el referenciar las actividades de nuestra escuela de fútbol, en las disposiciones legales vigentes en el ámbito educativo y federativo en cada momento, estimamos de interés, incluir a continuación un breve resumen del *Real Decreto 1513/2006* de 7 de Diciembre de 2006, por el que se establecieron enseñanzas mínimas de la Educación Primaria, en cuanto al Área de Educación Física, exclusivamente, en el sentido de tomarlo como referencia opcional:

Las enseñanzas mínimas son los aspectos básicos del currículo en relación con los objetivos, las competencias básicas, los contenidos y los criterios de evaluación. El objeto de este Real Decreto es establecer las enseñanzas mínimas de la Educación primaria.

Los objetivos de la Educación primaria se definen para el conjunto de la etapa. En cada área se describe el modo en que contribuye al desarrollo de las competencias básicas, sus objetivos generales y, organizados por ciclos, los contenidos y criterios de evaluación. Los criterios de evaluación, además de permitir la valoración del tipo y grado de aprendizaje adquirido, se convierten en referente fundamental para valorar el desarrollo de las competencias básicas.

En la regulación que realicen las administraciones educativas, deberán incluir las competencias básicas, los objetivos, contenidos y criterios de evaluación, si bien la agrupación en bloques de los contenidos de cada ciclo establecida en este Real Decreto, tiene como finalidad presentar los conocimientos de forma coherente.

Educación física

Esta área, que tiene en el cuerpo y en la motricidad humana los elementos esenciales de su acción educativa se orienta, en primer lugar, al desarrollo de las capacidades vinculadas a la actividad motriz y a la adquisición de elementos de cultura corporal que contribuyan al desarrollo personal y a una mejor calidad de vida.

No obstante, el currículo del área va más allá de la adquisición y el perfeccionamiento de las conductas motrices. El área de Educación física se muestra sensible a los acelerados cambios que experimenta la sociedad y pretende dar respuesta, a través de sus intenciones educativas, a aquellas necesidades, individuales y colectivas, que conduzcan al bienestar personal y a promover una vida saludable, lejos de estereotipos y discriminaciones de cualquier tipo.

La enseñanza de la Educación Física en estas edades debe fomentar especialmente la adquisición de capacidades que permitan reflexionar sobre el sentido y los efectos de la actividad física y, a la vez, asumir actitudes y valores adecuados con referencia a la gestión del cuerpo y de la conducta motriz. En este sentido, el área se orienta a crear hábitos de práctica saludable, regular y continuada a lo largo de la vida, así como a sentirse bien con el propio cuerpo, lo que constituye una valiosa ayuda en la mejora de la autoestima. Por otra parte, la inclusión de la vertiente lúdica y de experimentación de nuevas posibilidades motrices puede contribuir a establecer las bases de una adecuada educación para el ocio.

Las relaciones interpersonales que se generan alrededor de la actividad física permiten incidir en la asunción de valores como el respeto, la aceptación o la cooperación, transferibles al quehacer cotidiano, con la *voluntad de encaminar al alumnado a establecer relaciones constructivas con las demás personas en situaciones de igualdad. De la misma manera, las posibilidades expresivas del cuerpo y de la actividad motriz potencian la creatividad y el uso de lenguajes corporales para transmitir sentimientos y emociones que humanizan el contacto personal.*

De la gran variedad de formas culturales en las que ha derivado la motricidad, el deporte es una de las más aceptadas y difundidas en nuestro entorno social, aun cuando las actividades expresivas, los juegos y los bailes tradicionales siguen gozando de un importante reconocimiento. Con ello, la complejidad del fenómeno deportivo exige en el currículo una selección de aquellos aspectos que motiven y contribuyan a la formación del alumnado, tanto desde la perspectiva del espectador como desde la de quienes los practican.

La estructuración de los contenidos refleja cada uno de los ejes que dan sentido a la Educación física en la enseñanza primaria: el desarrollo de las capacidades cognitivas, físicas, emocionales y relacionales vinculadas a la motricidad; la adquisición de formas sociales y culturales de la motricidad; y la educación en valores y la educación para la salud. .../...

Como puede observarse, dicho *R.D. 1.513/2006,* establecía, entre otros aspectos, la fundamentación aplicable a la Educación Física en Primaria, en cuanto a
- Objetivos
- Competencias básicas
- Contenidos
- Criterios evaluativos del proceso formativo
- Etc.

2.– Objetivos para cada etapa y categoría de la Escuela de fútbol.
   a) Escuela de Fútbol
   b) Resto de etapas de Fútbol Formativo

Se hace referencia al resto de etapas, como una información del contexto formativo. Cómo es útil la Escuela de Fútbol tanto a la función social, como para evidenciar talentos para la élite.

2.1.– Etapas formativas y categorías

ORGANIZACIÓN DEL FÚTBOL FORMATIVO	
ETAPAS	**CATEGORÍAS**
INICIACIÓN: ESCUELAS DE FÚTBOL	• Pre-Benjamín • Benjamín B – 1er año • Benjamín A – 2º año • Alevín 7 - B – 1er. año • Alevín 7 – A – 2º año
DESARROLLO	Infantil B – 1º año Infantil A – 2º año
PERFECCIONAMIENTO	• Cadete B - 1º año • Cadete A - 2º año • Juvenil C - 1º año • Juvenil B - 2º año
ALTO RENDIMIENTO	• Juvenil A - 3º año • Tercer equipo senior • Segundo equipo senior
CULMINACIÓN DEL PROCESO FORMATIVO	• Incorporación a la plantilla del primer equipo • Cesión a otros equipos

2.2. Objetivos generales y objetivos específicos, en el fútbol formativo

Consideramos que, también en los Clubs de élite, el Fútbol Formativo, el Fútbol de Cantera, debiera tener como referencia el Currículo que las Instituciones educativas estimen para cada edad.

La definición de currículo que hace la Ley Orgánica de la Educación
(BOE Nº 106/2006), es la siguiente:

Es el conjunto de objetivos, competencias básicas, contenidos, métodos pedagógicos y criterios de evaluación de cada una de las enseñanzas reguladas en la presente Ley.

Entendiendo como objetivo, la finalidad educativa que pretendemos lograr durante el proceso de nuestro fútbol formativo, definimos:

- Objetivos generales, que son el primer nivel de concreción y que se aplicarán a todas las categorías.

- Objetivos específicos, que son el segundo nivel de concreción y que se redactarán de forma específica para cada categoría.

2.3. Resumen de objetivos generales

Con relación a los objetivos generales, incluimos a continuación lo que expresa De León Arpón, Miguel (2005- 22-24):

Lo importante es que desde cada club o entidad deportiva se reflexione y determine los objetivos que sus jugadores deberían alcanzar. Un ejemplo podría ser el siguiente:

1. ***Dominar*** *las habilidades técnicas y los principios tácticos, independientemente de la variedad de situaciones de juego ofensivas y defensivas, asentando las bases para su aplicación creativa.*

2. ***Mejorar de forma armónica y compensada*** *sus cualidades físicas, entendiendo su desarrollo como parte inherente a su evolución futbolística, minimizando la aparición de lesiones y patologías deportivas.*

3. ***Incrementar*** *de manera progresiva su capacidad de atención, la rapidez en la discriminación perceptiva y la concentración e interpretación de la situación de juego, decidiendo y ejecutando la opción más eficaz para el equipo en cada momento del juego.*

4. ***Comprender*** *las características del juego en su vertiente normativa, técnica, táctica, psicológica, sociológica y física.*

5. ***Desarrollar*** *las bases que permitan al jugador incorporarse a etapas competitivas de mayor complejidad, reconociendo en la autoexigencia, el esfuerzo personal, la capacidad autocrítica y el trabajo en equipo, actitudes fundamentales para conseguirlo.*

6. ***Estabilizar*** *los hábitos higiénicos en la práctica del fútbol, considerando imprescindibles aspectos como el calentamiento, ejercicios compensatorios, aseo personal, utilización del material adecuado, etc.*
7. ***Saber*** *los efectos perjudiciales que para su salud y rendimiento deportivo tienen ciertos hábitos, como: consumo de drogas, consumo de alcohol, alimentación desequilibrada, escasas horas de sueño, etc. ...*

...No se trata únicamente de que el jugador adquiera unas habilidades técnicas y tácticas, de que desarrolle su condición física y que mejore su capacidad de concentración, etc... El jugador debe saber qué es lo que se hace, para qué sirve, cómo se debe hacer, cuándo realizar este o aquel ejercicio, etc. Además de mejorar el aprendizaje cuantitativamente (el jugador aprende más, alcanza más objetivos) también se logran mejoras cualitativas. El jugador se implica en el proceso, aprende a aprender, a entrenar, alcanzando de manera progresiva cuotas de mayor independencia y capacidad crítica. Esto, a su vez, exigirá a los técnicos una continua actualización de sus conocimientos y estrategias de entrenamiento. ...

... Los objetivos generales de etapa se plantean aquí de manera general. Cada club concreta, matiza, añade, modifica y prioriza estos objetivos para que se adecuen a la realidad deportiva de la institución y los jugadores vinculados. Por ejemplo, no serán los mismos objetivos para una escuela de fútbol recién creada que para una escuela de fútbol consolidada.

El referido autor De León Arpón (2005), expresa que la C.S.A. (Canadian Soccer Association, 2004) concreta los objetivos de etapa por bloques: técnico, táctico, psicológico, condicional:

- **Técnica – Se espera de los jugadores:**
  – Sean capaces de abordar cómodamente las situaciones de juego.
  – Sean creativos.
  – Sean eficientes y realicen un número alto de tareas.
  – Puedan leer e interpretar correctamente la evolución de las situaciones de juego.
  – El fútbol sea su deporte fuerte y se apoye en su competencia en otros deportes.
  – Puedan realizar correctamente pases, controles, conducción bajo presión.
  Tengan una buena técnica con presión del adversario

- **Táctica – Se espera de los jugadores:**
  – Entiendan el juego.

–Realicen apoyos.
–Ataquen bien en situaciones 1 x 1, ataque en grupo y ataque de conjunto.
Defiendan bien en situaciones 1 x 1, ataque en grupo y ataque de conjunto

- **Psicológico – Se espera de los jugadores:**
  –Tomen la iniciativa.
  –Tengan confianza en si mismos.
  –Tomen responsabilidades.
  –Se comporten bien.
  –Sean creativos.
  –Sean positivos y leales a la institución.
  Tengan energía para practicar, sacrificarse y ganar

- **Condicional - Se espera de los jugadores :**
  –Buena velocidad de decisión, ejecución y reacción.
  –Buen acondicionamiento físico.
  –Buena fuerza y valor para conseguir los objetivos

Es una de las pocas fuentes consultadas que trata de abordar el diseño de objetivos a alcanzar por los jugadores del fútbol base. En este sentido se convierte en referencia. No obstante, estimamos una previa adaptación y después aplicarlo a los ámbitos convenientes.

3. Fútbol Formativo: visión global de etapas y materias.

Wanceulen, *et al.* (2008- pp. 148-151), referencian objetivos y contenidos aplicables a las áreas formativas (Técnica-Táctica-Educación Física / Preparación Física y Factores Psicológicos). Incluimos a continuación una serie de tablas agrupadas de la siguiente forma:

3.1 Etapas del proceso de formación del futbolista.
3.2. Resumen abreviado de objetivos para cada nivel.
3.3. Resumen abreviado de contenidos para cada nivel y cada materia.
    3.3.1. Técnica
    3.3.2. Táctica
    3.3.3. Educación Física / Preparación física
    3.3.4. Factores Psicológicos

3.1.– Etapas del proceso de formación del futbolista.

FASES	FASE DE INICIACIÓN Categorías Pre-Benjamín, Benjamín y Alevín
	FASE DE DESARROLLO Categoría Infantil
	FASE DE PERFECCIONAMIENTO Categoría Cadete y Juvenil 1er año
	FASE DE RENDIMIENTO Categoría 2º y 3º Juvenil Equipo Filial y Primer Equipo
	FASE DE CULMINACIÓN Equipo Filial y Primer Equipo

3.2.– Resumen abreviado de objetivos para cada nivel

FASE DE INICIACIÓN (Pre–Benjamín, Benjamín y Alevín)	
OBJETIVOS GENERALES	• APRENDIZAJE de los fundamentos y acciones esenciales y generales del juego.
OBJETIVOS ESPECÍFICOS	• Formación integral y global del joven. • Desarrollo de los mecanismos perceptivos de toma de decisión y de ejecución. • Desarrollo de la creatividad. • Fijación de los esquemas perceptivos de la técnica individual. • Mejora de la Educación Física de Base como fundamento para armonizar su desarrollo psicomotor.

FASE DE DESARROLLO (Infantil)	
OBJETIVOS GENERALES	• DESARROLLO de los fundamentos y acciones específicas del juego.
OBJETIVOS ESPECÍFICOS	• Inicio a la formación especializada del joven futbolista. • Mejora de las acciones técnico-tácticas en función al estilo de juego y sistemas más esenciales. • Favorecer el desarrollo de las cualidades motrices para beneficiar la progresión del aprendizaje técnico.

FASE DE PERFECCIONAMIENTO (Cadete y 1.er año Juvenil)	
OBJETIVOS GENERALES	•DESARROLLO de los fundamentos y acciones específicas del juego.
OBJETIVOS ESPECÍFICOS	•Formación especializada del joven futbolista. •Lograr un elevado nivel de ejecución de las misiones específicas que debe dominar el jugador en su demarcación. • Iniciación a sistemas tácticos complejos. • Perfeccionar las acciones técnico-tácticas en función a los sistemas trabajados. • Predominio del trabajo físico general e inicio en el segundo año cadete de la preparación física específica

FASE DE RENDIMIENTO (2º y 3º año juvenil)	
OBJETIVOS GENERALES	• Lograr la máxima eficacia en las acciones que el futbolista debe dominar en la Competición. • Período de culminación del proceso.
OBJETIVOS ESPECÍFICOS	• Formación específica del jugador. • Lograr del máximo nivel de ejecución en sus acciones. • Perfeccionamiento sistemas tácticos usuales y complejos. • Perfeccionar las acciones técnico-tácticas en función a los sistemas trabajados. • Desarrollo final del trabajo físico específico progresivamente en los tres años de la categoría juvenil, alcanzando valores cercanos al máximo.

FASE DE CULMINACIÓN (Filial y primer equipo)	
OBJETIVOS GENERALES	• Culminación del proceso de formación del futbolista.
OBJETIVOS ESPECÍFICOS	• Formación especializada del joven futbolista. • Lograr un elevado nivel de ejecución de las misiones específicas que debe dominar el jugador en su demarcación. • Iniciación a sistemas tácticos complejos. • Perfeccionar las acciones técnico-tácticas en función a los sistemas trabajados. • Predominio del trabajo físico general e inicio en el segundo año cadete de la preparación física específica

4. Puntos de referencia para los objetivos aplicables a la competición.

Los objetivos que se pretenden conseguir con el tipo de competición que vayamos a aplicar en la formación del joven futbolista, tendrán como referencia principal sus intereses, sobre todo en aspectos de salud y desarrollo evolutivo normalizado.

Una vez seleccionado el joven y teniendo claro el ámbito deportivo que le conviene, su participación irá hacia:

a) Objetivos de fútbol educativo-recreativo, de fútbol para todos, fútbol-tiempo libre.

b) Objetivos de fútbol educativo-competitivo fútbol hacia el alto rendimiento.

Pretendiendo subrayar la compatibilidad de los objetivos competitivos con los educativos, hemos dado a este apartado una expresión relacional: EDUCATIVO-COMPETITIVO.

Gil Morales, Pablo Ángel (2.001, pp. 88-90), analiza los objetivos propios de una programación de actividades físicas y deportivas y su adecuación a los diferentes ámbitos en los que éstas puedan desarrollarse. De éste autor incluimos a continuación una adaptación de lo que expresa sobre los objetivos en el marco educativo, en el competitivo y en el marco recreativo:

4.1. Los objetivos en un marco Educativo-Recreativo

En el marco Educativo:

Obviamente, los objetivos de una programación de actividades físicas y deportivas en un ámbito educativo dependen y están en conexión con los objetivos del sistema educativo del que forman parte. En un ámbito educativo, los objetivos tienen intenciones socializadoras.

Todos los deportes, ejercicios, juegos y actividades físicas se pueden abordar para conseguir fines u objetivos educativos...

En el marco Recreativo:

Disfrutar realizando ejercicios y actividades físicas-regladas o no- es la característica fundamental de este ámbito o marco. Por lo tanto, los objetivos están todos encaminados a proporcionar a los individuos una sensación de agrado y bienestar con estas prácticas. No están excluidos totalmente los aspectos primordiales de los otros marcos en este. Lo importante aquí, no es competir o intentar ser el mejor), aunque podemos competir como un medio (y no como un fin)...

El carácter fundamental de los objetivos del ámbito recreativo es el de agrado personal en la actividad- agrado derivado de la realización de la actividad.

... Los objetivos como capacidades pueden no ser adecuados en una programación de carácter recreativo. No siempre los objetivos consistirán en conseguir un determinado nivel de destreza o conocimiento. El objetivo recreativo puede ser puramente actitudinal y consistir en experimentar el puro gozo de realizar determinadas actividades físicas. En éste caso, el objetivo no es instrumental ni formativo, sino que se centra en la esfera de la tarea afectiva.

4.2. Los objetivos en un marco Educativo-Competitivo

Este marco relacional de ambos conceptos lo consideramos viable y lo basamos en que no encontramos necesario dentro del proceso formativo de los jóvenes futbolistas, el marginar un objetivo en beneficio del otro.

Veamos lo que dice el referido autor Gil Morales (2.001, pág 89), con relación a los objetivos en un marco competitivo:

Estos objetivos difieren tanto de los educativos como de los recreativos. Pero ésta diferencia no debe hacernos despreciar la existencia de valores educativos y recreativos en el campo competitivo. En el origen de las actividades físicas competitivas están presentes aspectos competitivos y formativos. Nadie puede dudar del valor educativo y formativo de la disciplina que se requiere para seguir un entrenamiento deportivo a nivel competitivo o profesional, ni del lugar tan importante que ocupa como ocio (ámbito recreativo), la dedicación competitiva -y no sólo para los espectadores de estas competiciones-, ya que, a veces, lo recreativo consiste en una competición. Lo que ocurre es que el fin de quien compite es, primordialmente, ganar. Los intereses individuales y colectivos, que tiene el deporte en este campo competitivo, superan a otros objetivos.

A continuación repasamos lo expresado por varios autores con relación a los aspectos positivos y negativos de la competición:

5. La visión positiva de la competición

El futbolista tiene que enfrentarse a una alta intensidad competitiva que le lleva a exigirse en todas las capacidades necesarias para el alto rendimiento.

El futbolista se transforma por fuerza de la necesidad –una competición exigente que le reclama lo mejor de si mismo– en un elemento activo que buscará en los aprendizajes, en los sistemas y métodos de entrenamiento técnico, táctico, físico y psicológico, el control ejemplar de su cuerpo y de su espíritu. Y ese resultado positivo de si mismo-anterior al resultado positivo de los partidos de fútbol- será lo que defina el primer concepto de lo que entiendo por competición futbolística desde una perspectiva positiva. (Coca, Santiago, 1985. pág. 32).

Pérez Turpin, José Antonio y Suárez Llorca, Concepción (2005-29), refiriéndose a los beneficios de la competición expresan:

...*Siguiendo a Buceta (2001), refiriéndose a los beneficios de la competición en edades tempranas dice, que la competición es:*
- *Asumir responsabilidades*
- *Aceptar y cumplir compromisos con los demás*
- *Ser exigentes con uno mismo, pero aceptando las propias -limitaciones*
- *Ser perseverantes realizando el máximo esfuerzo posible*
- *Aprender a luchar y ser constante*
- *Ser capaz de trabajar en grupo*
    - *pensando en los intereses colectivos*
    - *sacrificando planteamientos egoístas en beneficio del grupo*
    - *cooperando con los demás para conseguir objetivos comunes*
- *Aceptar y respetar las normas; compitiendo con honestidad, sin trampas*
- *Aceptar equilibradamente las victorias y las derrotas, los éxitos y los fracasos, los aciertos y los errores.*
- *Ser capaz de obtener el máximo beneficio de la experiencia de la competición, con independencia del resultado.*
- *Respetar a los demás: ya sean compañeros, rivales, jueces; aunque sean diferentes, tengan otros objetivos, o no se esté de acuerdo con ellos*
- *Ser tolerante y solidario con otras personas; aceptando las debilidades y errores ajenos, y ayudando a aquellos que lo necesiten.*

Y analizando el deporte como proyecto de vida y concretamente en su dimensión agonística, Paredes Ortiz, Jesús (2003- pág 257), dice:

Hay que reconocer que la competitividad contiene valores educativos. El ser humano siente el agonismo, lucha contra si mismo, contra el adversario, contra el tiempo, contra el espacio y contra sus propias limitaciones. En cierta manera, el deporte es posible gracias a la competitividad. La competitividad nos da la oportunidad de juzgarnos, de verificar nuestras capacidades y dar pruebas de tolerancia frente a los demás y ante el ganar o perder. Pero también es necesario admitir que el actual deporte, se está contaminando de una cierta y desmedida "obsesión competitiva". No pretendemos desterrar el aspecto competitivo del deporte. Lo que deseamos es que sea ordenado, adecuado y compatible con los factores humanos. Es necesario que no propugnemos ni promocionemos la competitividad, sino mas bien trabajemos para despertar una actitud solidaria y comunicativa. Esto significa situar la competitividad en su justa medida, es decir, que la competitividad no anule el fair play *y la función social del deporte...*

6. La visión negativa de la competición

La visión negativa de la competición puede basarse, por un lado en la necesidad de controlar debidamente sus intensidades, subordinándola a las necesidades del joven, y por otro, el orientar debidamente a cada participante en el ámbito adecuado según su aptitud y capacidades.

Al igual que con otras capacidades o factores de rendimiento, la valoración de características psicológicas para el fútbol competitivo, nos puede situar en decisiones de aptitud o de no aptitud.

Es por tanto, conveniente que el joven disponga de unas características mínimas, antes de ser orientado hacia el fútbol de alto rendimiento.

No consideramos conveniente orientar a todos los jóvenes a enfrentarse a las exigencias que pueda tener la alta competición. Como en los demás factores de rendimiento:

- Unos pueden ser aptos para iniciarse en la formación hacia el fútbol de rendimiento.
- Otros serán aptos para el fútbol recreativo con competición más asequible.

Santiago Coca, realiza en su obra *Hombres para el fútbol* (1985) un estudio psicológico del futbolista en competición y en la que analiza con fundamento y amplitud los factores claves de la competición. De las páginas 96 y 97, incluimos los apartados siguientes:

Con la mira puesta en la eficacia del resultado y en la seguridad del futbolista cuya posible vulnerabilidad ante la competición queremos corregir, previéndola, éstas serían las condiciones o cualidades mínimas exigibles:

a) En el campo de la inteligencia:

Por lo que respecta a su autovaloración:

- Seguridad propia derivada de su reconocida autosuficiencia. Darse cuenta conscientemente, del alcance de si mismo para comprometerse, (al margen de exigencias externas entrenadores, técnicos, directivos, etc...), consigo mismo.
- Ambición por rigor de exigencia. Si puede alcanzar el éxito, no debe renegar de él ni excusarse.
- Capacidad probada de autocrítica.

Por lo que respecta a la valoración de lo ajeno:

- Reconocimiento de la personalidad del oponente (individuo y equipo), al que respeta y de quien aprende como criterio permanente de contraste objetivo.

Por lo que respecta al nivel cultural:
- Conocimiento y discernimiento del mundo en que vive –su presente y su futuro relativamente cercano-, para integrarse en él sin rupturas.

b) En el campo de la voluntad:
Por lo que respecta a la decisión:
- Determinación agresiva, eufórica y eficaz, que supone una actitud constante en el esfuerzo.

Por lo que respecta al entrenamiento:
- Trabajo responsable que define el grado de incorporación al cumplimiento del deber.

Por lo que respecta a la iniciativa:
- Siendo práctico o economía de esfuerzos.
- Valentía para adoptar las decisiones al margen de lo previsto.

c) En el campo de la sociabilidad dinámica:
Ser elemento integrador en el grupo:
- Integrarse en el grupo.
- Favorecer la integración de los demás.
- Crear nuevas relaciones y nuevas posibilidades de trabajo.

Conflictividad innecesaria:
- Valorar la importancia del éxito del grupo sin renunciar al éxito de cada uno.

d) En el campo de la afectividad:
Resistencia a las frustraciones.
Estabilidad emotiva antes-en-después de la competición.
Esfuerzo voluntario: por encima de lo exigido.

7. Criterios competitivos aplicables en las Escuelas de Fútbol

Para obtener efectos formativos favorables a través de las actividades competitivas que se organicen en las Escuelas de Fútbol, es lógico aplicar solamente criterios de rango educativo–recreativo, que facilitarán la consecución de objetivos normalizados adecuados a la edad de los participantes y reiterando el principio de

"Competir para enseñar, no enseñar para competir"

Capítulo 5
OBJETIVOS FORMATIVOS PARA CADA ETAPA EN LA ESCUELA DE FÚTBOL

1. Las Escuelas de Fútbol y los objetivos educativos

Para que la Escuela de Fútbol cumpla su importante función social y formativa, debiera referenciar sus objetivos en un deporte de características educativas y recreativas.

Siguiendo a Giménez Fuentes-Guerra (2000. pp. 26-27), incluimos un resumen de esas características:

Resumen de características del deporte educativo

Según Contreras (1989)
- *Conocimiento, desarrollo de las cualidades potenciales, físicas, afectivo-emocionales, cognitivo-intelectuales y sociales.*
- *Capacidad de aceptarse a si mismo y aceptar las diferencias: no discriminatorio.*
- *Introducción en un mundo de normas y reglas. Juego limpio, mas importancia del concepto participación que el de competición.*
- *Potenciar la creatividad, los aspectos lúdicos del deporte.*
  .../...

Según Rodríguez López (1989)
- *El deporte es parte integrante de la educación*
- *Programas adecuados a las posibilidades de los alumnos/as.*
- *El material debe ser el adecuado.*
- *Posibilitar toma de decisiones en los niños/as.*
- *Los profesores deben estar técnicamente formados.*
  .../...

Según Rodríguez Campazas *et al.* (1984)
- *Tener un carácter mas abierto donde tengan cabida no solo los mejores, sino todos aquellos que quieran participar.*
- *Que su finalidad no se limite a la mejora de habilidades motrices, sino que se tengan en cuenta otros objetivos educativos.*
- *Que los resultados no tengan tanta importancia, valorando mas otros aspectos, como los actitudinales: el comportamiento, la superación o la cooperación.*
- *Que se fomente una actitud crítica hacia el deporte que nos venden los medios de comunicación y las aberraciones que se producen.*
-   .../...

Según Fraile(1997)
- *Desarrollar conductas saludables y hábitos higiénicos.*
- *Relacionarse con la formación en valores y actitudes positivas vinculadas con la práctica deportiva.*
- *Las metas y objetivos deben ser coincidentes y complementarios de la Educación Física escolar.*
- *Contribuir como medio educativo para la formación integral.*
-.../...

2- Resumen global de las finalidades educativas para pre-benjamines, benjamines y alevines, en una escuela de fútbol

Para el niño que participe en una Escuela de Fútbol, es necesario establecer finalidades educativas adecuadas a sus edades, de forma que se favorezca su formación integral y aplicar un proceso positivamente compatible, de forma que al final del nivel Alevín, tenga fundamentada su formación deportiva básica, con relación a posteriores etapas.

FINALIDADES EDUCATIVAS EN LA ESCUELA DE FÚTBOL	
Para Pre / Benjamines- Benjamines y Alevines	
• **Habilidades técnico-tácticas**	• Bases esenciales en habilidades técnico-tácticas • Introducción al juego colectivo: el trabajo individual y el trabajo en equipo
• **Condición motora**	• Desarrollo y mejora de la condición motriz • Fundamentar favorablemente la futura condición física básica
• **Aspectos psico-sociales**	• Actitud positiva en la relación grupal en cuanto a objetivos comunes • Competir para formarse, no formarse para competir • Saber ganar / saber perder: humildad y tranquilidad en la victoria y paciencia y autodominio en la derrota ...../....

• Aspectos cognitivos	• Conocimientos teóricos del fútbol en su nivel mas básico, sobre técnica, táctica, balón parado, reglas de juego, higiene, salud, etc. • Conocer los principios tácticos del fútbol y saber aplicar las habilidades técnicas al juego real
• Higiene y salud	• Hábitos de higiene y salud: entender que un joven futbolista necesita una vida sana que le ayude a soportar los esfuerzos del deporte, cuidándose en aspectos como horas de sueño y descanso, alimentación, aseo personal, estudio y formación, etc.

3. Bases para desarrollar una programación de sesiones en los distintos niveles

ESCUELA DE FÚTBOL – NIVEL: PRE-BENJAMINES Bases para desarrollar una Programación de Sesiones en este Nivel			
CAPACIDADES COORDINATIVAS		TÉCNICA	
Objetivos	Contenidos	Objetivos	Contenidos
Eficacia motriz en la etapa Pre-Benjamín	• Coordinación Dinámica General • Juegos diversos simplificados • Pre-Fútbol en campo reducido	• Rudimentos generales sobre las destrezas básicas • Trabajar especialmente Control y pase	• Sesiones de aprendizaje genérico • Prácticar con pelotas especiales • Pre-Fútbol en competición interna

ESCUELA DE FÚTBOL – NIVEL: PRE-BENJAMINES Bases para desarrollar una Programación de Sesiones en este Nivel			
TÁCTICA		REGLAS DE JUEGO	
Objetivos	Contenidos	Objetivos	Contenidos
• Iniciar al niño al juego colectivo, en su nivel más básico • Pase gradual desde el juego incondicionado al juego en cooperación con normas	• Clarificar los conceptos básicos de defender y atacarl •Practicar y entender la interrrelación básica en las acciones del juego. • Tolerancia posicional. •Competiciones internas de Fútbol–7 bien organizadas	• Iniciar al joven em el respeto a las normas del juego y en el respeto a los participantes. (Árbitros, jugadores, entrenadores, etc.	• Las principales reglas sobre: • Faltas e incorrecciones • Saques principales • A nivel de introducción al Fútbol–7

ESCUELA DE FÚTBOL – NIVEL: BENJAMINES Bases para desarrollar una Programación de Sesiones en este Nivel			
CAPACIDADES MOTORAS		TÉCNICA	
Objetivos	Contenidos	Objetivos	Contenidos
• Capacidades coordinativas • Mejorar la condición motriz del jugador en edad Benjamín Capacidades condicionales • Iniciación a las cualidades físicas	• Coordinación Dinámica General. • Equilibrio: Estático Dinámico • Percepción: Espacial Temporal • Iniciación a: • Resistencia aeróbica: • Velocidad reacción, gestual y de desplazamiento (frecuencia zancada) • Fuerza • Flexibilidad	• Fundamentación genérica de las acciones técnicas. • Mejorar especialmente: Control Pase Conducción Golpeo pies Cabeceo • Desarrollo de la creatividad	• Sesiones de aprendizaje de las principales acciones técnicas. • Sesiones que incluyan partidos orientados, para perfeccionar los gestos sobre el juego real. • Acciones Técnicas Combinadas • Introducción al Regate y la Finta

ESCUELA DE FÚTBOL – NIVEL: BENJAMINES
Bases para desarrollar una Programación de Sesiones en este Nivel

TÁCTICA Y ESTRATEGIA		REGLAS DE JUEGO	
Objetivos	**Contenidos**	**Objetivos**	**Contenidos**
• Iniciar al niño: • Los principios del juego: Defensivos y ofensivos • En el sentido posicional, dentro del Fútbol–7 • Sistemas de Juego de Fútbol 7, simplificados y formando al joven en el sentido posicional. • Iniciación a obligaciones que atiendan la doble función en el juego: atacar/defender • Introducir a los jóvenes futbolistas en acciones básicas a balón parado.	•Sesiones sobre los conceptos básicos de Defender –Crear – Atacar.l • Prácticas para entender el sentido posicional en cada momento del juego •Fundamentos de los principios del Juego • Principios Ofensivos Desmarque Ataque, Contraataque • Principios Defensivos Marcaje, Repliegue • Competiciones internas Fútbol–7 bien organizadas • Participación competiciones externas, según nivel formativo de los alumnos	• El conocimiento de todas las reglas de Juego de Fútbol–7	• Sesiones teórico-prácticas para la compresión de las reglas de Juego de Fútbol–7 • Practicar criterios de juego limpio y respeto a todos los participantes.

ESCUELA DE FÚTBOL – NIVEL: ALEVINES
Bases para desarrollar una Programación de Sesiones en este Nivel

CAPACIDADES MOTORAS		TÉCNICA	
Objetivos	**Contenidos**	**Objetivos**	**Contenidos**

• Capacidades coordinativas: Afinamiento en la condición motriz
 	
-•Capacidades condicionales: Fundamentar la condición física básica, para los niveles posteriores
.
	• Coordinación Dinámica General
	• Equilibrio:
	  - Estático
	  - Dinámico
	• Percepción:
	  - Espacial
	  - Temporal
	• Cualidades físicas básicas:
	• Resistencia aeróbica
	• Velocidad reacción, gestual y de desplazamiento (frecuencia zancada)
	• Fuerza
	• Flexibilidad
		• Fundamentación genérica de las acciones técnicas
		
		• Mejorar especialmente:
		  Control
		  Pase
		  Conducción
		  Golpeos pies
		  Cabeceo
		
		• Desarrollo de la creatividad
			• Sesiones de aprendizaje de las principales acciones técnicas
			
			• Sesiones que incluyan partidos orientados, para perfeccionar los gestos sobre el juego real
			
			• Acciones Técnicas combinadas
			
			• Introducción al Regate y la Finta.

ESCUELA DE FÚTBOL – NIVEL: ALEVINES Bases para desarrollar una Programación de Sesiones en este Nivel			
TÁCTICA Y ESTRATEGIA		REGLAS DEL JUEGO	
Objetivos	Contenidos	Objetivos	Contenidos
• Formar al joven en todos los sistemas de juego aplicables en Fútbol-7 • Formación en cuanto a jugadas a balón parado, tanto en ataque como en defensa.	•Perfeccionamiento de los Principios Ofensivos y Defensivos. • Afinamiento en aplicación de los distintos sistemas de juego de Fútbol-7. • Aplicación en partidos de una serie amplia de jugadas a balón parado.	• Conocimiento específico de todas las reglas de Fútbol- 7	• Sesiones teórico-prácticas que faciliten el conocimiento sobre Reglas de Fútbol-7 • Dejar sentadas las bases de respeto a entrenador, árbitro, jugadores , etc. .

Capítulo 6
EL FÚTBOL COMO MEDIO FORMATIVO: SUS POSIBILIDADES EN EL DESARROLLO DE LOS VALORES HUMANOS

1. El joven futbolista como protagonista del proceso

Para concretar las posibilidades educativas del fútbol, es necesario que primeramente precisemos "de que fútbol hablamos". Si hablamos de un fútbol pensado y organizado para una práctica abierta a todos, sin condicionantes eliminatorios, sin búsqueda de alto rendimiento por encima de todo y a cualquier precio y que sitúa al niño en el centro del proceso y de forma positiva, y siguiendo a Parlebás "interesando menos el ejercicio y mas el que se ejercita", estaremos ante un fútbol que será un hecho educativo.

Podemos hablar de fútbol educativo, cuando tengamos al niño como protagonista del proceso y al fútbol, como un medio para su formación integral.

Siguiendo los criterios expuestos por Wanceulen, Antonio (1982), consideramos prioritario crear las bases que posibiliten la ocasión de practicar fútbol a todos los niños que lo deseen, sin condicionante distinto a limitaciones médicas. Para las etapas Benjamín y Alevín, es ciertamente posible ofrecer actividades bien organizadas, de coste no elevado y capaces de cumplir su función social y con el necesario nivel en cuanto a los objetivos educativos que debe cumplir todo deporte.

El juego y el deporte son las formas más comunes de entender la Educación Física en nuestra sociedad: Por ello, puede aprovecharse como elemento motivador, potenciando actitudes y valores positivos

Decreto 105/92- Área de Educación Física) citado por Romero, Santiago y otros (1995).

El fútbol, como todo deporte cuando es bien aplicado, es un medio que dispone la Educación Física para su participación con las demás áreas formativas en el objetivo hacia la educación integral.

Hay que intentar una formación futbolística que no tenga como objetivo dominante el máximo rendimiento en las primeras edades, empezando temprano pero a su debido tiempo, respetando al niño y a su desarrollo armónico: compatibilizando su formación integral con la fijación natural de las bases para su futuro deportivo, con normalizado rendimiento y cuyo nivel tendrá como referencia, sus propias posibilidades y su libre participación.

Sáenz-López, Pedro y Tierra, José (1995), expresan que los deportes colectivos son mas ricos, desde el punto de vista perceptivo (espacio, tiempo, control externo), socio motriz (compañero, adversario), inteligencia motriz (adecuación continua, habilidad abierta, cambios de situación variables) y también citan el siguiente cuadro de valores educativos:

Valores educativos en los deportes colectivos
- Aumento de la motivación
- Mejora de la condición física
- Implica factores cognitivos
- Máximas exigencias en tácticas y estrategias
- Sociabilidad
- Coordinar acciones individuales con colectivas
- Contracomunicación motriz
- Practicar los deportes más populares
- Máximas dificultades perceptivas y decisionales
- Anticipación
- Desarrolla capacidad de cooperación
- Respeto a oponente
- Canalizar positivamente la competición.

Cagigal, José María (Edición de sus obras completas, 1995), refiriéndose a los objetivos educativos del deporte, cita los cuatro campos siguientes:
- Aprendizajes básicos psicomotores
- Aprendizajes psicomotores adaptados a tares específicas frecuente en la vida cotidiana
- Aprendizaje social por medio de la relación con los demás
- Vinculación psicoafectiva

Seirulo, Francisco (1995), en su trabajo *Valores educativos del deporte*", dice lo siguiente:

... Podemos asegurar que el deporte no solo tiene suficientes contenidos en su configuración para ser una actividad educativa, sino que posiblemente sea la realización humana que más pueda estructurar la personalidad humana del que lo practica... Los valores agonísticos, lúdicos y eronísticos, fundamentos del deporte, pueden configurar la personalidad del que vive la práctica deportiva... Asimismo, podemos indicar que aquel sujeto que no practicó deporte en estas condiciones, puede tener lagunas en algunos aspectos fundamentales de su educación si no hizo un sin fin de otras actividades, que le habrán podido, en el mejor de los casos, aportar situaciones vividas parcialmente y que solo la práctica deportiva es capaz de aglutinar y ofrecerlos en coyuntura de alto valor educativo.

... La educación en las prácticas deportivas, no es el aprendizaje de sus técnicas o tácticas, ni siquiera los beneficios físicos y psíquicos de una buena preparación física que sustenta su rendimiento, sino que lo realmente, y único educativo, son

las condiciones en que puedan realizarse esas prácticas que permitan al deportista comprometer y movilizar sus capacidades de tal manera que esa experiencia organice y configure su propio yo, logre su auto estructuración.

2. Objetivos educativos del deporte en cuanto a los aspectos motrices, físicos y sociales

Con relación a los objetivos educativos del deporte, Castejón, Francisco Javier (1995), incluye un cuadro con los mencionados objetivos, en base a la propuesta de Rieder y Fischer (1990):

Análisis de los deportes en cuanto a sus posibilidades motrices, físicas y sociales

- Desarrollo de las capacidades motrices
- Ampliación de las habilidades motrices
- Mejoras de las capacidades de coordinación
- Conocimiento de diversos deportes
- Conocimiento de diversas normativas
- Disposición para el rendimiento
- Capacidad de rendimiento
- Iniciativa propia
- Entendimiento
- Comprensión
- Emancipación
- Socialización/Cooperación
- Juego limpio
- Disfrute, satisfacción, interés

Arnold, Reek *et al.* (1990), cuando analizan las posibilidades educativas de las prácticas deportivas recreativas, tomamos, por su interés los párrafos siguientes:

... No resulta difícil comprobar, la arbitrariedad de un sistema educativo que, en su etapa básica, de los seis a los catorce años, otorga a las actividades intelectuales una proporción exagerada de tiempo y relega las actividades manuales a un papel secundario, obviando totalmente las actividades que tienen en el cuerpo el objetivo básico de su acción educativa... Montaigne afirmaba que era preferible un campo de juego sin escuela que una escuela sin campo de juego...

... El deporte como recreación se muestra como una actividad eminentemente lúdica, divertida, generadora de placer. Aunque susceptible de establecerse de forma sistemática, se presenta generalmente con un marcado carácter flexible, libremente aceptado, en donde el placer de jugar desplaza totalmente a objetivos tales como la victoria sobre otros, la manifestación pública de destreza o habilidad, o la muestra de un orgullo, por muy loable que fuera, para alcanzar éxitos o fama deportiva.

El deporte así concebido tiene un objetivo inexorable: primar la participación de la mayoría; es este un pilar básico de todo su entramado. Todos, absolutamente todos aquellos que deseen participar en su práctica, deben poder hacerlo, respetando, eso si, los requisitos mínimos que los propios practicantes acuerden para que tal manifestación colectiva pueda cumplir su función.

Resumiendo: sociabilidad, motivación, cooperación, respeto a normas y adversarios, menor tensión, etc.

3. El Deporte en edad escolar debe ser integrador y no marginador

Contreras, Alberto (1989), hace un interesante resumen en cuanto a los criterios sobre el deporte extraescolar y sus niveles de competitividad y cuyo contenido incluimos en el siguiente apartado. Dicho autor, nos da como orientación, potenciar el deporte integrador frente al deporte marginador alienante:

La realidad

1. Lo que el deporte en edad escolar NO ES:
   - Esencialmente educativo
   - Esencialmente recreativo
   - Accesible a todos
   - Deportes praxis
   - Rentable socialmente
   - Integrador
   - Actualmente una solución de futuro

2. Lo que el deporte en edad escolar ES HOY:
   Una posibilidad que satisface muy parcialmente la necesidad de un deporte en edad escolar para todos
   Marginador
   El deporte de los dotados, de los elegidos por la herencia, la alimentación y el ambiente
   Poco condicionante para la instauración de hábitos hacia la actividad deportiva

3. Lo que el deporte en la edad escolar DEBE SER:
   - Fundamentalmente:
   - Educativo/Recreativo
   - Integrador (Instaurando hábitos positivos para el futuro)
   - Que todos tengan acceso

4. Lo que el deporte en edad escolar NO DEBE SER:
   - Todo aquello que vaya en detrimento de los objetivos enmarcados en el apartado 3, y desde luego, mucho de lo que hoy es.

4. Responsabilidad de la Educación Física y el deporte en el desarrollo de los valores humanos

De los autores Barrow, Harold y Brown, Janie P. (1992), incluimos a continuación un resumen de lo que expresan en el apartado E*ducación física y de los valores*:

La educación física y el deporte, tendrían que asumir su parte de responsabilidad en el desarrollo de los valores humanos. De todas las influencias escolares que afectan al área social, quizás las más significativas entronque con los juegos, el deporte, la danza y el ejercicio que proporcionan los programas de educación física y atlética.

> ... Los ingleses han creído desde siempre, que han aprendido tanto en los campos de juego como en las aulas.
>
> *... El movimiento suele definirse en términos biológicos y psicológicos. Sin embargo, mas allá de estos parámetros, posee enormes implicaciones sociales. Cuando se combinan con el juego, ambos forman uno de los medios educativos más vividos y potentes para la juventud. Los juegos y los deportes son representativos de la sociedad.*
>
> *.. Todos los aspectos de socialización, como desempeño de un papel, status, estratificación, sanciones, fronteras, liderazgo, disciplina, acomodación, competencia y cooperación. El universo de los más jóvenes es un mundo de juegos.*
>
> *El deporte, cuando se utiliza como medio para la enseñanza de los valores, debe conservar su carácter educativo, lo que significa no conceder una importancia desmesurada a otras de sus finalidades colaterales, como son el entrenamiento, la victoria, el dinero o la política.*
>
> *En la mayoría de los casos el deporte pierde su valor educativo, cuando la competencia saludable es suplantada por el comercialismo, el profesionalismo o el fanatismo.*
>
> *Ciertamente, uno de los valores de la rivalidad deportiva, es el esfuerzo y el desafío que plantea la competición. Sin embargo, los profesores y entrenadores se enfrentan al dilema de cómo motivar a los participantes para que luchen y se superen, sin inducirlos a una forma de rivalidad en la que la degradación del oponente y la idea de que la **victoria es lo único que importa**, se conviertan en las cuestiones primordiales.*

5. Finalidades de la Educación Física y Deportes

Consideramos importante concretar las finalidades de la educación física, y por tanto, del deporte integrante de ella.

Con relación a los principios de la actividad física, Corpas, Francisco J., Toro, Salvador y Zarco, Juan A. (1991), exponen una serie de finalidades que suponen un interesante punto de vista de esta temática, por lo que lo incluimos en los párrafos siguientes:

Tras un breve pero exhaustivo recorrido por el pensamiento de distintos autores, Benilde Vázquez (1989), a la hora de definir las finalidades de la Educación Física, enuncia tres que sustentan en sí mismo los principios de desarrollo de la actividad física:

1. Finalidades relacionadas con el desarrollo de las capacidades físicas: desarrollo de la condición biológica.
2. Finalidades relacionadas con las habilidades motrices como instrumento básico de su adaptación al medio, tanto físico como social.
3. Finalidades relacionadas con otros ámbitos de la personalidad: cognitivo, afectivo y moral social.

Como complemento a estos principios-finalidades, cabe recoger del diseño Curricular Base, propuesto por el M.E.C. (1989) cinco de las diez funciones del movimiento y que marcan todo el posterior desarrollo de la Educación Física:

• La función anatómico-funcional: mediante el movimiento se mejora y aumenta la propia capacidad de movimiento en diferentes situaciones vitales, ganando en habilidad, eficacia mecánica y en posibilidades y nuevas formas de movimiento.

• La función agonística: el movimiento facilita que el sujeto pueda demostrar su destreza, competir y superar dificultades como medio de afianzar su autoconcepción y de comprobar sus límites.

• La función higiénica: la persona puede mejorar su estado físico y su salud, así como prevenir cierto tipo de enfermedades, a partir del ejercicio físico y gracias a la activación de sus sistemas respiratorio, cardiovascular, muscular y óseo.

• La función compensación: la falta de movilidad por restricciones del medio, situaciones de sedentarismo, falta de espacio de expansión, etc., pueden producir atrofias y descompensaciones que el movimiento se encargará de compensar.

• La función hedonística: el movimiento, la actividad física y los propios recursos corporales son fuente de disfrute para el individuo. Además, a través de la actividad física programada, puede incidir sobre su propio cuerpo de manera que se encuentre más identificado con la imagen que tiene de si mismo. "

Introducimos, a continuación la reflexión que hace Blázquez, Domingo (1995), a la pregunta "La práctica deportiva ¿es educativa por si misma? "y que destacamos por su interés:

En general, se acuerda al deporte un valor educativo y saludable por si mismo... Se cree que el deporte es bueno para la salud y que ayuda a la educación sin más que su propia práctica (deporte, educación, salud, aparecen en el lenguaje vulgar indisociablemente unidos).

Cuando profundizamos un poco, no encontramos ninguna prueba científica que concluya que el deporte por si solo sea beneficioso, y una reflexión más profunda nos lleva a afirmar que el deporte puede ser en sí tan indiferente a la salud como lo es a la moral. El deporte solo es educativo, cuando el profesor, el entrenador o el propio deportista lo utiliza como objeto y medio de educación, cuando lo integra con método y orden en un programa coherente, cuando la actividad práctica y la reflexión de lo que se está realizando lo convierten en una acción optimizante.

6. Cualidades del deporte educativo

Sobre las cualidades del deporte educativo, Contreras, Alberto (1989), dice que es objeto integrado en la educación física, ya que desarrolla una serie de cualidades, que él detalla y entre las cuales seleccionamos las siguientes:

- Relación social

  La cooperación con el compañero en la tarea de quipo, el respeto al compañero y al contrario, la capacidad de autocontrol, son importantes valores educativos que se adquieren con el deporte. Muchos niños han cambiado su actitud hacia los demás desde que participan en el mundo deportivo.

- Dominio de habilidades y destrezas

  Aunque esta cualidad es psicomotora, su adquisición y perfeccionamiento van a servir para el desenvolvimiento más inteligente del practicante en determinadas ocasiones.

- Aspecto lúdico-recreativo

  El deporte es ante todo un juego, de ahí que gran parte de los niños estén siempre dispuestos a su práctica: el deporte es motivante por si solo y puede ser un canal encauzador de esa natural motivación.

- Hábitos positivos para una alternativa al ocio pasivo

  La importancia del tiempo libre en el educando, es tal, que de su adecuado empleo puede depender su trayectoria estudiantil. Entre todos debemos canalizar adecuadamente las necesidades de compensación física y psicológica de los niños.

7. Tipos de práctica deportivas: praxis y rendimiento

a) Deporte salud: para todos– praxis–divertimento–esparcimiento–educativo–higiene.

b) Deporte élite: espectáculo–profesión–rendimiento–competición–propaganda.

De Rodríguez Campazas, Hugo y otros autores (1994), al desarrollar el tema "El deporte como fenómeno social y cultural" (referencia a Huizinga, Ortega y Cagigal), hemos tomado la anterior división de tipos de prácticas deportivas y también los párrafos siguientes:

... La barrera que separa las dos modalidades del deporte, sería la siguiente: la primera, del deporte praxis, responde a una necesidad humana (filo y ontogenética) y contribuye al desarrollo del mundo interior de las personas; la segunda, el deporte rendimiento, está impulsada y condicionada por poderosas demandas económicas y sociopolíticas que deforma la dimensión ludo-competitiva innata al ser humano(1979). En este sentido, aquella tendría un innegable valor educativo, mientras que esta no

... Al igual que Huizinga, Cagigal sugiere, por un lado que la competición es un ingrediente indispensable del deporte pero por otro, le disgusta la excesiva competitividad operante. Desde esta óptica, considera que el deporte praxis es la modalidad más pura y verdadera, la que guarda las esencias de la actividad motriz creadora, espontánea, etc. y, en consecuencia, la presenta como la alternativa necesaria ante una amplia gama de males que asolan nuestra sociedad y que ahogan el sistema educativo: tecnicismo, mecanización desmesurada, superespecialización, sedentarismo, soledad, incomunicación, intelectualismo, memorismo, inmovilismo de las aulas, etc. En este marco el deporte praxis es una educación por el movimiento que toca lo esencial del ser humano, educa hondo, que combina el principio del placer (se juega con gusto) con el principio de realidad (obliga a respetar las normas, la derrota, etc.) y que dota a las personas de un sistema inmunológico que les permite afrontar la vida con posibilidades de éxito (1981).

Los referidos autores Campazas y otros (1994), cuando analizan las características que debe tener el deporte para convertirse en un hecho educativo, son coincidentes con lo expresado por otros autores, como puede observarse a continuación:

... Si estamos convencidos de que el deporte debe formar parte de la Educación Física para que sea compatible con las intenciones educativas, ese deporte debiera tener, para considerarlo un hecho educativo (entre otras), las siguientes características:

- *Un carácter mas abierto, de forma que la participación no se establezca por niveles de habilidad u otros criterios discriminadores.*
- *Que su finalidad no se limite a las mejoras de las habilidades motrices, de forma que se tengan en cuenta otras intenciones educativas presentes en el diseño Curricular Básico: desarrollo de las capacidades cognitivas, equilibrio personal, relación interpersonal, intersección social, etc.*
- *Que no se incida fundamentalmente en el resultado de la actividad (ganar/perder, buena/mala ejecución, etc.*
- *Que la actividad se desarrolle en un marco general en el que, ante todo, se busque la participación, la creatividad, el bienestar, etc.*
- *Que frente a la competición se ofrezcan actividades de cooperación, evitando el excesivo individualismo al que conducen muchas de las prácticas deportivas, fomentando la colaboración como medio para consecución de objetivos.*

8. Los juegos deportivos recreativos

Continuando con la aportación de autores que han estudiado los aspectos educativos de los juegos deportivos, a continuación incluimos un extracto de lo expresado por González Millán, Israel (1994), cuando se refiere a "Los juegos deportivos-recreativos y su contribución al currículo de la Educación Física":

… Como funciones comunes a toda actividad de ocio y por tanto, también para el ocio físico-deportivo-recreativo, podemos citar las siguientes:

a) Desarrollo de la personalidad

Al realizar actividades libremente elegidas, por exclusiva motivación intrínseca, el individuo hace lo que realmente satisface a sus inclinaciones, inquietudes y deseos personales y, por tanto, se realiza a si mismo, como persona peculiar e independiente: afirma y desarrolla su personalidad…

b) Entretenimiento y diversión

Por realizar justamente aquello que nos gusta. No es desdeñable esta función como objetivo educativo, pues si la educación persigue la integración positiva del individuo en la sociedad, una de las mejores contribuciones que se pueden hacer es dar a este, recursos adecuados para la ocupación de su tiempo libre, sobre todo si esas formas conllevan diversión y aportan, además, todas las ventajas de las actividades físicas.

c) Compensación

Toda forma de ocio, por sus componentes de libertad y satisfacción conduce a la catarsis o eliminación de tensiones. A mayor grado de diversión, con mayor fuerza se dará esta función. Es decir, que la diversión contribuye al equilibrio físico-mental. Estas funciones se incrementan cuando la actividad cursa con sustancial participación corporal, ya que el movimiento es un mecanismo excelente de supresión de ansiedad, de estrés.

Dotar a los jóvenes de ocios saludables, supone también, una magnífica oferta desde el ámbito educativo.

Aparte de los beneficios de la recreación físico-deportiva en cuanto al desarrollo de las capacidades mofo-funcionales y por otra parte, los beneficios cognitivos, el aspecto educativo mas inherente, resultante de la recreación físico-deportiva, queda supeditado sin duda, a lo afectivo.

En lo afectivo-social, propicia relaciones espontáneas, no forzadas, la relación libre, la integración en el grupo y la convivencia, habituarse al respecto a las reglas y su aceptación. Se aprende a aceptar al adversario como realidad natural distinta a la nuestra, y necesaria, y no como enemigo personal. Se mejora la comunicación verbal y gestual.

En lo afectivo-emocional, el individuo manifiesta y canaliza en las situaciones físico-deportivas, sus pulsiones agresivas y exterioriza sus deseos y temores reprimidos. La simbolización-representación de papeles, le da seguridad en si mismo: autoafirmación y autoestima.

9. El límite de la acción educativa del fútbol

El límite de la acción educativa del fútbol, en relación con posibles efectos de estrés en el niño en función de enfrentamientos y competiciones

Con independencia de que en otros apartados entraríamos en un pormenorizado estudio sobre el entrenamiento y la competición, incluimos dentro de las consideraciones a tener en cuenta en el fútbol como medio educativo, un breve comentario entre previsor y clarificador de los efectos estresantes de las actividades que se ofrezcan al joven futbolista.

Para ello, en el apartado siguiente, figura un resumen abreviado de ciertas reflexiones realizadas por Durand, Marc (1988) y basándose dicho autor, en la existencia de datos coherentes y fiables en cuanto a las cuestiones de estrés y competición deportiva.

Intensidad del estrés causada por la competición deportiva en comparación con situaciones no deportivas

... *"Simón y Mortens (1979), propusieron a sujetos de 9 a 14 años, que calcularan la intensidad de su ansiedad en diferentes situaciones de evaluación social, que podían ser competiciones deportivas, aunque también exámenes escolares o alguna otra circunstancia que supusiera esa evaluación. La respuesta de los niños son interesantes por más de una razón. Muestran que las pruebas deportivas no producen globalmente más estrés que las situaciones no deportivas. Por otra parte, lo que explica las diferencias, es obre todo, la dimensión individual-colectivo: los deportes individuales producen más estrés que los deportes colectivos, igual que un examen de música es más angustioso para un solista que para un integrante de una orquesta. Finalmente, parece ser que los valores de los índices se sitúan en una zona media, lo cual significa que esos efectos de tonalidad negativa no son particularmente intensos.*

... La competición, pues, no parece ser demasiado dura para el niño, si no, por lo contrario, de intensidad moderada, hasta el punto de favorecer la adquisición de estrategias generalizables de control de las emociones.

... En definitiva, los trabajos experimentales demuestran que la competición deportiva no parece ser motivo de experiencias emocionales demasiado intensas. Más bien constituye un terreno privilegiado donde el niño puede curtirse y adquirir estrategias que posteriormente le permitirán afrontar situaciones donde deberán desenvolverse con mayor intensidad.

10. *Fair Play* y los valores del deporte

Con lo expuesto hasta aquí, hemos podido constatar la aceptación generalizada por los autores, de la capacidad formativa del deporte, de su poder socializador, de sus valores morales.

En cuanto al presente apartado, puede ser suficiente lo expresado por Trepat, David al desarrollar "La educación en valores a través de la iniciación deportiva" (en Blázquez, Domingo -1995).

Trepat nos dice:

... Cuando se habla de valores relacionados con el deporte, entra en juego el "Fair Play". Esta es una palabra difícil de traducir a lengua no anglosajona. Es una noción ligada a un valor humano fundamental, la justicia, sin la cual, ninguna sociedad civilizada puede existir. Designa, por tanto, el respeto por las reglas decididas y fijadas para un juego o

deporte dado, pero además, designa con frecuencia un comportamiento generoso que no es obligatorio y que no forma parte de las reglas.

... La amenaza contra el "Fair Play" aumenta a causa de la búsqueda, cada vez mas frecuente, de la victoria a cualquier precio... Si queremos que el deporte sobreviva como una forma válida de actividad humana, tenemos que entender que además de la regla, existe un espíritu de acuerdo con el cual debe realizarse su práctica. La preocupación por la victoria, invita cada vez mas a los participantes a violar los reglamentos. Se ha creado el peligroso mito de que el auténtico valor del deporte consiste en ganar...

Y por último, diremos que los entrenadores de jóvenes futbolistas, por supuesto su familia y la organización que controle las actividades, deben esforzarse en favorecer los valores humanos de justicia y socialización que el deporte puede fijar en sus practicantes.

11. Compatibilidad entre Fútbol Educativo y Fútbol de Alto Rendimiento

Siguiendo un criterio simplificador y realista, podríamos referirnos a dos formas de fútbol: fútbol educativo-fútbol de alto rendimiento.

A continuación hacemos una serie de reflexiones sobre estas dos "formas" de fútbol, para tenerlas en cuenta tanto para razonar su diferenciación, como para entender su compatibilidad:

No obstante lo expuesto a favor de las posibilidades educativas del fútbol, es conveniente saber que si desarrollamos entrenamientos y competiciones con un objetivo dominante y exclusivo hacia el alto rendimiento, ignorando la formación integral del joven, ese fútbol puede convertirse en un medio formativo de efectos peligrosos. Para evitar estos efectos no deseables, es necesario:

1º No hacer proyectos de éxitos deportivos inadecuados a las circustancias concurrentes. Basarse en los interese de los niños y no en el de los adultos: organizadores, entrenadores, padres, etc.

2º Hay que evitar que los entrenamientos se programen y desarrollen, buscando el dominio acelerado y fuera de método, de la técnica y de la táctica del fútbol y lo que es peor, el intentar un acondicionamiento físico prematuro, fuera del proceso natural, atentatorio de la salud de los jóvenes futbolistas. También, evitar excesiva presión bajo objetivos de resultados.

3º Utilizar las posibilidades formativas de la competición, aplicando criterios que habrán la participación y adecuando la exigencia de eficacia a la intención educativa y no tomando como referencia la alta competición.

Debiera ofrecerse la práctica del fútbol de forma igual y posible para todos, con claro predominio de los objetivos educativos de salud, bienestar y recreación, sobre las destrezas futbolísticas y éxitos competitivos, todo lo cual también es compatible con un trabajo bien realizado en lo deportivo.

Siguiendo lo expuesto por Wanceulen Moreno, Antonio y José Francisco (1998), en todo proceso de organización del fútbol para niños, quedarán definidos:
- Jóvenes con nivel actual para practicar fútbol básico, favorecedor de su formación integral y que en cierto plazo, en determinado procesos evolutivos individuales, podría permitirle:
    a) Suficiente nivel para enlazar con el fútbol de alto nivel
    b) Su continuidad como futbolista de otros niveles participativos
- Jóvenes futbolistas que dispongan de capacidades y madurez deportiva, necesarias para iniciar adecuadamente y si lo desea, su formación orientada al alto rendimiento, siempre que esas capacidades las disponga a tal nivel que se garanticen su formación física y mental y no se interfiera su formación.

El concepto de fútbol de alto rendimiento y todo el proceso de formación, motivación, entrenamientos, competiciones, etc., se subordinarán claramente a favor del normal desarrollo biológico y psicológico del joven futbolista, todo lo cual es compatible con los referidos objetivos de alto rendimiento.

En este punto, es conveniente recordar lo expresado por Castejón, F. J. (1995):
No se puede asegurar que una práctica masiva y popular proporciones resultados deportivos (altos) en un futuro, ya que la afirmación de la cantidad se consigue la calidad, en el campo del deporte no es causal y sí es mas significativo afirmar: de la calidad se consigue la calidad.

3.ª PARTE:
CONTENIDOS PARA CADA MATERIA Y PARA CADA NIVEL EN LA ESCUELA DE FÚTBOL

¿Qué aspectos trabajaremos para conseguir los objetivos?

Capítulo 7
CONTENIDOS DE APRENDIZAJE PARA CADA ETAPA

1. Los contenidos como medio para lograr los objetivos

En el fútbol base, los contenidos también deben aplicarse mediante un desarrollo ordenado y sistemático, que se adapte a las características generales e individuales del joven futbolista y a su proceso evolutivo. Es necesario garantizar una adecuada progresión, ausencia de exigencias improcedentes y respetar siempre su salud psico-física.

Los objetivos marcados se logran a través de los contenidos, debidamente secuenciados para proporcionar al joven la formación pretendida. Por tanto, dichos contenidos tendrán una clara vinculación con los objetivos. En cada Club, los profesionales del Fútbol Formativo, de la Cantera, personalizarán la programación a aplicar en todos sus aspectos: Objetivos-Contenidos-Metodología-Evaluación. Igualmente, se aplicarán estos criterios en nuestra Escuela de Fútbol.

Por ello, se incluyen a continuación, de forma esquemática nuestra propuesta de Bloques de Contenido aplicables en Escuelas de Fútbol, como primera referencia del Fútbol Formativo

    1.– Técnica
    2.– Táctica
    3.– Estrategia (jugadas a balón parado)
    4.– Educación Física/Capacidades coordinativas/Capacidades condicionales
    5.– Factores Psicológicos
    6.– Desarrollo cognitivo
    7.– Desarrollo social del joven futbolista

Además, nos parece de interés, que en dichos bloques de contenidos se desarrollen, de forma adecuada para cada edad, los siguientes aspectos formativos:
- Salud: Higiene-Alimentación-Prevención de lesiones y enfermedades, etc.
  - Reglamento para la modalidad de Fútbol-7
  - Valores Educativos en el deporte.
  - Normativas internas que orienten el desarrollo social del joven, desde el plano deportivo.

2. Resumen de contenidos según materia y edad del joven futbolista

Los cuadros 1-Técnica, 2-Táctica, 3-Preparación física y 4-Factores psicológicos, contienen una propuesta esquemática de contenidos aplicables según materia y edad, redactados según lo expresado por Wanceulen Moreno, Antonio y José Francisco. 2008):

2.1. Técnica

TÉCNICA: CONTENIDOS	NIVEL: Pre-Benjamín. EDAD: 6–7 años

- El Control: Parada y semi-parada.
- El Golpeo: Ambos pies. Interior del pie y empeine frontal
- Habilidad: Estática.
- Pases: Cortos y Medios.
  Iniciación simplificada:
- Conducciones: Cambios de dirección, cambios de sentido.
  Con interior del pie.
- Tiro: Ambos pies:
  Interior del pie dentro de área (7 mts.) a) Previo control b) Previa conducción
  Empeine frontal, desde raya área (11 mts). a)Tiro estático b) Control y tiro.
- Familiarización con el Regate.

Actividades que incluyan los gestos técnicos anteriormente indicados:
- Acciones Técnicas Combinadas Simplificadas.
- Aplicación de Juegos sin/con oposición.
- Utilización en todas las sesiones de una parte final con Juego Real Orientado
- Practicando siempre con los dos pies.

TÉCNICA: CONTENIDOS	NIVEL: Benjamín. EDAD: 8–9 años

- El Control: Parada, semi-parada y amortiguamientos.
- El Golpeo: Ambos pies. Interior del pie, empeine frontal, empeine exterior.
- Habilidad: Estática (Suelo y aire).
- Pases: Cortos, Medios y Largos.
- Conducciones: Cambios de dirección, cambios de sentido, con giro, conducción circular. Interior del pie y empeine exterior.
- Iniciación al Tiro: Ambos pies. Interior del pie, empeine frontal, empeine exterior.
  Control+Tiro; Conducción+ Tiro.
- Familiarización con el Regate y la Finta.

.../...

TÉCNICA: CONTENIDOS	NIVEL:. Benjamín. EDAD: 8–9 años

Actividades que incluyan los gestos técnicos anteriormente indicados:
- Acciones Técnicas Combinadas Simplificadas.
- Aplicación de Juegos sin/con oposición.
- Utilización en todas las sesiones de una parte final con Juego Real Orientado.
  Practicando siempre con los dos pies.

TÉCNICA: CONTENIDOS	NIVEL: Alevín. EDAD: 10-11 años

- Aprovechar esta etapa de máxima sensibilidad en los aprendizajes, para el afinamiento de las acciones técnicas siguientes:
  - Las acciones técnicas del nivel anterior.
  - Controles Orientados.
  - El Golpeo: Ambos pies (dificultando la acción)
  - Habilidad dinámica y Estática (En el suelo y en aire y con distintas superficies de contacto).
  - Pases: Cortos, Medios y Largos.
  - Inicio al Cabeceo.
  - Conducción: Con obstáculos, con adversarios y con ambas piernas.
  - Tiro: Parado y Movimiento; Ambos pies y cabeza; Precisión y Potencia; con acción previa (regate + tiro, pase + tiro).
  - Regates: Simples y compuestos.
  - Paredes: Simples y Compuestas.
  - Introducción a las técnicas defensivas. (Interceptación y Despeje).
  - Combinaciones Técnico-Tácticas simplificadas.

Actividades que incluyan los gestos técnicos anteriormente indicados:
- Acciones Técnicas Combinadas Simplificadas.
- Aplicación de Juegos sin/con oposición.
- Utilización en todas las sesiones de una parte final con Juego Real Orientado. Practicando siempre con los dos pies.
- Técnicas defensivas: Entrada, Anticipación y Despejes Orientados.
- Gran porcentaje de trabajo dedicado a las Combinaciones Técnico-Tácticas.
- La técnica aplicable en la estrategia a balón parado.

2.2. Táctica

TÉCNICA: CONTENIDOS NIVEL: **Pre- Benjamín**. EDAD: 6–7 años

- Concepto de "Ataque".
- Concepto de "Defensa".
- Posicionamiento básico.
- Sistemas: 1-3-1-2; 1-3-2-1.
  (Cercanos al 1-3-3 para establecer un reparto proporcional del espacio que facilite al joven su adaptación posicional).

TÉCNICA: CONTENIDOS NIVEL: **Benjamín**. EDAD: 8–9 años

- Elementos básicos de la táctica individual
- Estructura básica del juego: "Defensa, Creación, Ataque"
- Principios Ofensivos: Desmarques, Ataques y Contraataques.
- Principios Defensivos: Marcajes y Repliegues
- Formar al joven en los aspectos posicionales, con funciones simplificadas por puestos.
- Aplicación de los principales sistemas de juego en Fútbol-7 con un reparto proporcional del espacio.

TÉCNICA: CONTENIDOS NIVEL: **Alevín**. EDAD: 10–11 años

- Aprovechar esta etapa de máxima sensibilidad en los aprendizajes, para el desarrollo de los mecanismos de decisión en los acciones tácticas
- Elementos básicos de la táctica colectiva
- Seguir educando el sentido posicional y Funciones básicas por puestos.
- Sistemas fútbol–7: Los mismos que en etapa anterior.
- Principios Ofensivos: Desmarques, Ataques, Contraataques y Creación de espacios libres; Amplitud y Profundidad en el juego.
- Principios Defensivos: Marcajes y Repliegues; Desplazamientos Defensivos (Como base y fundamento de cobertura, permuta y basculaciones);
- Establecer diferencias entre Marcaje y Vigilancia (según situación del adversario)
- Estructura básica del juego: DEFENDER-CREAR-ATACAR.
- Ensayos estratégicos simplificados.

2.3. Capacidades motoras

CAPACIDADES COORDINATIVAS: CONTENIDOS	NIVEL: **Pre–Benjamín**. EDAD: 6–7 años

- Esquema corporal
  Respiración – Relajación – Lataralidad- Actitud
- Percepción espacio-temporal
- Coordinación D. General, Segmentaria, Visomotora y Equilibrio.
- Esquema corporal
- Conocimiento y percepción del cuerpo
- Respiración, relajación .
- Relaciones espaciales.
- Nociones espaciales.
- Nociones Temporales: duración, intensidad y ritmo.
- Lateralidad
- Equilibrio
- Postura
- Desarrollo de las Habilidades Básicas
- Aplicación a través de Formas Jugadas
- Aplicación de Actividades Predeportivas

CAPACIDADES COORDINATIVAS Y CONDICIONALES: CONTENIDOS	NIVEL: **Benjamín**. EDAD: 8–9 años

- Habilidades Genéricas.
- No realizar esfuerzos anaeróbicos ni musculares.
- Favorecer los esfuerzos aeróbicos.
- Iniciación a la resistencia aeróbica.
- Iniciación a la velocidad de reacción, gestual, y de desplazamiento (frecuencia de zancada).
- Iniciación a la fuerza (A.F. General) (Autocargas, Luchas, Tracciones, empujes y arrastres).
- Iniciación de la flexibilidad.
- Aplicación a través de Formas Jugadas.
- Aplicación de Actividades Polideportivas.
- Iniciación de la Agilidad.
- Desarrollo de la Coordinación D. General, Segmentaria, Visomotora y Equilibrio.
- Desarrollo de las Habilidades Perceptivas.

CAPACIDADES COORDINATIVAS Y CONDICIONALES: CONTENIDOS	NIVEL: **ALEVÍN**. EDAD: 10–11 años

- Aprovechar esta etapa de máxima sensibilidad en los aprendizajes, para ajustar el nivel de las capacidades coordinativas del joven futbolista, tan importantes para su futura formación deportiva e irlo introduciendo (con la necesaria prudencia) en las capacidade condicionales
- Actividades de calentamiento para los distintos grupos articulares y musculares
- Activación cardiovascular y pulmonar
- Habilidades Específicas
- No realizar esfuerzos anaeróbicos ni musculares
- Favorecer los esfuerzos aeróbicos
- Desarrollo de resistencia aeróbica
- Desarrollo de velocidad de reacción, gestual, y de desplazamiento (frecuencia de zancada)
- Iniciación a la Técnica de Carrera
- Desarrollo de fuerza resistencia –abdominal, dorso-lumbar, tren superior, e inferior-
- Desarrollo de la flexibilidad
- Desarrollo de agilidad.
- Desarrollo de la Coordinación D.General, Segmentaria, Visomotora y Reequilibrio: En Calentamiento y asociado con la Técnica.
- Iniciación en el desarrollo de la fuerza explosiva (acento en posturas, apoyos y equilibrio segmentario)
- Mejora de la condición física y su interrelación con la técnica.

2.4. Factores psicológicos

Desarrollo de los contenidos psicológicos en una progresión adecuada a cada edad, categoría y desarrollo evolutivo del joven futbolista

NIVELES	EDAD	CONTENIDOS
PRE/BENJAMÍN – BENJAMÍN – ALEVÍN	6 A 11 AÑOS	• Creatividad. • Inteligencia Táctica: Comprensión de la lógica de juego. • Autoconfianza. • Capacidad de Sacrificio. • Autoexigencia. • Disciplina. • Valentía. • Decisión. • Control Emocional. • Atención. • Concentración. • Anticipación. • Consejos y Técnicas Simples para afrontar la Competición. • Transmitir valores éticos en la Competición y fuera de ella. • Transmitir valores de apego al Club.

2.5. El fútbol como medio socializador

Practicar el fútbol en las edades de los jóvenes participantes en el Fútbol Formativo, puede favorecer de forma importante su proceso evolutivo, y consecuentemente, puede y debe incidir positivamente en el aspecto socializador.

Es conveniente aprovechar, en favor del joven futbolista la gran capacidad de la práctica del fútbol como medio socializador, promoviendo que los participantes interioricen valores prosociales. Por otra parte, hay que evitar los aspectos negativos que pueden concurrir en un mal orientado contexto de fútbol, evitando conductas agresivas y violentas, practicando el "competir para formar" (y no el "formar para competir").

El joven, en ciertas edades, rechaza actividades educativas que podrían ser muy útil a su proceso formativo. En cambio, el fútbol tiene una gran atracción hacia su práctica, sobre todo en Clubs bien organizados y conviene aprovechar esa capacidad de captación de deportistas, ofreciendo un proyecto formativo de intención integral, que incluya, entre otros, contextos favorecedores de sus conductas prosociales, de sus hábitos sociales, de sus procesos afectivos.

El proceso formativo del fútbol en las etapas de Cantera, bien orientado, es ya, en sí, un medio socializador. Los entrenadores, los compañeros jugadores, el Club y su personal, los jugadores del primer equipo como referencia para sus objetivos deportivos, etc. Todo ello, debe aportarse de forma positiva, en plano de colaboración e interacción con el núcleo principal del contexto para su formación integral: hogar, escuela, universidad, actividad laboral, amistades, etc.

2.6. Contenidos socializadores

Martos, Pilar y Castillo, Joaquina (en Torres, César e Iniesta, Jesús A. – 2009), refiriéndose al proceso de socialización dicen:

Según Heinemann (1992), una persona apta para vivir en sociedad es aquella que ha desarrollado las cualidades siguientes: conformidad normativa, identidad, autonomía individual y solidaridad. Siguiendo a este autor, cumplir estos requisitos supone lo siguiente:

- **Conformidad normativa**: supone que han de aceptarse como justas y de modo espontáneo, las normas, valores y formas de comportamiento dominantes. Una persona que pone en entredicho tales aspectos tiene dificultades para interactuar con su entorno y, al mismo tiempo, se hace de difícil convivencia.
- **Identidad**: la conformidad normativa ha de estar en equilibrio con la propia individualidad. La persona ha de tener una identidad, lo que significa saber cuáles son sus ideas y deseos, ser capaz de reconocerse a sí misma (el "yo" individual) frente a su entorno (el "nosotros" colectivo).
- **Autonomía individual**: el sentimiento de identidad ha de ser lo suficientemente sólido como para que, en situaciones inciertas o de rechazo, la persona sea capaz de mantener sus criterios y comportamiento, y tan sólo modificarlos por propia convicción y no por miedo o como resultado de presiones externas.
- **Solidaridad**: una persona apta para vivir en sociedad, ha de ser capaz de combinar su identidad y autonomía individual con las obligaciones sociales respecto de los demás. La solidaridad puede ir desde acciones que armonizan totalmente con los propios valores y deseos, a otras en que la persona, de manera voluntaria y conscientemente, renuncia, en parte, a ellos, porque lo considera de interés para el colectivo social en que se desenvuelve.

2.7. Cuadro-Resumen de contenidos socializadores

NIVEL	EDAD		CONTENIDOS
Pre Benjamín	6 a 7 años	Desarrollo de los Contenidos en una Progresión adecuada a cada edad, categoría y desarrollo evolutivo del joven Futbolista	• Conductas prosociales, tales como: la solidaridad, la reciprocidad, la tolerancia, el bienestar común, la tolerancia, la cooperación, la ayuda, etc. • Habilidades sociales positivas (llevarse bien con otros, preocuparse por los demás, ponerse en el punto de vista del otro, etc.) • Procesos afectivos (como la empatía, el apego o la amistad) Los procesos afectivos de socialización: establecimiento de vínculos afectivos con las personas que forman parte de la Escuela de Fútbol. • Cooperar y trabajar con otros para lograr objetivos comunes • Saber ganar y saber perder. • Valorar el espíritu deportivo, atenerse a una adecuada disciplina y respetar las reglas de juego •Proyectar nuestra idea de éxitos en el fútbol, siempre a través de Juego limpio. Superando las Reglas, pero no vulnerándolas (UNICEF,2004)
Benjamín	8 –9 años		
Alevín	10–11 años		

Por otra parte, es interesante, analizar diferenciadamente, los contenidos aplicables a la formación de jóvenes futbolistas en cuanto a:
- Contenidos reglamentarios
- Contenidos de salud

2.8. Contenidos reglamentarios

			Jugador	Portero
PRE-BENJAMINES	MINI-FÚTBOL	Vestimenta	• Botas •Espinilleras • Calcetas • Pantalón • Camiseta	• Botas •Espinilleras • Calcetas • Pantalón • Camiseta • Guantes • Rodilleras • Coderas
		Elementos	Iniciar en Reglas de Fútbol–7: • Porterías • Balón • Compañeros • Adversarios	
		Objetivo	Meter Gol	Evitar gol
			• Con cualquier parte del cuerpo menos con la mano	• Con cualquier parte del cuerpo menos con la mano (salvo portero en su zona)
BENJAMINES	FÚTBOL–7		Jugador	Portero
		Vestimenta	• Botas • Espinilleras • Calcetas • Pantalón • Camiseta	• Botas • Espinilleras • Calcetas • Pantalón • Camiseta • Guantes • Rodilleras • Coderas
		Elementos	• Porterías • Balón • Compañeros • Adversarios • Líneas de campo • Línea de fuera de juego	
		Objetivo	• Conocimiento general de las Reglas de Fútbol-7, con criterios de juego limpio y respeto a todos los participantes	
			No caer en el fuera de juego	
ALEVÍN	FÚTBOL–7	• Saques	• Saque desde centro del campo • Saque de banda • Saque de puerta • Saque de esquina• Falta • Penalti	
		•Fuera de Juego	• Zona del terreno donde se produce. • Como se produce	

Fuente: Expósito Bautista, Juan (2010)

2.9. Contenidos de salud

PRE-BENJAMINES	NORMAS BÁSICAS Y HABITUALES DE HIGIENE Y SALUD	• Antes de la actividad	• Cambiarse en el vestuario • Vestimenta necesaria para entrenar o jugar	
		• Durante la actividad	• Mantenerse hidratado	
		• Después de la actividad	• Ducharse y asearse	
BENJAMINES	NORMAS BÁSICAS Y HABITUALES DE HIGIENE Y SALUD	• Higiene personal	• Antes de la actividad	• Cambiarse en el vestuario • Vestimenta necesaria para entrenar o jugar
			• Durante la actividad	• Mantenerse hidratado • Mantener temperatura corporal
			• Después de la actividad	• Ducharse y asearse
		• Higiene postural	• En ejercicios y actividades • En desplazamientos	
		• Alimentación	• Dieta equilibrada • Hábitos alimenticios antes del partido	
ALEVÍN	NORMAS BÁSICAS Y HABITUALES DE HIGIENE Y SALUD	• Higiene personal	• Antes de la actividad	• Cambiarse en el vestuario • Vestimenta necesaria para entrenar o jugar
			• Durante la actividad	• Calentamiento • Mantenerse hidratado • Mantener temperatura corporal
			• Después de la actividad	• Vuelta a la calma • Ducharse y asearse
		• Higiene postural	• En ejercicios y actividades • En desplazamientos para partidos • Dormir horas necesarias	
		• Alimentación	• Dieta equilibrada • Hábitos alimenticios antes del partido • Hábitos alimenticios después del partido	

Fuente: Expósito Bautista, Juan (2010)

Capítulo 8
FORMACIÓN Y APRENDIZAJE DE LA TÉCNICA

Castejón Oliva, Fco. Javier y otros, en la obra *Deporte y enseñanza comprensiva"* (2010. pp 58), al analizar la perspectiva constructivista del aprendizaje y de la enseñanza del deporte, hacen las siguientes conclusiones:

Aprender de forma comprensiva, significativa, en profundidad no elimina, ni necesariamente se contrapone, con aprender de otras formas. Resulta evidente que, en ciertas situaciones, es del todo necesario y conveniente un aprendizaje por asociación, con repeticiones que permitan un alto grado de automatización, etc. Lo que aquí estamos sugiriendo es que el planteamiento general que debe presidir el aprendizaje deportivo escolar es aquel que priorice la comprensión, permita más altos niveles de retención y transferencia, y muy especialmente, permita al aprendiz dotar de sentido y significado su propio aprendizaje. Es muy probable que dicho proceso de aprendizaje sea más costoso en el tiempo y obtenga "resultados visibles" a más largo plazo, pero creemos que garantiza un aprendizaje más respetuoso con el desarrollo de los alumnos y garantiza en mayor medida su desarrollo personal.

Sin embargo, debemos ser conscientes también de que todavía queda un largo camino por recorrer en la investigación y que, muy probablemente, sea desaconsejable coger atajos en pos de una "moda conceptual" o de una aplicación didáctica inmediata. Es probable que a la concepción constructivista del aprendizaje le corresponda, de forma más o menos exacta, una "concepción constructivista de la enseñanza" pero todavía estamos lejos de tener una visión más o menos completa de los procesos conjuntos de enseñanza y aprendizaje del deporte. Este hecho, lejos de representar un problema, debe alentarnos a los que estamos interesados en ello para seguir trabajando.

1. Parámetros a aplicar en la formación y aprendizaje de la técnica del fútbol

En la presente obra se concretan objetivos y contenidos aplicables a cada materia formativa, como parámetros de referencia dentro de las Escuelas de Fútbol.

En el presente capítulo nos vamos a referir a las acciones técnicas fundamentales:

- El Control: Parada, semi-parada y amortiguamientos.
- El Golpeo: Ambos pies.
- Habilidad: Estática (Suelo y aire).
- Pases: Cortos y Medios.
- Conducciones: Cambios de dirección, cambios de sentido, con giro, conducción circular y con distintas superficies.
- Iniciación al Tiro: distintas superficies, insistir en tiro estático e introducir poco a poco en movimiento (Control+Tiro; Conducción+ Tiro).

▪ Familiarización con el Regate y la Finta.
▪ Acciones Técnicas Combinadas.

Detallados los parámetros de referencia, añadimos que habría que considerar el proceso formativo del joven futbolista, bajo el denominador común de tener en cuenta la calidad de las acciones, y la rapidez y la eficacia sobre la situación de juego con que se realizan, tan importantes en el fútbol:

- Velocidad con balón.
- Controles orientados y juego al primer toque.
- Precisión en pases en todas las distancias.
- Potencia y precisión en el tiro a puerta.
- Acciones técnicas adecuadas a espacio y tiempo.
- Habilidad y destreza: El jugador hábil, busca el beneficio del juego colectivo, sin incurrir en excesivos malabarismos.
- Etc..

2. Técnica individual de fútbol

Símbolos utilizados para representar las jugadas

Símbolos y flechas para representar fácilmente a los jugadores y sus movimientos: conducciones, pases, tiro a puerta, trayectorias, etc.

Para simplificar la representación de las jugadas, en muchos casos se incluye solo un equipo.

- Símbolo que representa a un jugador del equipo A :

- Símbolo que representa a un jugador del equipo B:

- Desplazamiento del jugador sin balón:

- Control orientado:

- Desplazamiento del balón:

- Conducción del balón: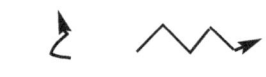

- Desplazamiento balón por alto: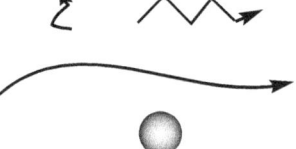

- Balón:

I. GOLPEO CON EL PIÉ

1. Concepto

Es la Acción Técnica que se realiza mediante cualquier clase de toque o contacto que se aplica al balón con el pié.

El uso de cada superficie, será de acuerdo con la dirección, distancia y trayectoria que quieras dar al balón.

2. Superficies de golpeo

Los nombres de las superficies de golpeo son las siguientes:
a) Empeine frontal b) Empeine exterior c) Talón d) Interior del pié e) Empeine Interior f) Puntera.

Dibuja una bota de fútbol y marca el espacio que corresponde a cada una las seis superficies de golpeo mencionadas.

3. Dirección del balón según el punto de golpeo

La dirección que tomará un balón que está sobre el césped, según el punto de impulsión, donde se golpea es:
a) Si el golpeo es en el lado izquierdo, irá hacia la derecha
b) Si se golpea en el lado derecho, irá hacia la izquierda
c) Si se golpea en el centro desde nuestro frente, irá hacia el frente
d) Si se golpea debajo, irá hacia arriba
e) Si se golpea encima, irá hacia abajo

Dibuja un balón situado en el césped y marca los 5 puntos de impulsión y la dirección que tomará el balón en cada caso

4. Ejemplos de uso de las superficies de golpeo

a) Para marcar un gol estando con el balón controlado, frente a la portería y a 3 metros de la línea de meta: el interior del pié
b) Para pasar un balón raso, a un compañero situado a 10 metros de ti: el interior del pié
c) Para despejar un balón en profundidad, desde nuestra zona defensiva hacia el campo contrario: el empeine frontal
d) Para hacer un pase largo por alto en un cambio de orientación: el empeine interior
e) Para hacer un tiro con potencia, lejano a portería: con el empeine frontal
f) Para tirar a portería, con poco ángulo de tiro: el empeine interior
g) Para lanzar el balón con fuerza en un terreno embarrado: la puntera.
Etc.

Ejercicio Nº 1

El jugador 1 envía un pase raso y preciso con interior de pie a 2, que se adelanta y pasa a primer toque hacia 3, que hace lo mismo que 2, reanudando un nuevo ciclo de pases. Cada jugador, después de realizar el pase, corre a situarse detrás del último de la fila contraria.

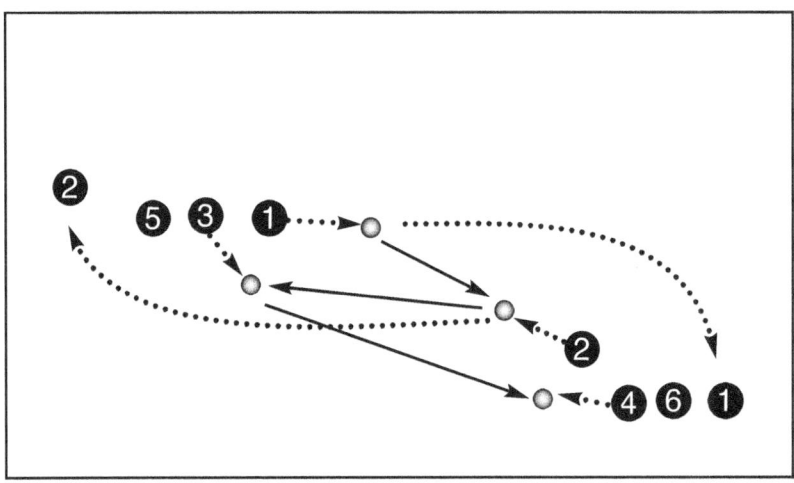

Ejercicio 2.

Empeine frontal

Medidas aproximadas del espacio: las de un campo de fútbol 7, reduciendo según se trate de Pre-Benjamines. Benjamines o Alevines.

Grupo de 6 jugadores. Por parejas none/par, envíos cruzados del balón a mas de 40 metros, mediante golpeos con empeine frontal.

Cada uno de los jugadores, situados en la fila A, realizará tres envíos. Todos aplicarán control orientado y golpeo con empeine frontal. Después de su tercer pase, el jugador 1, retrocederá sin balón y rápidamente, al último lugar de su fila. Tras el tercer control, el jugador 2 rebasará conduciendo, la línea de meta y retrocederá con balón y rápidamente al último lugar de su fila B, para que en la siguiente ronda de pases, el orden de pases sea de par a none (2 pasará el balón a 1).

Ejercicio con orden e intensidad.

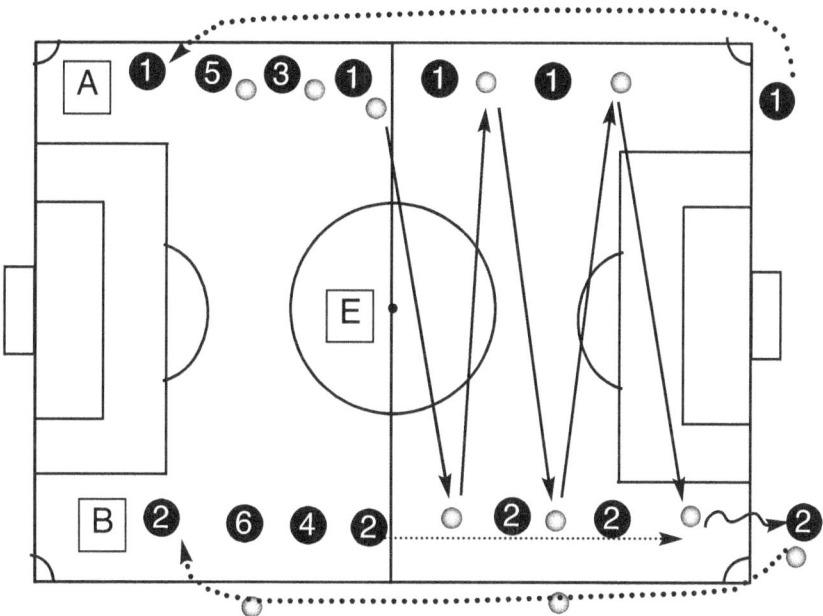

II. CONTROLES

1. Concepto

Acción Técnica que consiste en hacerse con el balón, dominarlo y ponerlo en situación de poder jugarlo posteriormente.

Hay dos clases de controles: controles clásicos y controles orientados.

Los Controles Clásicos se dividen en parada, semiparada y amortiguamiento.

2. Principios básicos para un buen control:

a) Atacar el balón en lugar de esperarlo
b) Prevenir la posición suya con relación a los adversarios
   y a sus compañeros. Visión periférica
c) Formar una secuencia rápida y precisa entre orientación posicional
   inicial-acometer el balón-orientación del balón con relación
   a la siguiente acción.
d) Dejar el balón en condiciones que permita la acción
   inmediata posterior

3. Amortiguamiento

El amortiguamiento es un tipo de control, que se utiliza para reducir la velocidad que trae el balón, mediante el retroceso de la superficie aplicada, en el momento del contacto. Se puede realizar con cualquier superficie reglamentaria (pié, muslo, pecho, etc.).

Ejemplo de amortiguamiento con el interior del pié.

La flecha superior (A) indica el movimiento del pié hacia el balón y la flecha inferior (B), el movimiento del pié en retroceso, acompañando el balón para reducir la velocidad del mismo.

4. Control orientado

Los controles orientados son aquellas acciones técnicas individuales que se realizan para controlar el balón y orientarlo para la siguiente acción, en un solo contacto de la superficie utilizada.

Imprime mayor velocidad al juego y son fundamentales en el fútbol moderno.

Ejercicio 3.

Control orientado y pase

El central 5, despeja desde su zona defensiva. 8 hace control orientado con pie izquierdo, pasando de inmediato a su compañero 7. Cambian de posición continuamente: 5 a la posición de 8; 8 a la posición de 7; 7 a la posición de 5, conduciendo el balón, para comenzar nuevo ejercicio.

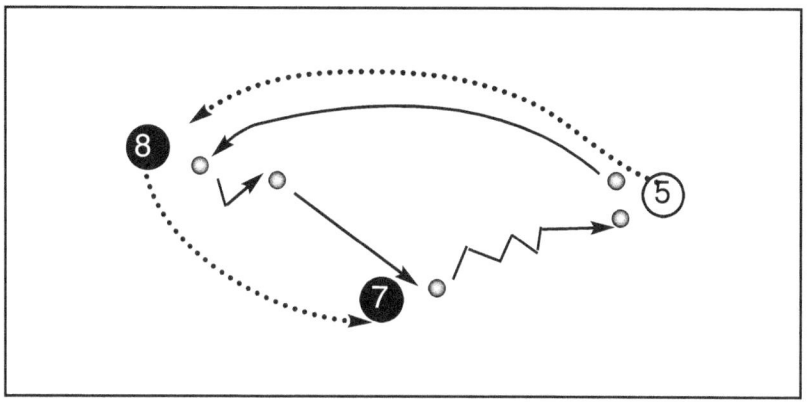

Ejercicio 4.

Juego para practicar control orientado y pase

Según se aplique a Alevines, Benjamines o Pre-Benjamines, reducir las medidas que figuran en el gráfico.

Terreno de juego de 24 x 12 metros, dividido en dos mitades, una para cada equipo de 6 jugadores. Cada mitad tiene una línea de gol al fondo (12 mts.), una línea de gol lateral (8 mts.) y una franja de tiro a gol (4 x 12 mts.).

En la zona de 8 x 12 mts. se reciben los tiros adversarios con un control orientado y se pasa a compañero en zona de tiro. Cada equipo puede intentar gol, tanto por la línea lateral de 8 m. como por la de fondo adversarias. El desarrollo del juego se detalla en gráfico.

Para evitar peligro, las banderolas a utilizar, deben ser reglamentarias en áreas de esquina y pivotes de caucho.

Es aconsejable aprovechar el montaje del juego, en variaciones orientadas a practicar otras acciones técnico-tácticas.

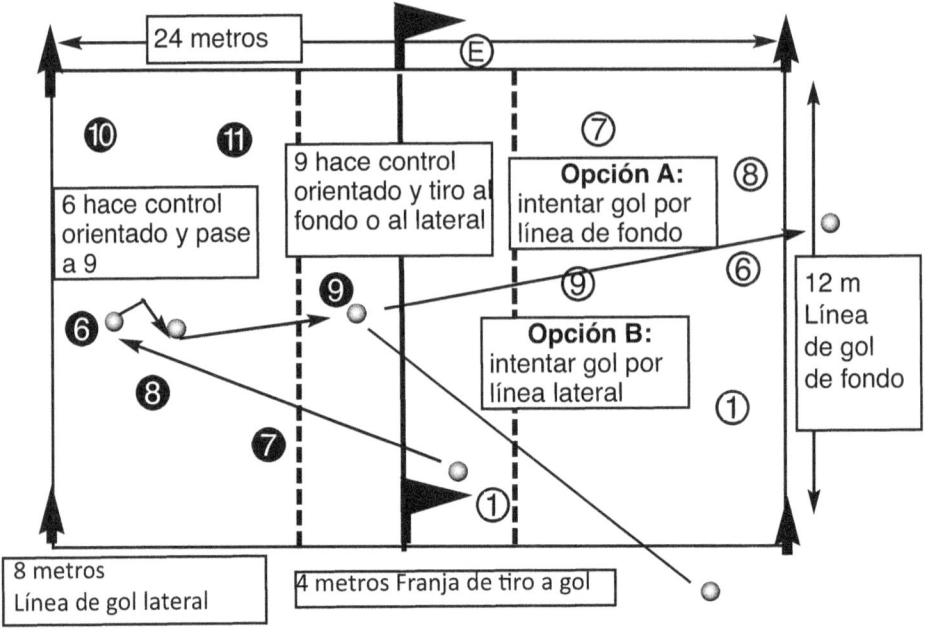

Ejercicio 5.
Control orientado y tiro

Medidas aproximadas del espacio: mitad de un campo de fútbol 7, reduciendo según se trate de Pre-Benjamines. Benjamines o Alevines.

El entrenador hace un pase a la posición de 7, que hace control orientado y tiro a gol. 7 pasa la posición final de la fila de jugadores. 8 se adelanta a continuar la ronda de ejercicios.

Para practicar control orientado y tiro dentro del área penal.

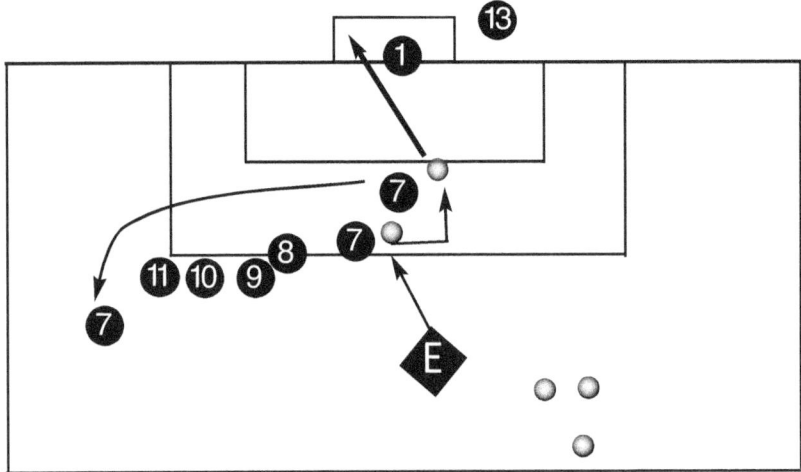

Ejercicio 6.

Control del balón con el pecho, con el muslo, con el pié

Según se aplique a Alevines, Benjamines o Pre-Benjamines, reducir las medidas que figuran en el gráfico.

Ejercicios por parejas. Los jugadores 2, 4 y 6 botan el balón contra el suelo para que llegue sobre sus compañeros 3,5 y 7, y hagan prácticas de control y les devuelvan el balón con pase raso:

Primer ejercicio, control con el muslo.
Segundo ejercicio, control con el pecho.
Tercer ejercicio, control orientado con el pié.
En cada ejercicio, 5 veces con cada pierna.
Terminadas las 3 series, 3, 5 y 7, pasan a ser los lanzadores del balón en bote.

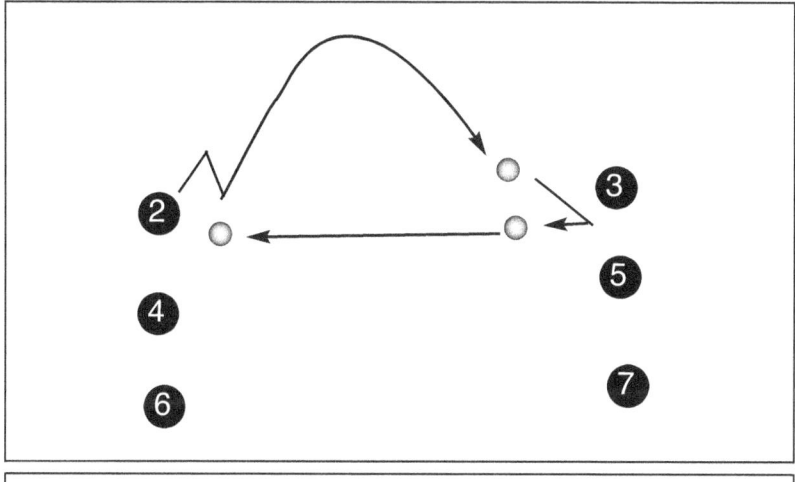

10 metros de separación entre filas

III. CONDUCCIÓN
1. Concepto
Acción Técnica que se utiliza para manejar y controlar el balón cuando lo llevamos por el terreno de juego, con cualquier superficie del pié (en alguna ocasión incluyendo muslo, pecho o cabeza).

2. Ventajas que puede tener la conducción como acción técnica del fútbol
a) Sirve para mantener la iniciativa del juego
b) Permite ganar tiempo para el desmarque de los compañeros
c) Es un medio para temporizar y para buscar superioridad numérica

Ejercicio 7.

Mantener la conducción para tener opciones de pase

Medidas aproximadas del espacio: las de un campo de fútbol 7, reduciendo según se trate de Pre-Benjamines. Benjamines o Alevines.

Nuestro portero saca con la mano sobre su compañero 8, que inicia conducción breve, pero ya que sus compañeros están marcados, mantiene la conducción hasta que se desmarquen y faciliten líneas de pase. Entonces aprovecha la posición ganada por 7 y le envía el balón.

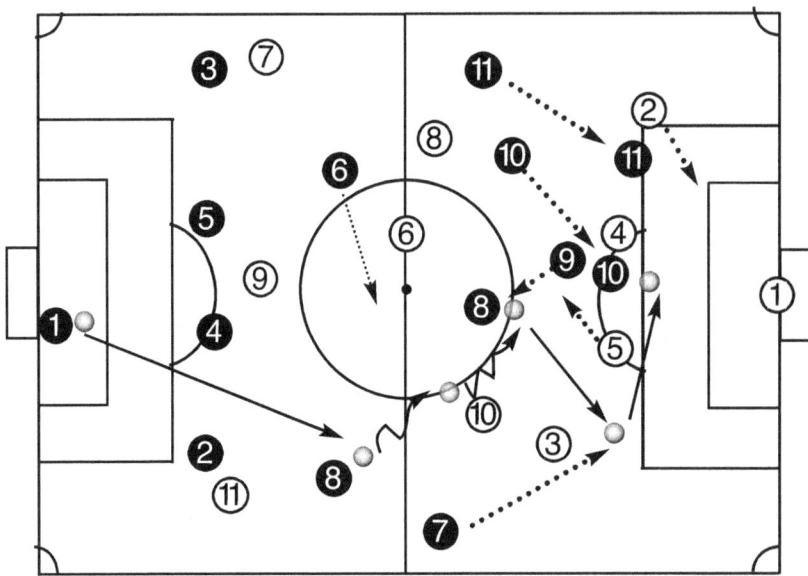

3. Desventajas que puede tener la conducción
a) Favorece la organización defensiva del equipo contrario
b) Exige un adecuado control de la visión del espacio, balón, jugadores compañeros y jugadores adversarios
c) Conducir en exceso, produce:
Lentitud en nuestro juego y cansancio mental y físico
Aumenta el riesgo de lesiones

Teniendo en cuenta las exigencias del fútbol en cuanto a velocidad en el juego, la acción técnica mejora de forma importante, la traslación del balón, en comparación con la conducción es el pase.

Ejercicio 8.

Conducción larga hacia el frontal del área, sin aprovechar las líneas de pase

Medidas aproximadas del espacio: las de un campo de fútbol 7, reduciendo según se trate de Pre-Benjamines. Benjamines o Alevines.

El jugador 6 controla el saque del portero contrario y realiza una conducción larga, desde zona alejada y hacia el frontal del área contraria, no aprovechando el desmarque de sus compañeros. Esta conducción facilitará el rearme defensivo del contrario, que impedirá el gol.

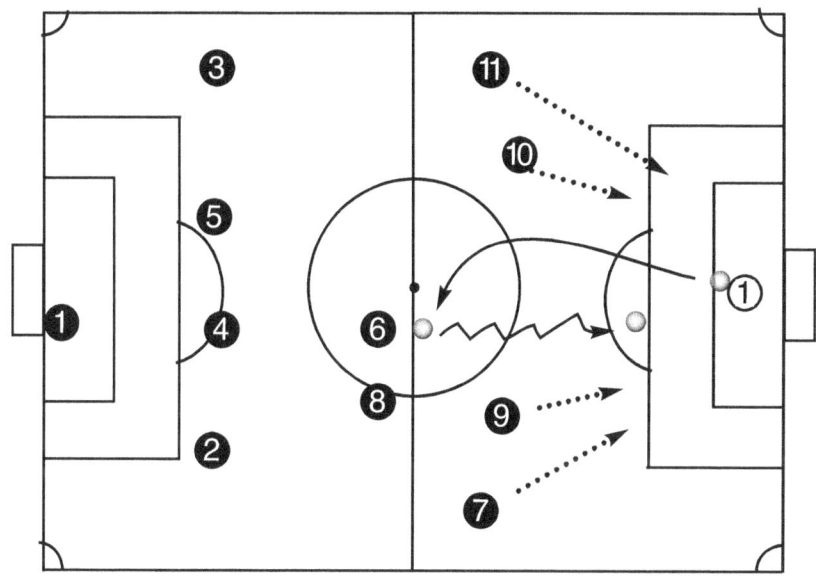

Ejercicio 9.

Prácticas de conducción. Dominar la conducción para aplicar en situaciones favorables.

En un espacio de 20 metros x 20 metros, (reduciendo mts. según edades), 2 grupos de 7 jugadores, cada uno con un balón, hacen conducción del balón evitando tocar a los demás jugadores y a los demás balones y siempre todos en movimiento.

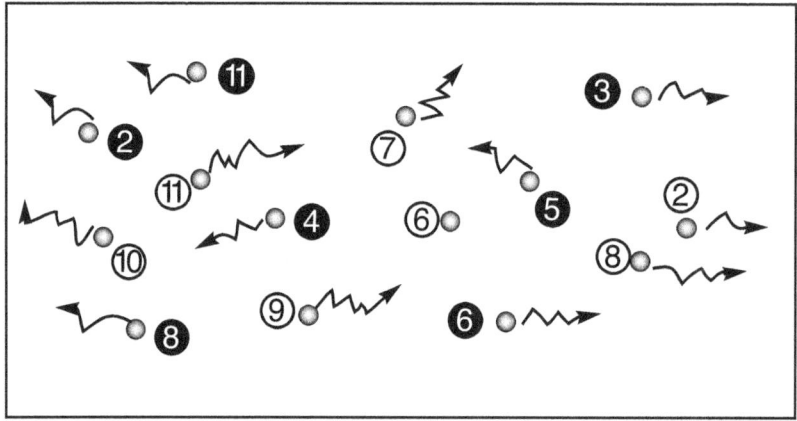

4. Principios de una conducción favorable

Las conducciones deben hacerse cortas y siempre de forma inteligente, distinguiendo cuando son convenientes para nuestro equipo y cuando no. Y respetar los siguientes principios:

a) Llevar el balón en una conducción controlada y protegida
b) Alternancia de visión periférica-visión del balón
c) Llevar el balón con velocidad y seguridad
d) Utilizar adecuadamente la superficie de contacto que mejor corresponda a cada tipo de conducción y trayectorias.
e) Se desaconseja hacer conducciones en zonas de defensa y en centro de campo, teniendo aplicación preferente en zonas avanzadas de ataque.

Ejercicio 10.

Velocidad en el desarrollo de la jugada sin conducción y mediante pases: el equipo se sitúa mediante tres pases, en el interior del área contraria.

Medidas aproximadas del espacio: las de un campo de fútbol 7, reduciendo según se trate de Pre-Benjamines. Benjamines o Alevines.

Nuestro portero saca con la mano sobre nuestro lateral 2 que pasa a la posición abierta de 7. Este cambia hacia el centro la orientación del juego sobre 8, que centra sobre el desmarque de 11. Después del saque del portero, se han realizado tres pases.

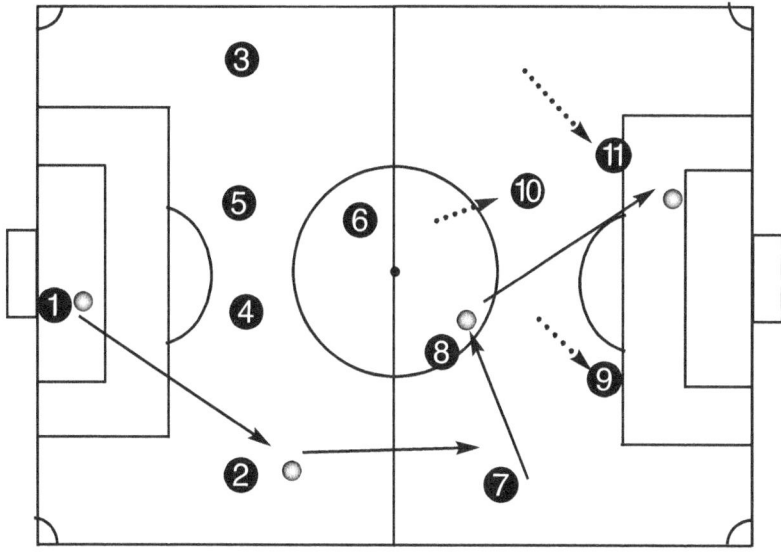

Ejercicio 11.

Conducción del balón driblando, pase y sprint. Practicar la conducción para su aplicación, solo en momentos favorables.

Reducir número de pivotes y medidas del espacio, según se trate de Pre-Benjamines, Benjamines o Alevines

5 jugadores y 4 balones. El jugador 8 ayuda a la realización del ejercicio. Dos hileras de pivotes de caucho.

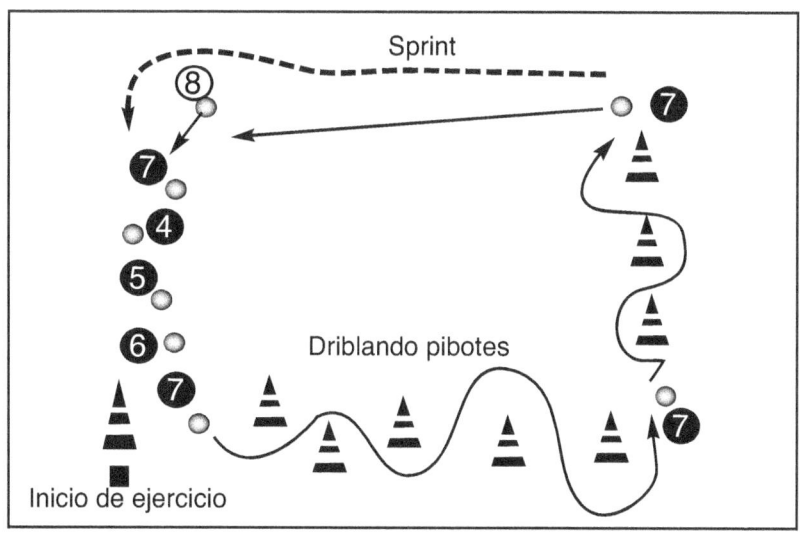

1. Inicia el ejercicio el jugador 7, que conduce el balón driblando entre los pivotes.

2. Cuando 7 rebasa el último pivote, pasa el balón a 8 y realiza sprint para rodear a 8, que ha controlado el balón y se lo cede en corto, para que termine el ejercicio incorporándose al final de la fila.

IV. GOLPEO DEL BALÓN CON LA CABEZA

1. Concepto

Acción Técnica que consiste en toda clase de toque o contacto que se aplica al balón con la cabeza.

El frontal es la más utilizada, ya que por ser una superficie plana, da gran precisión y fuerza.

Ejercicio 12.

Remate de cabeza en salto

Medidas aproximadas del espacio: mitad de un campo de fútbol 7, reduciendo según se trate de Pre-Benjamines. Benjamines o Alevines.

El jugador 4 bota el balón contra el suelo para que 8 se adelante y lo remate de cabeza mediante salto, pasando después a la posición final de su fila. Para que haya menos interrupciones en el juego, 2 y 3 colaboran en la recogida de balón

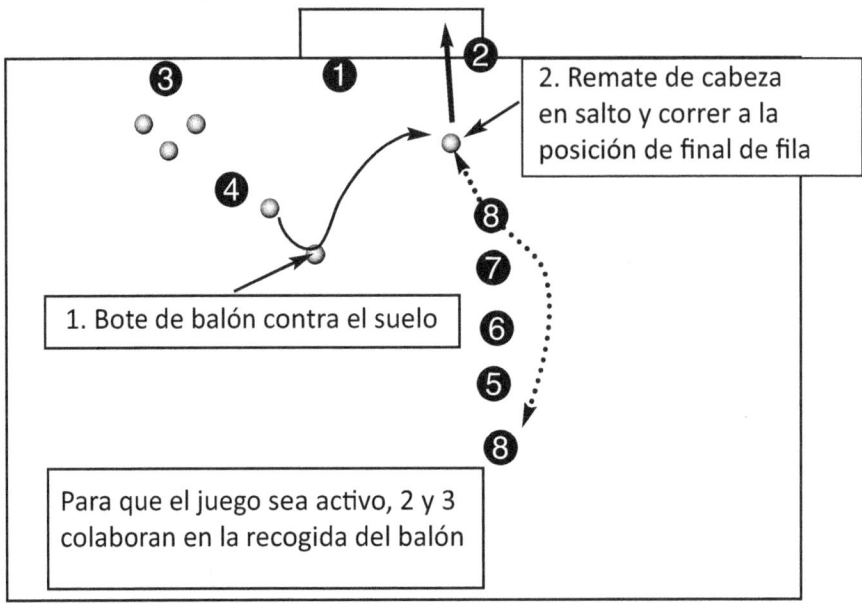

Ejercicio 13.

Pase de cabeza, control con pecho o muslo y pase con interior del pié.

Medidas aproximadas del espacio: mitad de un campo de fútbol 7, reduciendo según se trate de Pre-Benjamines. Benjamines o Alevines.

Se forman tres grupos de 3 jugadores. El jugador 7, bota el balón contra el suelo, para que llegue hacia la posición de 1, que se adelanta, y mediante salto, pasa el balón a la posición de 4. Este controla el balón (con pecho o muslo) y hace pase con el interior del pié, a la posición de 8, que se adelanta, toma el balón con las manos y lo lanza contra el suelo para que con su bote se inicie una nueva ronda de ejercicio.

Los jugadores rotan posiciones cambiando de filas: 7 pasa detrás de 3; 1 detrás de 6; 4 detrás de 9.

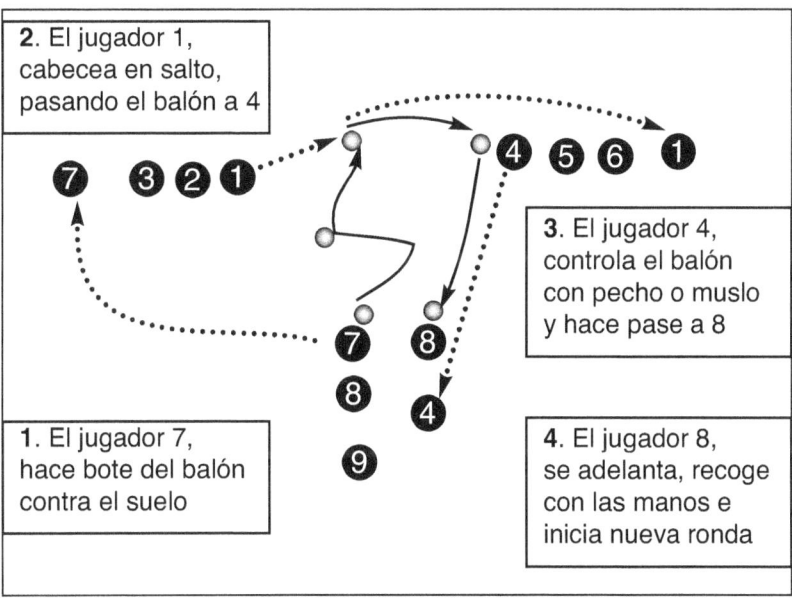

Ejercicio 14.

Despeje de cabeza y pases largos desde banda a frontal del área de meta

Medidas aproximadas del espacio: mitad de un campo de fútbol 7, reduciendo según se trate de Pre-Benjamines. Benjamines o Alevines.

4 grupos de 3 jugadores. Sin porteros en la meta. Centros alternos desde la izquierda y desde la derecha. Empieza el jugador 11 que centra a frontal del área de meta y 5 sale a defender el centro mediante cabeceo potente, intentando orientar su despeje a zona favorable a algún compañero o directamente fuera de banda. Alternando la realización del juego, 8 centra al frontal del área de meta y 2 sale a defender el centro, igual que hizo 5, y así, sucesivamente, participarán 2, 3 y 4 en los centros desde la derecha y 5, 6 y 7, en los de la izquierda. Igualmente, alternan los lanzadores de los centros

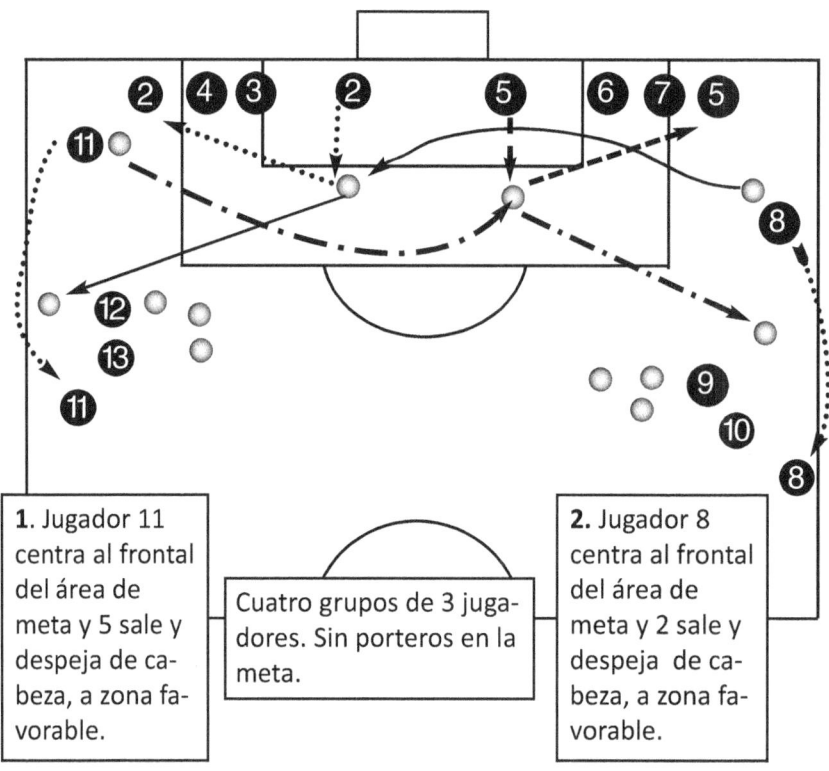

1. Jugador 11 centra al frontal del área de meta y 5 sale y despeja de cabeza, a zona favorable.

Cuatro grupos de 3 jugadores. Sin porteros en la meta.

2. Jugador 8 centra al frontal del área de meta y 2 sale y despeja de cabeza, a zona favorable.

V. FINTA

1. Concepto.

Es cualquier acción realizada por un jugador, con o sin balón, con idea de confundir, de engañar al contrario, de forma que no descubra cual es la verdadera acción que vamos a realizar.

La finta es una acción importante y es un medio propio de futbolistas de alto nivel, siendo muy valorada, ante lo difícil que resulta provocar espacios libres en la mayoría de las jugadas.

2. Aplicación de la finta

La finta se realiza para:
a) Distraer al adversario
b) Ganar tiempo y espacio
c) No perder la posesión del balón

Ejercicio 15.

Finta y tiro a gol

Medidas aproximadas del espacio: mitad de un campo de fútbol 7, reduciendo según se trate de Pre-Benjamines. Benjamines o Alevines.

Un grupo de 5 jugadores: 1 portero, un defensa central y tres atacantes. El delantero 9 conduce el balón hacia el frontal del área. El defensa central 5 sale a defender. 9 realiza amago hacia la derecha, finta sin tocar el balón y cuando 5 se mueve hacia dicho amago, 9 sale con el balón hacia la derecha y le gana la posición para tirar a gol. Practicar en varias porterías y rotar funciones, según número de jugadores en entrenamiento.

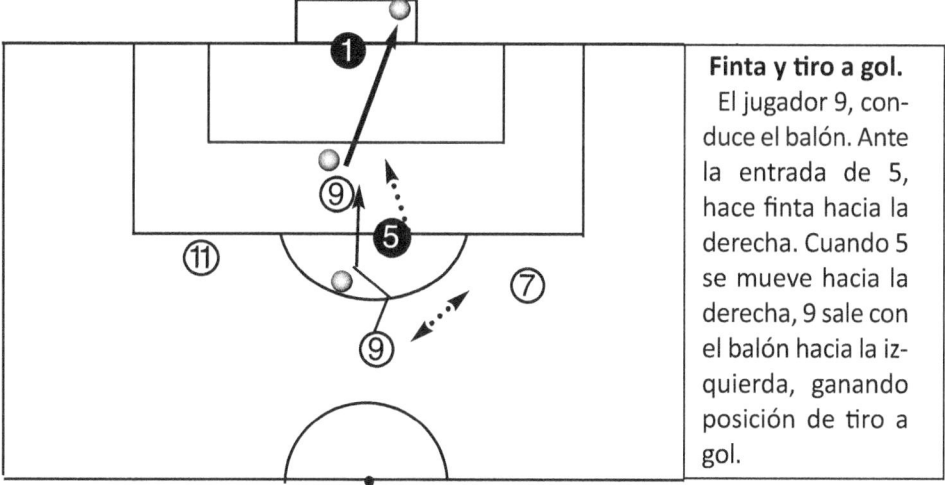

Finta y tiro a gol.
El jugador 9, conduce el balón. Ante la entrada de 5, hace finta hacia la derecha. Cuando 5 se mueve hacia la derecha, 9 sale con el balón hacia la izquierda, ganando posición de tiro a gol.

Ejercicio 16.

Finta, pase y tiro a gol

Medidas aproximadas del espacio: mitad de un campo de fútbol 7, reduciendo según se trate de Pre-Benjamines. Benjamines o Alevines.

Un grupo de 8 jugadores: 1 portero, tres defensas y cuatro atacantes. El delantero 9 conduce el balón hacia el frontal del área. El defensa central 5 sale a defender. 9 realiza amago hacia la derecha, finta sin tocar el balón y cuando 5 se mueve hacia dicho amago, 9 hace pase a 11, que se desmarca, ganando la posición a 2, para tirar a gol. Una variante cuando el defensor no se mueve con el amago de 9, puede ser girarse y aprovechando el apoyo de 8, culminar con el desmarque de 7.

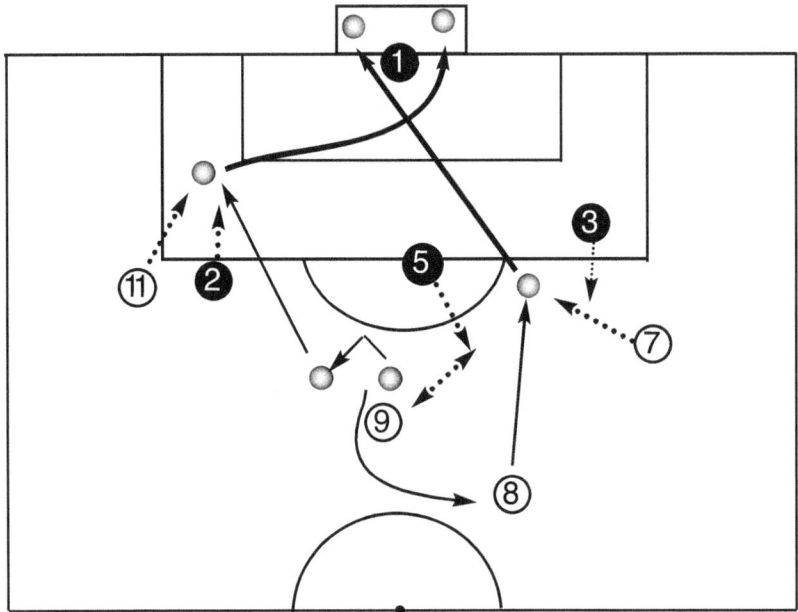

Finta, pase y tiro a gol.

El jugador 9, conduce el balón. Ante la entrada de 5, hace finta hacia la derecha. Cuando 5 se mueve hacia la derecha, 9 pasa el balón a 11 que gana la posición a 2 y tira a gol.

Una variante, cuando el defensor no se mueva con el amago, puede ser, girarse y aprovechar el apoyo de 8 y culminar con el desmarque de 7.

3. Tipos de finta:
a) Antes de recibir el balón y en beneficio del propio jugador
b) Después de recibir el balón y en beneficio del propio jugador
c) Sin recibir el balón, y en beneficio de un compañero

Ejercicio 17.

Finta antes de recibir el balón y en beneficio propio

Medidas aproximadas del espacio: mitad de un campo de fútbol 7, reduciendo según se trate de Pre-Benjamines. Benjamines o Alevines.

Un portero, cuatro defensores y 5 atacantes. El atacante 8 conduce el balón en dirección al área contraria. Le apoyan por delante 7, 8 y 9. El delantero 9 hace finta hacia la derecha, pero cuando su marcador 4 se mueve en esa dirección, se revuelve hacia la izquierda, ganándole la posición y tira a gol, aprovechando el pase de 8.

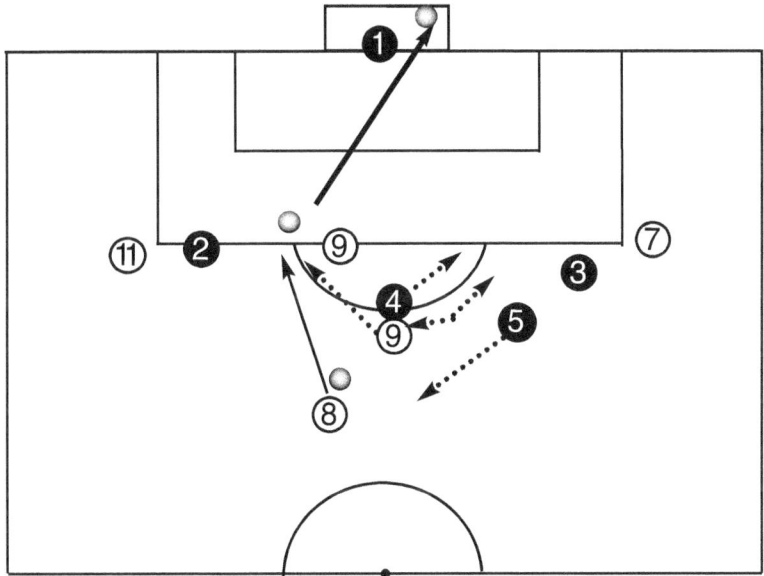

Finta antes de recibir el balón y en beneficio propio

El jugador 9 hace finta hacia la derecha y cuando 4 se mueve hacia dicho amago, le gana la posición por la izquierda y tira a gol, aprovechando el pase de 8.

Ejercicio 18.

Finta después de recibir el balón y en beneficio propio

Medidas aproximadas del espacio: mitad de un campo de fútbol 7, reduciendo según se trate de Pre-Benjamines. Benjamines o Alevines.

7 jugadores: 4 atacantes contra un portero y dos defensores. El jugador de banda 11 conduce el balón y lo pasa a su compañero 9, mientras 8 y 7, apoyan la jugada. El jugador 9, controla el pase de 11, finta hacia el lado izquierdo de su marcador 4, pero le gana la posición con el balón por la derecha y tira a gol.

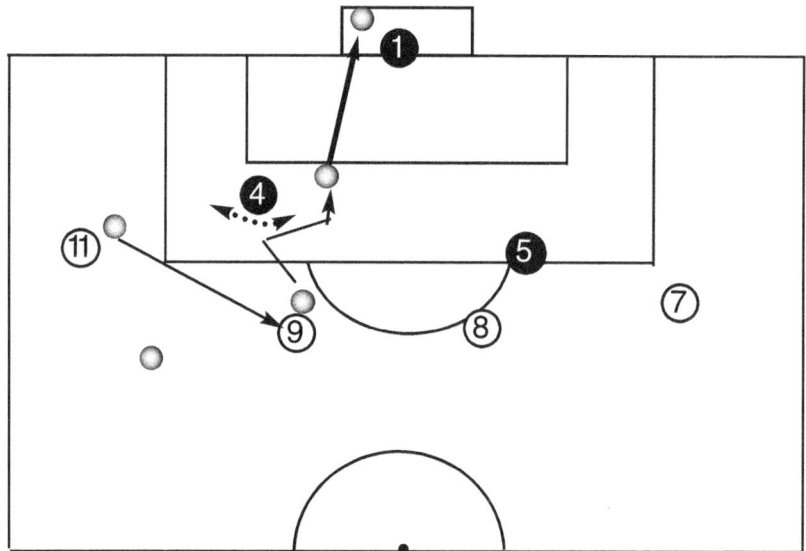

Ejercicio 19.

Finta sin recibir el balón y en beneficio de un compañero

Medidas aproximadas del espacio: mitad de un campo de fútbol 7, reduciendo según se trate de Pre-Benjamines. Benjamines o Alevines.

11 jugadores: un portero con cuatro defensores contra 5 atacantes. El atacante 10 conduce el balón hacia el frontal del área penal. 7 y 11, apoyan la jugada pegados a bandas y 9 y 8 por el centro. El jugador 9 amaga petición del balón al poseedor 10, pero se revuelve hacia el área a la izquierda de su marcador 5, en beneficio de 8 que gana la posición a su marcador 4 y tira a gol aprovechando el pase que le envía 10.

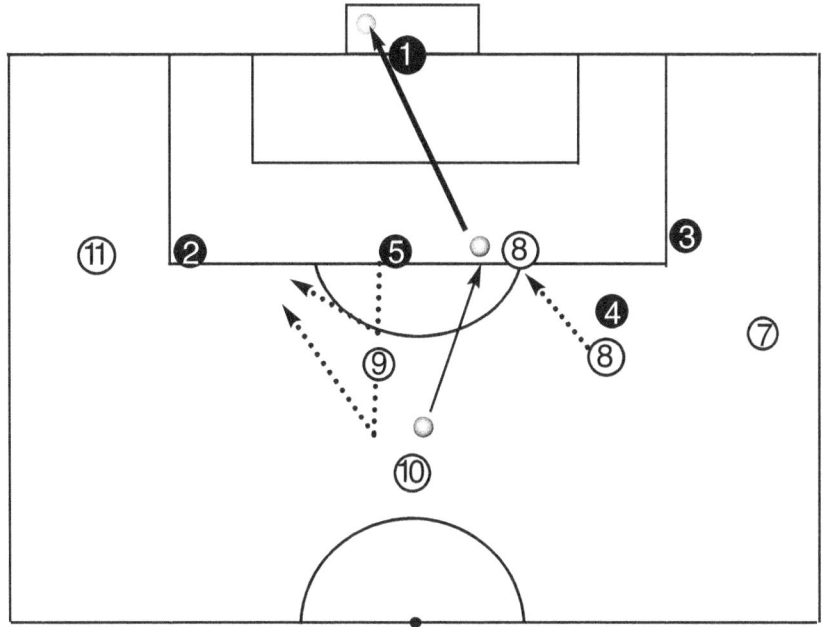

Finta sin recibir el balón y en beneficio de un compañero.
El jugador 9 amaga petición del balón a 10, pero se revuelve hacia el área, en beneficio de 8, que se posiciona con ventaja para tirar a gol, aprovechando el pase que le envía 10.

VI. REGATE

1. Concepto

Es la Acción Técnica que permite al jugador, avanzar con el balón por el terreno de juego, desbordando al adversario sin que interrumpa en la progresión y conservando el balón de forma controlada.

El regate necesita de jugadores con creatividad, con habilidad y con confianza en si mismo. Es una de esas capacidades que en el fútbol marcan diferencia entre los jugadores, como son la velocidad, la destreza, el cambio de ritmo.

2. Clases de regate: Hay dos tipos de regate: simple y compuesto.

El regate simple es el que se realiza sin ninguna acción previa de engaño. El jugador cambia de ritmo o de dirección. El regate simple es poco frecuente, ya que casi siempre, es necesario hacer una finta previa que lo convierte en regate compuesto.

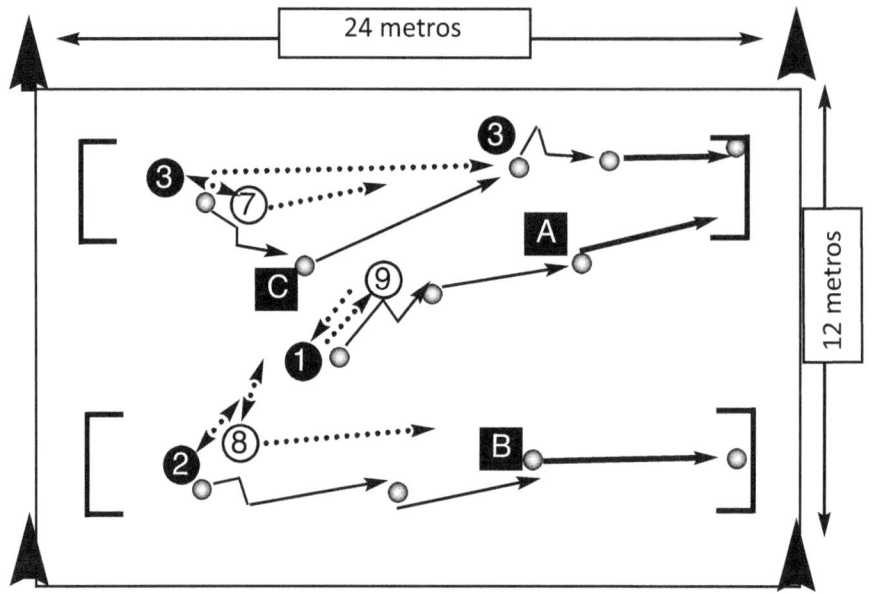

Ejercicio 20.

Regate compuesto y tiro de precisión a portería pequeña

Terreno de juego de 24 x 12 metros, reduciendo según se trate de Pre-Benjamines, Benjamines o Alevines, con cuatro porterías, 2 en cada fondo, 9 jugadores, en 3 grupos. Cada grupo de 1 atacante y un comodín, se enfrentan a un defensor, en partido individual, intentando gol en cualquiera de las dos porterías del defensor. Para conseguir gol, tienen que regatear, previamente, al adversario defensor.

Los jugadores 1, 2 y 3 inician conducción engañando con finta y regateando a su marcador. Desarrollan la jugada según se explica en el gráfico. El jugador 1 cuenta con el comodín A; el jugador 2, con el comodín B; el jugador 3, con el comodín C.

Cuando se produce un gol, se cambian las funciones y el defensor pasa a atacante y le ayuda el comodín.

Ejercicio 21.

Regate compuesto y tiro de precisión a portería pequeña

Terreno de juego de 24 x 12 metros, reduciendo según se trate de Pre-Benjamines, Benjamines o Alevines, con dos porterías de 9 metros de ancho, una en cada fondo.

9 jugadores, en 3 grupos. Cada grupo de un atacante y un comodín, se enfrentan a un defensor, en partido individual, intentando gol. Para conseguir gol, tienen que regatear, previamente, al defensor y pasar con el balón por la línea de meta.

Los jugadores 1, 2 y 3 inician conducción y desarrollan la jugada según se explica en el gráfico. El jugador 1 cuenta con el comodín A; el jugador 2, con el comodín B; el jugador 3, con el comodín C. Cuando se produce un gol, se cambian las funciones y el defensor pasa a atacante y le ayuda el comodín.

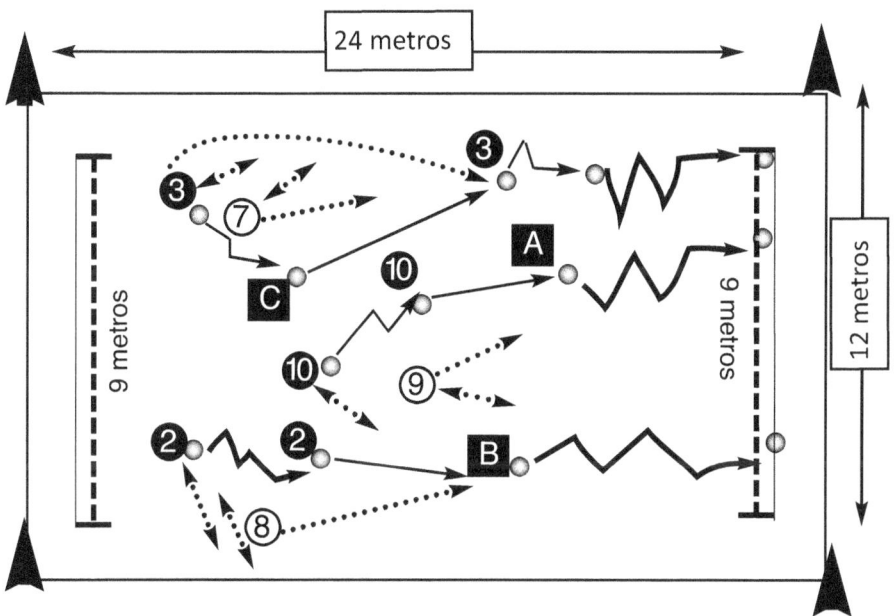

3. Ventajas del regate:
a) A la salida del regate, disponer de posición de tiro o pase
b) Aportar tiempo para el desmarque de los compañeros
c) Temporizar a favor de nuestro equipo

Ejercicio 22.
Regate con finta previa, conducción y pase

Medidas aproximadas del espacio: las de un campo de fútbol 7.

El balón está en poder de nuestro centrocampista defensivo 6 y en el círculo central. Los centrocampistas de banda 7 y 11, apoyan el ataque en amplitud, pegados a sus líneas de banda. El jugador 6 finta hacia la izquierda ante el adversario 8 y después le regatea, progresando hacia el frontal del área.

Nuestro jugador 7 hace desmarque de ruptura en línea recta, en profundidad, y 11 hace desmarque de ruptura en diagonal hacia el vértice del área. 9 y 10 que están situados en punta, hacen movimientos para favorecer la creación de espacios y que 11 finalice con tiro a puerta, al recibir el pase que le hará su compañero 6.

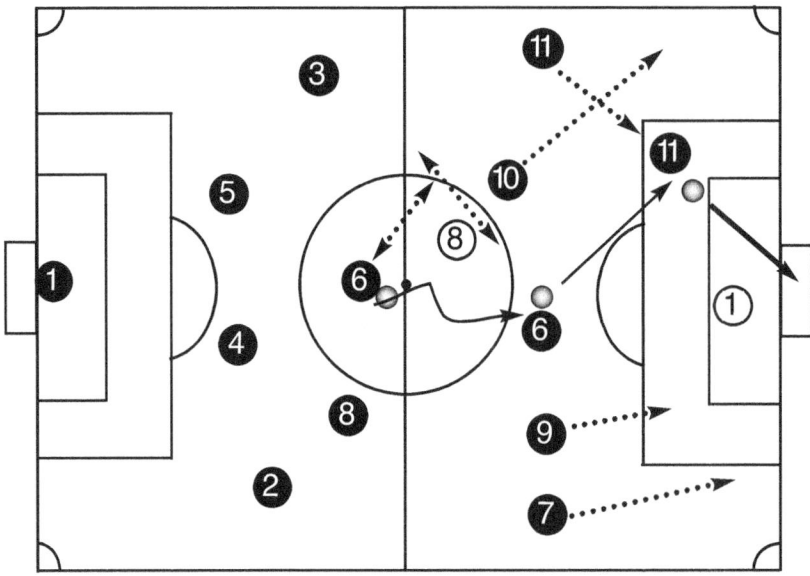

4. Desventajas del regate:
a) Cansancio
b) Exponerse a lesiones
c) Ralentizar nuestro juego de equipo

5. Cuando es conveniente el regate:
a) En el área contraria y si no hay compañeros desmarcados ni línea de pases
b) Para buscar ángulo de tiro en zonas de realización
c) Cuando el jugador poseedor del balón, esté aislado y no hay otras opciones.

Ejercicio 23.

Regate con finta previa para buscar ángulo de tiro

Medidas aproximadas del espacio: las de un campo de fútbol 7.

El portero contrario hace saque y nuestro centrocampista de banda 7, se apodera del balón y mediante combinación con 8 y devolución de este a banda derecha, se posiciona en situación de pase en corto al límite del área o pase en largo, sobre meta.

9 y 10 hacen desmarques mediante cruce en forma de aspas. 11 y 8 colaboran en la acción ofensiva final. 7 pasa en corto el balón a 9, que al tener marcaje encima, opta por entrar en el área con regates para intentar tiro a puerta o forzar penalty. Al mismo tiempo, para equilibrar líneas, nuestro jugador 6, adelanta su posición al círculo central y 2, 4, 5 y 3 y nuestro portero, reajustan sus posiciones.

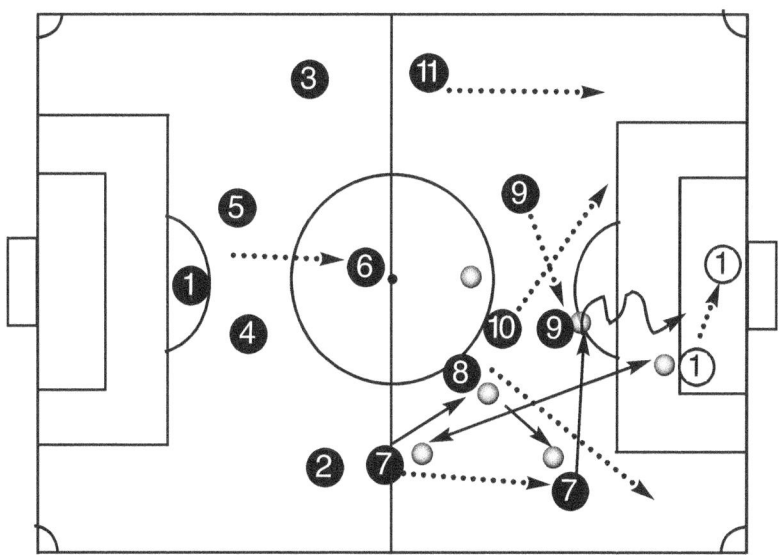

6. Cuando no es conveniente el regate:
    a) En nuestra propia área, ya que es una opción errónea y de gran riesgo
    b) Cuando se tiene ocasión favorable de pase
    c) Cuando se dispone de ángulo de tiro en distancias adecuadas

Ejercicio 24.
Aplicación de pase, en lugar de regate

Medidas aproximadas del espacio: las de un campo de fútbol 7.

Dentro de un ataque nuestro, el centrocampista defensivo 6, posee el balón ya dentro del campo contrario. Participan en la acción ofensiva: 7 a la derecha y 11 a la izquierda, además de 9 y 10, por delante. 9 hace desmarque de ruptura en diagonal hacia vértice izquierdo del área. 10 atrae marcaje hacia zona 3 en el frontal del área.

En la finalización de la jugada, 6 centra para que 7, que se ha posicionado en el área, remate a gol.

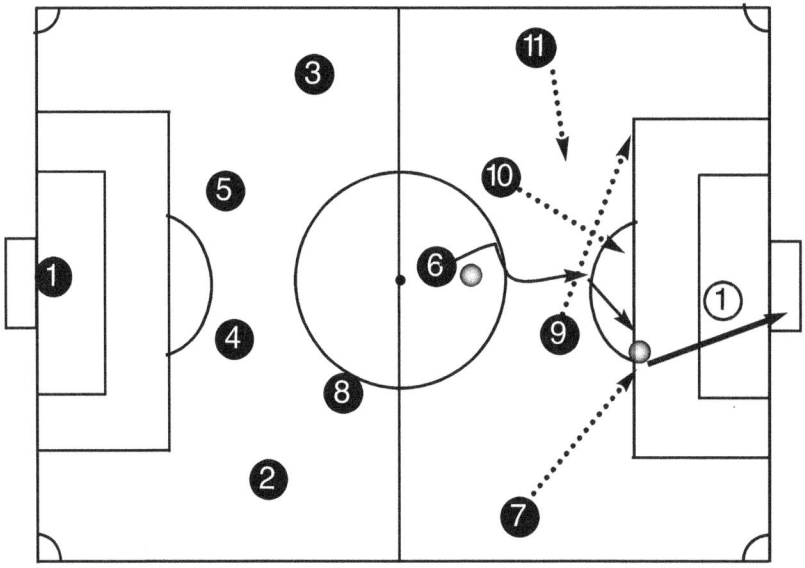

VII. TIRO

1. Concepto

Es una Acción Técnica que se realiza mediante el envío del balón sobre la portería contraria, con la intención de hacer gol. Se considera como la acción suprema del fútbol.

2. Superficies de golpeo en el tiro, según la distancia

a) En tiros cercanos, para asegurar la colocación del balón en el interior de la portería: Interior del pié
b) En tiros de media distancia y con poco ángulo de tiro: Empeine Interior
c) En tiros lejanos, potentes, aunque de menos precisión: Empeine frontal
d) En situaciones que necesites de rapidez y sorpresa y en distancias cortas y también en terrenos embarrados: Puntera.
e) Para rematar centros laterales de trayectoria elevada o trayectoria tensa: Superficie frontal de la cabeza
f) Para rematar de cabeza centros laterales, dirigiendo la trayectoria: el frontal de la cabeza con giro de cuello para orientar la trayectoria

Ejercicio 25.

Conducción, centro al frontal del área penal, control orientado y tiro con interior del pié desde el frontal del área de meta

Medidas aproximadas del espacio: mitad de un campo de fútbol 7, reduciendo medidas y pivotes, según se trate de Pre-Benjamines, Benjamines o Alevines, con cuatro porterías.

Grupo de 8 jugadores y dos porteros que se alternan en cada gol que reciban. Una hilera de 7 pivotes, separados 3 metros entre sí.

El jugador 5 pasa en lateral a 2 que está 3 metros delante de la hilera de pivotes de caucho, para que inicie conducción rápida entre los mismos. Cuando llegue a 2 metros de la línea de fondo, centrará al frontal del área, para que 5 haga control orientado y dispare a gol con el interior del pie derecho, asegurando la colocación del balón.

5 corre a situarse al final de la fila A y 2 al final de la fila B. 1 y 13 alternan en la portería.

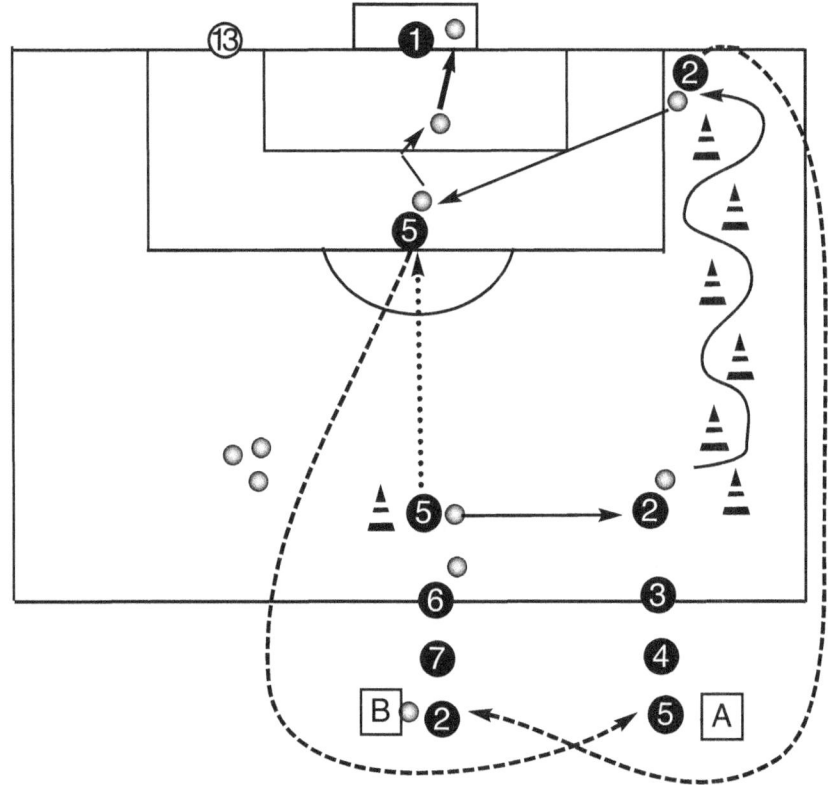

Ejercicio 26
Control y golpeo del balón a gol (tiro lateral/tiro frontal)
Según se aplique a Alevines, Benjamines o Pre-Benjamines, reducir las medidas que figuran en el gráfico.

Dos equipos de 6 jugadores. Terreno de juego de 24 x 12 metros y en dos mitades. En cada línea de fondo se colocan dos porterías de 3 metros de ancho. Las líneas laterales tienen un tramo de 8 metros por cuyo espacio se puede hacer gol y una franja de 4 metros de ancho, desde la que se hacen los lanzamientos a gol y en la que no se pueden hacer pases. Las señalizaciones y porterías, con pivotes de caucho.

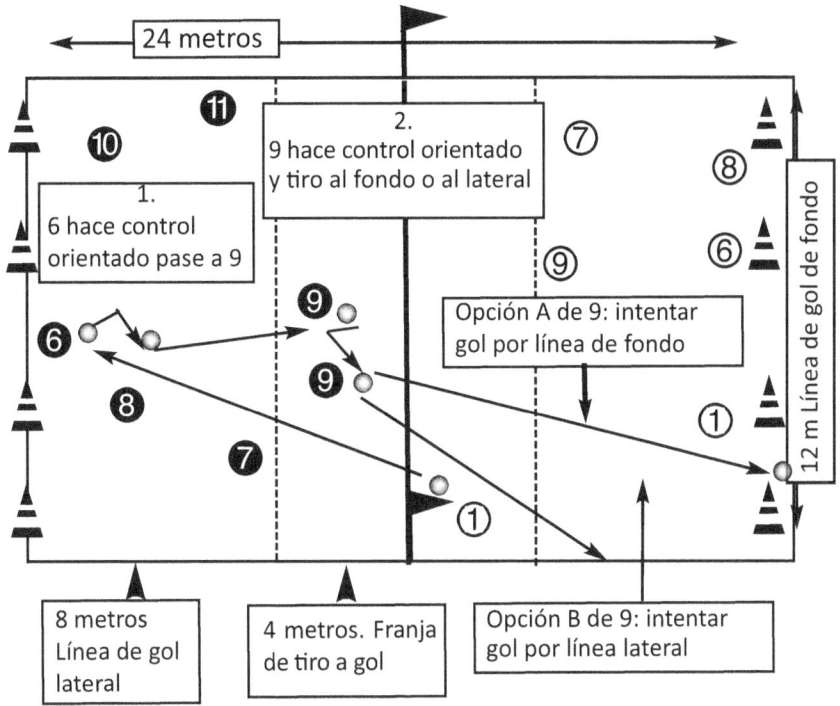

Ejercicio 27.
Conducción, centro al frontal del área de meta remate a gol de cabeza.

Medidas aproximadas del espacio: mitad de un campo de fútbol 7, reduciendo medidas y número de pivotes, según se trate de Pre-Benjamines, Benjamines o Alevines.

Grupo de 8 jugadores y dos porteros que se alternan en cada gol que reciban. Una hilera de 7 pivotes, separados 3 metros entre sí.

El jugador 5 pasa en lateral a 2 que está 3 metros delante de la hilera de pivotes de caucho, para que inicie conducción rápida entre los mismos. Cuando llegue a 2 metros de la línea de fondo, centrará al frontal del área de meta, para que 5 remate a gol utilizando el frontal de la cabeza, previo giro de cuello para orientar la trayectoria. 5 corre a situarse al final de la fila A y 2 al final de la fila B. 1 y 13 alternan en la portería. Alternar ejercicio por la banda contraria.

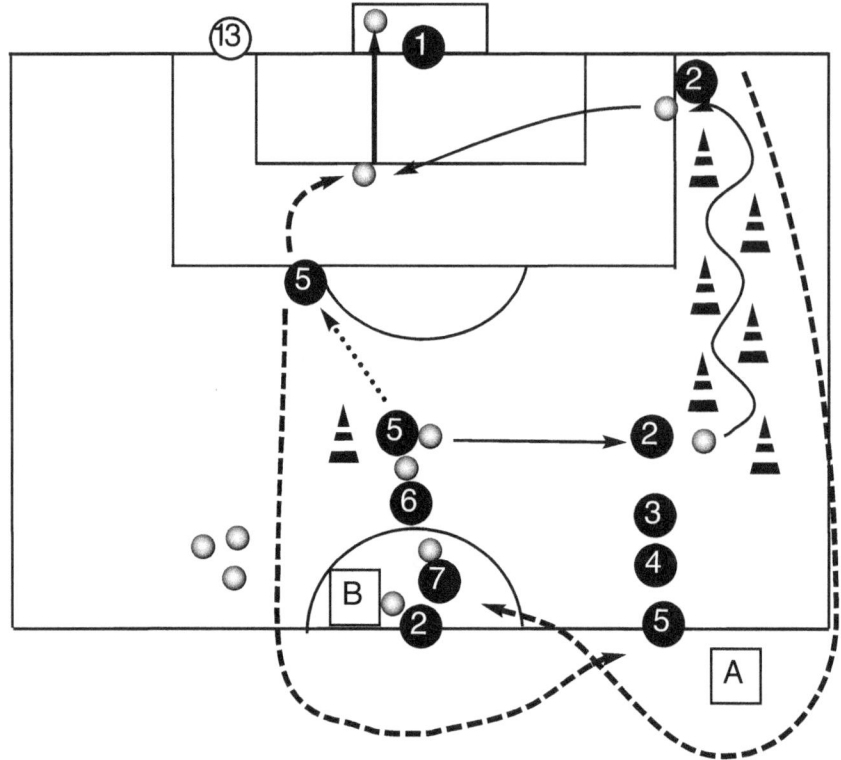

Ejercicio 28.

Pases, controles, cambio de orientación, conducción y tiro

Medidas aproximadas del espacio: mitad de un campo de fútbol 7, reduciendo según se trate de Pre-Benjamines, Benjamines o Alevines.

Dos porteros y otros 6 jugadores, situados según el gráfico.

El jugador 9 inicia con pase a la banda de 7, que controla y hace cambio de orientación del juego a 11, que se ha adelantado por la izquierda. 11 conduce unos metros y realiza centro al interior del área penal. Tiene dos opciones para su centro: el remate de 9 frente al primer poste o el remate de 7, frente al segundo.

1 y 13 alternan en la portería. Organizar igual ejercicio por la banda contraria.

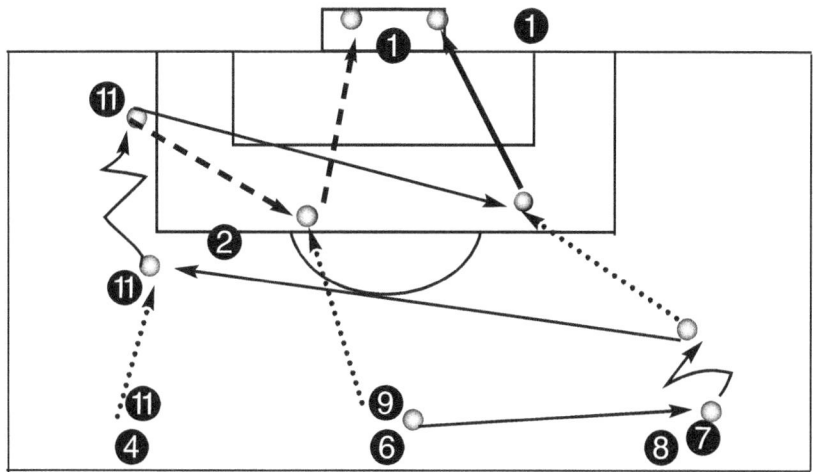

Ejercicio 29.

Partido: 6 pases y tiro

Medidas aproximadas del espacio: las de un campo de fútbol 7, reduciendo según se trate de Pre-Benjamines, Benjamines o Alevines.

14 jugadores: 2 equipos de un portero, 6 jugadores y 2 comodines, A y B que juegan al favor del grupo poseedor del balón. Terreno de juego de 60 x 40 mts., con dos porterías reglamentarias. Para hacer gol, cada equipo necesita hacer un mínimo de 6 pases previos al tiro a puerta. Cambiar comodines en cada gol.

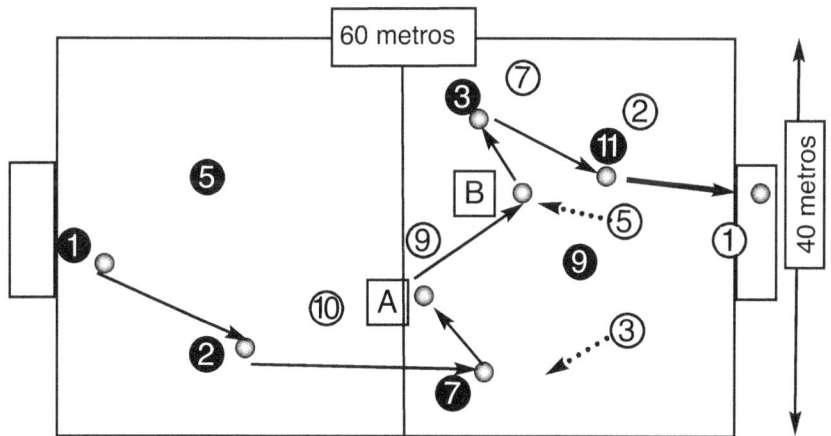

Ejercicio 30.

Partido: Pases y tiro

Medidas aproximadas del espacio: las de un campo de fútbol 7, reduciendo según se trate de Pre-Benjamines. Benjamines o Alevines.

14 jugadores: 2 equipos con 7 jugadores. Terreno de juego de 60 x 40 mts., con dos porterías reglamentarias. Se colocan 4 porterías pequeñas, según gráfico. Para hacer gol, cada equipo necesita haber hecho un mínimo de un pase, a través de una de las porterías pequeñas. Ver desarrollo del juego en el gráfico

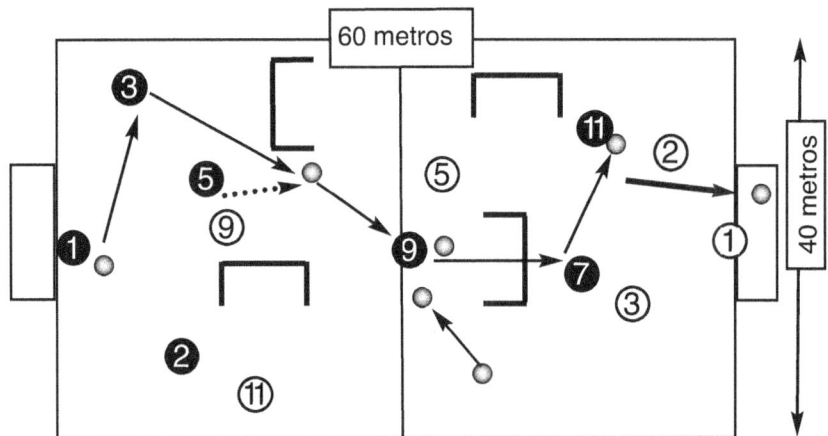

TÉCNICA COLECTIVA

VIII. EL PASE

1. Concepto

El pase es la Acción Técnica Colectiva que permite la transmisión del balón entre dos o más jugadores.

2. Principios aplicables a la realización del pase

• Precisión, tanto en pases al pie como al espacio.

• Trayectorias que favorezcan a nuestro compañero receptor y si es posible, pases rasos.

• Producir el pase antes de que marquen al que los realiza o marquen a los compañeros.

• Realizar pases que sean eficaces, que mejoren las opciones de las jugadas. No se trata de pasar la responsabilidad de la acción del juego a un compañero sin mejorar nuestras posibilidades.

- Vive la jugada. Antes de recibir el balón, piensa opciones para la acción siguiente.
- Pases largo con cambio de orientación del juego, ayudan a sorprender al adversario.
- No utilizar pases horizontales en zonas próximas a nuestra portería.

3. Acciones de los compañeros, para favorecer el pase
- Ocupación inteligente del terreno de juego, con acciones y posiciones, que ofrezcan diversas opciones de pase, al compañero poseedor del balón.
- Abre el campo. Conviene que ofrezcas líneas de pase, tanto a los lados como al frente.
- Crea opción de pared en la zona de área contraria

4. El pase como principio básico del juego

El pase es el principio básico del juego colectivo en el fútbol, porque bien aplicado, permite mantener la posesión del balón, con lo cual se logra el dominio del juego.

Como ventajas del Pase: Si aplicamos a la jugada la acción del pase, en lugar de conducir el balón o hacer regates, nuestro juego tendrá más velocidad, menos agotamiento físico y mental, menos riesgo de lesiones y avanzaremos de forma más clara y controlada.

Ejercicio 31.

Velocidad en el juego. Pases, controles orientados, cambio de orientación en pase largo, regate compuesto y tiro.

Medidas aproximadas del espacio: mitad de un campo de fútbol 7, reduciendo según se trate de Pre-Benjamines. Benjamines o Alevines.

Cuatro atacantes y dos defensores (uno portero), situados según el gráfico.

El jugador inicia con pase a la banda de 7, que controla y hace cambio de orientación del juego a 11, que se ha adelantado por la izquierda. 11 realiza control orientado y pase a 9 en el frontal del área penal. 9 hace regate compuesto al defensor 5, buscando ángulo para su tiro a gol.

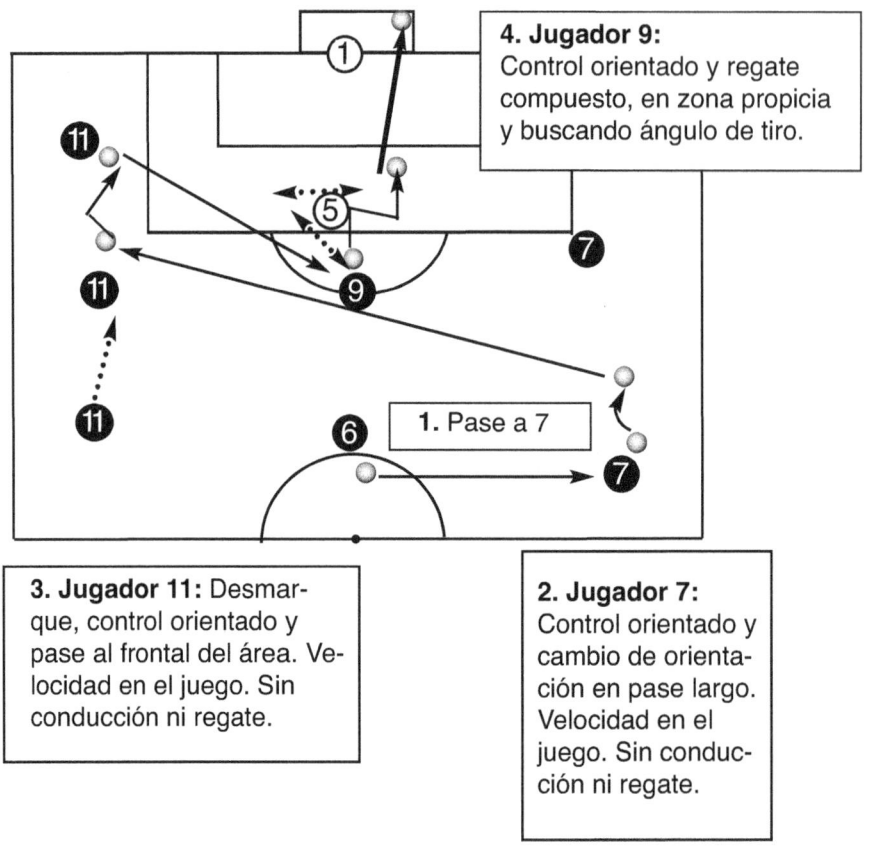

Ejercicio 32.

Juego de pases cortos con el interior del pié. Dos contra dos mas, dos comodines

Dos grupos de 2 jugadores y uno de dos comodines A y B, que forman grupo con los poseedores del balón. Terreno de juego de 15 x 15 metros.

Ejemplo: Inicia el juego 3, que pasa el balón al comodín A, éste pasa al comodín B, que lo cede por delante del desmarque de 2. Cuando el grupo defensor se apodere del balón, se cambian a mantener la posesión la ayuda de los comodines.

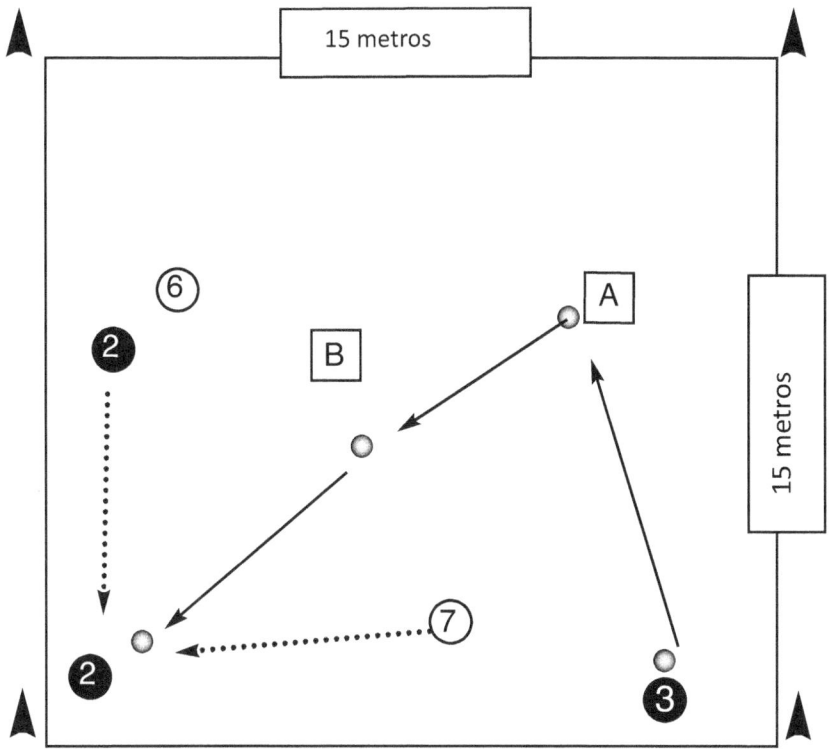

Ejercicio 33.

Conducir el balón driblando pivotes y pase

Reducir número de pivotes y distancias, según se trate de Pre-benjamines. Benjamines o Alevines.

Grupos de 6 jugadores cada uno con un balón. Conducen driblando entre pivotes de caucho, situados en ángulo recto. El jugador 7 hace el recorrido completo hasta el final del ángulo. Desde allí hace un pase a 8 que participa recepcionando el balón y dejándolo en la zona.7 termina el ejercicio mediante sprint a recoger el balón y situarse al final de la fila de jugadores. Sigue la ronda de jugadores en el ejercicio. Terreno 15 x 15

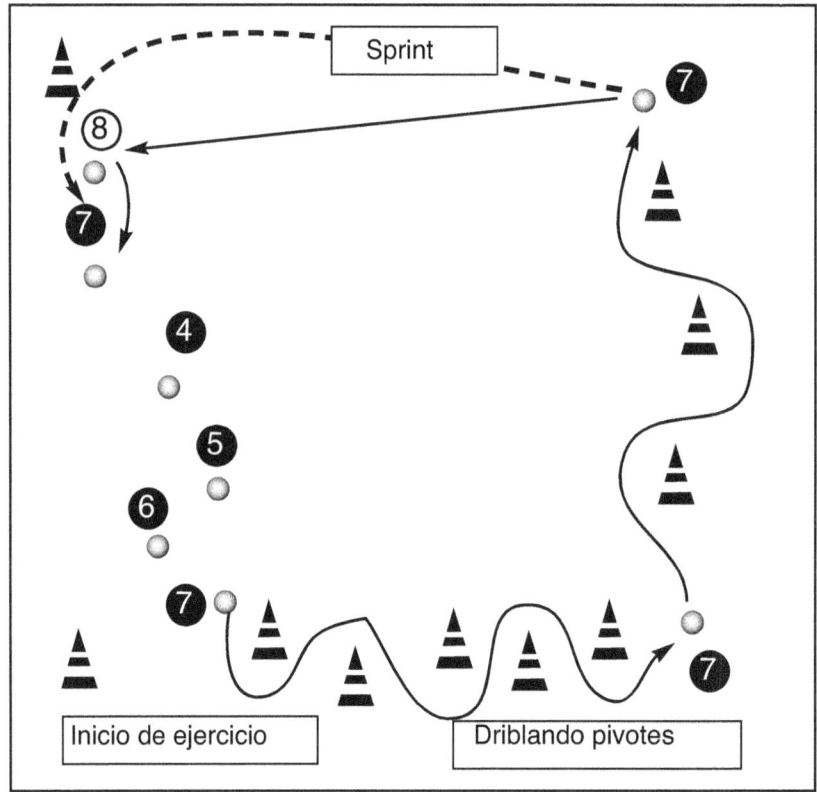

Ejercicio 34.

**Acción combinativa de contraataque,
basada en pases, controles orientados y tiro.**

Medidas aproximadas del espacio: las de un campo de fútbol 7, reduciendo según se trate de Pre-Benjamines. Benjamines o Alevines.

Dos equipos de 11 jugadores. Terreno reglamentario y respetando regla de fuera de juego.

El portero, después de blocar, saca con la mano sobre su lateral 3, que continúa una jugada de pases combinados, seguida por sus compañeros 11, 6, 10, 8, 7 y de este, al desmarque de 2, que gana la posición, controla y tira a gol.

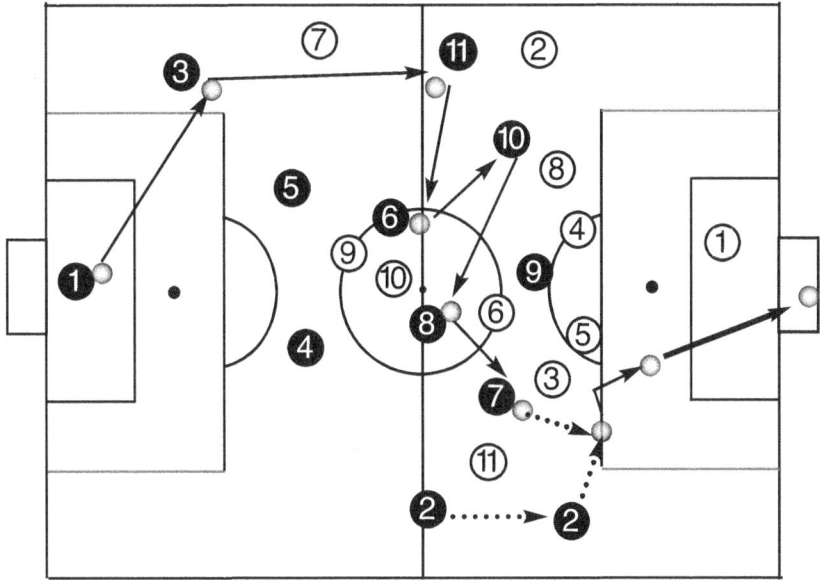

TÉCNICA DEFENSIVA

IX. Interceptación

1. Concepto

Interceptación es la acción Técnica Defensiva, mediante la cual, se impide que el balón llegue a su destino, modificando su trayectoria o apoderándonos de él.

En la interceptación conviene diferenciar dos acciones, que se producen casi al unísono:

a) Anticipación: Acción sobre el jugador adversario.
b) Interceptación: acción sobre el balón
Modalidades:
- Entrada
- Carga
- Corte

2. Entrada

Es la Acción Técnica Defensiva que se realiza para intentar arrebatar el balón al adversario poseedor. Se considera la principal acción defensiva que se da en el fútbol.

Objetivos de la entrada:
a) Arrebatar posesión del balón al rival.
b) Cortar el avance o ataque del equipo rival, evitar su progresión.
c) Obligar a improvisar al jugador poseedor del balón.

d) Impedir la combinación entre jugadores del equipo contrario.
e) Forzar la pérdida del control del juego del equipo contrario.

3. Tipos de entrada:

a) Frontal **b**) Lateral **c**) Por detrás

Ejercicio 35.

Entrada frontal

Medidas aproximadas del espacio: mitad de un campo de fútbol 7, reduciendo según se trate de Pre-Benjamines. Benjamines o Alevines.

Un jugador contrario conduce desde su medio campo con un compañero suyo desmarcado a su izquierda. Antes de que haga el pase, hacemos entrada frontal y le arrebatamos el balón. Iniciamos contraataque, saliendo conduciendo brevemente el balón por el lado contrario con pase a nuestro compañero 11.

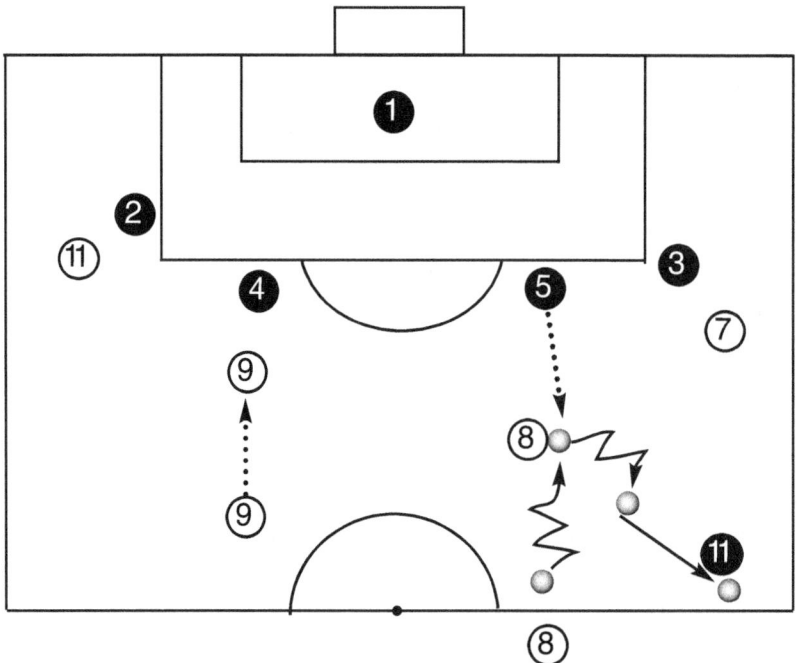

LAS ESCUELAS DE FÚTBOL. Objetivos, Contenidos, Metodología y Evaluación

Ejercicio 36.

Entrada y carga

6 jugadores en 3 parejas, cada una con un balón. Disputan la posesión del balón para intentar pasar conduciéndolo por alguna de las dos porterías pequeñas. Terreno de juego de 15 x 15 metros. El poseedor del balón, inicia conducción cubriendo el balón. El defensor que le marca intenta quitarle el balón, todas las veces posibles, durante un minuto y mediante entrada con carga reglamentaria. Cumplido el minuto, se cambian las funciones. Se controlará la forma de aplicar la carga.

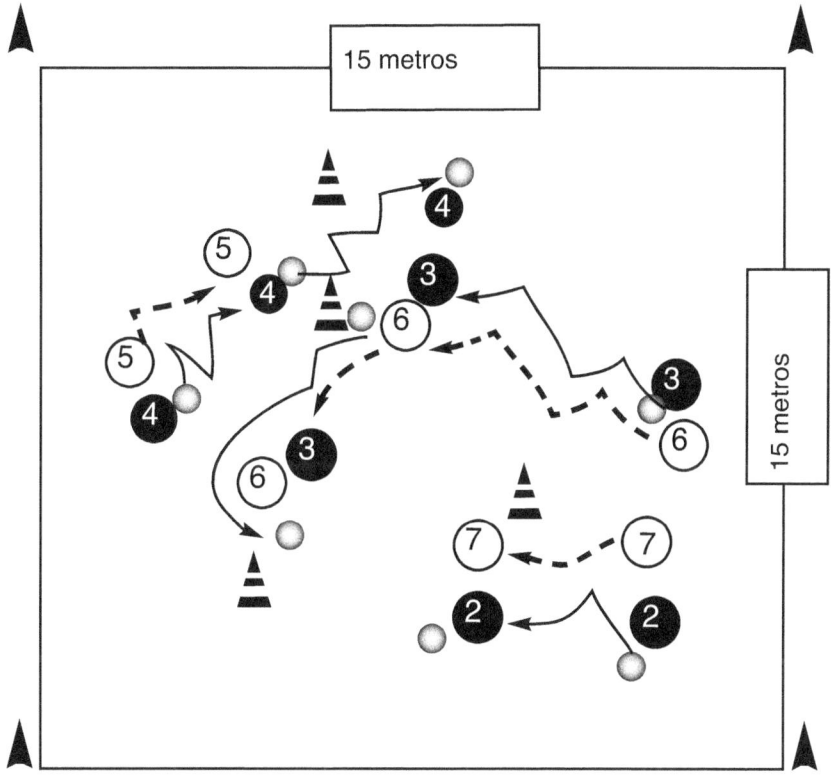

Ejercicio 37.

Entrada y carga

6 jugadores en 3 parejas. Terreno de juego de 15 x 15 metros. El poseedor del balón, inicia conducción cubriendo el balón. El defensor que le marca intenta quitarle el balón, todas las veces posibles, durante un minuto y mediante entrada con carga reglamentaria. Cumplido el minuto, se cambian las funciones. Se controlará la forma de aplicar la carga.

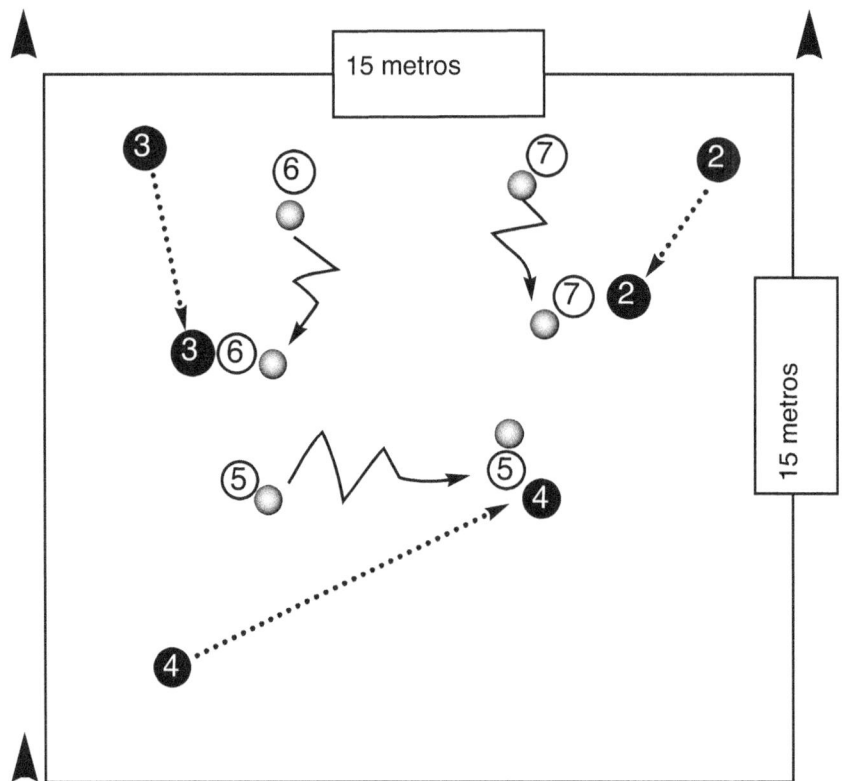

4. Carga

Es la Acción Técnica Defensiva que se realiza para apartar al adversario al que se pretende arrebatar el balón.

Es una acción complementaria de la entrada y debe ser realizada respetando las normas del juego:

    a) Se puede realizar hombro a hombro.
    b) No se pueden utilizar los brazos despegados del cuerpo.
    c) No se puede aplicar una carga temeraria o con el uso de fuerza excesiva.

Ejercicio 38.

Entrada y carga

6 jugadores en 3 parejas. Terreno de juego de 15 x 15 metros. El poseedor del balón, inicia conducción cubriendo el balón. El defensor que le marca intenta quitarle el balón, todas las veces posibles, durante un minuto y mediante entrada con carga reglamentaria. Cumplido el minuto, se cambian las funciones. Se controlará la forma de aplicar la carga.

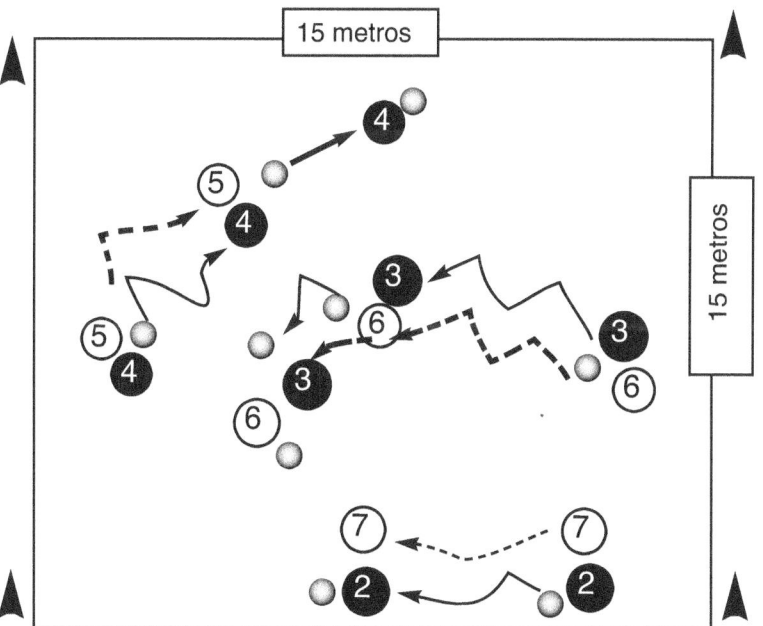

5. Corte

Es la acción que realiza un jugador que defiende, impidiendo que el balón lanzado por el adversario llegue a su destino, quedándose con el balón, o bien, cortando o desviando su trayectoria.

Posibilidades en el Corte:
Interceptación y Despeje
En el corte existen dos posibilidades:
    a) apoderarse del balón (interceptación) o simplemente
    b) desviar el balón y evitar o interrumpir
    la combinación contraria (desvío)

Despeje:
  alejar el balón de la zona de peligro.

    Previamente: es necesario estar concentrado en los movimientos de los contrarios, en las trayectorias de los pases que realicen y en el posible destino del balón.

Ejercicio 39.

Corte, interceptando la trayectoria del balón y apoderándonos del mismo.

Explicación gráfica: Pase, anticipación sobre el receptor del pase, interceptación del balón, salida en conducción.

Representación de la jugada: 6 jugadores en dos grupos de tres, disputan un balón. Terreno de juego de 15 x 15 metros. Grupo A: Números 2, 3 y 4. Grupo B: 5, 6 y 7.

Se inicia el juego con el grupo A, en posesión del balón. El jugador nº 3, (al que le disputa el balón el adversario 6), hace un pase a su compañero 2 (marcado por el adversario 7).

2 gana la posición a 7 y envía pase a su compañero 4, pero el adversario 5, se anticipa sobre 4 para interceptar la trayectoria y hacerse con el balón. Duración: 2 minutos.

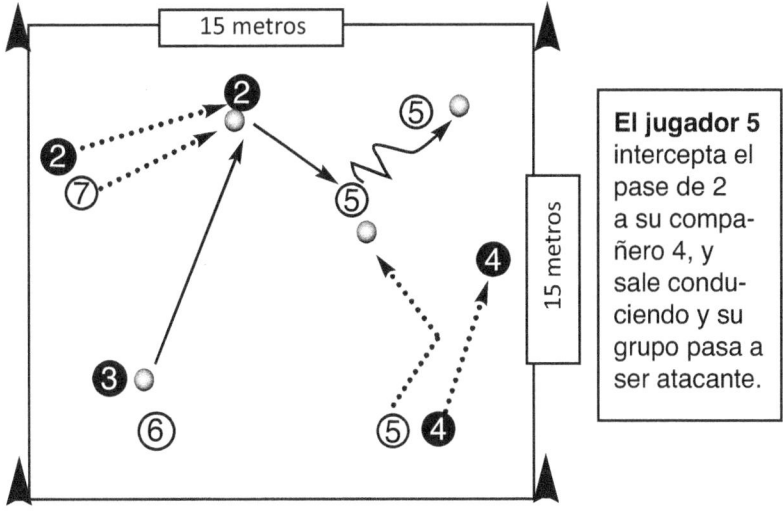

Ejercicio 40.

Desvío. Interrumpir la trayectoria del balón, evitando que llegue al adversario.

Medidas aproximadas del espacio: mitad de un campo de fútbol 7, reduciendo según se trate de Pre-Benjamines. Benjamines o Alevines.

Cortar el ataque adversario mediante desvío hacia fuera banda.

El jugador contrario 8 conduce desde su medio campo con su compañero 7, desmarcado a su derecha. En cuanto 8 hace el pase hacia 7, el defensa central 5 contrario, que estaba concentrado en el juego, interrumpe la trayectoria del balón y aunque no consigue interceptarlo y apropiarse de él, si consigue desviarlo hacia fuera de banda y cortar el ataque adversario.

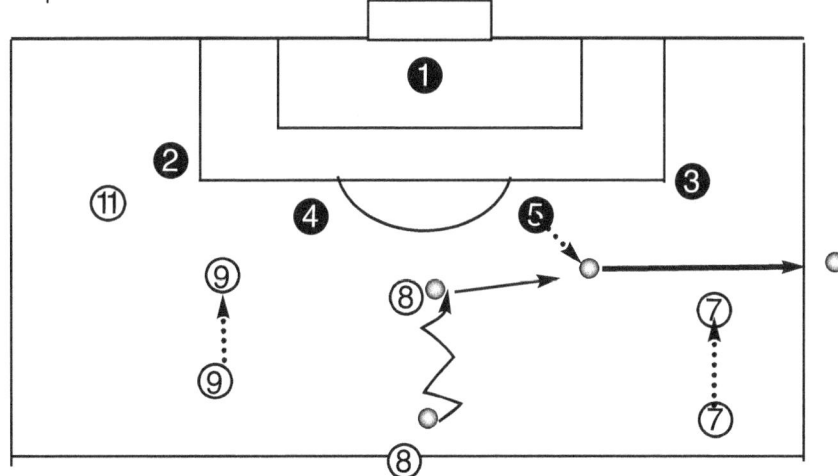

6. Despeje

Es la Acción Técnica Defensiva que tiene por objeto alejar el balón de nuestra portería, área de penalty o zonas próximas, mediante un golpeo eficaz del balón.

En nuestra zona defensiva el principio de seguridad ante todo obliga a lo siguiente:

- En los momentos de peligro en defensa, despejaremos el balón como sea para anular la situación de riesgo.
- Si la situación lo permite, debemos realizar despeje orientado, hacia zonas favorables a nuestro equipo.
- Si tenemos el riesgo bien controlado y con opciones de favorecer nuestra siguiente acción ofensiva, saldremos jugando de forma combinada.

Ejercicio 41.

Despejes, control y tiro a distancia sobre portería de 10 metros

Reducir las medidas según se trate de Pre-Benjamines, Benjamines o Alevines.

4 jugadores en dos parejas: una juega de atacante y otra de defensa, cambiando funciones cada 5 minutos. Terreno de 30 x 15 metros. Dos porterías de 10 metros marcados por pivotes de caucho. Dos zonas de 5 metros de ancho, marcadas con señalizadores circulares. Esta zona es límite para los lanzamientos de la pareja que actúa de atacante, con posibilidad de control y un pase previos. Los despejes se pueden hacer desde cualquier zona que llegue el balón, con cualquier superficie reglamentaria y también hacia cualquier zona según, exigencia de la trayectoria de llegada, ya que se trata de evitar el tanto. Gana la pareja que marque más tantos durante su función de atacante.

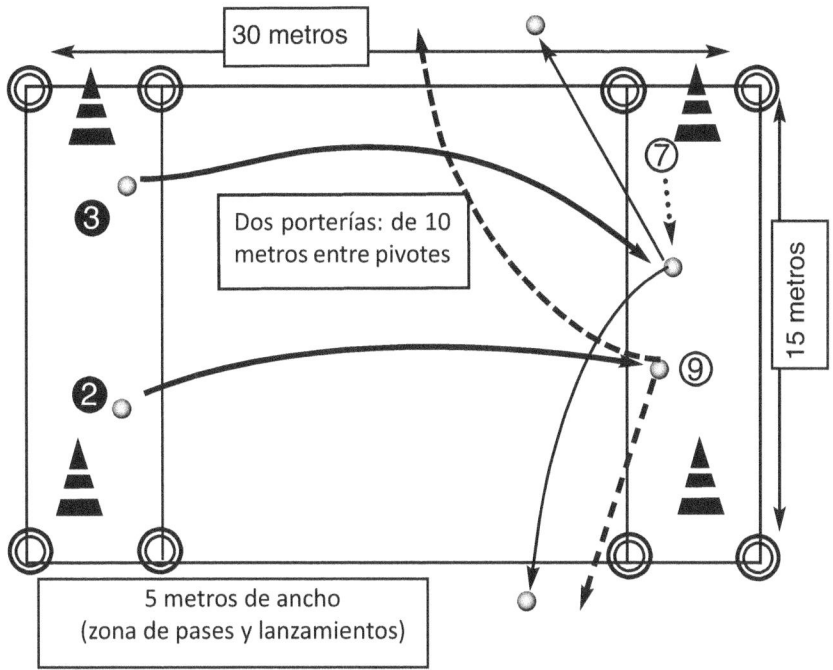

7. Despeje orientado

Son las acciones técnicas defensivas, que además de cumplir con el principio dominante de seguridad ante todo y alejar el balón de nuestra zona de riesgo, se hace mediante golpeos con trayectorias hacia zonas favorables a nuestros compañeros que estén en posiciones de ataque.

Un despeje resuelve el riesgo de una acción defensiva, pero si además, se hace un despeje orientado a zonas favorables para una pasar a una acción ofensiva inmediata, cobra un valor importante.

Ejercicio 42.

Despeje orientado: Cortar el ataque adversario mediante despeje hacia posición adelantada y favorable.

Medidas aproximadas del espacio: mitad de un campo de fútbol 7, reduciendo según se trate de Pre-Benjamines. Benjamines o Alevines.

Interrumpir la trayectoria del balón, evitando que llegue al adversario.

El jugador contrario 10 desde zona próxima a nuestro área penal, hace un pase a su compañero 11, situado a su izquierda y dentro de dicho área. En cuanto 10 hace el pase hacia 11, el defensa central 4 contrario, que estaba concentrado en el juego, interrumpe la trayectoria del balón y aunque no consigue interceptarlo y apropiarse de él, si consigue despejarlo hacia la posición adelantada de su compañero 7, además de cortar el ataque adversario.

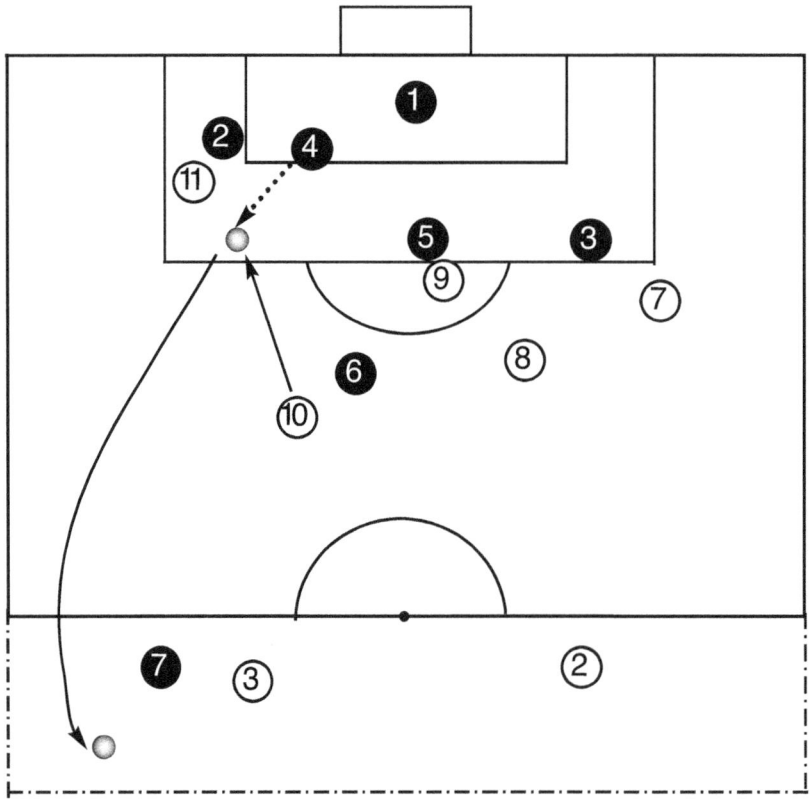

Ejercicio 43

Control, tiro a distancia sobre línea de fondo y despeje o desvío.

Reducir las medidas según se trate de Pre-Benjamines, Benjamines o Alevines.

6 jugadores en dos grupos de 3: un grupo juega de atacante y otro de defensa, cambiando funciones cada 6 minutos. Terreno de 30 x 15 metros. Dos porterías a todo el ancho de fondo (15 metros) marcados por pivotes de caucho. Dos zonas de 5 metros de ancho, marcadas con señalizadores circulares. Esta zona es límite para los lanzamientos del grupo que actúa de atacante, con posibilidad de control y un pase previos. Los defensores pueden hacer los despejes, desde cualquier punto del terreno, con cualquier superficie reglamentaria y también hacia cualquier zona según, exigencia de la trayectoria de llegada, ya que se trata de evitar el tanto. Gana la pareja que marque más tantos durante su función de atacante.

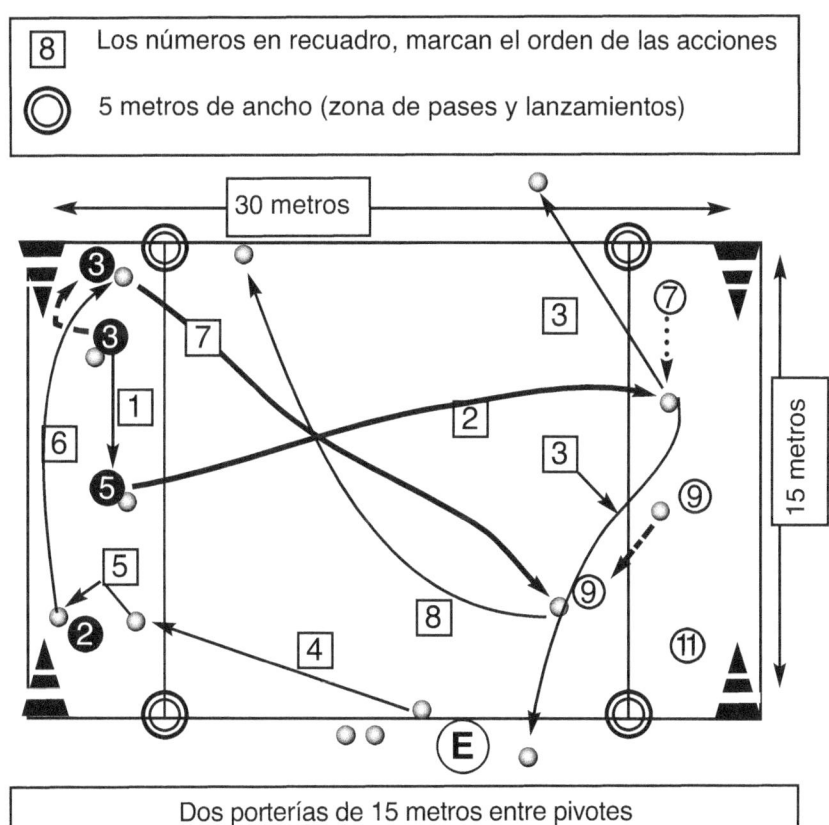

Ejercicio 44.

Jugada combinada

Medidas aproximadas del espacio: mitad de un campo de fútbol 7, reduciendo según se trate de Pre-Benjamines. Benjamines o Alevines.

Si tenemos el riesgo bien controlado y con opciones de favorecer nuestra siguiente acción ofensiva, saldremos jugando de forma combinada.

En el frontal de nuestra área de penalty, el jugador contrario 10 tiene controlado el balón. Nuestros marcajes controlan la acción ofensiva de los otros adversarios 7, 9 y 11, que intervienen en el ataque. Nuestro central 4 sale con decisión y arrebata el balón. Como el riesgo está controlado, inicia contraataque con rapidez, pasando el balón al desmarque del centrocampista defensivo 6 y este al de banda derecha 7.

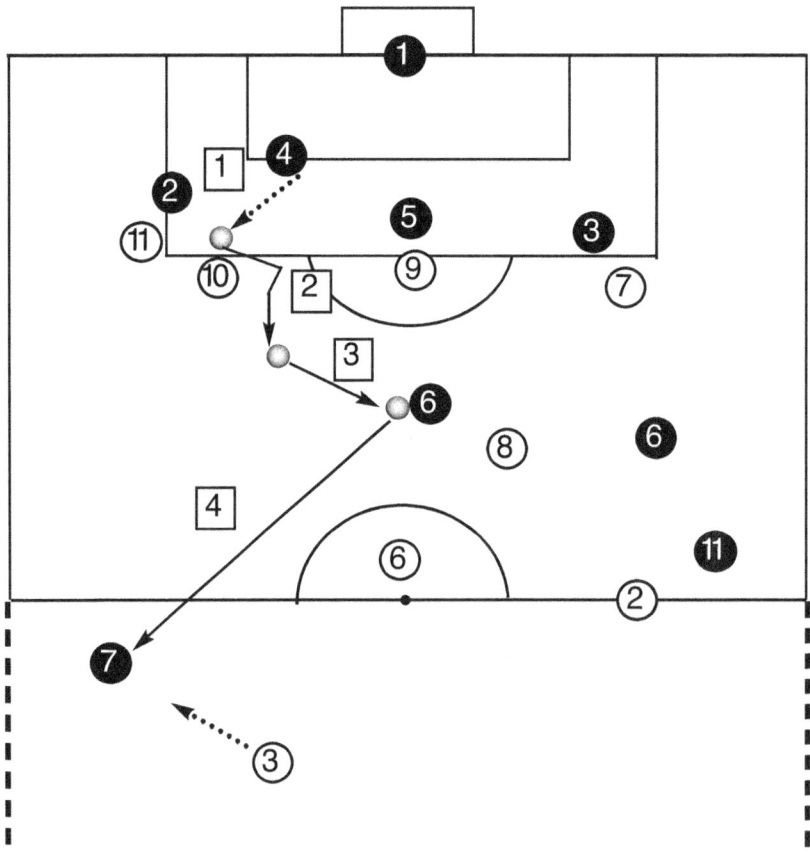

Capítulo 9
FORMACIÓN Y APRENDIZAJE DE LA TÁCTICA

I. LA TÁCTICA EN EL FÚTBOL

Táctica es cualquier acción de ataque o defensa que realizan los jugadores de un equipo, durante el partido, con la pelota en juego y de forma equilibrada y organizada, para contrarrestar y vencer al adversario.

1. La organización del juego de equipo

La organización del juego de equipo se basa en una adecuada ocupación del terreno de juego y previamente, en una acertada asignación de las funciones de cada jugador.

Ejercicio 1.

Posiciona en el terreno de juego de Fútbol-7, los siete jugadores de un equipo, con adecuada ocupación del terreno de juego, en un sistema 1-3-1-2, según tu opinión y en una jugada en la que el portero adversario hace saque de puerta.

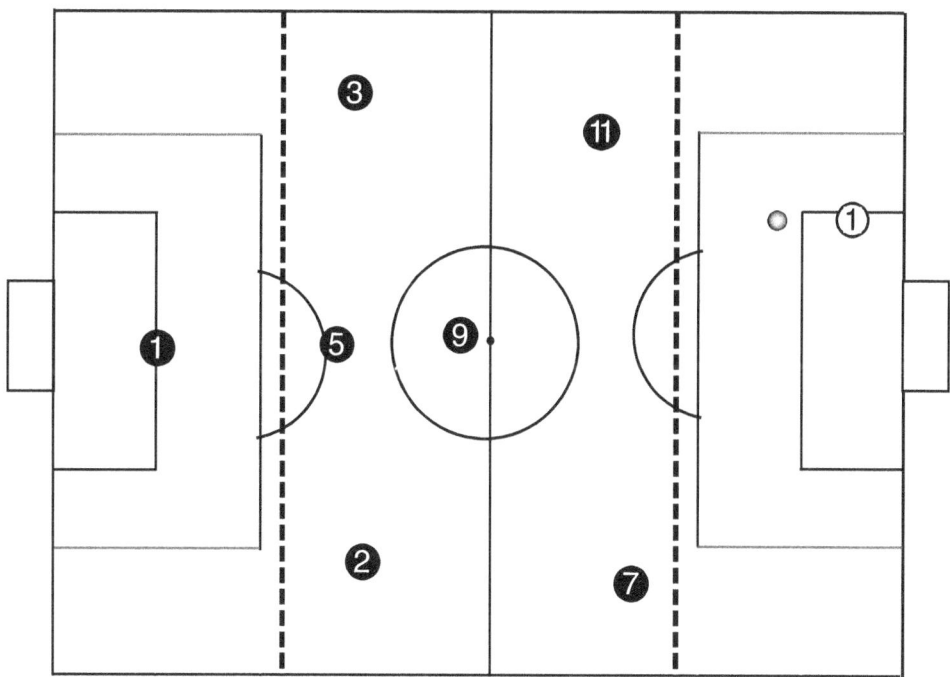

2. Táctica defensiva

Es el conjunto de acciones que realiza un equipo, cuando no está en posesión del balón, con el objetivo inmediato de posicionarse inteligentemente y con la adecuada organización, contrarrestar la acción ofensiva del equipo adversario y aplicando la necesaria presión, recuperar el balón.

Ejercicio 2.

El portero adversario va a realizar saque de meta y tiene a su equipo en las posiciones que se indican para favorecer su lanzamiento. Sitúa a los siete jugadores de tu equipo para intentar recuperar el balón.

Propuesta para ejercicio 2

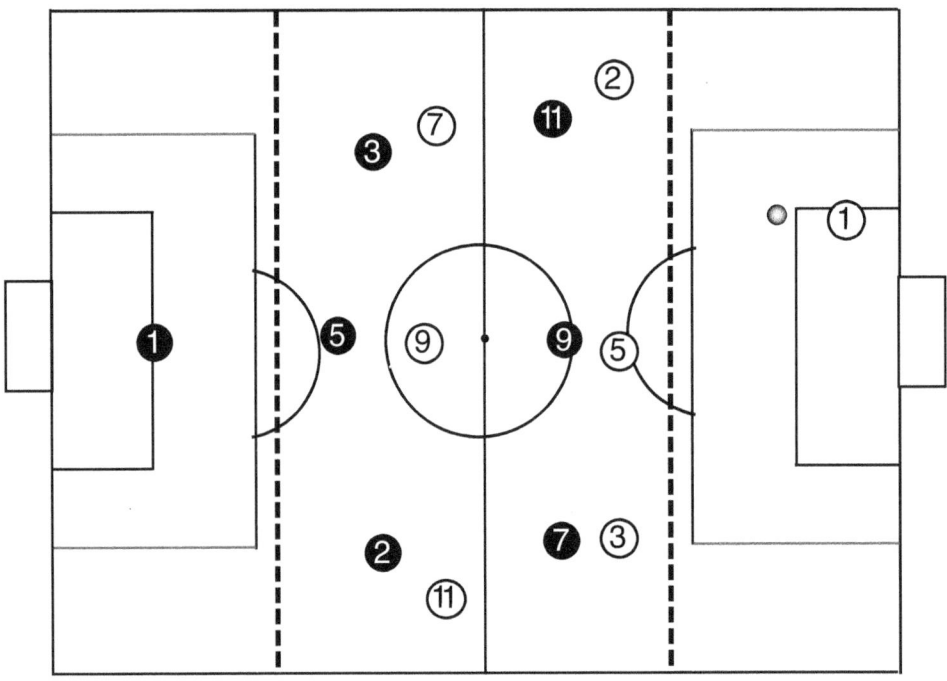

3. Táctica ofensiva

Son todas las acciones tácticas que puede realizar un equipo, cuando tiene la posesión del alón.

Ejercicio 3.

Nuestro portero va a realizar saque con la mano. Posiciona a los siete jugadores de tu equipo para intentar un contraataque eficaz. Aplica cualquier sistema de juego.

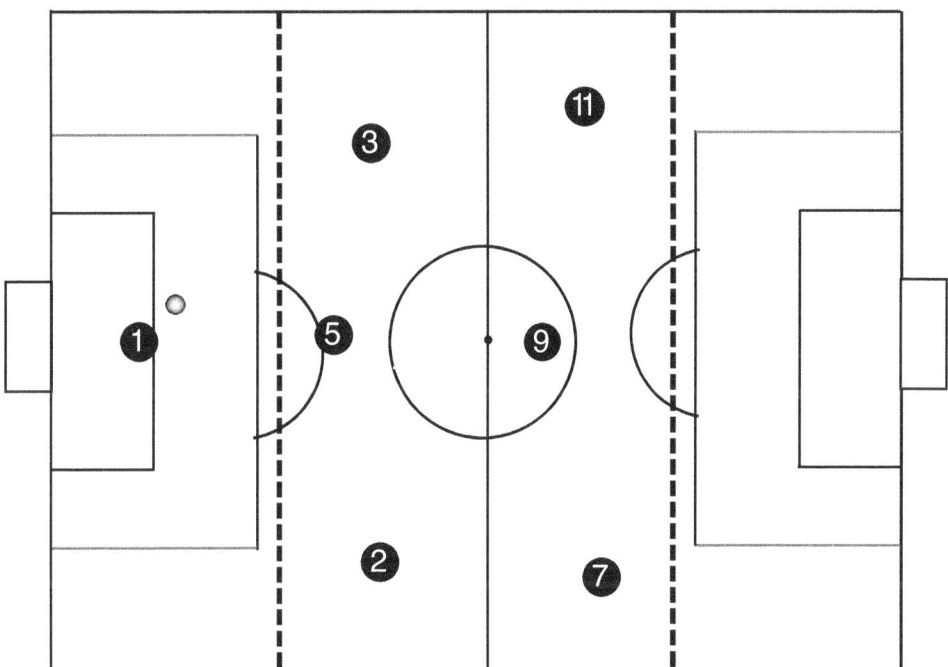

II. TRANSICIONES DE ATAQUE Y DEFENSA

Cuando el contrario nos arrebata el balón, lo normal es que realice con toda rapidez una transición defensa-ataque, es decir, pasar de defenderse a intentar poner en riesgo nuestra portería.

La transición de ataque a defensa, la realiza el equipo que pierde el balón, pasando todos sus jugadores a la acción defensiva, una vez perdido la posesión del balón.

Existen tres acciones que nos conviene realizar inmediatamente después de que nuestro equipo pierda la posesión del balón.

En cuanto perdamos la posesión del balón, rápidamente hay que potenciar la acción defensiva de nuestro equipo de forma colectiva para:

    a) dificultar la progresión del adversario
    b) defender nuestra portería y
    c) recuperar la pelota y nuestra posición atacante.

Ejercicio 4.

Transición de Ataque a Defensa: El defensa central adversario, nos roba el balón en el frontal de su área de penalty (cuando estábamos en pleno ataque) e inicia contraataque. Posiciona a los jugadores de nuestro equipo (que ha perdido el balón) para pasar con orden y rapidez, desde la acción ofensiva a potenciar nuestra acción defensiva.

Propuesta para ejercicio 4

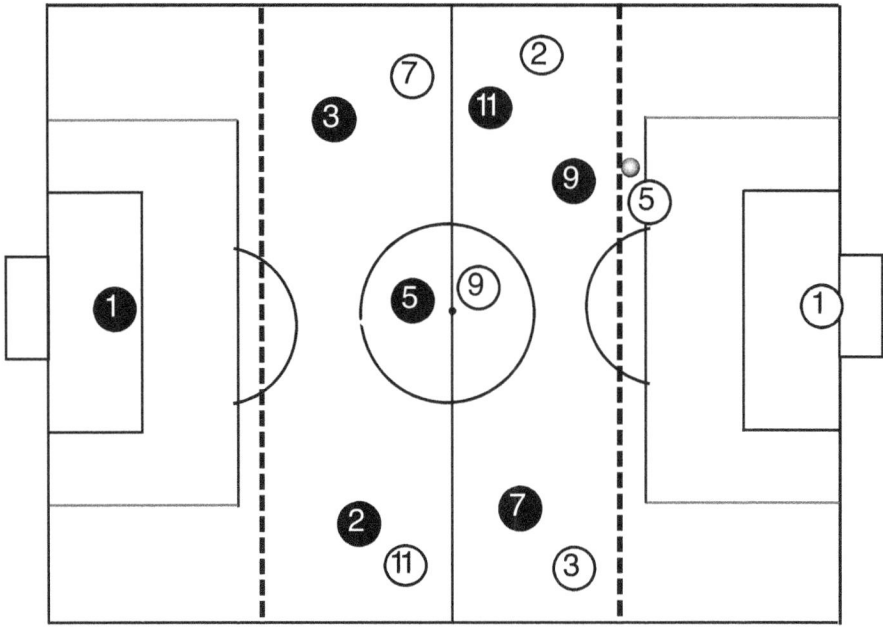

2. De defensa a ataque

Cuando recuperamos el balón, pasamos con orden y rapidez, desde nuestra acción defensiva a contraatacar al equipo adversario.

La transición de defensa a ataque, la realiza el equipo que recupera el balón, pasando inmediatamente todos sus jugadores a la acción ofensiva.

Existen tres acciones que nos conviene realizar inmediatamente después de que nuestro equipo recupera la posesión del balón.

En cuanto recuperemos la posesión del balón, rápidamente hay que potenciar la acción ofensiva de nuestro equipo de forma colectiva para:

a) Mantener la posesión del balón
b) Favorecer nuestra acción de ataque sobre la portería contraria y
c) Aplicar desmarques y juego en amplitud que propicien finalizaciones.

Ejercicio 5.

Transición de Defensa a Ataque: Nuestro defensa central 5, corta el balón e inicia contraataque. Posiciona a los jugadores de nuestro equipo (que ha recuperado el balón) para pasar con orden y rapidez, desde la acción defensiva a contraatacar al equipo adversario y disponer de opciones de pase en zona avanzada de ataque.

Propuesta para ejercicio 5

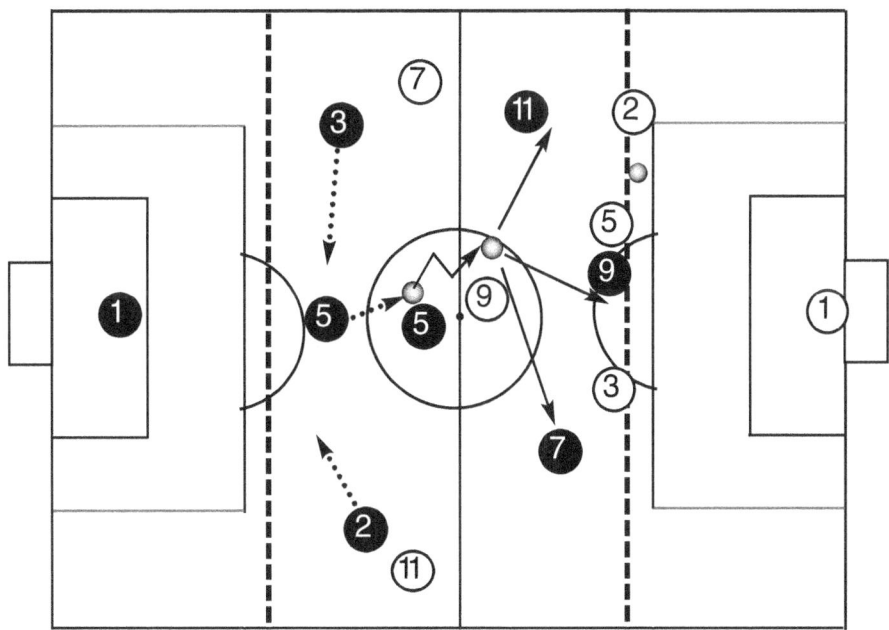

III. LA IMPORTANCIA DE LA TÁCTICA EN LA FORMACIÓN DEL FUTBOLISTA

Todos las materias que se incluyen en la formación del futbolista son importantes (Técnica, Táctica, Condición física, Aspectos Psicológicos, etc). para que el joven alcance un alto nivel como futbolista.

El fútbol es un deporte de habilidades abiertas, con muchos tipos de jugadas, que necesitan de creatividad, de imaginación, y en el que hay que hacer la acción correcta, pero en el momento oportuno. Eso marca la importancia de la táctica.

Acciones de Táctica Defensiva
1. Marcaje

Marcajes son todas aquellas acciones tácticas defensivas que realizan los jugadores de un equipo respecto a sus adversarios, para evitar que reciban el balón o si ya lo poseen, para que no puedan utilizarlo eficazmente.

Tipos de Marcaje:
a.- Marcaje individual o marcaje al hombre.
b.- Marcaje por zonas.
c.- Marcaje mixto.

Ejercicio 6.

El equipo contrario realiza un ataque sobre nuestra mitad de campo. En el círculo central su centrocampista 6, posee el balón y tiene por delante a 3 compañeros, que tratan de ofrecerle líneas de pase. Posiciona a nuestro equipo para controlar dicho ataque, según tu criterio.

Propuesta para ejercicio 6

2. Repliegue

Repliegues son aquellos movimientos de retroceso que realizan los jugadores de un equipo que perdió la posesión del balón en su acción ofensiva, volviendo lo más rápidamente posible a las zonas o misiones encomendadas por el entrenador, con el fin primordial de organizarse defensivamente de la forma más adecuada y cerrar espacios.

Ejercicio 7.

Tu equipo está realizando una acción ofensiva. El delantero centro pierde el balón en el frontal del área contraria. El central nº 5 adversario se apodera del balón e inicia un rápido contraataque. Marca con flechas los movimientos de nuestros jugadores para hacer un repliegue colectivo correcto.

Propuesta para ejercicio 7

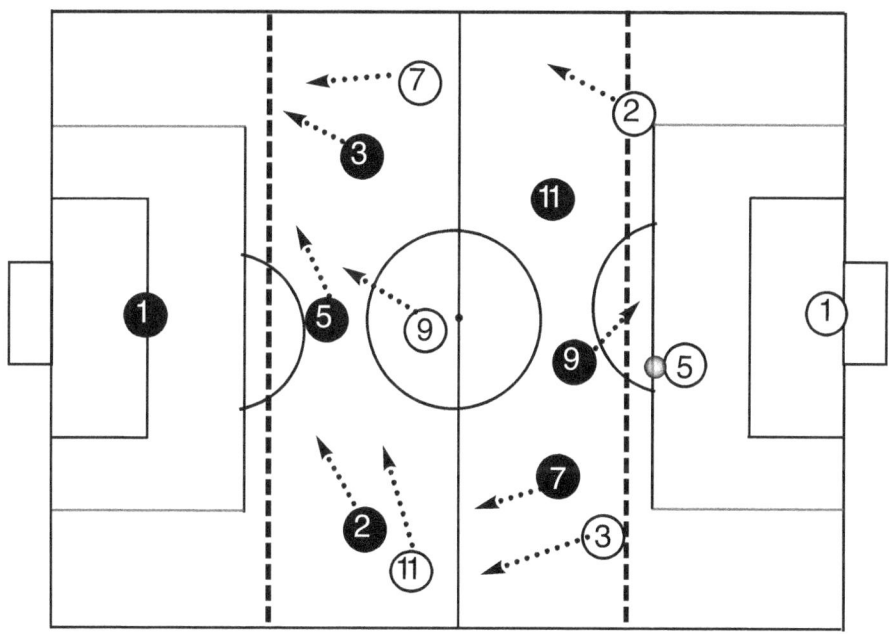

3. Basculaciones

Basculaciones son acciones tácticas defensivas que consisten en el movimiento de los jugadores defensores, de lado a lado del campo, en horizontal y hacia la zona en que se encuentra el balón, dejando libre las zonas mas alejadas del mismo, con el fin de generar ventaja numérica, en las zonas próximas al balón.

Ejercicio 8.

En el frontal próximo a nuestra área hay una línea de 3 defensores. El adversario 11, profundiza y nuestro defensa lateral derecho 2 se adelanta para cortar su progresión. Representa con flechas el movimiento de 2 y las direcciones y los movimientos necesarios para una correcta basculación de sus compañeros 4 y 3.

Propuesta de ejercicio 8

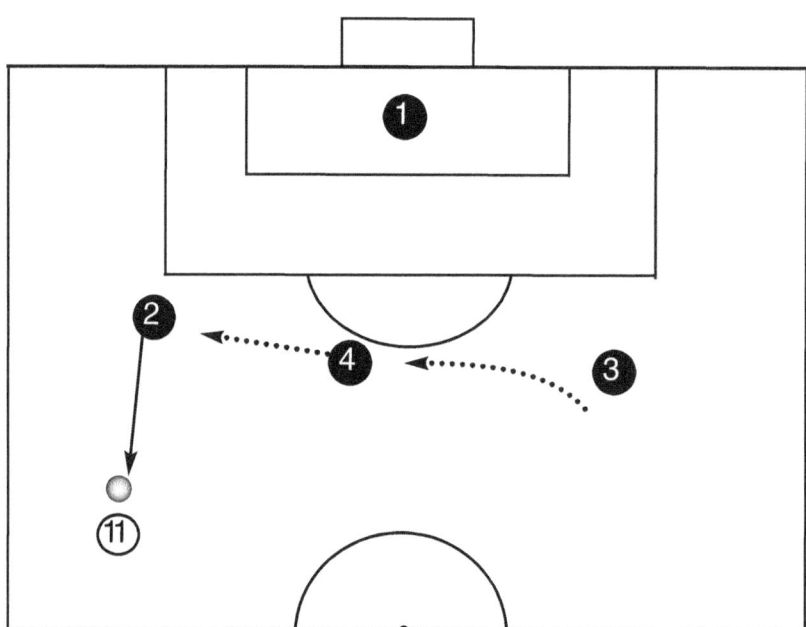

4. Coberturas

Cobertura es la acción táctica defensiva que consiste en estar cerca del compañero, en situación de ayudarle en las tareas defensivas y ocupar sus funciones en caso de ser superado o desbordado por el poseedor del balón, por otro adversario o rebasado por el propio balón.

5. Permutas

Permuta es la acción táctica defensiva que realiza un jugador recién desbordado, consistente en ocupar, lo más rápidamente posible, la posición y las funciones dejadas por el compañero defensor que le hacía la cobertura y que, en su ayuda, sale al encuentro del adversario.

Ejercicio 9.

Cobertura y permuta.

El jugador contrario 11 entra conduciendo por su banda izquierda. Nuestra línea de defensa de 3 jugadores (2, 5 y 3) y el portero 1, están en la posición inicial que se indica en el gráfico. El nº 2 sale a cortar el avance del contrario 11, pero es desbordado. 5 sale en cobertura de 2 y este, permuta con 5. Dibuja los movimientos necesarios.

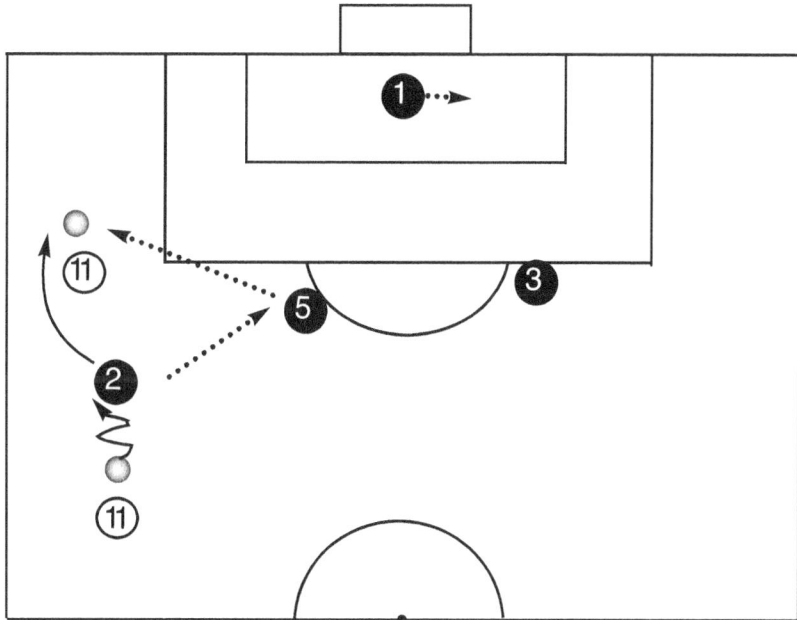

6. Temporización.

Es la acción táctica defensiva que consiste en ralentizar y dificultar al adversario poseedor, en su progresión o realización de jugada. También podemos utilizarla para obtener ventaja temporal a nuestro favor, dando ocasión a que se refuerce nuestra posición con la llegada de compañeros

7. Pressing.

Es la acción de asedio o acoso sobre el equipo contrario, que se realiza una vez perdida la posesión del balón, sobre uno, varios o la totalidad de los adversarios, con la finalidad de no dejarles ninguna libertad de acción, arrebatarles la posesión del balón, provocarles un error en su juego o romper en su origen su juego ofensivo.

Ejercicio 10

Pressing intenso.

El balón está en posesión del lateral izquierdo 3 del equipo contrario, en el pasillo entre el lateral de su área de penalty y la línea de banda. Partiendo de la posición que tienen los jugadores de los dos equipos en el terreno de juego siguiente, marca con flechas los movimientos que deben realizar los jugadores de tu equipo para aplicar un pressing intensivo, tanto sobre dicho jugador 3 poseedor del balón, como sobre sus compañeros que ofrezcan opciones de pase.

Propuesta para ejercicio 10

Acciones de Táctica Ofensiva

1. Desmarques

Desmarque es la acción táctica ofensiva, que se realiza cuando un compañero muestren dos clases de desmarques:

a) de apoyo
b) de ruptura

Desmarque de apoyo, es el que se utiliza para facilitar la acción de nuestro compañero que posee el balón.

Ejercicio 11.

Nuestro centrocampista 6 ha recuperado un balón sobre el círculo central. Partiendo de la posición que tienen los jugadores de nuestro equipo en el terreno de juego siguiente, dibuja con unas flechas, los movimientos que deben hacer todos los jugadores, para ocupar favorablemente el terreno y de forma que a nuestro centrocampista 6, poseedor del balón, 2, le ofrezca desmarque de apoyo lateral y 9, le ofrezca desmarque de apoyo frontal.

Propuesta para ejercicio 11

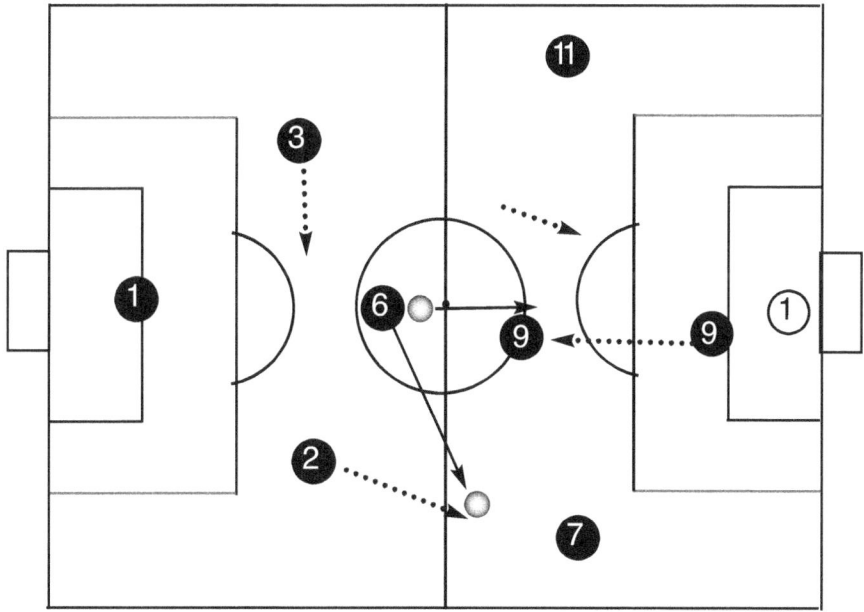

Desmarque de ruptura, es el que se utiliza para superar al adversario que nos marca o bien para reducir nuestra distancia con la portería contraria, rebasando siempre a nuestro compañero con balón.

Ejercicio 12.

Nuestro defensa lateral izquierdo 3, ha recuperado un balón en la zona de su pasillo sobre la línea divisoria de campos. Partiendo de la posición de los jugadores en el terreno de juego siguiente, dibuja con unas flechas, los movimientos que deben hacer todos los jugadores, para ocupar favorablemente el terreno y de forma que a nuestro defensa lateral izquierdo 3, poseedor del balón, su compañero 10 le ofrezca desmarque de ruptura y sus compañeros colaboren en la acción ofensiva.

Propuesta para ejercicio 12

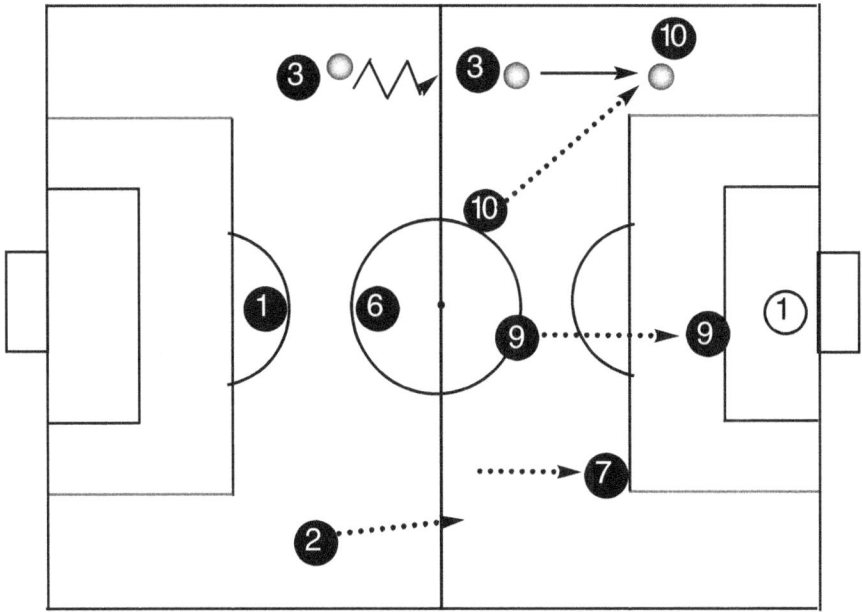

2. Desdoblamientos

Desdoblamiento es la acción táctica ofensiva, que tiene como objetivo no perder el control posicional del terreno de juego y que se realiza ocupando o cubriendo el espacio que deja el compañero que está haciendo otra acción ofensiva.

Ejercicio 13.

Ataque iniciado desde nuestro portero que envía balón a nuestro central 5 desmarcado y adelantado a zona próxima a círculo central. 5 profundiza hacia la zona central de nuestra punta de ataque.

Dibuja con flechas los movimientos de todos los jugadores de nuestro equipo de forma que ocupen inteligentemente el terreno de juego y que dentro de esta acción ofensiva se produzca un desdoblamiento, necesario para que 11 se retrase a la posición de 3 después de que éste se haya retrasado a la posición inicial en defensa, de 5.

Propuesta para ejercicio 13

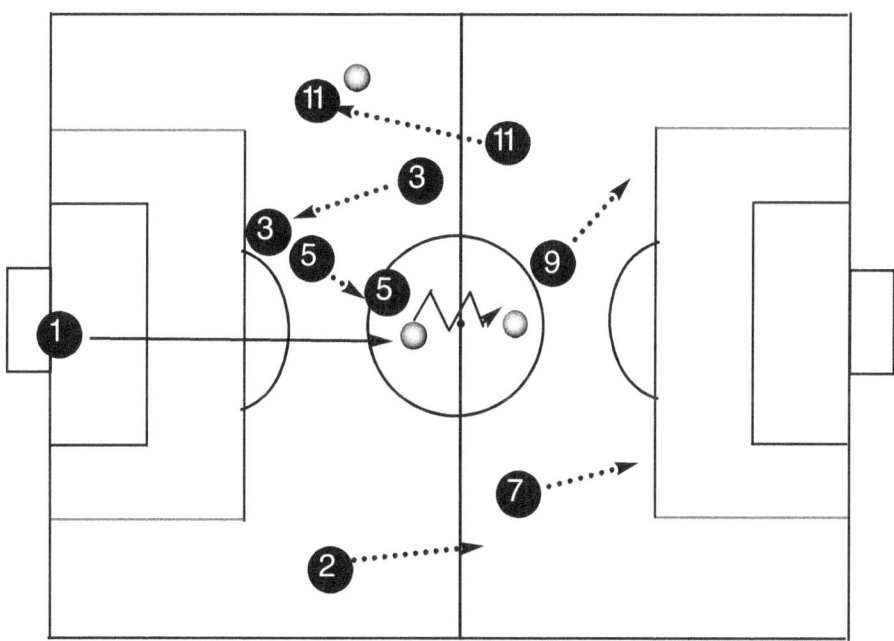

3. Cambios de ritmo

Cambio de ritmo es la acción táctica ofensiva, que consiste en aplicar variaciones en la velocidad con que se lleva a cabo el desarrollo del ataque, para desconcertar al equipo adversario.

4. Cambios de orientación

Cambio de orientación es la acción táctica ofensiva que consiste en cambiar la trayectoria y dirección del balón, tratando de situarlo en otras zonas alejadas, con idea de favorecer nuestra posesión de balón y nuestras opciones de ataque.

Ejercicio 14.

Nuestro portero bloca el balón y saca sobre 2 abierto a banda que cede a 5 que se ha desmarcado sobre el círculo central y este hace cambio de orientación, enviándolo elevado a nuestro punta 11 que está en banda izquierda avanzada. Posiciona adecuadamente a todos nuestros jugadores en esta acción táctica ofensiva y bajo el sistema básico 1--3-3. Nuestros defensas 2 y 3, reajustan su posición para controlar la defensa mientras regresa 5. Marca con flechas todos los movimientos hasta el cambio de orientación.

Propuesta para ejercicio 14

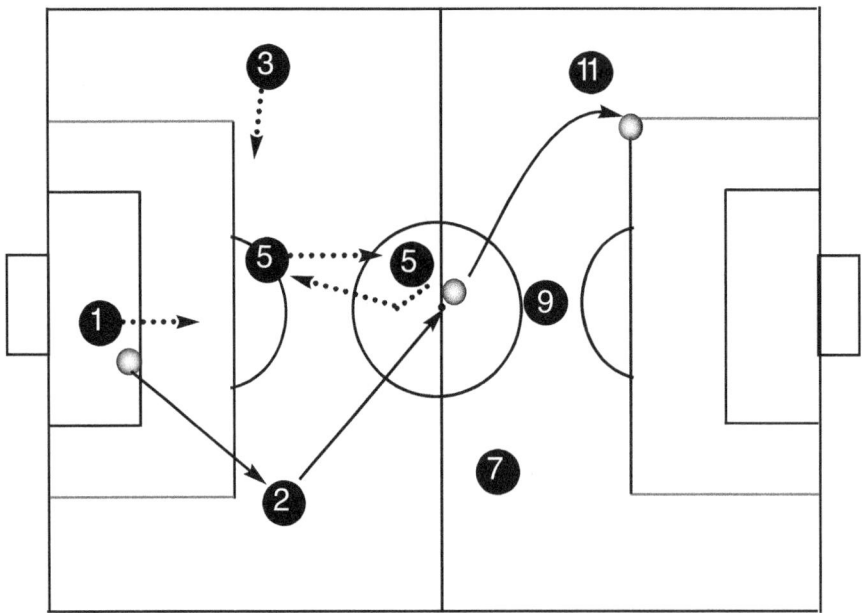

5. Ataque

Ataque es la acción táctica ofensiva, que incluye todos los movimientos que realiza un equipo que está en posesión del balón, para intentar situarse en posición favorable en la zona de finalización y marcar gol.

El ataque tiene una progresión elaborada y con participación colectiva de gran parte del equipo.

Ejercicio 15

Nuestro equipo aplica sistema 1-3-3. Partiendo de la posición inicial en que están los jugadores en el siguiente terreno de juego, desarrolla los movimientos propios de un ataque completo que se inicia con nuestro saque de meta por el portero. Marca con flechas los nuevos posicionamientos de los jugadores y los movimientos del balón para llevar a cabo toda la acción ofensiva.

Propuesta para ejercicio 15

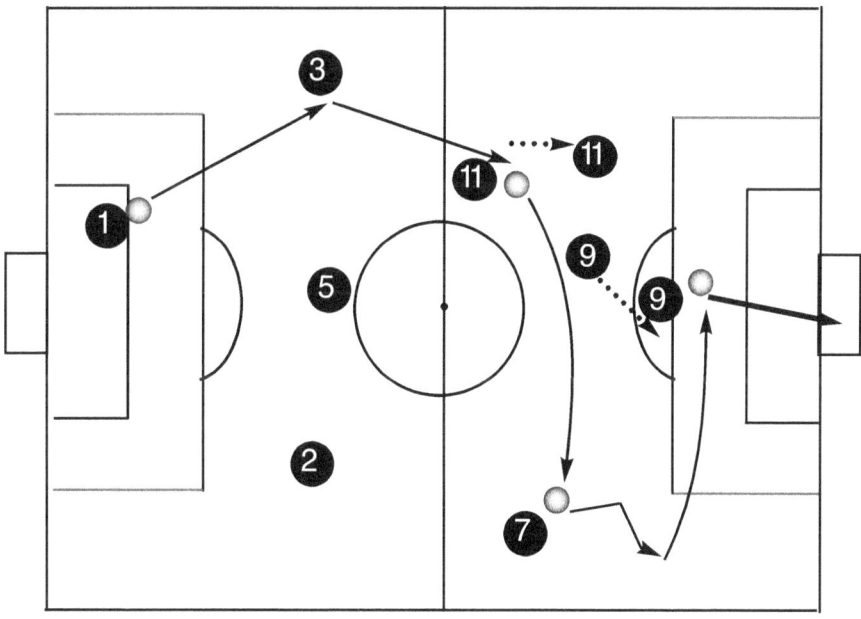

6. Contraataque

Contraataque es la acción táctica ofensiva que consiste en intentar sorprender al equipo adversario, llevando con rapidez el balón recién recuperado, hacia su portería, antes de que se repliegue y organice en su acción defensiva.

Es una forma rápida de ataque que se inicia inmediatamente después de robar un balón, con verticalidad, con pocos toques y participando pocos jugadores.

Ejercicio 16.

Nuestro equipo aplica sistema 1-3-1-2. Partiendo de la posición inicial en que están los jugadores en el siguiente terreno de juego, desarrolla los movimientos propios de un contraataque completo que se inicia con saque con la mano de nuestro portero, que ha blocado un tiro del equipo adversario. Marca con flechas los nuevos posicionamientos de los jugadores y los movimientos del balón para llevar a cabo toda la acción ofensiva.

Propuesta para ejercicio 16

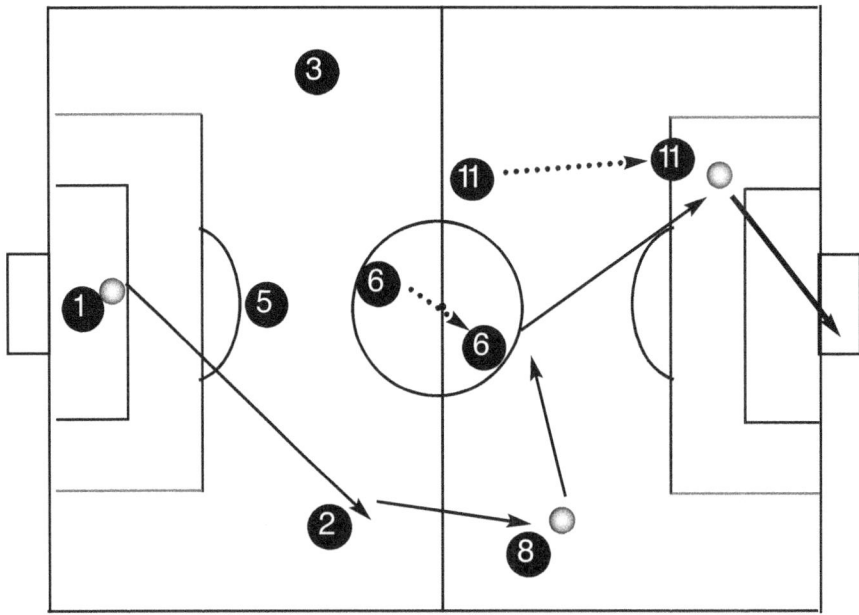

7. Ayudas permanentes

Ayudas permanentes son las soluciones favorables que ofrecen los jugadores de un equipo a su compañero poseedor del balón, mediante movimientos que ayuden a terminar con éxito la jugada o bien para mantener la posesión.

Ejercicio 17.

Nuestro centrocampista 6 conduce el balón por el centro del campo. Sus compañeros 2, 8, 10 y 3, le ofrecen ayudas. Dibuja con flechas la jugada, posicionando a los jugadores participantes en el ataque y los movimientos de los que ofrecen esas ayudas.

Propuesta para ejercicio 17

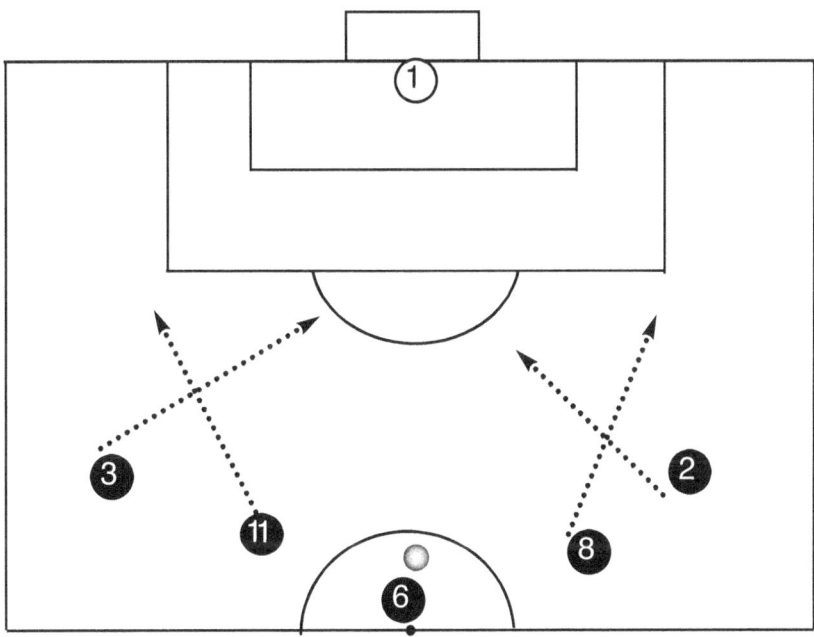

IV. MODELOS TÁCTICOS

Para el modelo táctico que cada entrenador de fútbol 7 conciba de acuerdo con las características de sus jugadores y también teniendo en cuenta otros factores, son aplicables conceptos básicos comunes al fútbol 11, pero con adecuada limitación en los esfuerzos psico-físicos en cualquier actividad.

1. Modelos tácticos defensivos

En relación a la presión que aplique cada equipo y a la zona en que se aplique esa presión, se define si el modelo es defensivo u ofensivo.

Modelos tácticos de corte defensivo y zona donde aplicar la presión:
- Modelo táctico con presión avanzada (presión en campo contrario)
- Modelo táctico con presión intermedia (presión en espacios intermedios)
- Modelo táctico con presión replegada: (presión en nuestro campo)

Ejercicio 18.

Presión avanzada. El equipo contrario tiene situados a sus jugadores tal y como se observa en el gráfico del terreno de juego siguiente. El portero adversario, va a realizar saque de meta.

Nuestro equipo aplica sistema 1-3-2-1. Sitúa a nuestros jugadores de forma que apliquen una presión avanzada (en campo contrario).

Propuesta para ejercicio 18

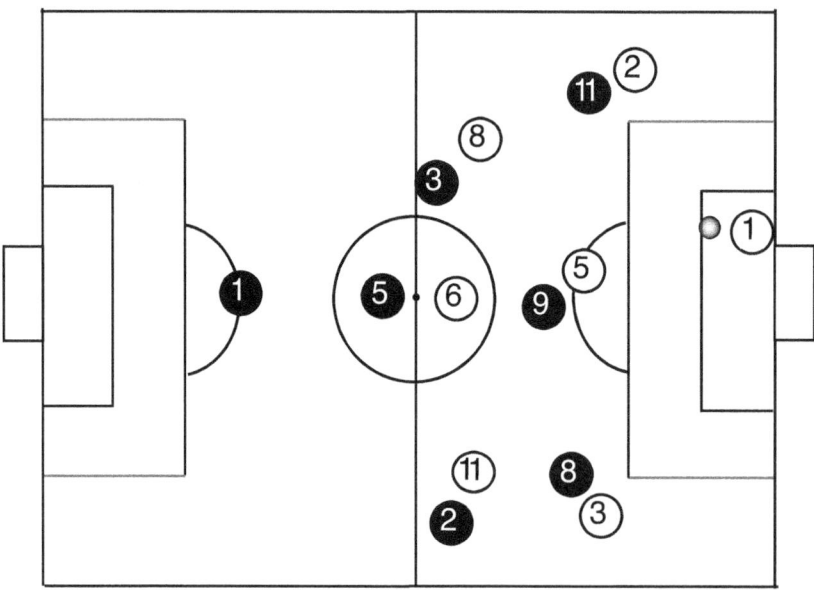

2. Modelos tácticos ofensivos

Los conceptos tácticos que apliquemos a nuestra forma de llevar a cabo la progresión de nuestros ataques y contraataques, definirán el tipo de juego ofensivo de nuestro equipo.

Conceptos tácticos que podemos aplicar en nuestros ataques:
- Modelos de ataques directos
- Modelos de ataques combinativos
- Modelos de ataques mixtos

Ejercicio 19.

Ataque combinativo.

Nuestro equipo aplica sistema 1-3-2-1. La jugada la inicia nuestro portero con saque de puerta. Partiendo de la posición que tienen nuestros jugadores en el campo de fútbol del gráfico siguiente, desarrolla un ataque combinativo completo que termine en tiro a gol.

Propuesta para ejercicio 19

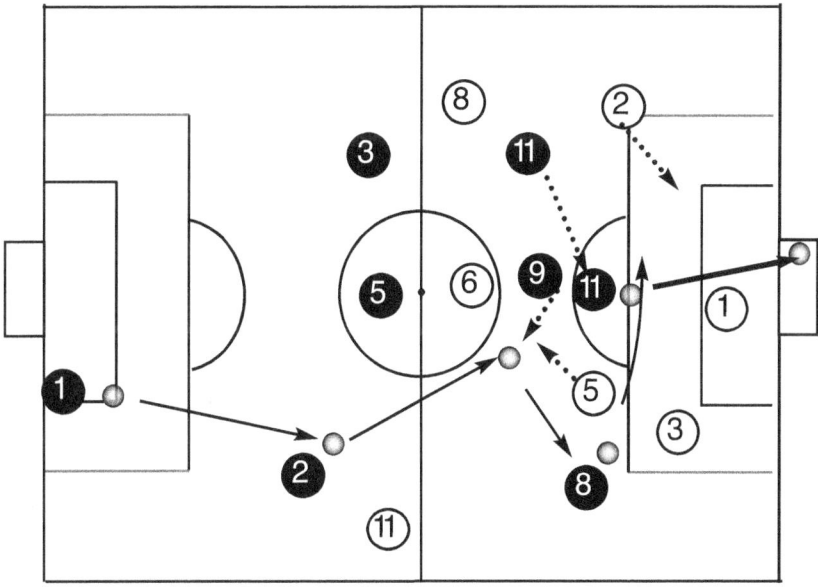

Conceptos tácticos que podemos aplicar en nuestros contraataques:
- Modelos de contraataques directos
- Modelos de contraataques combinativos

Ejercicio 20.

Contraataque directo.

Nuestro equipo aplica sistema 1-2-3-1. La jugada la inicia nuestro portero con la mano, después de blocar un balón en ataque adversario. Partiendo de la posición que tienen nuestros jugadores en el campo de fútbol-7 del gráfico siguiente, desarrolla un ataque directo completo que termine en tiro a gol.

Propuesta para ejercicio 20

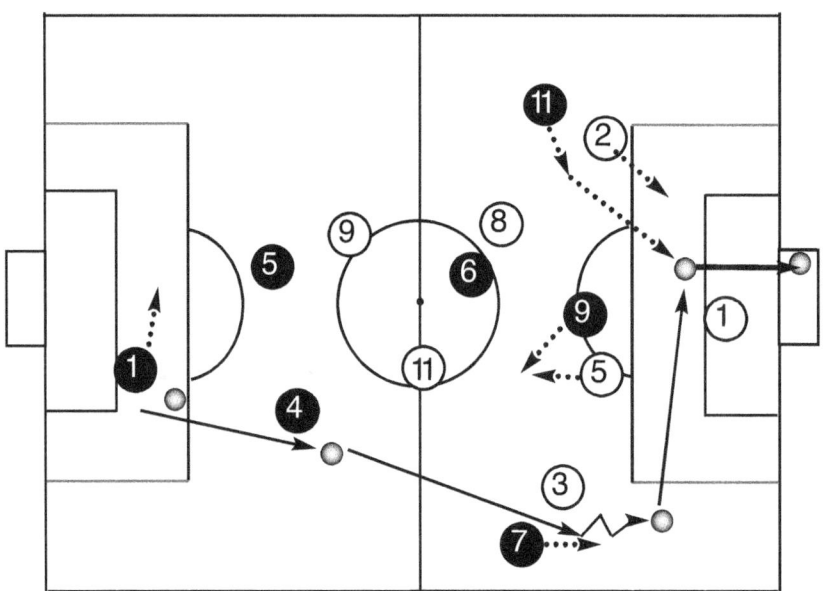

V. PRINCIPIOS APLICABLES AL DESARROLLO PRÁCTICO DE CUALQUIER ACCIÓN DEFENSIVA

1. Varios conceptos a tener en cuenta

Cada jugador debe marcar siempre situándose entre su contrario y la propia portería. La proximidad o lejanía de un jugador sobre su par estará en función de lo cerca o lejos que se encuentre de la portería. Más cerca cuanto más cerca de la puerta, y viceversa.

Habrá ocasiones en las que deberá abandonar a su par:
 a) Para marcar a un adversario que ha penetrado en zona de peligro, libre de marcaje.
 b) Para hacer cobertura a un compañero que puede ser desbordado delante de la portería.
 c) Cuando su par se coloca lejos de la zona de peligro y se requiere su presencia delante de la portería.

Los recursos técnicos en el marcaje cuando el adversario todavía no se apoderó del balón son:
• la interceptación (apoderarse del balón) y
• la anticipación (evitar o interrumpir la combinación contraria, mediante despeje o desvío).

Ejercicio 21.

Un jugador contrario conduce dentro de su medio campo con un compañero suyo desmarcado a su izquierda, a quién hace un pase. Antes de que el balón llegue a su compañero, nuestro centrocampista 6 se apodera del balón y salimos en contraataque que finaliza con tiro a puerta de 11. Dibuja esta jugada de interceptación, pase y contraataque. Indica mediante flechas los movimientos y la posición final en que quedarán cada uno de nuestros jugadores.

Propuesta para ejercicio 21

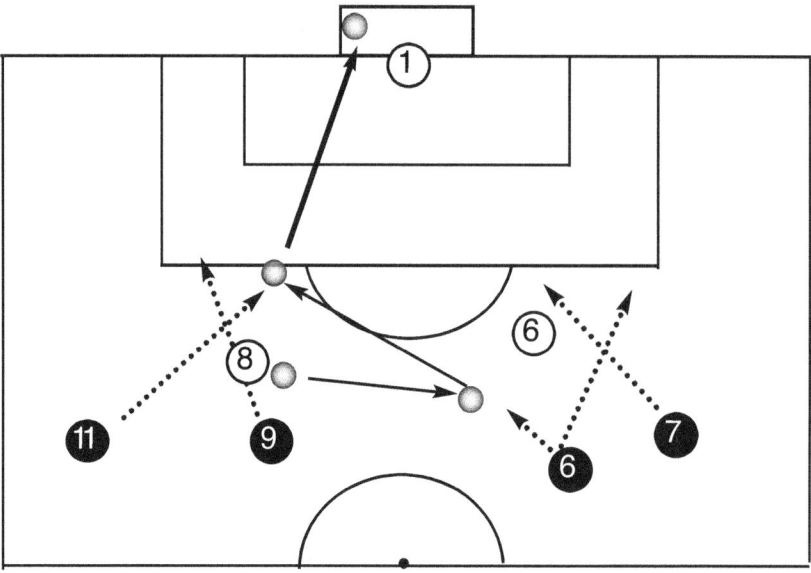

Cuando el adversario tiene el balón en su poder, debe utilizarse como recurso técnico: la carga y la entrada.

Ejercicio 22.

Un jugador contrario conduce dentro de su medio campo con un compañero suyo desmarcado a su izquierda, a quién hace un pase. Antes de que haga el pase a su compañero, nuestro delantero 9 hace entrada frontal y se apodera del balón, saliendo en contraataque, que finaliza con tiro a puerta de 7

Propuesta para ejercicio 22

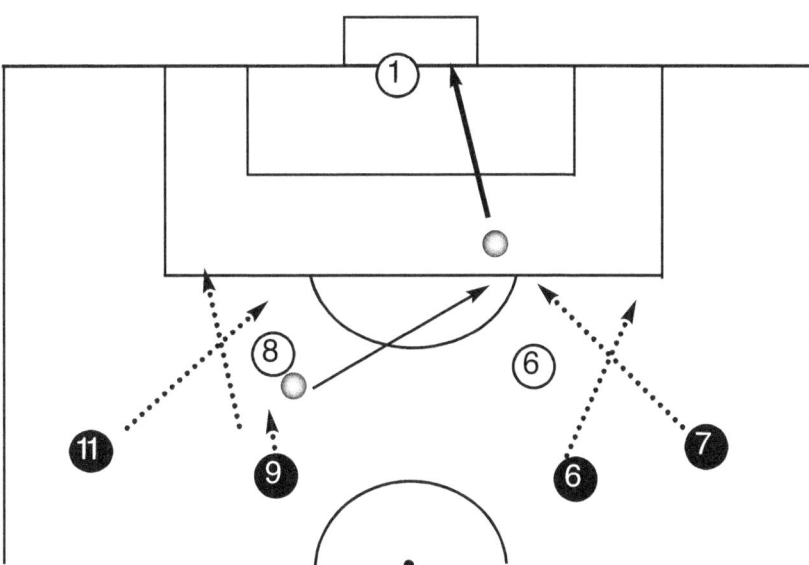

2. Varios principios defensivos

- Se practicará la entrada haciéndola de inmediato, antes de que el contrario se apodere totalmente del balón o cuando pierda momentáneamente su control. En otras ocasiones, se deberá temporizar la entrada.
- Cuando el contrario tiene el balón y está de espalda a nuestra portería y en zona de poco peligro, se actuará con serenidad y astucia y evitando producir faltas.
- Cuando el contraataque nos coja en inferioridad numérica, conviene temporizar en la entrada, esperando la llegada de compañeros o en último caso, hacer falta no agresiva, valorando el riesgo de tarjeta. Caso de apoderarse del balón, lo alejará sin contemplaciones de la zona de peligro.
- Cuando un jugador es desbordado por un adversario y un compañero que le hacía cobertura permuta con él y va sobre dicho rival, pasará a realizar su función mientras dure la jugada.

Ejercicio 23.

Nuestro equipo tiene al portero y a una línea de 4 defensas delante, en el frontal de su área. El jugador 7 adversario entra por banda derecha con el balón. Nuestro lateral izquierdo 3 le hace entrada frontal, pero es desbordado y dicho 7 profundiza con el balón. Nuestro central 5, hace cobertura y va sobre el contrario. Nuestro jugador 3 hace permuta a la posición de 5. El lateral derecho 2, reajusta su posición.

Propuesta para ejercicio 23

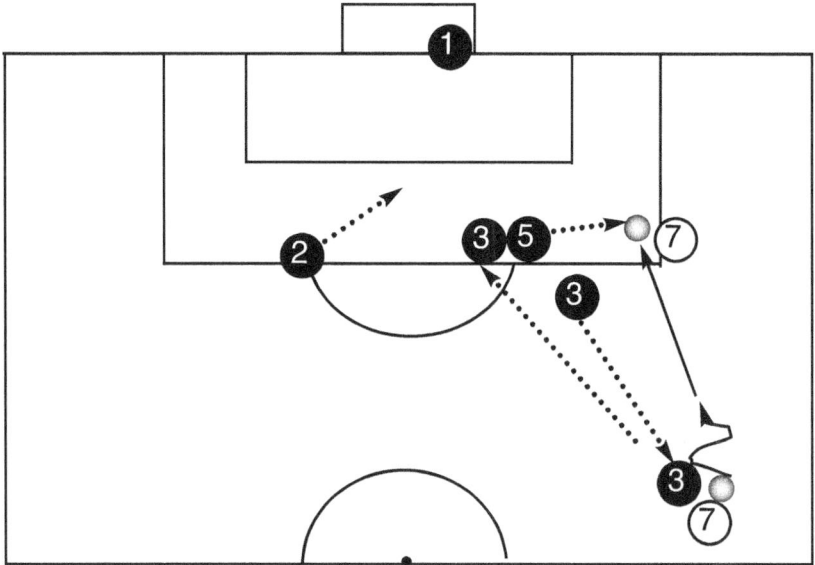

En córners, faltas y fuera de banda cerca de portería, se debe cuidar de manera especial el marcaje.

Ejercicio 24.

Saque de esquina a favor del adversario, que tiene a su jugador 11 para el lanzamiento, a 3 compañeros dentro del área en las posiciones que se observan en el gráfico y dos más fuera de ella. Desarrolla la acción defensiva, colocando cada jugador nuestro en las oportunas fijaciones de marcaje que consideres aplicables.

Propuesta para ejercicio 24

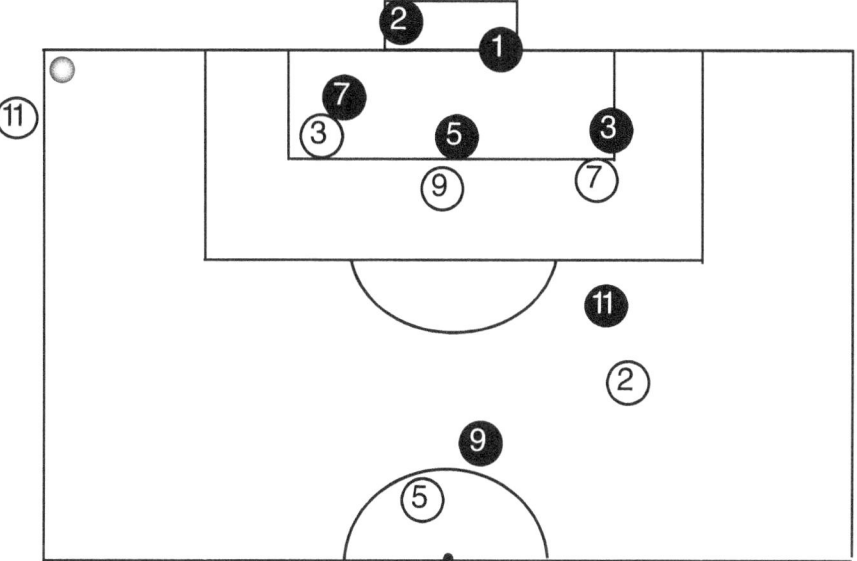

En jugadas de máximo peligro, los despejes y desvíos se harán hacia los laterales, tratando de evitar posiciones favorables del adversario en caso de recuperación. Se practicará despejes orientados a zonas favorables a nuestro juego

Ejercicio 25.

Estamos en una jugada de riesgo: a 10 metros de nuestro frontal de área de penalty un jugador contrario en posesión del balón y tres compañeros suyos apoyan la jugada. Nosotros estamos en inferioridad numérica (portero y dos centrales). El jugador contrario poseedor, hace un pase diagonal a un compañero. Uno de nuestros centrales se anticipa e interrumpe la combinación contraria, mediante desvío lateral hacia fuera de banda. Representa la jugada.

Propuesta para ejercicio 25

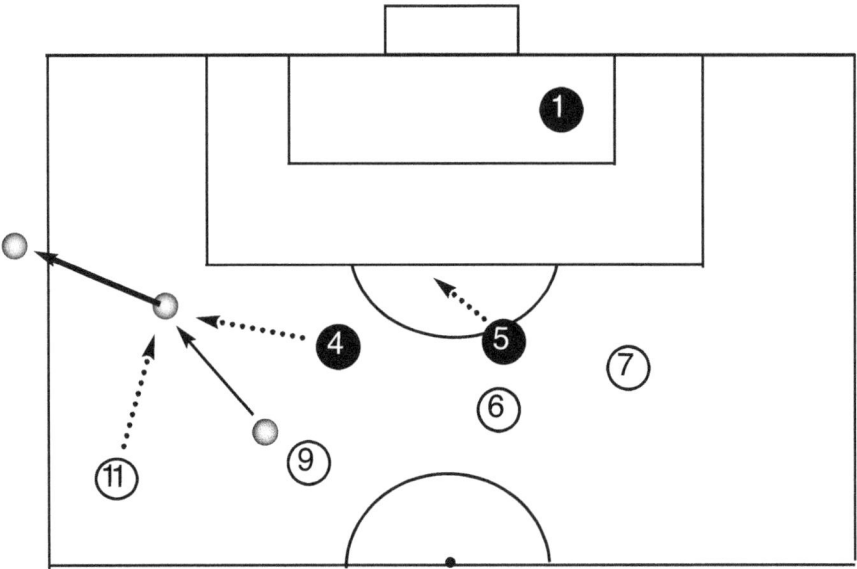

Las cesiones al portero deben hacerse por bajo y en trayectoria lejana a la portería

Ejercicio 26.

Nuestro central 5 tiene el balón de cara a su portería, presionado por uno de los puntas contrarios. Hace cesión al portero cumpliendo con criterios de seguridad en zona, trayectoria, altura y velocidad del balón.

Propuesta para ejercicio 26

Pase raso y preciso, con ventaja para el portero y para su y pierna dominante.

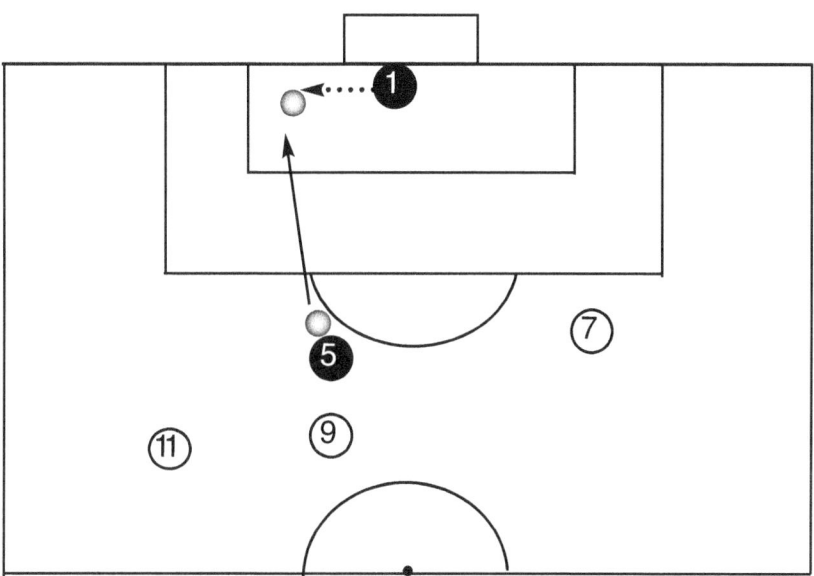

En toda tarea defensiva será dominante el principio de "seguridad ante todo". Un despeje a lo que salga es, muchas veces, mas futbolístico que intentar jugar un balón que pueda crear riesgo en la portería. En momentos sin riesgo inmediato, podemos salir jugando de forma combinada.

Ejercicio 27.

Nuestro central 4 hace una recuperación de balón en el frontal de nuestra área. Estamos en una situación favorable en cuanto a seguridad para salir en contraataque combinado. Posiciona a nuestro bloque defensivo iniciando el referido contraataque y posiciona también al resto de nuestro equipo.

Propuesta para ejercicio 27

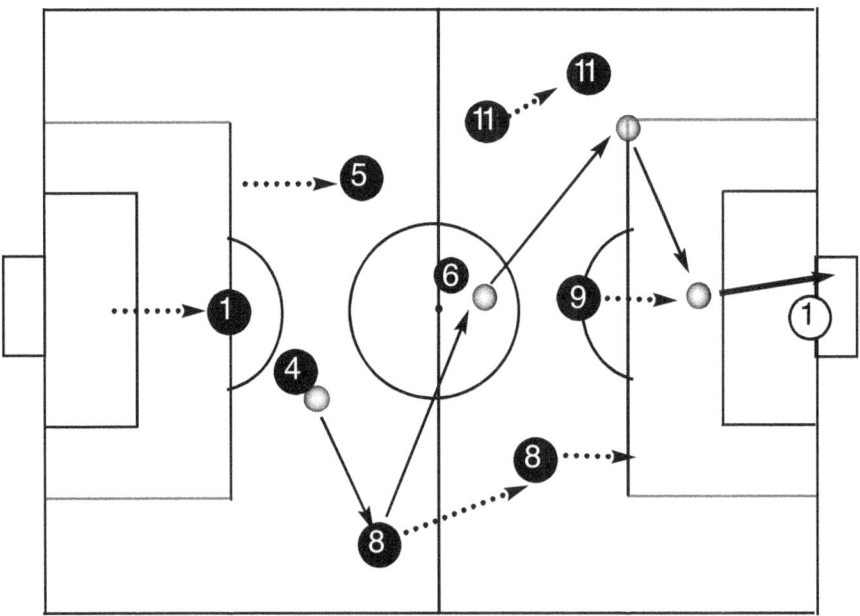

Capítulo 10
LOS SISTEMAS DE JUEGO EN FÚTBOL-7

1. Aspectos específicos de la modalidad de fútbol-7, que influyen y condicionan las decisiones sobre los sistemas de juego y sobre las características de los jugadores a alinear.

La primera cuestión que debemos tener en cuenta, viene dada por la característica diferencial más relevante del fútbol-7 respecto al Fútbol-11: la zona de fuera de juego no es el medio campo del equipo que defiende, como en fútbol-11, sino los últimos 12 metros del mismo. Esta importante diferencia reglamentaria afecta de forma evidente al posicionamiento de la línea defensiva durante todo el partido, por tanto, también al posicionamiento del resto de los jugadores, y por extensión, a toda la dinámica del juego. ¿Cómo?:

Nuestra defensa no puede jugar excesivamente adelantada por que el contrario puede situar un jugador por detrás de nuestro último hombre sin que ello le sitúe en posición de fuera de juego.

Por la misma razón, nuestra defensa no puede jugar en línea. En las defensas de 3, el central ejercerá necesariamente de hombre de cierre, jugando siempre unos pasos mas atrás que sus dos laterales. Solamente en la zona de finalización de la jugada, en la zona determinada y denominada como de fuera de juego, el central puede alinearse con los laterales si el juego lo necesita. Durante el resto del juego, jugar en línea, solo consigue aportar un "plus" de peligro al equipo. En las defensas de 2, uno de los dos defensores dará siempre un paso atrás respecto a su compañero, en cuanto prevea la posibilidad de que el delantero al que marca su compañero de línea pueda recibir, sin esperar a mantener la alineación con su compañero hasta que el balón supere la línea que mantiene, como sí ocurriría en Fútbol-11.

Esto también dificulta jugar con las líneas juntas, ya que al tener la línea de fuera de juego muy atrás, la defensa siempre tiene que jugar mucho más distanciada del medio campo respecto a la modalidad de fútbol-11, y si jugamos con las líneas muy juntas estaríamos jugando constantemente con las líneas muy atrasadas.

Otra circunstancia específica del fútbol-7, es que el peligro es constante. Aunque las dimensiones están adaptadas a las características físicas de los jugadores, todos los equipos suelen tener al menos algún jugador con una capacidad de desplazamiento superior a la media, por lo que, cuando el equipo contrario logra llegar hasta aproximadamente el medio campo, ya debemos prever la posibilidad de tiro con peligro para nuestra portería. Ello, combinado con la posición atrasada de la línea reglamentaria de fuera de juego, condiciona el juego defensivo del equipo: no podemos adelantar líneas por que tenemos la línea de fuera de juego por detrás, pero tenemos que presionar más allá de medio campo para evitar tiros y centros desde larga distancia. El resultado de todo ello es una distancia entre líneas mayor de la deseable.

Este mismo hecho de que el espacio de juego sea reducido, hace que los saques de puerta puedan convertirse en centros directos al área, las faltas directas o indirectas desde cualquier parte del campo pueden suponer peligro inmediato, y los saques de banda puedan ser directamente enviados al área prácticamente desde la mitad del campo.

En esta modalidad brillan mucho y además son muy eficaces, los delanteros pequeños y habilidosos, con buen regate, aunque con poco recorrido, jugadores que después tendrán muchos más problemas para adaptarse a las dimensiones de Fútbol-11 en sus primeras temporadas, si su desarrollo físico en los primeros años de la categoría infantil no les acompaña, pero que en esta modalidad dan un resultado óptimo.

Por contra, suelen tener muchos problemas para adaptarse al Fútbol-7 (especialmente si son delanteros) jugadores muy altos, con menos habilidad y sobre todo con menos agilidad. También aquellos con una velocidad de desplazamiento muy alta, pueden tener problemas para poner en práctica su fútbol. Esta circunstancia se encuentra con mucha frecuencia en jugadores de último año de categoría alevín (11 años), en su última temporada en Fútbol-7. Sin embargo, estos dos tipos de delanteros (los muy corpulentos, y los muy rápidos) rendirán seguramente a un nivel mucho más alto en la modalidad de Fútbol-11.

Otra situación habitual en las plantillas de Fútbol-7, es la presencia de algún delantero alto, no extremadamente rápido, y con un nivel técnico medio-bajo, utilizado habitualmente en esa plantilla como delantero centro de choque, pensando que su fuerza sea decisiva para el ataque; si nos lo encontramos en nuestra plantilla, y a no ser que demuestre tener una facilidad para el gol fuera de lo común, debemos pensar en adaptarlo a una demarcación defensiva, donde la falta de habilidad le sea menos indispensable, y sin embargo su fortaleza física le aporte un aval para las acciones defensivas. Además, probablemente le estemos haciendo un favor formándolo en los aspectos defensivos del juego, por que en un futuro su falta de calidad le impedirá brillar en la demarcación de delantero, donde un mínimo de calidad será ya indispensable para dar un buen nivel.

Por decirlo de otra forma: en Fútbol-7 es más eficaz apostar por delanteros habilidosos y rápidos capaces de aplicar su velocidad en poco metros, que hacerlos por delanteros con menos calidad pero más fuertes, o por delanteros muy rápidos pero con necesidad de muchos metros para aplicar su velocidad. Los primeros darán mucho más resultado, y nos harán ganar más puntos. Sin embargo, en la modalidad de Fútbol-11 todos estos estilos nos serán útiles, por lo que debemos planificar la forma de mantenerlos a todos y no deshacernos alegremente de los que no vayan a tener rendimiento inmediato por las circunstancias citadas. Tenemos dos soluciones respecto a esos jugadores descritos que vayan a tener menos opciones en Fútbol-7: una, promocionarlos al Fútbol-11 si la edad lo permite y si su desarrollo físico hace preveer una adaptación sin excesivos problemas a la modalidad de Fútbol-11 y al enfrentamiento con jugadores de más edad; otra, mantenerlos en la plantilla de fútbol-7 y darles los minutos que podamos para que se mantengan en el club hasta que alcancen la edad necesaria para jugar en Fútbol-11, donde serán muy útiles y su progresión será mayor. Lo que nunca debemos hacer es exigir a este tipo de jugadores rendimientos imposibles en una modalidad a la que se adaptarán con dificultad, ni planteare expectativas superiores a las reales. Debemos ser conscientes de que los jugadores de las condiciones citadas, o con un desarrollo muy prematuro tendrán, de forma inevitable, más dificultades para rendir óptimamente en la modalidad de Fútbol-7, por lo que, con independencia de cual sea nuestra decisión sobre el jugador durante la temporada, lo que no podemos es sobreexigir al jugador un rendimiento que no está a su alcance, ni caer en el comentario fácil, habitual en el aficionado de fútbol base, de que como es más grande que los demás, deberá ser mejor que los demás.

Las demarcaciones de defensa central en defensa de 3, y la del medio centro en medio campo cuando jugamos con un solo medio centro, que será la mayoría de los casos, exigen mucha madurez. En Fútbol-11 esas dos demarcaciones siempre están formadas por más de un jugador, por lo que se reparten campo y responsabilidad. En Fútbol-7 esos dos jugadores suelen jugar como únicos hombres en zonas de mucha responsabilidad. Hay que evitar que ésta les pese demasiado. Debemos reforzar a esos jugadores con frecuencia, tanto privada como públicamente, con más ahínco que a los demás, y aceptar sus errores como parte del trabajo tan importante que desarrollan y de la importancia de la demarcación que ocupan. A esos jugadores (en realidad a todos los jugadores, pero a estos de forma especial) no debemos valorarles negativamente ni con intensidad errores puntuales, aunque sean relevantes de cara a algún resultado, sino valorarles positivamente su índice de eficacia en el global de las intervenciones. Es importante para el equipo mantener su motivación y la continuidad en funciones de importancia, y a veces de fuerte responsabilidad.

Podemos situar a veces en algunos partidos de entrenamiento a otros jugadores en esas demarcaciones, para hacer evidente al resto de la plantilla, la dificultad de esas dos posiciones, y que el resto de jugadores experimente su dificultad, entendiendo mejor por tanto, que sin la colaboración de los jugadores que ocupan el resto de las demarcaciones, la actividad que recae en las dos citadas (sobre todo en la de medio centro) es imposible de llevar a cabo con eficacia.

Las características de nuestro equipo, marcarán el estilo de juego que vayamos a desarrollar durante la competición, y ello afectará también al portero que seleccionemos, o bien al portero que se erija como portero titular de entre los que tengamos. Todo ello, siempre y cuando tengamos posibilidad de seleccionar, cosa que es difícil en el fútbol base de hoy en día, dada la escasez de porteros.

Si tenemos un equipo con superioridad en la competición que nos permitirá jugar con mucha posesión de balón, y con el equipo más abierto, el peligro nos vendrá preferentemente en balones largos por detrás de nuestra defensa que estará levemente más adelantada, y también en las contras, fruto de los espacios que nuestro posicionamiento abierto y adelantado dejará. Por tanto, nos vendrá mejor un portero rápido y ágil, aunque no sea demasiado alto, pero que llegue con rapidez a los balones largos tras nuestra defensa, y se desenvuelva mejor en las situaciones de uno contra uno taponando el tiro desde cerca, o en los disparos a corta distancia.

Si nuestro equipo es fuerte, pero más lento en su juego, con menos capacidad para jugar con posesiones largas de balón, pero con más capacidad para defender bien cuando estamos arropados y más atrás, dificultando la penetración interior del rival, la mayoría del peligro vendrá dado por tiros a media o larga distancia que difícilmente irán rasos, sino a media altura o por arriba, o por balones colgados al área, por lo que nos vendrá mejor un portero alto que llegue con garantías a esos disparos.

La dinámica de las acciones de ataque en Fútbol-7 tiene un esquema fijo, para mantener el equilibrio tanto en la fase de ataque, como en la de defensa:

En la fase de ataque con origen en alguna acción mínimamente combinada, llegarán 3 jugadores en la zona de ataque entre los que estará casi siempre un lateral, un jugador quedará en zona de rechace (habitualmente un medio centro) y dos en defensa. En una acción de contraataque, solo hablaríamos de 1 ó 2 jugadores participando directamente en la acción ofensiva.

En todos los sistemas, en la fase de defensa, deben quedar 5 jugadores asumiendo la acción defensiva en zonas más retrasadas, y un jugador más adelantado con respecto a ellos. Igualmente, en caso de contraataque del equipo contrario, el número de jugadores que queden en nuestra zona defensiva dependerá del lugar de robo o pérdida de balón, pero si nuestro equipo se ha movido conforme a lo establecido, siempre se encontrarán con al menos dos efectivos de nuestro equipo en la acción defensiva, por lo que difícilmente nos cogerán en inferioridad numérica.

Es importante no caer en el error común de atacar alocadamente. Ni se tiene más probabilidades de ganar por que dejemos menos jugadores atrás y amontonemos arriba, ni se es mejor entrenador por que se asuman riesgos inútiles. En Fútbol-7, donde ya de por sí hay un déficit de espacios, el introducir más jugadores de los necesarios en zona de ataque, no garantiza más efectividad de cara al gol; más al contrario, la mayoría de las veces hacerlo colapsa la zona de finalización con la presencia de más jugadores (además ya estáticos, por que una vez que llegan a esa zona la movilidad es prácticamente nula) y de sus respectivos marcadores. Es una carga ineficaz de jugadores, que además conlleva un innecesario vacío en nuestra zona defensiva.

El fútbol es un deporte de competición, y a los niños les gusta competir para ganar. Si entienden que pierden un partido por una superioridad del rival, lo aceptarán sin problemas. Sin embargo, si interpretan que su entrenador no le da tanta importancia a la victoria como ellos, les costará trabajo sintonizar con él.

Respecto a la transferencia que pueda realizarse en los jugadores para su paso posterior al Fútbol-11, está demostrado que no existe ningún sistema que garantice una mejor adaptación a esa modalidad futura, del jugador que juegue durante su etapa de Fútbol-7 bajo un determinado sistema u otro. La buena adaptación de un jugador al Fútbol-11 no vendrá determinada ni influida por el sistema de juego en el que el jugador se desenvuelva en Fútbol-7. Si lo estará por la coherencia en la aplicación del sistema elegido y por la corrección de las instrucciones del entrenador en las funciones a desempeñar en ese sistema.

Todos los sistemas analizados en este trabajo son perfectamente aplicables durante el proceso de formación del jugador en su etapa de Fútbol-7, y en todos se desarrollan funciones similares a las que posteriormente el jugador se encontrará en el Fútbol-11. En ambas modalidades se dan situaciones de juego similares, que requerirán similares soluciones.

2. LOS SISTEMAS DE JUEGO DE FÚTBOL-7

Los sistemas analizados en este trabajo, son:
Sistema 1-3-1-2
Sistema 1-3-1-1-1
Sistema 1-3-2-1
Sistema 1-2-3-1.

Partiendo del criterio de equilibrio que todo sistema de juego debe aportar al juego de un equipo, hemos seleccionado aquellos sistemas de juego que respetan esa máxima, y que se caracterizan por realizar un reparto proporcional del espacio y de las funciones entre los diferentes jugadores.

• NOTA

En contra del sistema que de un tiempo a esta parte se viene utilizando en la bibliografía futbolística, nosotros utilizaremos una secuencia de números para indicar el reparto de jugadores en cada sistema, obviando el 1 inicial correspondiente al portero. En la intención de simplificar y hacer más entendible el contenido de este trabajo, entendemos que la información que aporta el 1 al principio del sistema es completamente irrelevante, puesto que, aunque es verdad que hay una línea que es la de la portería, ésta va a estar formada siempre por un solo componente, por lo que el hecho de situar un 1 al principio de la secuencia de números no aporta ninguna información.

2.1. Sistema 3-1-2

Es el sistema con tres defensas, un medio centro y dos delanteros.

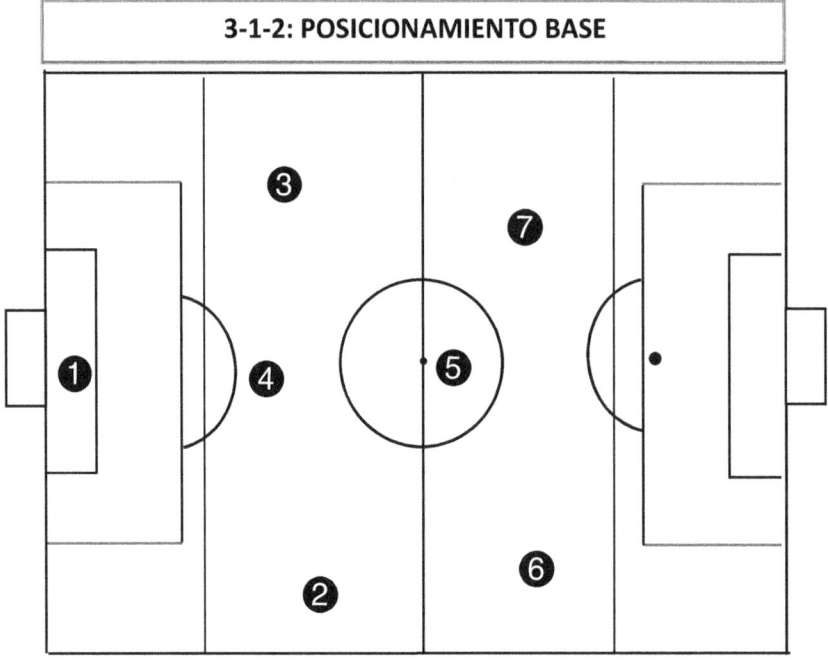

Sistema 3-1-2. Ventajas:

Fortaleza defensiva. Bien aplicado, difícilmente nos encontraremos en inferioridad numérica en la zona defensiva.

Es un sistema muy compensado en el equilibrio ataque-defensa. Siendo un sistema defensivamente fuerte, no pierde, sin embargo, presencia ofensiva.

Sistema 3-1-2. Inconvenientes:

Si no tiene la flexibilidad necesaria, ni la ayuda de jugadores entre líneas, el medio campo queda muy vulnerable.

Exige que el jugador que juega como medio centro, sea muy equilibrado en el balance defensivo-ofensivo, y con capacidad para abarcar mucho campo, cosa ésta última, que no es fácil en estas edades.

Sistema 3-1-2. Requisitos para su buen funcionamiento:

Tener un medio centro muy completo. Es la demarcación clave para que este sistema funcione bien.

Tener dos delanteros con capacidad de sacrificio para presionar y así filtrar un poco el trabajo defensivo del medio centro.

Al menos uno de los dos laterales debe tener cualidades para profundizar por su banda sorprendiendo desde atrás. Si en vez de uno, son los dos, tendremos aún más capacidad para sorprender.

Sistema 3-1-2. Consignas claves a los jugadores:

El medio centro tiene que estar SIEMPRE por detrás de la posición del balón. Si se incorpora al ataque debe hacerlo acompañando la jugada por detrás de la pelota, o siendo quién la conduce.

NUNCA pueden incorporarse al ataque los dos laterales al mismo tiempo, por que provocarían un desequilibrio defensivo importante, sobre todo en caso de robo y contraataque del contrario. Cuando un lateral se incorpore, el central debe bascular hacia el hueco que aquel ha dejado, y el otro lateral seguirlo, situándose ambos como si fueran dos centrales. Esta norma será común a todos los sistemas con tres defensas.

Si nuestro medio centro es superado en nuestro medio campo, el defensor más cercano a la acción debe salir al encuentro de la misma, con la intensidad defensiva necesaria para no dejar progresar la jugada, consciente del desequilibrio en el que se encuentra en ese momento al equipo.

El central debe situarse siempre unos 4-5 metros por detrás de sus laterales, salvo incorporación de nuestro lateral.

Nuestros puntas deben presionar con mucha intensidad en el lado del campo que les corresponda, para evitar que en medio campo el contrario reciba con facilidad.

El sistema 3-1-2 en las diferentes fases del juego

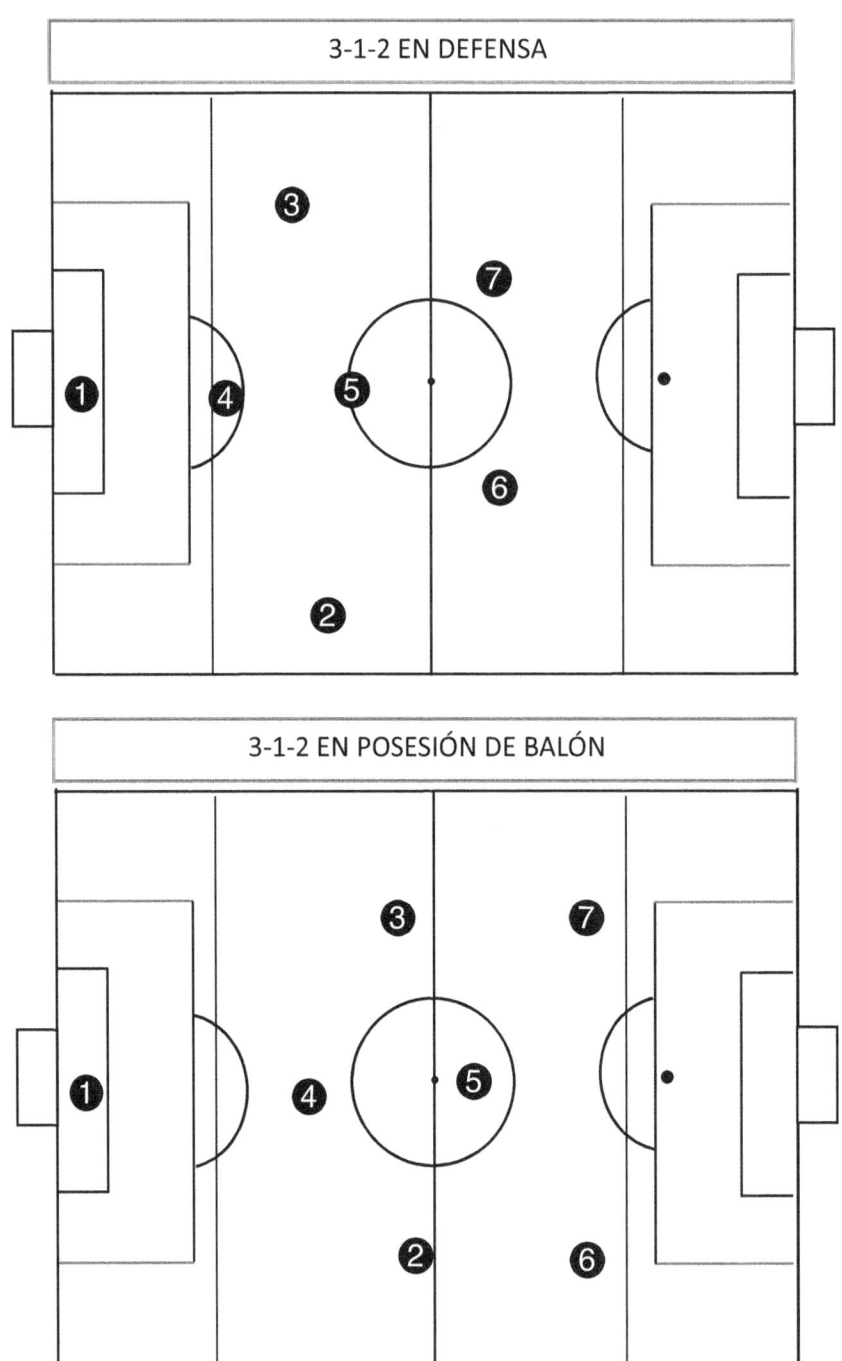

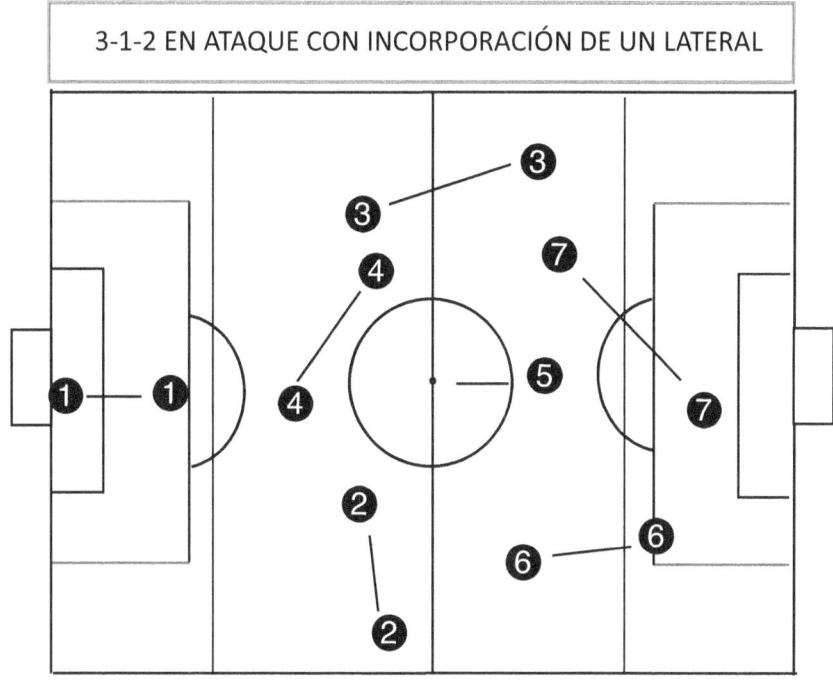

3-1-2 EN ATAQUE CON INCORPORACIÓN DE UN LATERAL

2.2. Sistema 3-1-1-1

Es el sistema con tres defensas, un medio centro, un media punta y un delantero. Las diferencias, tanto ventajas como inconvenientes, respecto al anterior sistema analizado, vienen dadas por las aportaciones defensivas y ofensivas que la demarcación de media punta genera.

Sobre este sistema, comentar que, de los sistemas analizados en este trabajo, el sistema 3-1-1-1 es, de tosos los sistemas, el que mantiene una estructura de líneas horizontales más similar a la de fútbol-11, en el sentido que plantea en su estructura cuatro líneas, tal como se produce en fútbol-11: una línea de defensas, una línea de medio campo, una línea de jugadores de enlace y una línea de delanteros. Sin embargo, esto no es más que una característica estructural sin excesiva relevancia. Como ya hemos comentado más arriba, esta similitud respecto al fútbol-11, no aporta ninguna ventaja a la hora de la adaptación del jugador que se forme en este sistema, en su adaptación posterior al fútbol-11.

Este sistema conlleva, tomando como referencia el sistema 3-1-2, los siguientes movimientos en su estructura básica:

Un movimiento básico, que es el que caracteriza al sistema, de sustituir a uno de los delanteros, por un media punta, que juega más cerca del medio centro.

Tres movimientos compensatorios, que serían:
Por un lado, un leve movimiento del delantero hacia el centro, para ocupar una posición más centrada respecto al espacio a cubrir.

Y un movimiento, éste algo más marcado que el anterior, hacia delante, del lateral del lado donde no se coloca el media punta, también para disminuir el espacio vacío que le quedaría por delante hasta llegar a la zona de trabajo del delantero que nos quedará en el campo.

Un leve movimiento lateral del medio centro (más que un movimiento, sería un desplazamiento del foco de atención, acompañado de un leve desplazamiento físico) al lado donde estaría la zona más débil del sistema: el medio campo donde no se sitúa el media punta.

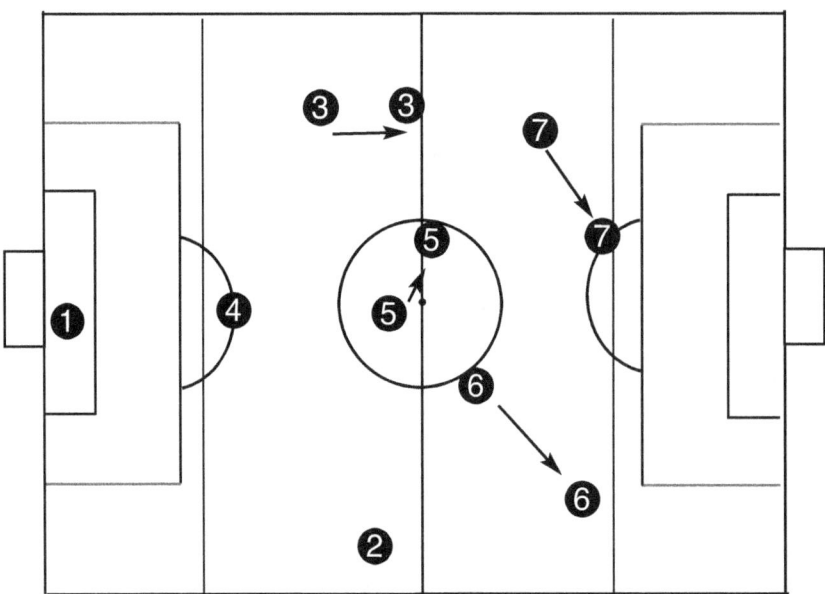

Movimiento básico (B) que convierte el 3-1-2 en 3-1-1-1 (paso de un delantero a media-punta), y movimientos compensatorios (C) para equilibrar la ocupación del espacio.

¿En que lado debemos situar al media punta? La decisión acerca del lado donde se colocará el media punta, se basará en alguna de las siguientes razones:

Si basamos la decisión en su aportación defensiva valoraremos la posibilidad de colocar al media punta en el costado donde nuestro lateral sea menos fuerte defensivamente, o bien en el lado donde el rival sea más fuerte ofensivamente.

Si, por el contrario, situamos al media punta buscando principalmente una mayor aportación ofensiva, valoraremos colocar al media punta en el lado defensivamente más débil del contrario. También será un elemento importante de decisión, la pierna dominante del media punta y la del delantero de nuestro equipo.

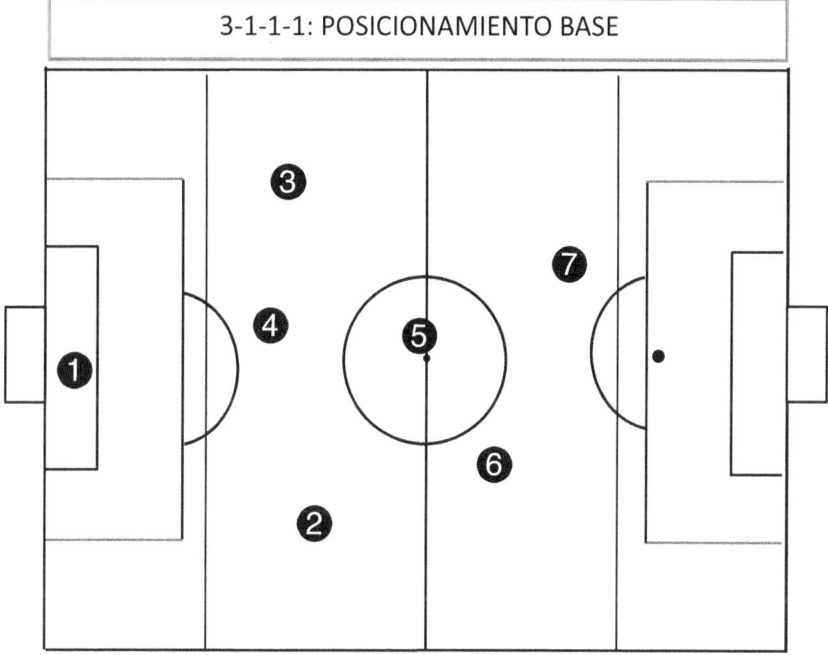

3-1-1-1: POSICIONAMIENTO BASE

Fortaleza defensiva. Bien aplicado, difícilmente nos encontraremos en inferioridad numérica en la zona defensiva.

Es un **sistema muy compensado** en el equilibrio ataque-defensa. Siendo un sistema defensivamente fuerte, no pierde, sin embargo, presencia ofensiva.

La presencia de un media punta ayuda a equilibrar el trabajo defensivo de medio campo por su cercanía al medio centro, y por cerrar uno de los canales verticales de penetración o de pase del equipo contrario.

Al mismo tiempo, ya en ataque, el media punta ocupa una demarcación de enlace ofreciendo otra alternativa más de juego al medio centro, facilitando la posesión del balón.

En ataque también, la posición retrasada del media punta, ayuda a descargar la zona defensiva del contrario ofreciendo una alternativa ofensiva que se proyecta desde atrás.

La demarcación de media punta dificulta el marcaje del contrario, sea cual sea su sistema. Si el contrario quiere marcar de cerca a ese jugador, tendrá que sacar de su sitio a algún jugador (lateral, medio centro...), desdibujando su sistema defensivo.

Aunque el medio centro debe quedar siempre por detrás del balón, la ayuda del media punta le permitirá incorporarse en alguna ocasión que se vea interesante, aportando por tanto más llegada que si juega solo.

Sistema 3-1-1-1. Inconvenientes:

Si el media punta no tiene cualidades suficientes para ejercer la doble función de ataque y defensa, el sistema no funcionará correctamente.

Contamos con un solo jugador en punta para ejercer la presión a la defensa contraria, por tanto debe tener capacidad de sacrificio mayor. Su desgaste físico será también mayor, estando menos fresco tal como avanza el partido, para las acciones de definición.

El lateral del equipo contrario del costado donde se ubique el media punta, tendrá unos metros más para salir con la pelota controlada, hasta que se encuentre con la presencia y la presión del media punta.

Nuestro lateral de ese lado, tendrá más difícil su progresión por banda, al encontrarse normalmente con el tapón de nuestro propio media punta y el de su marca. Para evitar esto hay que instruirle acerca de adonde debe moverse en función de la trayectoria de nuestro lateral en la incorporación.

Crea cierta descompensación defensiva en el costado donde no se encuentra el media punta. Si el equipo contrario supera la presión del punta, se encontrará con un hueco que deberá cerrar el medio centro, provocando un movimiento global del equipo, que si no está bien coordinado puede provocar un desajuste generalizado y generación de espacios peligrosos.

Sistema 3-1-1-1. Requisitos para su buen funcionamiento:

Un media punta muy completo. A un buen repertorio de cualidades técnicas y físicas, deberá sumar una acentuada capacidad para comprender la dinámica del juego, ya que a la diversidad y complejidad de situaciones en las que se encontrará, tendrá que aportarles soluciones de su propia cosecha, por que serán tan variadas, que difícilmente le podrán ser aportadas soluciones estándar. A veces, a situaciones aparentemente muy parecidas, tendrá que darle soluciones muy diferentes, en función de leves matices que las diferencian. Deberá conocer los conceptos de equilibrio y desequilibrio, ya que deberá aportar desequilibrio en sus acciones de ataque, y equilibrio en sus aportaciones defensivas. Es difícil a esa edad, encontrar jugadores que identifiquen con rapidez los elementos diferenciales de cada situación del juego y ejecuten con la misma rapidez la respuesta correcta a cada una. Si tenemos a un jugador que sea capaz de hacerlo, tenemos al media punta ideal para jugar con este sistema.

En cuanto a su estilo de juego, el media punta debe ser, idealmente, más que un jugador con capacidad para tener la pelota y para tocar, un jugador con desborde, que garantice llegada y acompañamiento al delantero en las acciones de ataque.

Un recambio de buen nivel en el banquillo para el delantero que queda arriba, para aportar frescura tanto para la presión como para la definición, cuando el que tenemos en el campo muestre cansancio.

Al menos uno de los dos laterales debe tener cualidades para profundizar por su banda sorprendiendo desde atrás. El que juega en el lado del media punta será un apoyo constante para éste en el juego combinativo, por lo que deberá tener la suficiente técnica como para garantizar la posesión del balón.

Este mismo lateral debe conocer los movimientos habituales del media punta para tomarle siempre la distancia adecuada, y no encontrarse continuamente ni demasiado cerca ni demasiado lejos de él.

Sistema 3-1-1-1. Consignas claves a los jugadores:

Nuestro lateral del costado donde no se ubique el media punta, deberá jugar un poco más adelantado que el otro, para no tomar tanta distancia hasta el delantero de nuestro equipo, y para disminuir así el hueco que nos puede hacer vulnerable.

El media punta quedará normalmente volcado a un lado y por delante del medio centro, en diagonal. Su función equilibradora vendrá dada, fundamentalmente por el apoyo que le dará al jugador que ejerza de medio centro.

Si el equipo repliega, el media punta debe cerrarse acercándose al medio centro, pero manteniendo siempre que sea posible, un paso más adelantado en diagonal, tanto para generar un punto de presión más adelantado, como para ofrecer una opción de salida más adelantada en caso de robo de balón.

El media punta debe ocupar la posición de medio centro cuando éste se vea obligado a auxiliar defensivamente otra zona.

El media punta también debe quedar como medio centro cuando éste se incorpore decididamente a la jugada de ataque iniciada.

El medio centro tiene que estar SIEMPRE por detrás de la posición del balón. Si se incorpora al ataque debe hacerlo acompañando la jugada por detrás de ella, o siendo el conductor del balón.

NUNCA pueden incorporarse al ataque los dos laterales al mismo tiempo, por que provocarían un desequilibrio defensivo importante, sobre todo en caso de robo y contraataque del contrario. Cuando un lateral se incorpore, el central debe bascular hacia el hueco que aquel ha dejado, y el otro lateral seguirlo, situándose ambos como si fueran dos centrales. Esta norma será común a todos los sistemas con tres defensas.

Si nuestro medio centro es superado en nuestro medio campo, el defensor más cercano a la acción debe salir al encuentro de la misma, con la intensidad defensiva necesaria para no dejar progresar la jugada, consciente del desequilibrio en el que se encuentra en ese momento al equipo.

El central debe situarse siempre unos 4-5 metros por detrás de sus laterales, salvo incorporación de nuestro lateral.

Nuestro punta debe presionar con mucha intensidad en el lado del campo que les corresponda, y debe intentar evitar que el juego salga por su lado, ya que será el lado, defensivamente, más débil del equipo.

El sistema 3-1-1-1 en las diferentes fases del juego

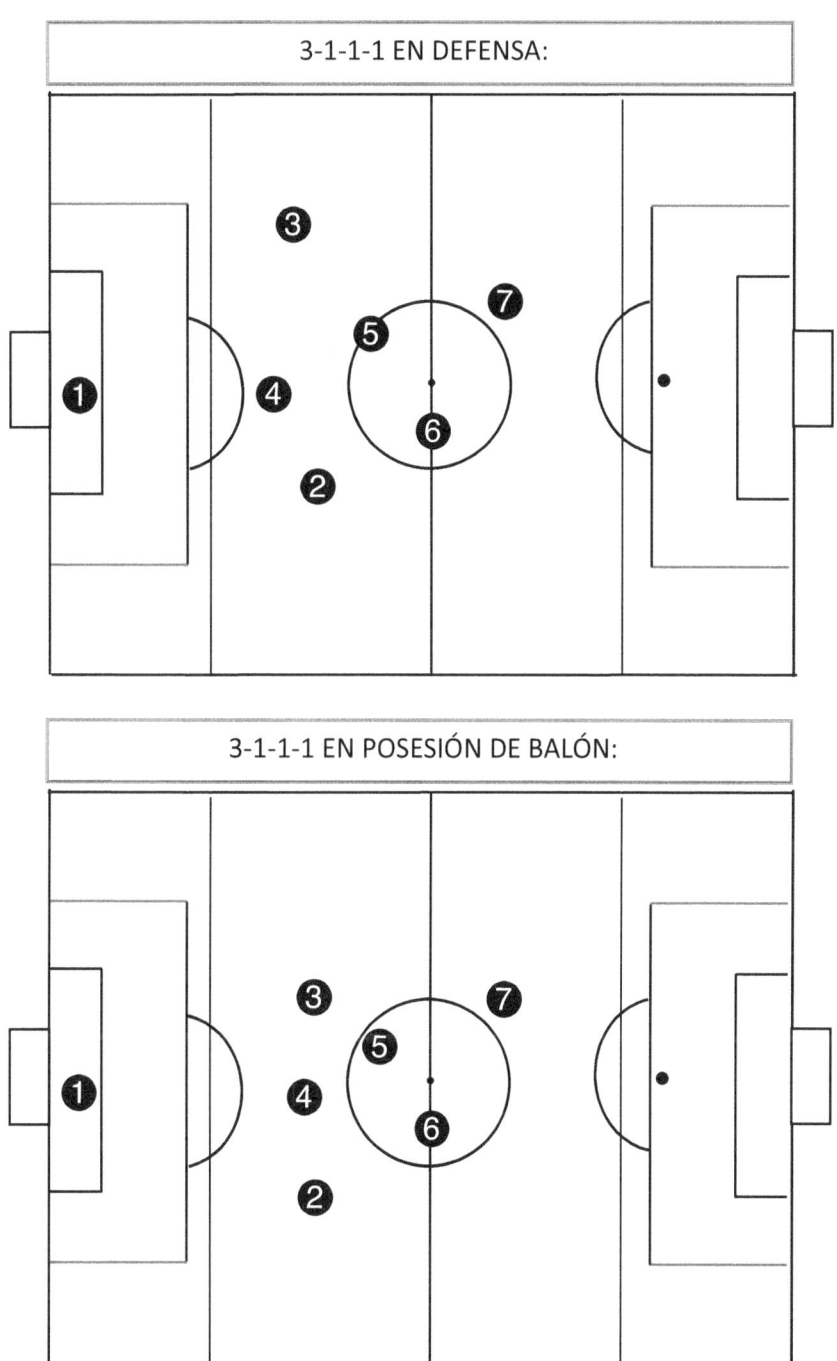

3-1-1-1 en ataque con incorporación por fuera del latera del lado del media punta:

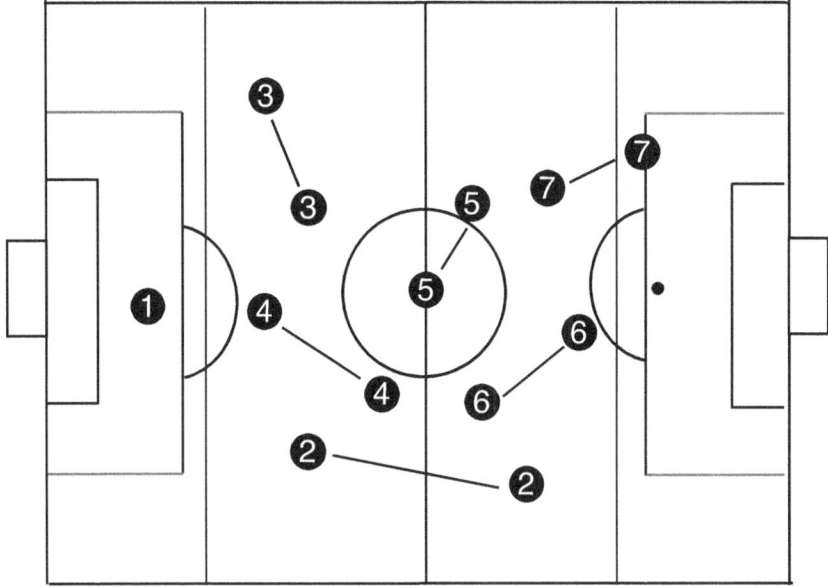

3-1-1-1 en ataque con incorporación por fuera del latera del lado del media punta:

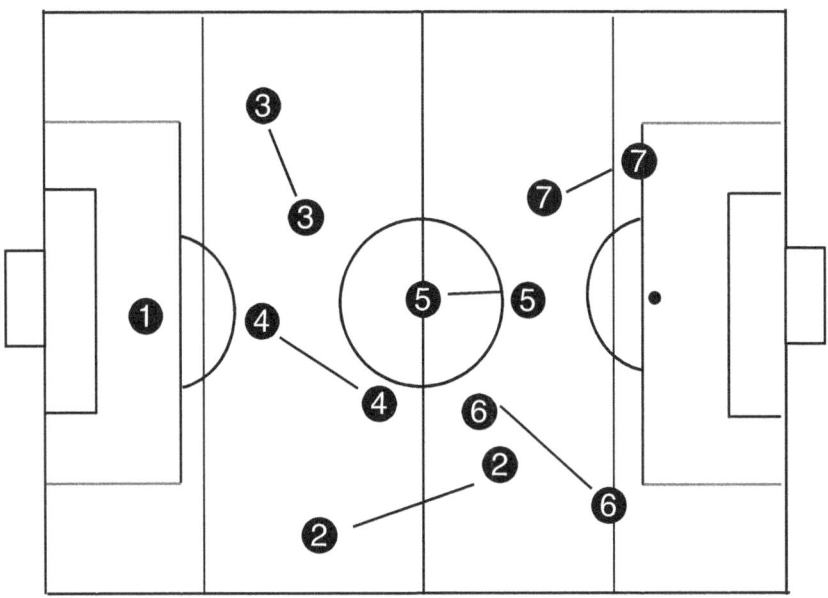

3-1-1-1 en ataque con incorporación del lateral opuesto al media punta:

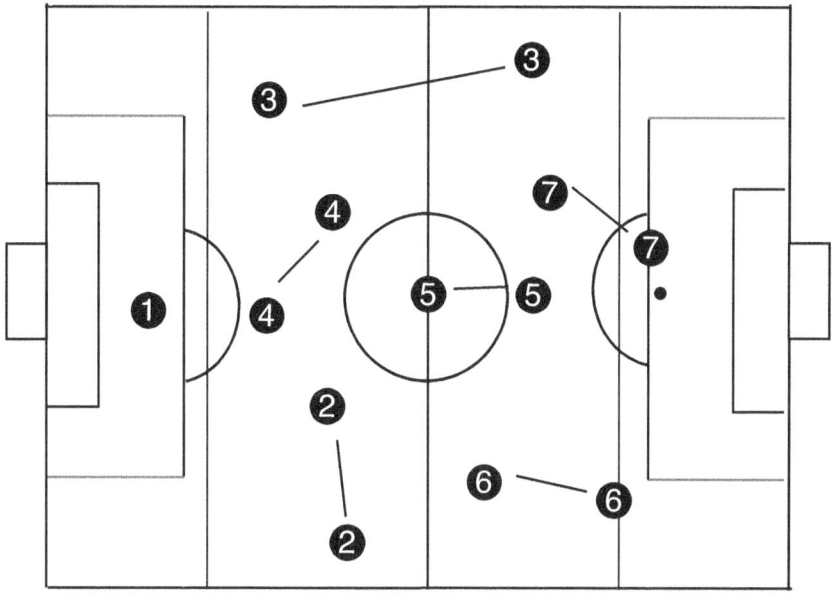

2.3. Sistema 3-2-1
Es el sistema con tres defensas, dos medios centros y punta

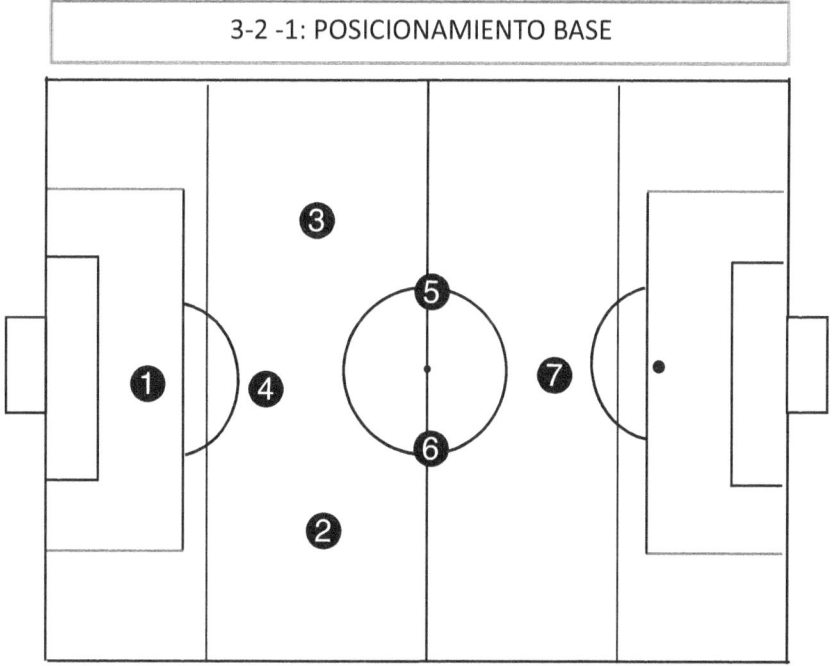

Sistema 3-2-1. Ventajas:

Fortaleza defensiva. La presencia de tres defensas y dos medios dificultan la existencia de huecos aprovechables por el contrario en los últimos metros hacia nuestra portería.

La presencia de dos medios centros, uno a cada lado, va a favorecer la posibilidad de alternancia en la incorporación de los laterales, según las circunstancias del juego vaya solicitando, garantizando el apoyo defensivo necesario para ello.

Ya en ataque, la presencia de los dos medios centros va a ofrecer más posibilidades para mantener la posesión del balón.

La existencia de dos medios centros, hace que puedan alternarse en la incorporación al ataque según convenga, por lo que esa libertad de incorporación puede generar mayor capacidad de sorpresa.

Sistema 3-2-1. Inconvenientes:

Contamos con un solo jugador en punta para ejercer la presión a la defensa contraria, por tanto debe tener una capacidad de sacrificio muy elevada. Su desgaste físico será también mayor, estando menos fresco tal como avanza el partido, para las acciones de definición.

Cuando robamos el balón en zona defensiva, al tener solo un jugador arriba, tenemos menos opciones de salida a media distancia para desahogar el juego y facilitar la salida del equipo.

La principal ventaja de este sistema conlleva también un inconveniente. La presencia de dos medios centros, si no es bien instruida, puede desembocar, paradójicamente, en un abandono de la zona. Al compartirse la zona con alguien más, se diluye la responsabilidad e inconscientemente el jugador puede hacer dejadez de funciones y ser menos estricto en la disciplina posicional y en la intensidad defensiva. Cuando varias personas comparten una responsabilidad son más propensas a hacer dejadez de funciones que cuando la responsabilidad está claramente asignada a una de ellas. Eso ocurre tanto en fútbol, como en todos los deportes colectivos.

Sistema 3-2-1. Requisitos para su buen funcionamiento:

Los medios centros tienen que conjuntar cualidades defensivas y ofensivas. O bien tenemos dos jugadores que tengan esas cualidades a nivel individual y sean ambos equilibrados, o bien la suma de las cualidades de ambos jugadores aporten opciones válidas de defensa y de ataque. En este caso, además, no solo nos referimos a las funciones específicas de medio centro, sino a las que sustentarán el rol atacante que se verán obligados a desempeñar en este sistema. El conjunto de cualidades que, idealmente, deben sumar entre ambos, son: dominio de las acciones defensivas específicas de medio centro, técnica específica del medio centro con prevalencia del control y el pase, capacidad para aportar llegada desde atrás, resistencia como cualidad específica para el trabajo de medio centro, velocidad para las incorporaciones al ataque, y disparo a media distancia. Si colocamos dos medios centros exclusivamente creadores sin capacidad defensiva, o si colocamos dos medios centros predominantemente destructores con nula capacidad de controlar y pasar el balón con eficacia, estaremos desequilibrando el equipo.

Un recambio de buen nivel en el banquillo para el delantero que queda arriba, para aportar frescura tanto para la presión como para la definición, cuando el que tenemos en el campo muestre cansancio.

Sistema 3-2-1. Consignas claves a los jugadores:

Uno de los dos medios centros tiene que estar SIEMPRE por detrás de la posición del balón. Si se incorpora uno al ataque, el otro debe necesariamente acompañar la jugada desde atrás. La experiencia nos dice que no debemos dejar a la libre decisión individual del jugador, el salir o quedarse, si no que debe instruirse mínimamente con antelación, pero en su justa medida. Si no aportamos unas mínimas instrucciones para organizar una salida escalonada al ataque para ambos medios centros, nos encontraremos en más ocasiones de las deseables con un abandono de la demarcación, por que ambos saldrán queriendo apoyar ofensivamente al equipo. Y si avisamos en exceso y continuamente del riesgo de una salida en paralelo de ambos jugadores podemos encontrarnos que al final ninguno de los dos se incorpore por miedo a abandonar la zona, con la consecuente pérdida de potencial ofensivo. Por otro lado, debemos hacer compatible esa organización de ambos jugadores, con cierta libertad individual para que las incorporaciones al ataque no sean siempre del mismo medio centro y se puedan dar dos alternativas diferentes de incorporación, y así generar más sorpresa. Lo ideal es instruir a que el jugador con más cualidades defensivas sea el que quede, y el jugador con más velocidad y/o con más cualidades ofensivas, sea el que salga, pero dejándoles la opción de que cualquiera de los dos, si ve que su incorporación explosiva va a generar peligro por sorpresa al contrario, rompa excepcionalmente la norma instruida.

En el repliegue los dos deben quedar en la misma línea en el saque del portero contrario, pero con el balón en juego en posesión del equipo contrario el medio centro del lado donde circula el balón debe dar dos pasos adelante en diagonal hacia la jugada.

NUNCA pueden incorporarse al ataque los dos laterales al mismo tiempo, por que provocarían un desequilibrio defensivo importante, sobre todo en caso de robo y contraataque del contrario. Cuando un lateral se incorpore, el central debe bascular hacia el hueco que aquel ha dejado, y el otro lateral seguirlo, situándose ambos como si fueran dos centrales. Esta norma será común a todos los sistemas con tres defensas.

El central debe situarse siempre unos 4-5 metros por detrás de sus laterales, siempre que el contrario tenga el balón.

Nuestro punta debe ejercer una presión amplia, con un trabajo solidario y sacrificado, pero consciente de que en sus esfuerzos debe repartir las energías para mantenerse lo más fresco posible, y por que si no es así, la descompensación en el reparto de los esfuerzos respecto al resto del equipo, sería muy elevada.

El sistema 3-2-1 en las diferentes fases del juego

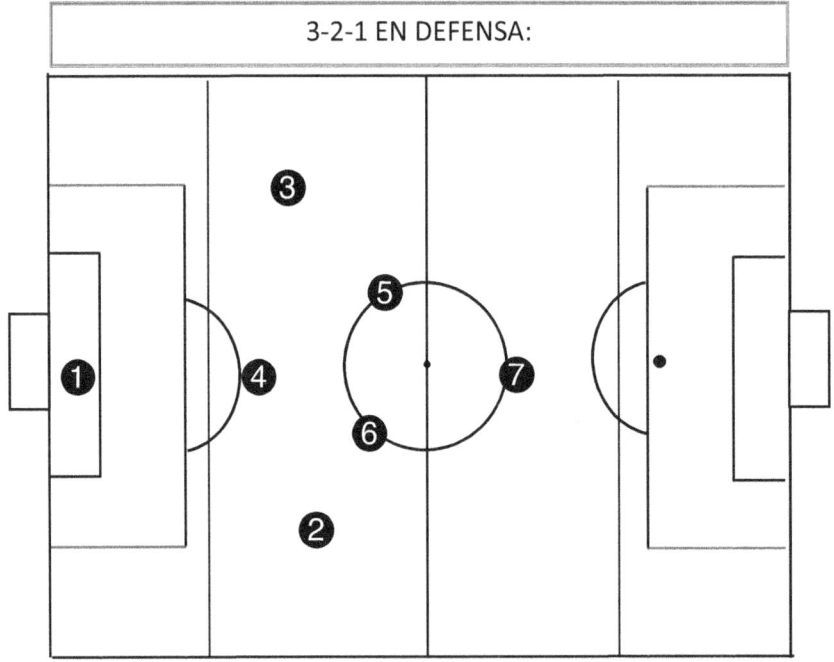

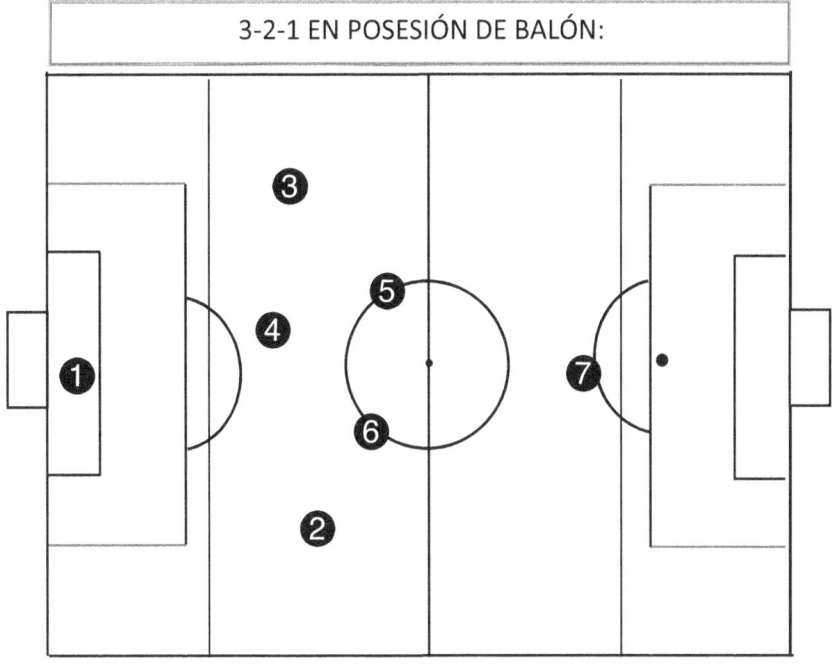

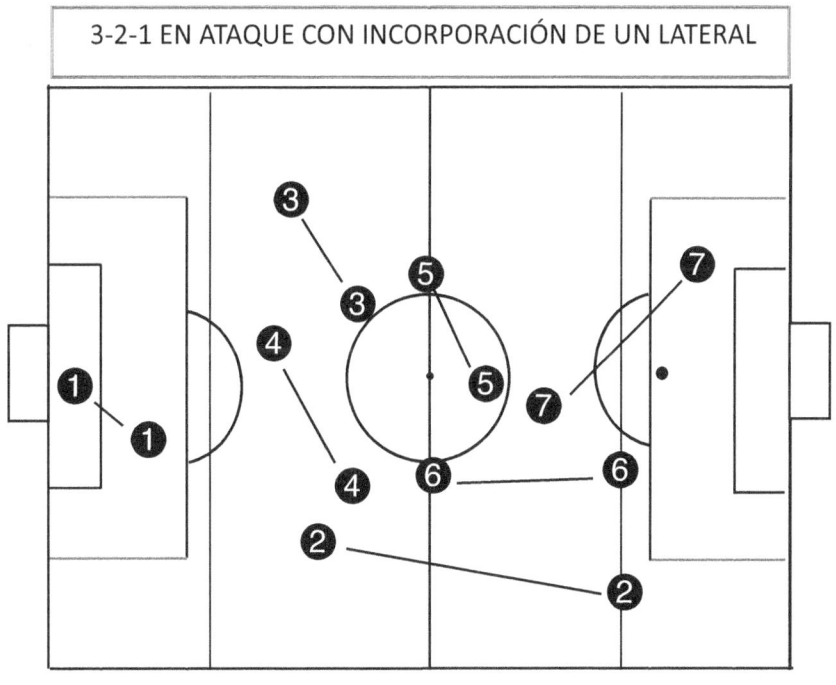

2.4. SISTEMA 2-3-1

Es el sistema con dos defensas, un medio campo con 3 jugadores compuesto por un medio centro y dos jugadores en las bandas, y un delantero.

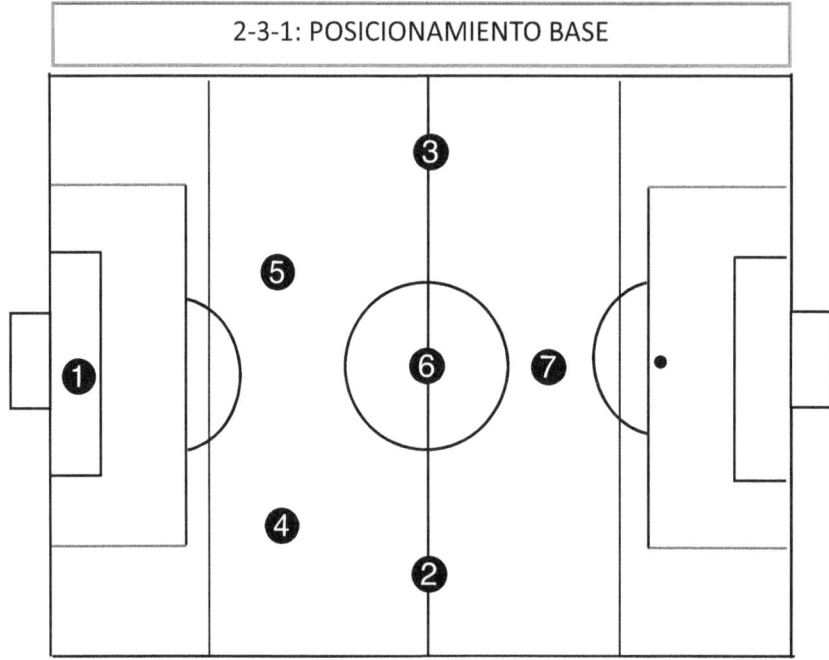

Sistema 2-3-1. Ventajas:

Fortaleza ofensiva. Tenemos dos jugadores en las bandas siempre en posición de proyección ofensiva inmediata, pudiéndose incorporar los dos al mismo tiempo, debido a la presencia fija de dos defensores y de un medio centro que acompañará por detrás la jugada hacia el rechace. También podremos mantener a nuestro delantero en zona de remate, gracias a la estructura envolvente que forma el equipo por detrás de él.

Es un sistema difícil de defender, siempre y cuando nuestros dos jugadores de banda tengan cierta capacidad para profundizar.

La posición de los laterales adelantados, y la posibilidad de que los dos jugadores de banda se puedan incorporar desde tan cerca y al mismo tiempo, hace que el equipo contrario no pueda bascular excesivamente hacia un lado cuando repliega, teniendo que estar siempre *estirado* a lo ancho del campo previniendo la incorporación que puede venirle desde cualquier lado. En los equipos que atacan con defensas de 3, la incorporación solo vendrá de un lado y desde más atrás, por lo que el equipo que defiende tiene más tiempo para bascular.

Facilita la posesión del balón, teniendo siempre una opción de pase con intención ofensiva.

El trabajo defensivo del medio centro es más racional, ya que está completamente rodeado de compañeros en todas las direcciones posibles.

Es un sistema ordenado. Los movimientos del equipo en las transiciones ataque-defensa y defensa-ataque no son complejos, al no haber prácticamente movimientos horizontales de los jugadores, ni cruces de demarcaciones. Salvo, lógicamente, cuando nos superen por banda.

Sistema 2-3-1. Inconvenientes:

El principal inconveniente de este sistema viene dado por la debilidad defensiva en las zonas que quedan más vacías por detrás de los laterales.

Los principales enemigos de este sistema son:

a) Los contrarios con jugadores de banda con mucha capacidad para desbordar por banda que obligará a nuestros jugadores de banda a mantenerse más atrás y a acentuar su función de vigilancia para que no sea el central el que tenga que perseguirlo siempre. Por tanto, perderemos capacidad ofensiva.

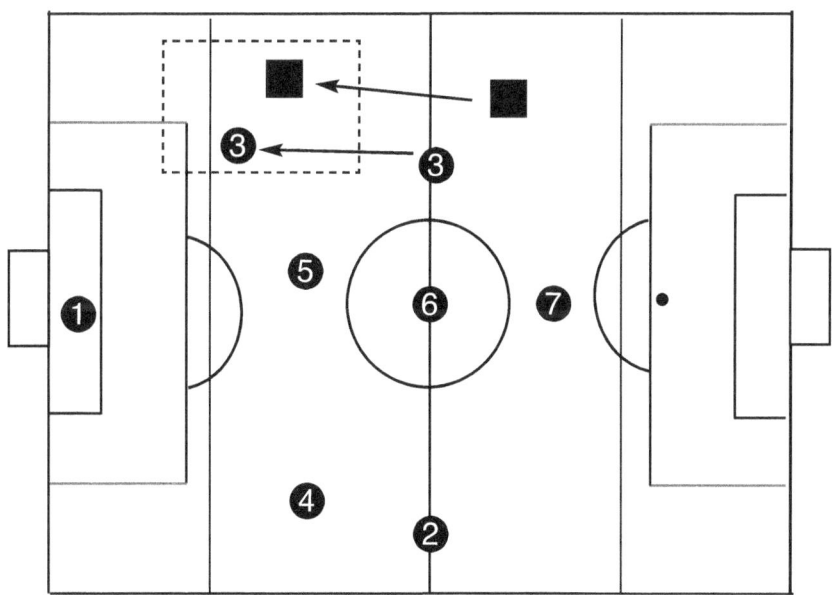

b) Los delanteros del equipo contrario con mucha movilidad y con tendencia a caer a recibir a las bandas. La presencia de este tipo de jugador obligará a nuestros centrales a perder el sitio a con frecuencia y, al mismo tiempo, desajusta el posicionamiento de todo el equipo.

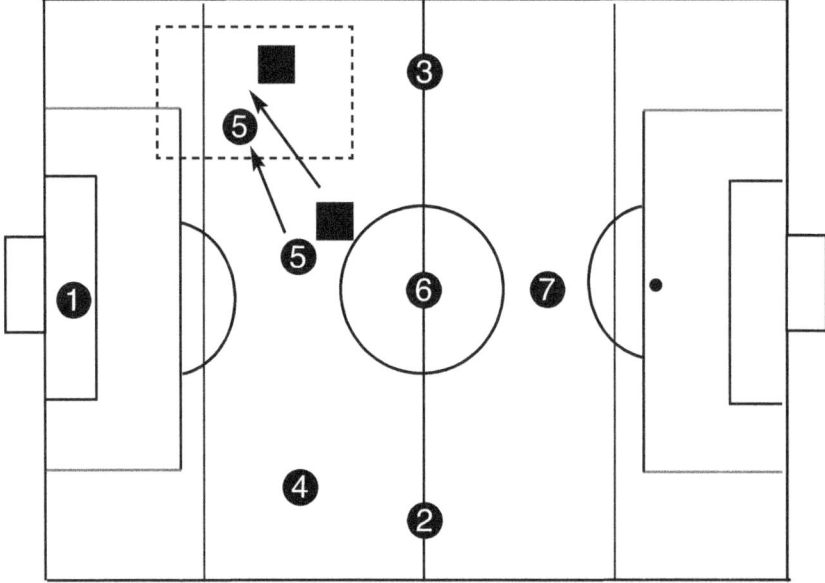

Resumiendo: cuando juguemos con este sistema, la mayoría de los problemas defensivas, nos vendrán en los desmarques del contrario a las zonas vacías que hay por detrás de nuestros jugadores de banda.

Es un sistema que obliga a los dos jugadores de banda a realizar un esfuerzo extra respecto a los demás jugadores del equipo, ya que tienen mucho más espacio que cubrir. Este esfuerzo llegará a ser importante y a provocar un desgaste más acusado, si nos enfrentamos contra un equipo de un nivel alto, que tenga capacidad para profundizar por banda con frecuencia y que obligará a nuestros jugadores de esa zona a unos esfuerzos continuos de ida y vuelta de área a área.

Sistema 2-3-1. Requisitos para su buen funcionamiento:

Necesitamos dos centrales bastante completos, pero sobre todo muy rápidos. También deben ser inteligentes tácticamente y con capacidad de dominar defensivamente una amplia zona. Este es un requisito muy importante. Si no tenemos los centrales adecuados para jugar este sistema, debemos plantearnos no utilizarlo.

Dos jugadores en banda con destacada capacidad ofensiva y con capacidad de sacrificio para volver en el repliegue. Si no tenemos dos, o si los tenemos pero no nos interesa perder capacidad en defensa, podemos colocar un jugador con más proyección ofensiva en una banda, y en la otra colocar un jugador de menos recorrido, pero que garantice al menos la posesión del balón y participe en la elaboración de la jugada. Esta opción, la podemos utilizar, por ejemplo, cuando una de las dos bandas del contrario es muy ofensiva y le situamos en su costado a un jugador de nuestro equipo de características más defensivas para taponarle. En este caso, además, a nuestro punta debemos darle la consigna de que cuando tengamos el balón haga desmarques a la zona que deja libre ese lateral/jugador de banda más ofensivo, ya que esa zona estará aún más desguarnecida.

Un delantero con un mínimo de capacidad rematadora, más que un delantero con capacidad para tener la pelota o con velocidad pero sin capacidad de remate.

Sistema 2-3-1. Consignas claves a los jugadores:

Cuando el contrario consiga en un contraataque, enviar con éxito el balón a algunas de las zonas débiles, los centrales deben tener claro que su primera opción es romper la jugada (sacar el balón a banda o despejar como primeras opciones, y enviar a córner o hacer falta como últimas opciones) para dar tiempo a que el equipo repliegue, consciente de que en ese momento la situación es defensivamente negativa.

El medio centro debe jugar rápido, para aprovechar las dos opciones inmediatas de juego en las dos bandas, que estarán ofensivamente útiles en todo momento. Si juega lento, desaprovechamos la doble opción de ataque, y damos tiempo al contrario a bascular.

Los jugadores de banda deben proyectarse con toda la frecuencia posible, y con toda la agresividad ofensiva posible, para poder desarbolar al contrario. Deben ofrecerse continuamente y los dos al mismo tiempo para obligar al contrario a una vigilancia constante de las dos bandas al mismo tiempo, lo que le hará abrirse a lo ancho del campo y dejar además, huecos en el interior.

La defensa se situará teóricamente en línea, pero en disposición a realizar los movimientos inmediatos de cobertura que sean necesarios.

El sistema 2-3-1 en las diferentes fases del juego

2-3-1 en defensa:

Esta será una estructura poco común en este sistema. Por su propia distribución, este es un sistema hecho para situarse más adelantado y presionar más arriba, y basado en que los dos jugadores de banda, tienen una capacidad ofensiva, al menos igual que su capacidad defensiva. Si jugando con este sistema, durante el partido nos encontramos que estamos mucho tiempo replegados y en una situación como la que refleja el gráfico, es por que el contrario es superior técnicamente a nosotros y seguramente más rápido que nosotros, por lo que si se da este caso, debemos plantearnos cambiar a una defensa de 3.

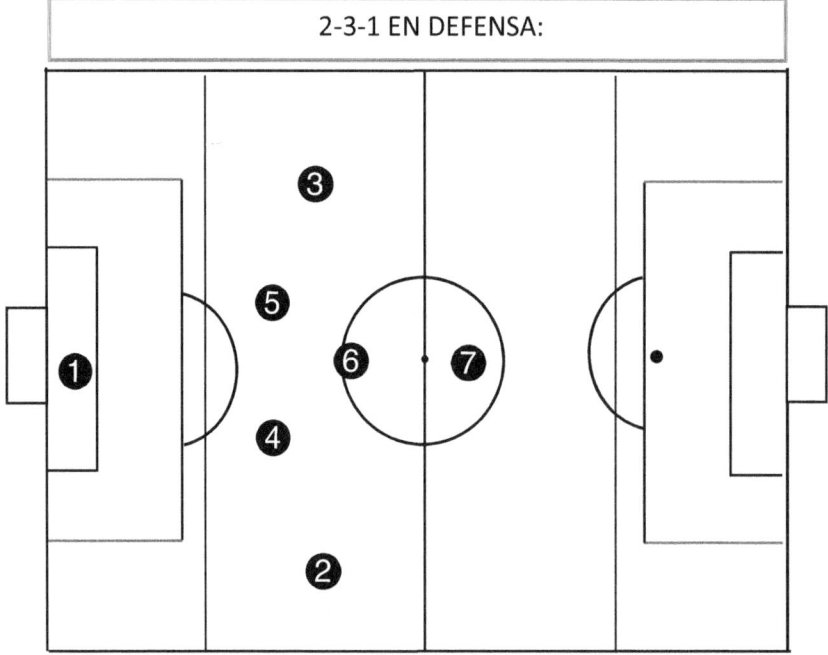

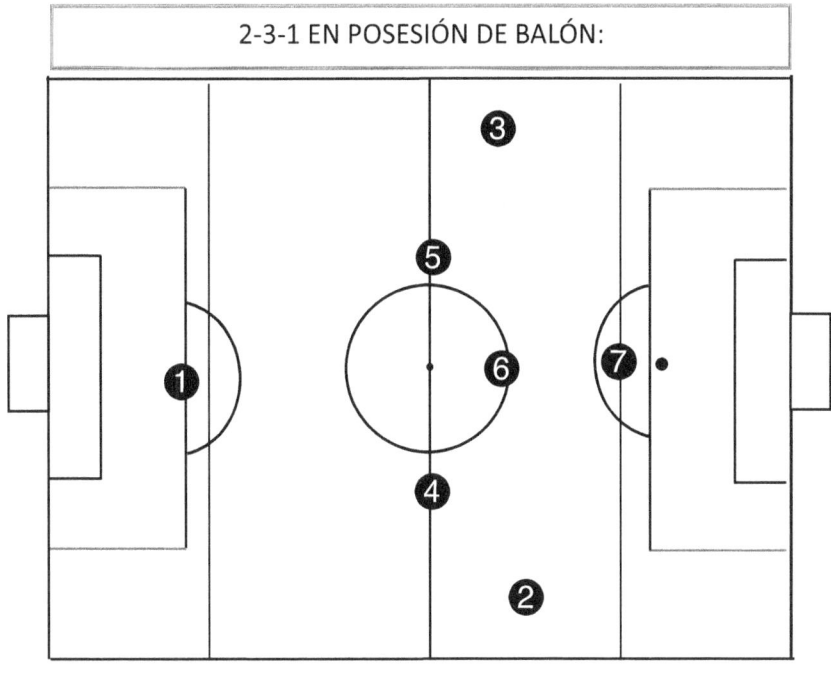

CAPÍTULO 11
EL TRABAJO DE LAS JUGADAS A BALÓN PARADO EN LAS PRIMERAS ETAPAS

I. DESARROLLO ORDENADO DE LAS JUGADAS A BALÓN PARADO

Para conseguir que el final de nuestra acción estratégica sea exitoso, es necesario que tengamos bien clarificado y bien ordenado el desarrollo que vamos a dar a la jugada a balón parado, haciéndolo de forma que, además sea compatible con criterios de simplificación, efectos de sorpresa y rapidez en su realización.

1. Repertorio de jugadas

Seguramente, no le faltarán al entrenador estrategias tanto muy elaboradas como las mas simplificadas, que precisamente, se automatizan fácilmente y suelen ser muy productivas.

Los entrenadores, en general, disponen de un repertorio de acciones a balón parado, adecuado al grupo de jugadores y a la competición en que participan.

2. Hacer nuestras jugadas a balón parado, con organización y sin dudas

Para que tengamos la capacidad de aplicar esas jugadas de forma ordenada, sin dudas, con adecuado automatismo y logrando sorprender, será siempre necesario que ese desarrollo ordenado de nuestras reanudaciones de juego a balón parado, lo trabajemos (suficientemente) en los entrenamientos.

3. Condiciones para la estrategia ofensiva

Para que una jugada a balón parado ofensiva sea exitosa, es necesario entrenar y clarificar los siguientes aspectos:

a) Clarificar: funciones de cada jugador, movimientos y simulaciones y la distribución posicional básica.

b) Designar quien será el lanzador del tiro a puerta, si es que el tiro se va a realizar directo.

c) Designar: quien pone en juego el balón o bien, quien hace el tiro a gol, en caso de que hagamos lanzamiento indirecto.

4. Movimientos que conviene hacer en las acciones a balón parado

Es necesario aplicar movimientos engañosos y simulaciones, provocando espacios libres, arrastre de marcadores, tapar salida hacia el balón de hombres desde la barrera o fuera de ella, teatralizar inteligentemente para que el contrario pierda eficacia marcadora y previsora, etc.

5. Precauciones defensivas en toda acción estratégica

Sin entrar en este apartado en pormenorizar sobre estrategia defensiva, sí es necesario recordar que es fundamental que en cualquier momento del partido, debemos tomar precauciones que faciliten el rearme defensivo de nuestro equipo, incluso en acciones de estrategia ofensiva. Como ejemplo de sorpresa negativa, puede ser que estemos ejecutando una opción ofensiva al borde del área de penalty contraria, el portero bloque nuestro saque de falta y con toda rapidez envía en largo balón a sus puntas, que nos sorprenden y marcan.

Para no ser sorprendido en las acciones siguientes a una jugada a balón parado, debemos aplicar el criterio de que a pesar de que estamos llevando a cabo una acción estratégica ofensiva, la distribución posicional que realicemos, permita el rearme inmediato de nuestra capacidad defensiva, iniciando nuestro repliegue con prontitud y recuperando rápidamente nuestras posiciones básicas sobre la acción del juego.

División del terreno en zonas.

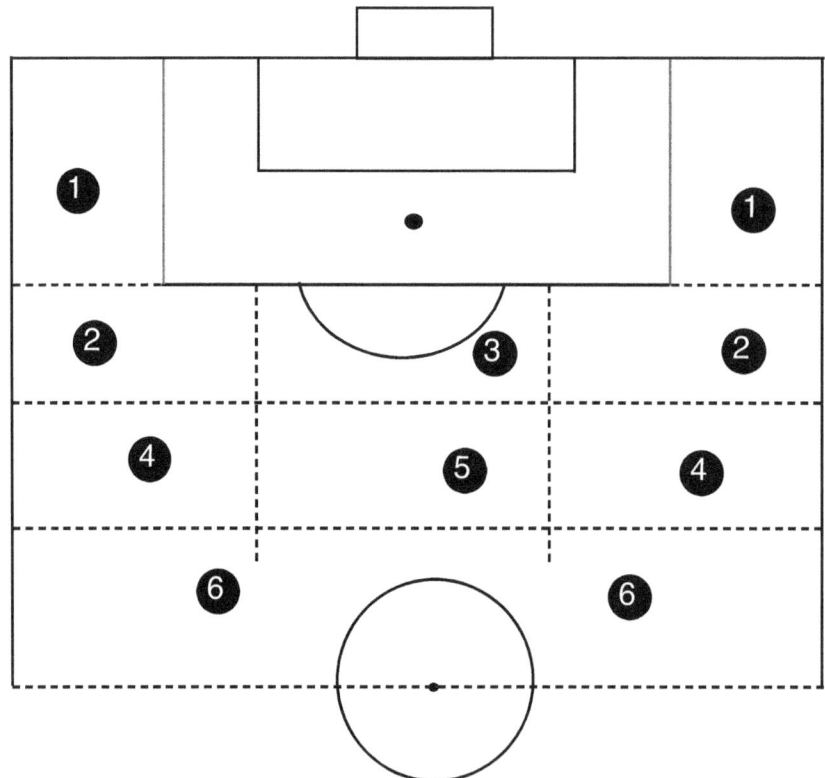

Ejercicio 1.

Nuestro equipo está realizando un saque libre directo en la zona 4 derecha. En esta jugada están directamente implicados cuatro de nuestro jugadores (2, 8, 9 y 10), incluido el que hace el saque. La jugada de estrategia ha terminado con blocaje del portero contrario, que se dispone a iniciar contraataque. En esta situación estamos obligados a un rápido y ordenado repliegue. Nuestro equipo utiliza el sistema 1-3-2-1. Representa la posición en que crees que deben quedar los jugadores, después del repliegue colectivo.

Propuesta para Ejercicio 1.

Una de las posiciones en que pudiera quedar nuestro equipo después de haber realizado el saque libre a nuestro favor y el oportuno repliegue colectivo. Se practica sistema 1-3-2-1.

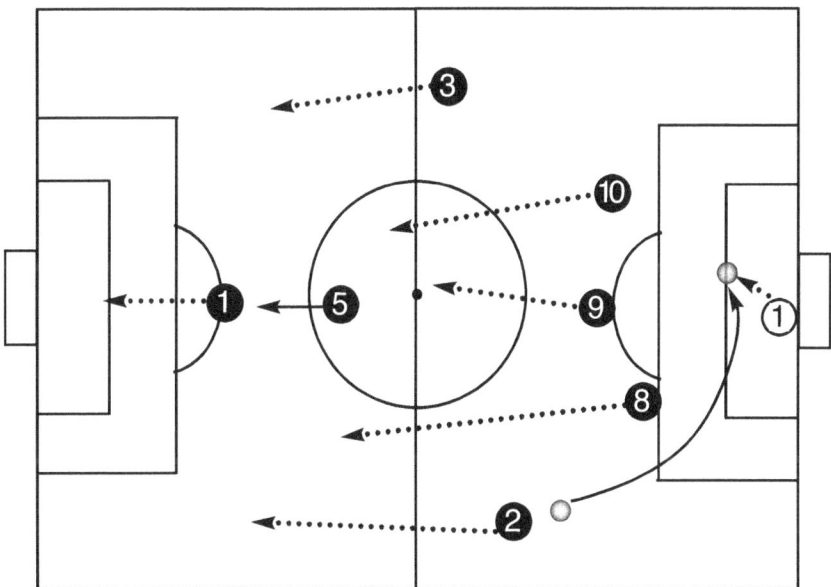

6. La barrera clásica como medio defensivo a considerar

La barrera clásica se forma con un solo núcleo de jugadores y cubre posibles trayectorias desde el rebase del primer palo hacia el centro de la portería. El portero se coloca en la zona de trayectoria no cubierta por la barrera, es decir, próximo al segundo palo. Lógicamente, las posiciones de portero y barrera variarán sincronizadamente, según la posición del balón.

Una barrera correctamente colocada, favorece al portero en lo siguiente:
 a) Es difícil batir al portero en tiro próximo a su posición (a su palo).
 b) La barrera dificulta altamente al adversario los lanzamientos al otro palo, que él cubre a mayor distancia.
 c) El intento de salvar una barrera bien colocada, mediante tiro directo sin toque previo de compañero, exige una especialización técnica de alto nivel

Ejercicio 2.

Saque libre directo en zona 2 derecha, a favor del equipo adversario.
En la acción defensiva directa, del equipo defensor, participan el portero y sus 6 compañeros. Coloca adecuadamente una barrera. Posiciona al portero, los jugadores que formarán la barrera y sitúa en defensa y marcaje a los restantes. El equipo adversario participa en la acción directa de la jugada con los cinco jugadores (5, 7, 9, 10 y 11).

Representa la jugada.

Propuesta para Ejercicio 2.

Saque de libre directo en zona 2 derecha, a favor del equipo adversario.

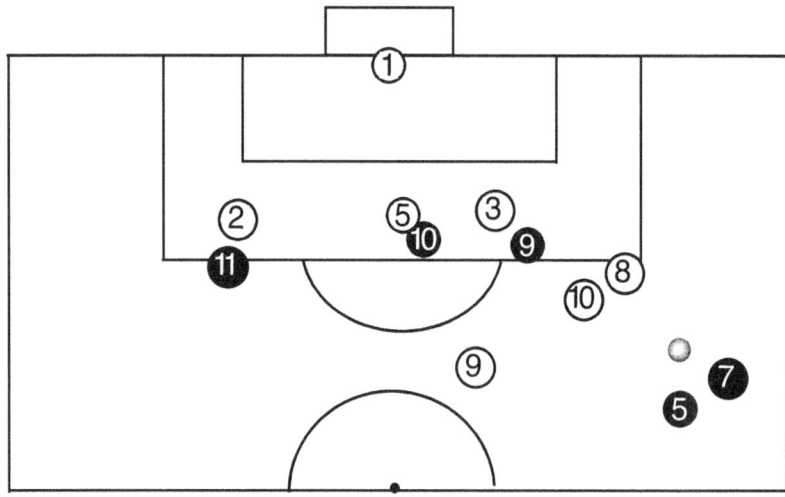

7. Acciones que se pueden aplicar para salvar la barrera en saques libres

La barrera se puede salvar mediante:

a) Tiro directo salvando la barrera, en cuyo caso el portero que estará a distancia, tendrá muchas dificultades para llegar a tiempo de detener el balón. (Ejecución técnica de alta dificultad, que exige especialización).

b) Tiro, previo pase lateral que rebase la barrera.

Ejercicio 3.

El árbitro sanciona a nuestro equipo con un libre directo, en la zona 3 frontal.

En el gráfico siguiente, dibuja una barrera correctamente colocada, y sitúa al portero y a los jugadores que necesites para la acción defensiva, según tus criterios. Representa la jugada ofensiva, con pase que rebase lateralmente la barrera y tiro posterior, indicando con flechas todos los movimientos de jugadores y balón.

Propuesta para ejercicio 3.

El árbitro sanciona a nuestro equipo con un libre directo, en la zona 3 frontal.

3 y 6 cerca del balón para hacer el saque. 3 simula saque directo a gol, pero cede en corto (solo para rebasar la barrera) para que 6 haga tiro directo a zona alejada del portero

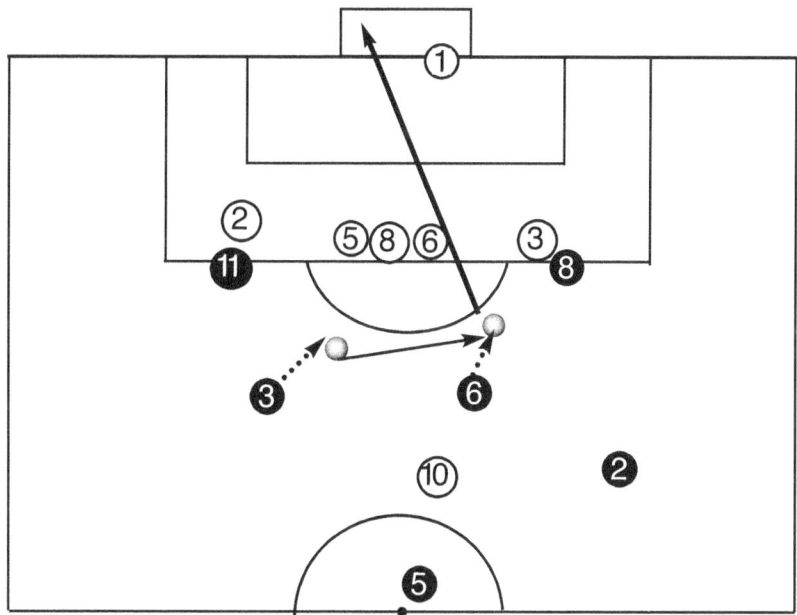

II. EJEMPLOS PRÁCTICOS DE JUGADAS A BALÓN PARADO

1. Saques libres

Ejercicio 4.

Saque libre a favor de nuestro equipo en la zona 1 derecha cercana al corner.

Los jugadores contrarios marcan a los nuestros en la posición que aparecen en el campo. Nuestro 7, simula saque, pero lo realiza 11, con trayectoria favorable a remate de nuestro central 5.

En el gráfico siguiente, y aplicando la estrategia ofensiva que creas más favorable, representa la jugada completa, indicando con flechas todos los movimientos de jugadores y balón.

Propuesta para ejercicio 4.

Saque libre a favor de nuestro equipo en la zona 1 derecha cercana al corner. 9 simula opción de pase y se acerca al saque. 7 se desmarca al lateral del área, pidiendo el pase. 11 realiza el saque al frontal del área pequeña, donde remata 5 que ha ganado la posición a su marcador.

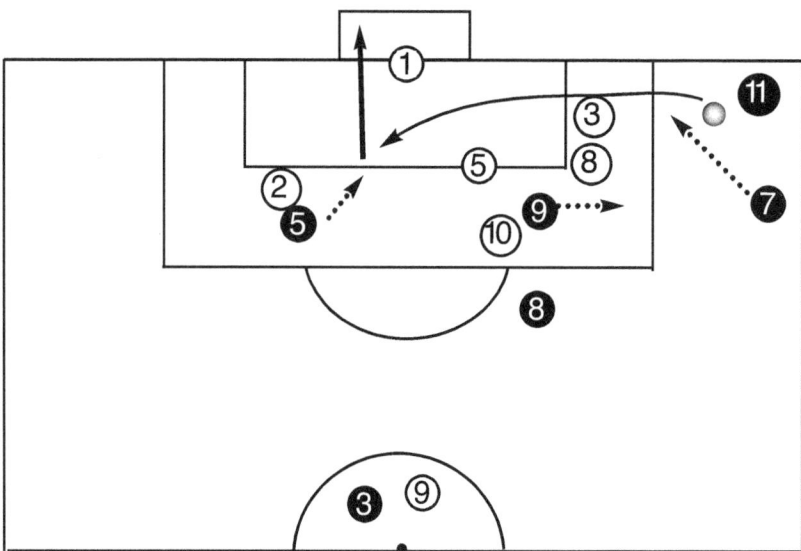

Ejercicio 5.

Saque libre a favor de nuestro equipo, en zona 4 izquierda.

Los jugadores contrarios marcan a los nuestros en la posición que aparecen en el campo.

En el gráfico siguiente, y aplicando la estrategia ofensiva que creas más favorable, representa la jugada completa, indicando con flechas todos los movimientos de jugadores y balón.

Propuesta para ejercicio 5.

Saque libre a favor de nuestro equipo, en zona 4 izquierda.

11, 6 y 8 situados para el saque, 11 se desmarca en profundidad 6 corre hacia el balón simulando saque a 11, pero saca en largo. 9 y 7 hacen movimientos de arrastre de sus marcadores, para favorecer el saque largo de 6 a la posición de 5, que viene desde atrás y hace tiro directo.

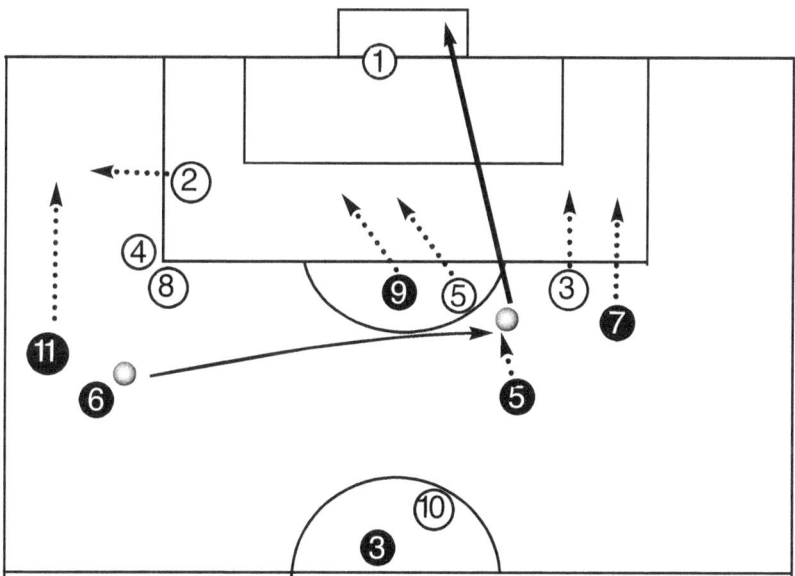

Ejercicio 6.

Saque libre a favor de nuestro equipo, en zona 4 derecha.

Los jugadores contrarios marcan a los nuestros en la posición que aparecen en el campo.

En el gráfico siguiente, y aplicando la estrategia ofensiva que creas más favorable, representa la jugada completa, indicando con flechas todos los movimientos de jugadores y balón.

Propuesta para ejercicio 6.

Saque libre a favor de nuestro equipo, en zona 4 derecha.

7 simula saque directo a portería pero hace el saque en profundidad a favor de 8 que estaba delante de la barrera y se desmarca para centrar con rapidez al frontal del área pequeña, donde 6, que viene desde atrás, remata a puerta. 10 y 11, hacen movimientos que favorecen la creación de espacio libre.

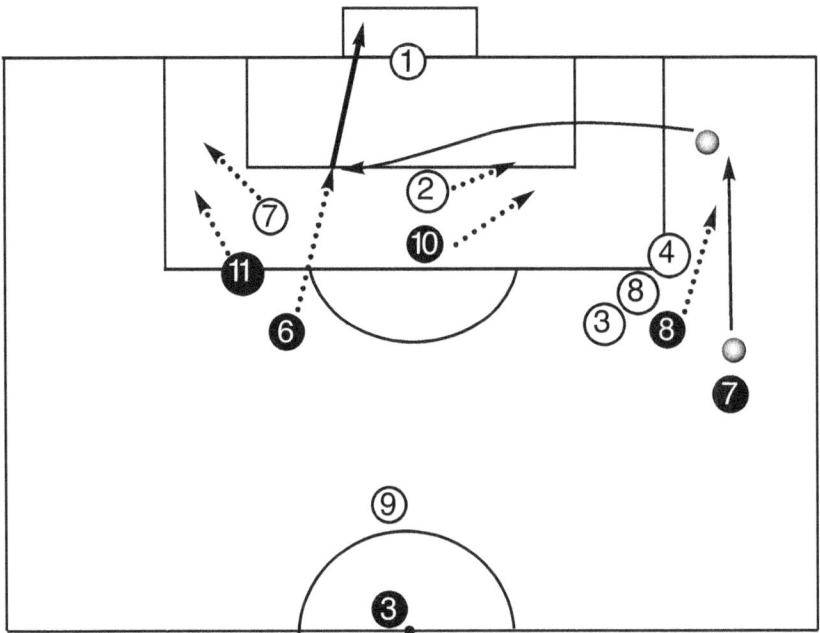

Ejercicio 7

Saque libre a favor de nuestro equipo, en zona 4 izquierda.

Los jugadores contrarios marcan a los nuestros en la posición que aparecen en el campo.

En el gráfico siguiente, y aplicando la estrategia ofensiva que creas más favorable, representa la jugada completa, indicando con flechas todos los movimientos de jugadores y balón.

Propuesta para ejercicio 7.

Saque libre a favor de nuestro equipo, en zona 4 izquierda.

6 y 3 situados para el saque. 3 saca en corto sobre 6 que pasa con rapidez al desmarque que hace 11 por detrás de la barrera, para que haga tiro a puerta. 10 y 9, hacen movimientos que favorecen la creación de espacio libre y la evitación de fuera de juego en nuestra estrategia.

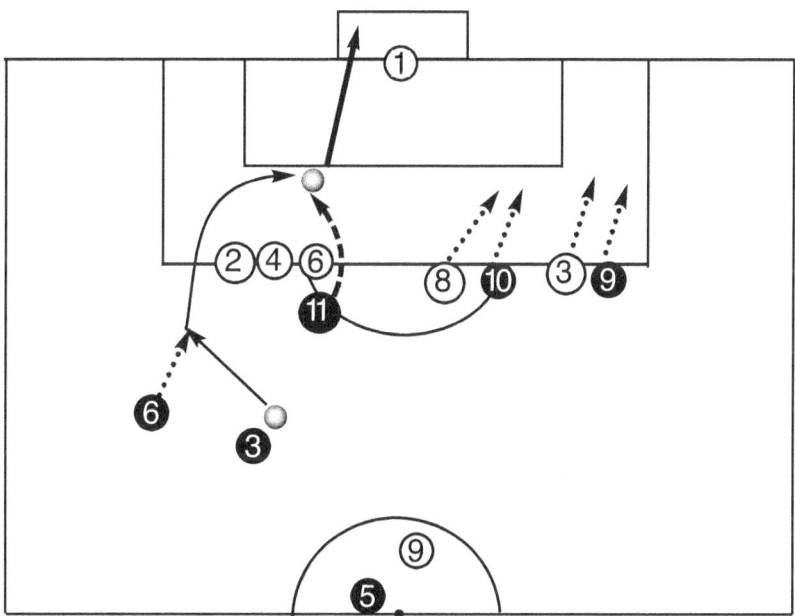

Ejercicio 8.

Saque libre a favor de nuestro equipo, en zona 4 derecha.

Los jugadores contrarios marcan a los nuestros en la posición que aparecen en el campo.

En el gráfico siguiente, y aplicando la estrategia ofensiva que creas más favorable, representa la jugada completa, indicando con flechas todos los movimientos de jugadores y balón.

Propuesta para ejercicio 8.

Saque libre a favor de nuestro equipo, en zona 4 derecha.

5 y 6 en situación de saque. 5 se dirige a tapar al último jugador de la derecha de la barrera. 6 hace el saque en profundidad, rebasando la barrera, donde llega 7 que se desmarcó por detrás de la barrera y que centra con rapidez para que remate 11 que llega desde atrás. 10 hacen movimientos favorecedores de espacio libre en la zona de remate

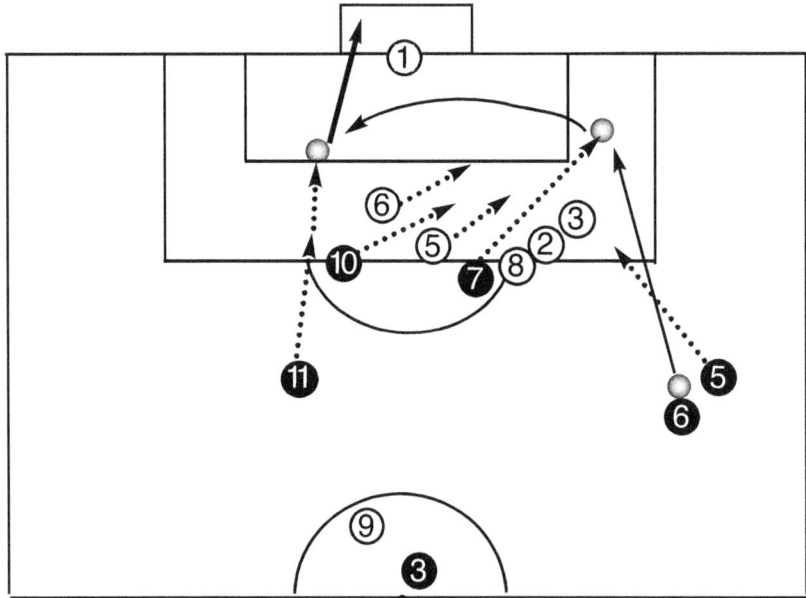

Ejercicio 9.

Saque libre a favor de nuestro equipo, en zona 4 izquierda.

Los jugadores contrarios marcan a los nuestros en la posición que aparecen en el campo.

En el gráfico siguiente, y aplicando la estrategia ofensiva que creas más favorable, representa la jugada completa, indicando con flechas todos los movimientos de jugadores y balón.

Propuesta para ejercicio 9.

Saque libre a favor de nuestro equipo, en zona 4 izquierda.

6 y 10 situados para el saque. 10 simula petición de pase, pero sigue a tapar al último jugador de la barrera. 6 saca rápido sobre la posición adelantada de 5, que conduce brevemente y tira a puerta. 9 y 7, realizan movimientos favorecedores de la creación de espacio libre.

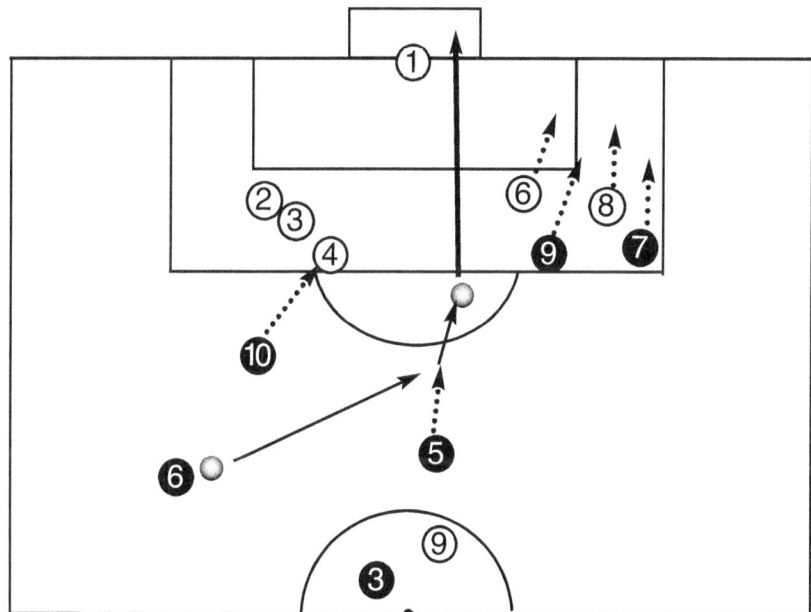

Ejercicio 10.

Saque libre a favor de nuestro equipo, en zona 5 frontal alejado.
Los jugadores contrarios marcan a los nuestros en la posición que aparecen en el campo.

En el gráfico siguiente, y aplicando la estrategia ofensiva que creas más favorable, representa la jugada completa, indicando con flechas todos los movimientos de jugadores y balón.

Propuesta para ejercicio 10.

Saque libre a favor de nuestro equipo, en zona 5 frontal alejado.
5 situado para el saque. 9 simula petición de pase pero corre a tapar al primer jugador de la barrera. 5 hace el saque a la posición adelantada de 8, que hace control orientado y tira a puerta. 11 y 10 hacen movimientos favorecedores de nuestra acción estratégica, arrastran a sus marcadores y quedan situados para posible rechazo del portero

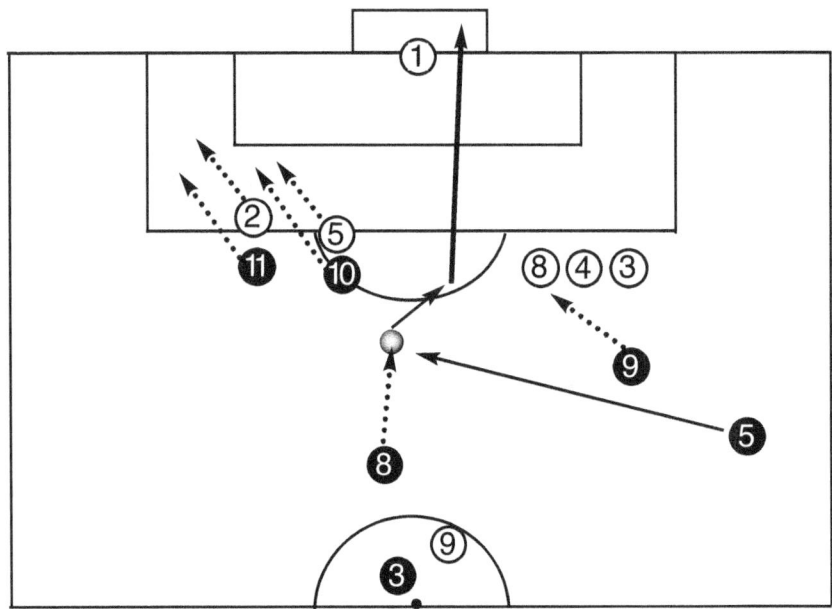

Ejercicio 11.

Saque libre a favor de nuestro equipo, en zona 5 frontal alejado.

Los jugadores contrarios marcan a los nuestros en la posición que aparecen en el campo.

En el gráfico siguiente, y aplicando la estrategia ofensiva que creas más favorable, representa la jugada completa, indicando con flechas todos los movimientos de jugadores y balón.

Propuesta para ejercicio 11.

Saque libre a favor de nuestro equipo, en zona 5 frontal alejado.

5 preparado para el saque. 9 corre hacia el saque pero gira hacia el frontal del área. 5 hace el saque con rapidez a la posición adelantada de 11, que previo control orientado, centra a la posición que ha ganado 7 por la derecha, que remata a gol. 10 y 8 hacen movimientos de arrastre de sus marcadores para facilitar el remate de 7.

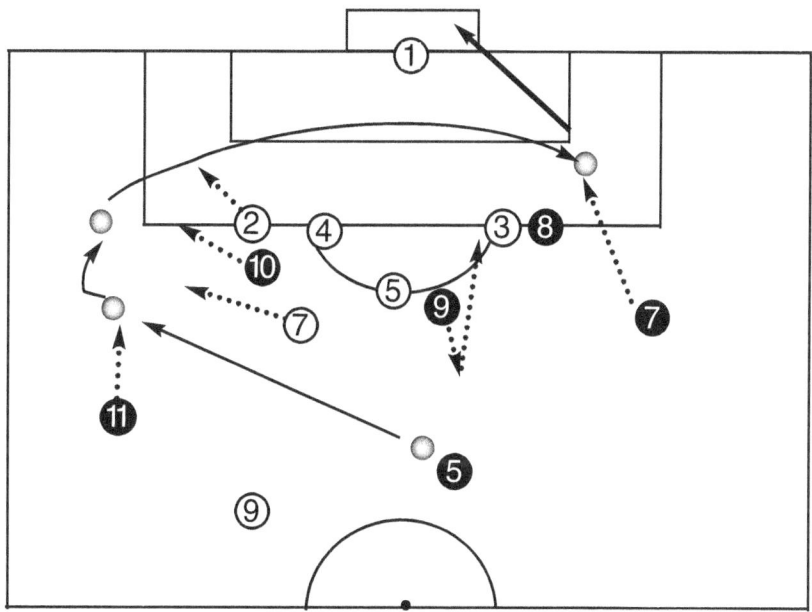

Ejercicio 12.

Saque libre a favor de nuestro equipo, en zona 5 centro de frontal alejado.

Los jugadores contrarios marcan a los nuestros en la posición que aparecen en el campo.

En el gráfico siguiente, y aplicando la estrategia ofensiva que creas más favorable, representa la jugada completa, indicando con flechas todos los movimientos de jugadores y balón.

Propuesta para ejercicio 12.

Saque libre a favor de nuestro equipo, en zona 5 centro de frontal alejado.

6 situado para el saque. 8 corre hacia el frente pidiendo el pase. 6 hace con rapidez el saque hacia la posición adelantada de 2, que pasa al primer toque en profundidad a la posición ventajosa de 7, que hace centro al frontal del área pequeña, donde remata 11 que llega desde atrás. 6 hace el saque y se mete entre los centrales contrarios. 10 y 8 favorecen la creación de espacio y la fijación de sus marcadores.

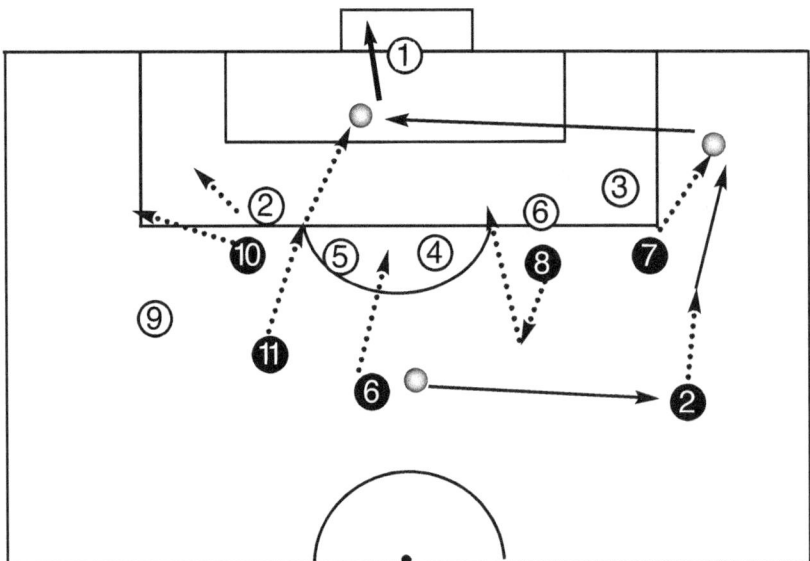

Ejercicio 13.

Saque libre a favor de nuestro equipo, en zona 7 frontal derecho en interior del área de penalty.

Los jugadores contrarios marcan a los nuestros en la posición que aparecen en el campo.

En el gráfico siguiente, y aplicando la estrategia ofensiva que creas más favorable, representa la jugada completa, indicando con flechas todos los movimientos de jugadores y balón.

Propuesta para ejercicio 13.

Saque libre a favor de nuestro equipo, en zona 7 frontal derecho en interior del área de penalty.

8 y 7 situados para hacer el saque. 8 simula saque en corto sobre 7, pero se dirige a tapar al primer jugador del lado izquierdo de la barrera. 7 saca con rapidez sobre la zona ganada por 6 que tira a puerta. 10 y 9, hacen movimientos de colaboración y quedan en zonas de rechazo.

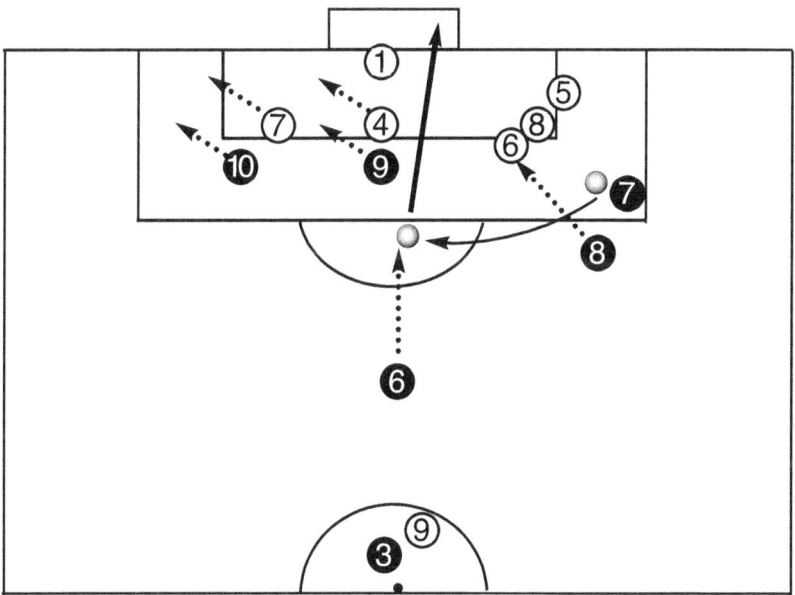

Ejercicio 14.

Saque libre directo a favor de nuestro equipo, en zona 3 frontal. Ejecutamos el saque mediante golpeo directo a puerta.

Los jugadores contrarios marcan a los nuestros en la posición que aparecen en el campo.

En el gráfico siguiente, y aplicando la estrategia ofensiva que creas más favorable, representa la jugada completa, indicando con flechas todos los movimientos de jugadores y balón.

Propuesta para ejercicio 14.

Saque libre directo a favor de nuestro equipo, en zona 3 frontal. Ejecutamos el saque mediante golpeo directo a puerta.

11 simula saque con pierna izquierda, directamente a puerta y por encima de la barrera, pero corre hacia la izquierda simulando opción de pase, para que 7, haga el saque con pierna derecha, por encima de la barrera y al palo contrario al del portero.

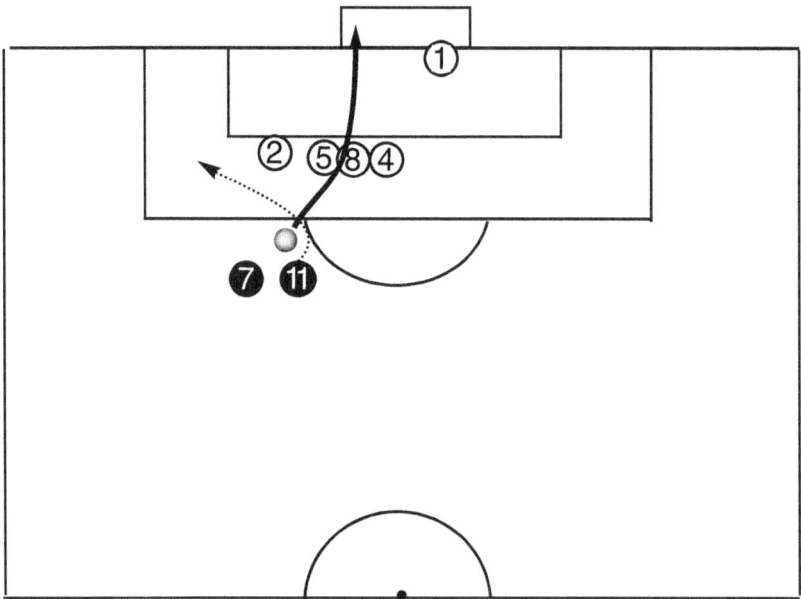

Ejercicio 15.

Saque libre directo a favor de nuestro equipo, en zona frontal. Ejecutamos el saque mediante golpeo directo a puerta.

Los jugadores contrarios marcan a los nuestros en la posición que aparecen en el campo.

En el gráfico siguiente, y aplicando la estrategia ofensiva que creas más favorable, representa la jugada completa, indicando con flechas todos los movimientos de jugadores y balón.

Propuesta para ejercicio 15.

Saque libre directo a favor de nuestro equipo, en zona frontal izquierda del área de penalty. Ejecutamos el saque mediante golpeo directo a puerta.

7 simula saque con pierna derecha y por encima de la barrera, pero corre hacia la derecha de la barrera simulando opción de pase en corto, para que 11 haga el saque con pierna izquierda, por encima de la barrera y al lado contrario del portero.

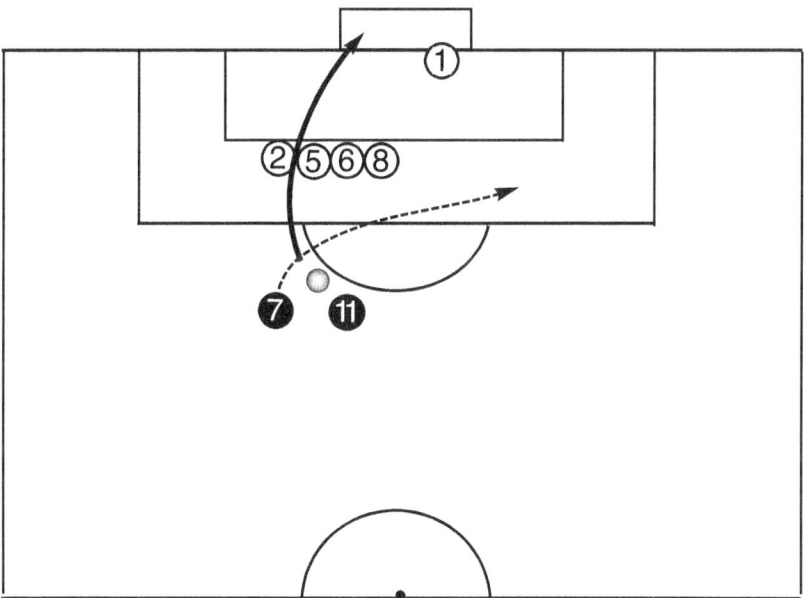

Ejercicio 16.

Saque libre indirecto a favor de nuestro equipo, en zona 7 frontal izquierdo en interior del área de penalty.

Los jugadores contrarios marcan a los nuestros en la posición que aparecen en el campo.

En el gráfico siguiente, y aplicando la estrategia ofensiva que creas más favorable, representa la jugada completa, indicando con flechas todos los movimientos de jugadores y balón.

Propuesta para ejercicio 16.

Saque libre indirecto a favor de nuestro equipo, en zona 7 frontal izquierdo en interior del área de penalty.

10 y 11 situados para hacer el saque. 10 simula centro en largo, pero se sitúa en profundidad ofreciendo opción de pase. 11 saca con rapidez a la posición adelantada de 5 que tira a puerta. 9 y 7 hacen movimientos de colaboración. 3 fija a su marcador.

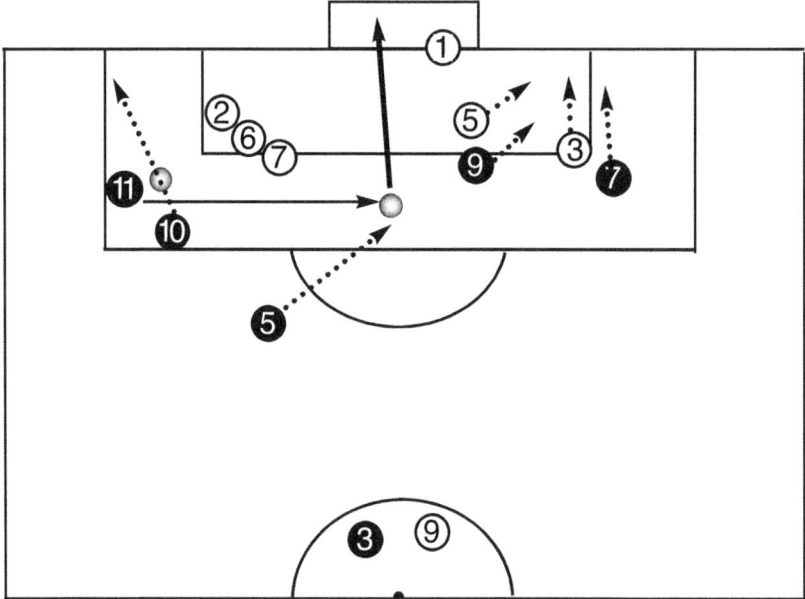

2. Saques de banda

Ejercicio 17.

Saque de banda a favor de nuestro equipo, en zona 1 izquierda.
Los jugadores contrarios marcan a los nuestros en la posición que aparecen en el campo.
En el gráfico siguiente, y aplicando la estrategia ofensiva que creas más favorable, representa la jugada completa, indicando con flechas todos los movimientos de jugadores y balón.

Propuesta para ejercicio 17.

Saque de banda a favor de nuestro equipo, en zona 1 izquierda.
6 en situación de saque. 11 se acerca a banda arrastrando a su marcador. 6 hace el saque sobre 9 que se ha acercado a la jugada para ceder a 5 que llega desde atrás y remata a puerta.

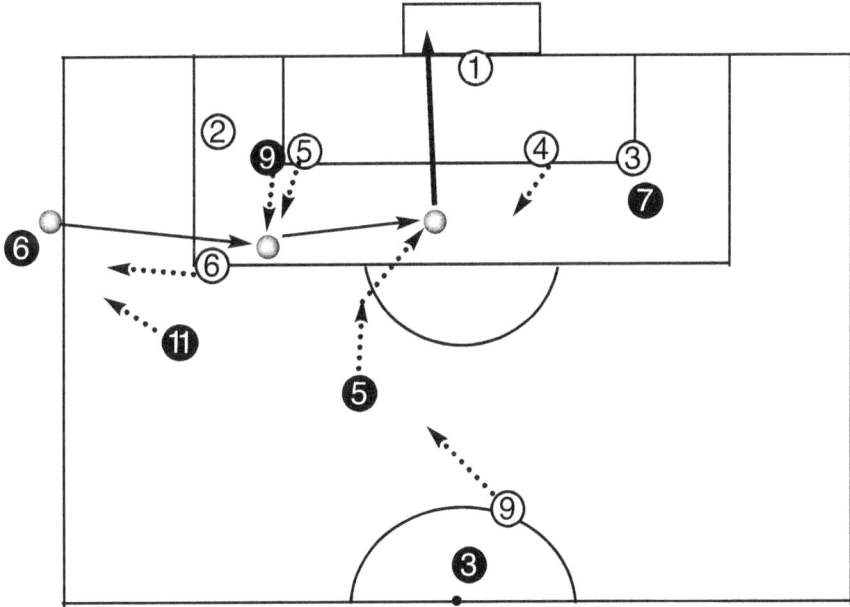

Ejercicio 18.

Saque de banda a favor de nuestro equipo, en zona 2 derecha.

Los jugadores contrarios marcan a los nuestros en la posición que aparecen en el campo.

En el gráfico siguiente, y aplicando la estrategia ofensiva que creas más favorable, representa la jugada completa, indicando con flechas todos los movimientos de jugadores y balón.

Propuesta para ejercicio 18.

Saque de banda a favor de nuestro equipo, en zona 2 derecha.

2 situado para hacer el saque de banda. 7 se acerca hacia el saque pero se revuelve y se desmarca al fondo de la posición derecha. 8 acude al saque que le hace 2 y pasa a su compañero 7. Este hace centro al frontal del área pequeña para que remate a puerta 6 que se incorpora desde atrás. 11 y 9 hacen movimientos de colaboración

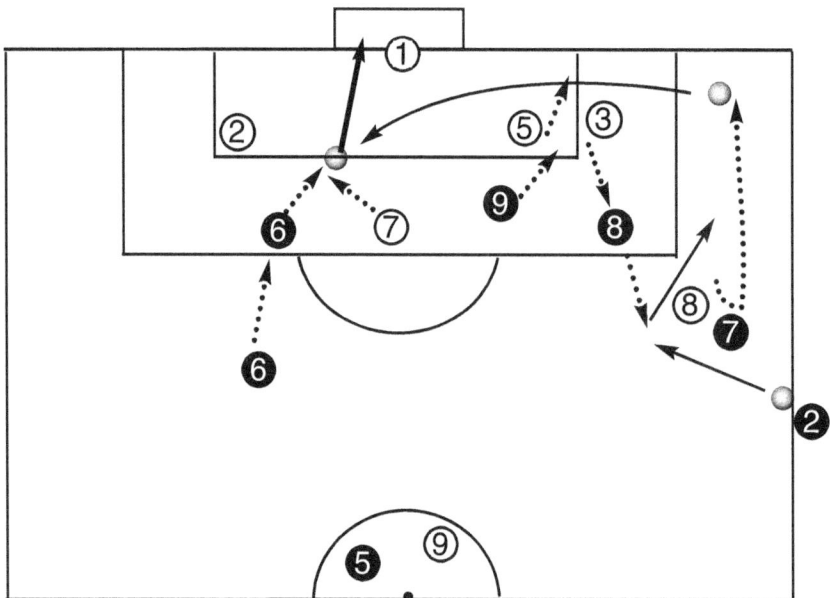

Ejercicio 19.

Saque de banda a favor de nuestro equipo, en zona 2 derecha.

Los jugadores contrarios marcan a los nuestros en la posición que aparecen en el campo.

En el gráfico siguiente, y aplicando la estrategia ofensiva que creas más favorable, representa la jugada completa, indicando con flechas todos los movimientos de jugadores y balón.

Propuesta para ejercicio 19.

Saque de banda a favor de nuestro equipo, en zona 2 derecha.

4 situado para hacer el saque de banda. 7 se acerca al saque y 6 se acerca frontalmente al saque. Todos arrastran a sus marcadores produciendo un espacio libre que aprovecha 4 para hacer el saque sobre 8 que hace control orientado hacia el frontal del área y tira a puerta. El resto colabora desde sus posiciones.

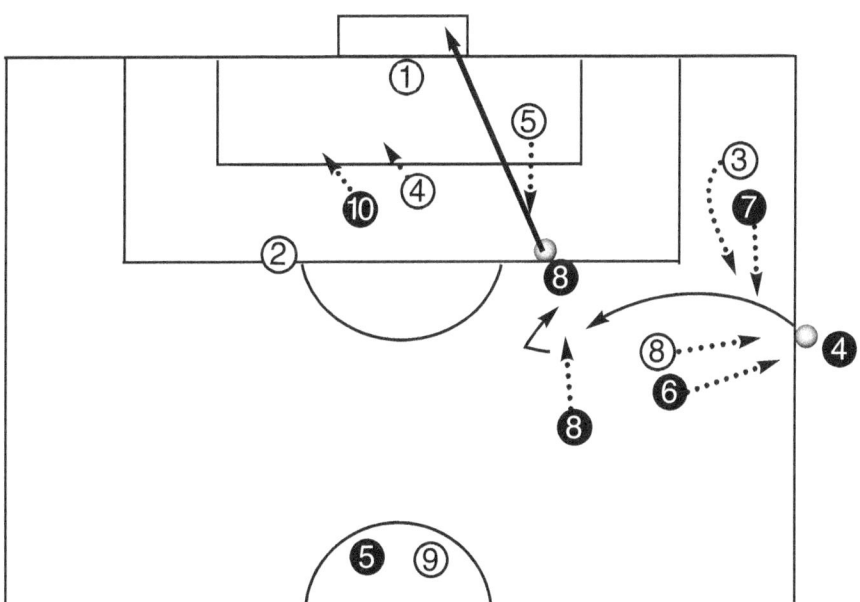

3. Saques de esquina

Ejercicio 20.

Saque de esquina a favor de nuestro equipo, en zona 1 izquierda. Se saca sobre el primer poste.

Los jugadores contrarios marcan a los nuestros en la posición que aparecen en el campo.

En el gráfico siguiente, y aplicando la estrategia ofensiva que creas más favorable, representa la jugada completa, indicando con flechas todos los movimientos de jugadores y balón.

Propuesta para ejercicio 20.

Saque de esquina a favor de nuestro equipo, en zona 1 izquierda. Se saca sobre el primer poste.

11 situado para hacer saque de esquina. 10 se mueve y pide saque abierto. 9 se posiciona en el centro del área de meta y 7 sobre el segundo poste. Ambos se mueven para arrastrar a sus marcadores y provocar espacio. Estos movimientos tratan de propiciar que el córner que saca 11 sobre el frontal del área pequeña, lo remate 6 que viene desde atrás.

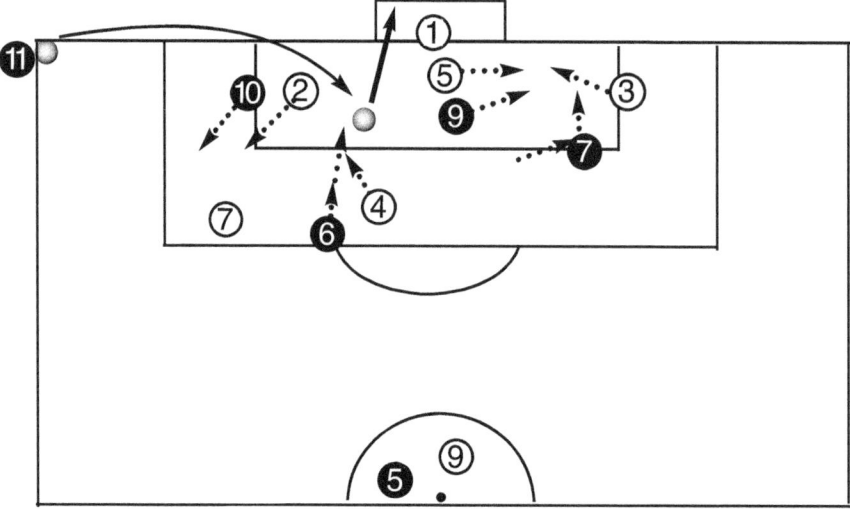

Ejercicio 21.

Saque de esquina a favor de nuestro equipo, en zona 1 derecha. Se saca sobre el primer poste.

Los jugadores contrarios marcan a los nuestros en la posición que aparecen en el campo.

En el gráfico siguiente, y aplicando la estrategia ofensiva que creas más favorable, representa la jugada completa, indicando con flechas todos los movimientos de jugadores y balón.

Propuesta para ejercicio 21.

Saque de esquina a favor de nuestro equipo, en zona 1 derecha. Se saca sobre el primer poste, costado de área de meta.

11 situado para hacer el saque de esquina. Los movimientos de 9 tienen como objetivo crear espacio libre y confusión en el bloque defensivo contrario. 5 se ofrece para saque abierto, arrastrando a su marcador, pero 11 hace el saque al ofrecimiento de 7, que prolonga hacia la zona de primer palo para que remate 8 que ha ganado la posición a su marcador.

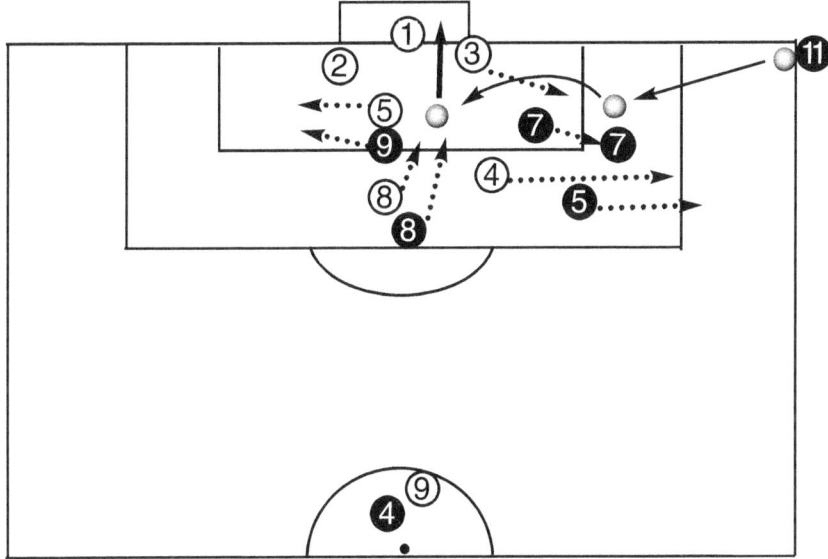

Ejercicio 22.

Saque de esquina a favor de nuestro equipo, en zona 1 izquierda. Se saca sobre el segundo poste.

Los jugadores contrarios marcan a los nuestros en la posición que aparecen en el campo.

En el gráfico siguiente, y aplicando la estrategia ofensiva que creas más favorable, representa la jugada completa, indicando con flechas todos los movimientos de jugadores y balón.

Propuesta para ejercicio 22.

Saque de esquina a favor de nuestro equipo, en zona 1 izquierda. Se saca sobre el segundo poste.

11 situado para hacer el saque de esquina. 10 se ofrece en dirección al saque. 8 y 7, hacen movimientos favorecedores de la jugada y creando espacio en el segundo poste, que es donde 11 situará el balón para que remate a puerta 5.

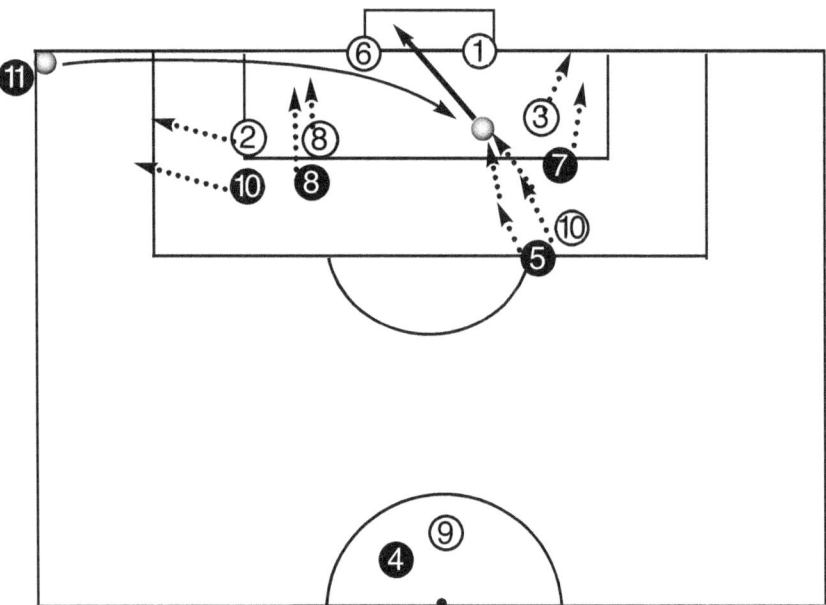

Ejercicio 23.

Saque de esquina a favor de nuestro equipo, en zona 1 derecha. Se intenta situarlo entre el punto de penalty y el frontal del área de meta.

Los jugadores contrarios marcan a los nuestros en la posición que aparecen en el campo.

En el gráfico siguiente, y aplicando la estrategia ofensiva que creas más favorable, representa la jugada completa, indicando con flechas todos los movimientos de jugadores y balón.

Propuesta para ejercicio 23.

Saque de esquina a favor de nuestro equipo, en zona 1 derecha. Se intenta situarlo entre el punto de penalty y el frontal del área de meta.

11 situado para hacer el saque. Los movimientos de 10 y 7, favorecerán la jugada. 8 se ofrece en dirección al saque de esquina, pero 11 envía el Saque sobre el frontal del área pequeña, donde rematará 6 que viene desde atrás y gana la posición a su marcador

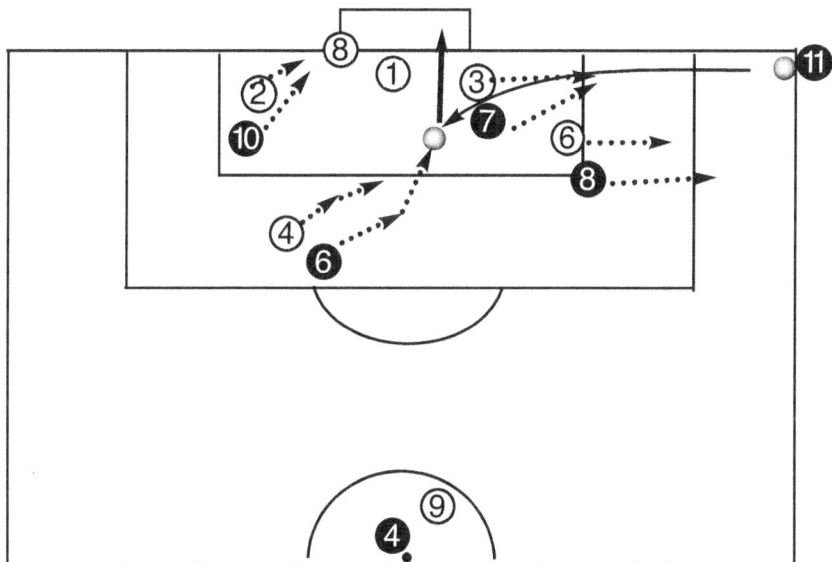

Ejercicio 24.

Saque de esquina a favor de nuestro equipo, en zona 1 izquierda. Se saca en corto para situar después en segundo poste.

Los jugadores contrarios marcan a los nuestros en la posición que aparecen en el campo.

En el gráfico siguiente, y aplicando la estrategia ofensiva que creas más favorable, representa la jugada completa, indicando con flechas todos los movimientos de jugadores y balón.

Propuesta para ejercicio 24.

Saque de esquina a favor de nuestro equipo, en zona 1 izquierda. Se saca en corto para situar después en segundo poste.

7 situado para hacer el saque de esquina. Los movimientos de 11 y 8, favorecerán la jugada. 6 se ofrece para recibir el saque, arrastrando a su marcador, pero 7 saca en corto sobre 8 que le devuelve al primer toque para que centre sobre el segundo poste, donde remata 5, que ha ganado la posición viniendo desde atrás

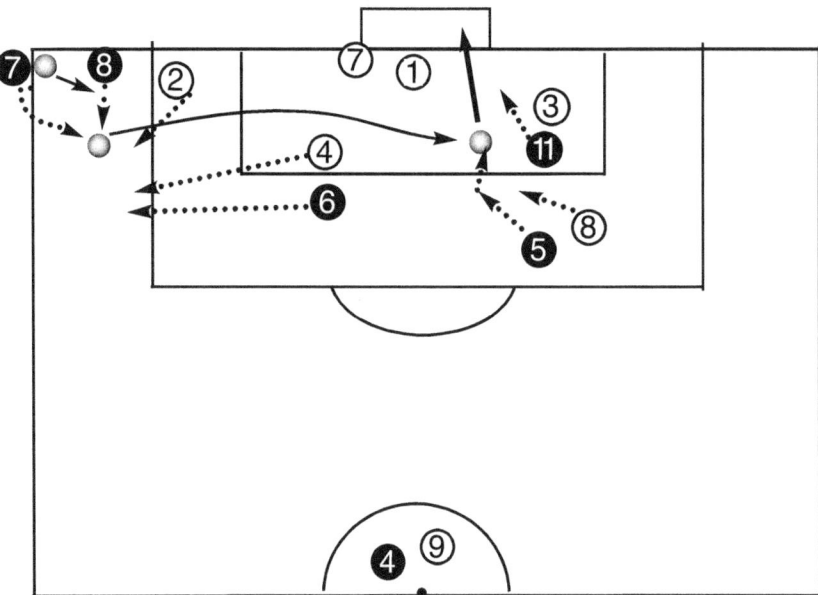

Capítulo 12
FORMACIÓN Y DESARROLLO DE LAS CAPACIDADES COORDINATIVAS

Teniendo en cuenta que por el sedentarismo dominante, los niños en edades de las escuelas de fútbol, pueden llegar con sobrepeso, con un nivel bajo en capacidades coordinativas y con dificultades para fijarse a una actividad deportiva continuada. Y es ahí donde la función social de esas escuelas debe conseguir mejorar las capacidades coordinativas y condicionales y motivar y capacitar al niño para que practique con satisfacción las actividades.

Es decir, el déficit de actividad física acumulado en el niño, lleva a que la escuela de fútbol aporte una normalización del mismo, en sintonía con los objetivos del marco educativo oficial y propiciando su continuidad como deportista activo.

1. Las capacidades coordinativas como componente de la eficacia motriz del deportista

Las capacidades condicionales se fundamentan en los procesos energéticos y las capacidades coordinativas están basadas en la capacidad para organizar el movimiento.

Según lo expuesto por diversos autores, se observa que las capacidades coordinativas han sido tratadas con diversas tendencias al establecer clasificaciones.

En éste punto, parece interesante el sentido de clarificación y simplificación en lo expuesto por Conde Caaveda, José (1.995-Pág.219):

A veces parece que queremos entender como funcionan los mecanismos internos del acto motor, mas con la intención de plasmarlos y de teorizar, que con la intención de conocer y emprender la tarea de mejorarlos.

...Coloquialmente, cuando decimos que una persona es coordinada, estamos queriendo decir, que es "hábil", que sus movimientos son armónicos, rítmicos, elásticos y elegantes, que resuelve con anticipación, que domina el entorno; y si reflexionamos brevemente sobre éstas palabras, nos damos cuenta que estamos dando cabida a otros parámetros que interaccionan con el individuo en movimiento, como son el conocimiento del propio cuerpo, el dominio del tiempo, el espacio, etc. A éstos parámetros observables por esa "elegancia" y "gracia" referidas, habría que añadir todos aquellos mecanismos neuro-musculares de complicadísimo funcionamiento hasta en los niveles elementales, que no son observables y en los que todavía hay discrepancia por parte de los investigadores en dilucidar cuales son voluntarios, cuales automáticos, cuales se pueden aprender, cuales son heredados, etc...

En el fútbol, el rendimiento está muy relacionado con la precisión y la rapidez de ejecución de los gestos técnico-tácticos puestos en aplicación para conseguir los objetivos marcados.

Lago Peñas, Carlos (2003- págs.147 y 149), al analizar la enseñanza de las capacidades coordinativas, dice lo siguiente:

...Para ser eficaz, el jugador debe ser capaz de producir rápidamente una respuesta exacta y de ejecutarla con precisión, a pesar de las condiciones de tratamiento de la información que aumentan la dificultad de la tarea (cantidad de información a tratar, presión temporal, precisión requerida para la ejecución...) (Temprado y Famose, 1989). Esta capacidad se adquiere. A diferencia de los patrones motores básicos y los automatismos, sometidos al control de la maduración del sistema nervioso, las habilidades deportivas y las de transición (soporte de las primeras) están sujetas a unas características más culturales (dependientes del aprendizaje, de la transmisión social, y de los procesos de tratamiento de la información) y específicas (relacionadas con una tarea o una clase de tareas) (Durand, 1988).

*En este sentido, el particular carácter de las habilidades motrices propuestas en el fútbol: habilidades abiertas (Poulton, 1957), de regulación externa (Singer, 1986), predominantemente perceptivas (Knapp, 1963) y continuas (Singer, 1986), implica que las capacidades coordinativas comprometidas por los deportistas en los diferentes elementos de técnica individual están determinadas en gran parte por la calidad del tratamiento de la información que realiza el jugador en cada episodio del juego (capacidades cognitivas). Desde ésta perspectiva, en el fútbol las acciones técnico-tácticas individuales representan estrategias motrices singulares, producto de la interpretación personal que cada deportista realiza de las diferentes situaciones de juego y en las que se encuentran íntimamente interrelacionados elementos de tipo **condicional** (fuerza rápida, resistencia) **coordinativo y cognitivo**.*

2. El movimiento coordinado

El movimiento coordinado se caracteriza por una interacción óptima que tenga las siguientes características:
- Intensidad adecuada de fuerza, proporcional a la amplitud y velocidad del movimiento.
- Elección de músculos que, de forma sincronizada, influirán en el movimiento.
- Capacidad de alternancia rápida entre tensión y relajación musculares.

De Gómez, Marta (Tesis doctoral, 2004), incluimos lo que expresa en relación al movimiento coordinado:

Un movimiento será tanto más coordinado, cuanto más fluido sea, mejor cumpla el objetivo fijado (eficaz) y menor sea el gasto de energía empleado para ejecutarlo (económico) y agrega lo que se indica en los tres párrafos siguientes:

• Según Meinel y Schnabel (1987) el deportista aprende tanto más rápida y efectivamente una técnica deportiva nueva, se adapta motrizmente en forma más rápida y adecuada a situaciones desacostumbradas o repentinamente cambiantes, y conduce más exactamente sus acciones motoras, cuando más desarrolladas están las cualidades coordinativas. Definen estas capacidades coordinativas o cualidades motrices como las particularidades relativamente fijadas y generalizadas del desarrollo de los procesos de conducción y regulación de la actividad motora.

• Quizá hoy en día, la clasificación de la coordinación más empleada surja en torno a esta visión sistemática, en la que las capacidades coordinativas operan de forma conjunta e interdependiente, y que nos aleja de encuadrar a la coordinación como una entidad aislada en alguna clasificación lo que limitaría su aplicación a la práctica. Por ello, la clasificación de las capacidades coordinativas que presentamos de Meinel y Schnabel (1987) nos puede ayudar a comprender las características que debe reunir un movimiento coordinado, presupuesto fundamental en el aprendizaje motor.

Entre estas capacidades destacan:
a) Capacidad de diferenciación.
b) Capacidad de acoplamiento.
c) Capacidad de reacción.
d) Capacidad de orientación.
e) Capacidad de equilibración.
f) Capacidad de cambio.
g) Capacidad de ritmización.

3. Fases sensibles para las capacidades coordinativas

Como en otros aspectos de la condición física, es conveniente concretar la posible existencia de fases sensibles que faciliten la fijación y la entrenabilidad de las capacidades coordinativas.

El marco cronológico de 7 a 12 años es el que determinados autores mantienen como mas adecuado a la formación de dichas capacidades, ya que es un periodo favorable para el aprendizaje motor y la iniciación deportiva gradual. Los niños aprenden fácilmente y tienen el desarrollo más intensivo de las capacidades coordinativas, hasta el inicio de la pubertad.

4. El trabajo de las capacidades coordinativas precede al de las capacidades condicionales y ambas, favorecen los aprendizajes deportivos

Teniendo en cuenta que las edades de los participantes en las Escuelas de Fútbol, son de alta sensibilidad para fijar y desarrollar las capacidades coordinativas, sería especialmente favorable el realizar en dichos niveles un adecuado y programado trabajo de las referidas capacidades, ya que esto será importante para favorecer el desarrollo que se alcanzará en etapas posteriores, tanto en los factores condicionales como en las destrezas y en la capacidad táctica para el juego colectivo.

Un trabajo de calidad en las Escuelas de Fútbol, es obligado en relación a la función social a cumplir hacia los participantes. Pero, además en las funciones físico-técnicas, las capacidades coordinativas, facilitarán el aprendizaje del fútbol en el niño, tanto en el presente como en el futuro.

Por ello, aceptemos la importancia de fundamentar nuestra labor con los jóvenes deportistas y dispongamos de un programa desarrollado, descendiendo hasta las sesiones que se apliquen a cada nivel, con contenidos debidamente vinculados a los objetivos, a las finalidades educativas.

Weineck, Jurgen (2005-479), al analizar la importancia de las capacidades coordinativas dice lo siguiente:

> *Las capacidades coordinativas son el fundamento de una buena capacidad de aprendizaje sensomotor, esto es, cuanto mayor es su nivel, mayor es la velocidad y eficacia con que se aprenden movimientos nuevos o difíciles.*
>
> *Korobkov (citado en Raeder, 1970)* **se refiere al entrenamiento de la habilidad como un entrenamiento de la entrenabilidad.**

Dentro de la revisión de clasificaciones de la coordinación, realizadas por diversos autores, adaptamos e incluimos la clasificación aportada por Cañizares Márquez, José María (2000-pág. 26), por su interés y por que la orienta específicamente al fútbol:

COORDINACIÓN EN FÚTBOL	
TIPO	**DESCRIPCIÓN**
Coordinación Dinámica General	Interviene para regular eficazmente todos los movimientos del jugador, cuando es necesario el ajuste y la interacción de todas las partes corporales. Está ligada a acciones que suponen un traslado del cuerpo de un lugar a otro del espacio. (Por ejemplo, carreras, saltos, cargas, etc.)
Coordinación óculo-segmentaria: • **Óculo-mano** • **Óculo-pie.** • **Otras**	Es la necesaria para manejar eficazmente y al mismo tiempo, un segmento corporal y un móvil, en nuestro caso la especificad del balón de fútbol. Los movimientos que requieren el uso específico de las extremidades superiores, inferiores, e, incluso, la cabeza, precisan de la interacción y del control de la vista.
Coordinación intergrupal	Queremos señalar con esta variante que el fútbol, como juego de conjunto que es, necesita el ajuste preciso entre todos los componentes del equipo. Con la práctica de actividades coordinativas, el futuro jugador va mejorando su motricidad básica, afinando sus gestos y segmentos a todas las posibilidades del objeto que se mueve: el balón de fútbol. También aprende a situarse en el espacio con una precisión temporal adecuada. Esto trae consigo la iniciación a la coordinación con los demás compañeros, es decir, las experiencias previas a lo que en un futuro será la coordinación colectiva. Si bien éste ámbito tiene gran importancia, como acciones de conjunto tienen su ubicación dentro de los aspectos tácticos y de juego colectivo.
• En muchas ocasiones, la coordinación dinámica general y la óculo segmentaria se trabajan al mismo tiempo, por ejemplo, en la conducción, en el despeje de puños, etc. • En las etapas de formación es necesario practicar con los futuros jugadores todo tipo de coordinaciones, con objeto de dotarlos de la mayor base motriz posible.	

• Para facilitar la aclaración en la comparación de las capacidades condicionales y las capacidades coordinativas, incluimos a continuación la Tabla Comparativa también realizada por el autor Cañizares Márquez, José María (2000-pág.19):

CAPACIDADES CONDICIONALES	CAPACIDADES COORDINATIVAS
Son los aspectos cuantitativos de la acción	Son los aspectos cualitativos de la acción.
Requieren gran consumo energético fundamentalmente	Requieren gran participación del Sistema Nervioso
Imprescindibles en el rendimiento deportivo	Imprescindibles en la primeras etapas de formación del jugador.
Podemos trabajarlas de forma autónoma	Habitualmente, no podemos trabajarlas de forma parcial: están subordinadas.
Son: Velocidad, Fuerza, Flexibilidad y Resistencia, con sus variantes.	Son coordinación y equilibrio, con sus variantes.
Determinan la condición física del jugador	Determinan la condición motriz del jugador.
Son fácilmente mensurables	Su medición plantea cierta dificultad
Su evaluación es objetiva	Su evaluación es eminentemente subjetiva
Están delimitadas por los sistemas de alimentación y de rendimiento muscular	Están delimitadas por los sistemas de dirección del Sistema Nervioso Central
Dan potencia y rapidez a la acción	Dan fluidez, precisión y armonía al movimiento
Ambos grupos conforman la Agilidad, cualidad resultante, que es fundamental para la calidad físico-técnica del jugador	

5. El equilibrio

Para definir el equilibrio y su clasificación incluimos a continuación lo expresado por Bernal Ruiz, Javier Alberto (2002- pp. 6-8):

El equilibrio es una cualidad coordinativa, un componente más, aunque de gran importancia, de los que intervienen en la coordinación motriz del ser humano. Además, es un factor influyente en el control postural tanto estático como dinámico. Algunos autores especialistas en la educación y en la actividad física, lo definieron como:

• Habilidad de mantener el cuerpo en posición erguida gracias a los movimientos compensatorios que implican la motricidad global y fina, que se da cuando el individuo está quieto o desplazándose (Rivenq Y Terrise).

• El ajuste del control del cuerpo respecto a la fuerza de la gravedad (Blázquez, D. y Ortega E.)

Mantener la proyección del centro de gravedad (Muska Moston).

Estas definiciones nos hacen pensar que existen numerosos tipos de equilibrio, y que son variadas las situaciones de la actividad física donde son requeridos (estático, movimiento, erguidos...), pero sí hay un punto común en todas, y es que el equilibrio implica necesariamente un control del cuerpo en todo momento, y, por tanto, si no disponemos de ese control nos encontraremos "desequilibrados".

De cualquier forma, el equilibrio también puede ser entendido como una recuperación constante de posiciones desequilibradas. Para comenzar a correr necesitamos romper un equilibrio estático y, desde esa posición no equilibrada, realizaríamos un gesto de equilibrio que acomodaría nuestro cuerpo al nuevo desplazamiento, produciéndose una cadena de desequilibrios y equilibrios sucesivos que conformarían la carrera o cualquier otro gesto deportivo.

En este sentido, también hay autores que diferencian entre el equilibrio entre un gesto deportivo cíclico (se repite continuamente, como la carrera) en uno puntual o acíclico (correr y frenar para hacer un giro o cambio de dirección, como en el baloncesto o en el balonmano), aunque en todos la idea que subyace es la de controlar el cuerpo adaptándose a las nuevas circunstancias de la actividad.

En la actualidad existen varias clasificaciones de equilibrio, que difieren entre sí por tomar en cuenta factores de movilidad, deportivos, eficacia de control postural, etc. De forma general podemos encontrar los siguientes tipos de equilibrio:
- Estático
- Dinámico
- En suspensión
- Post vuelo

6. La agilidad como cualidad compleja y resultante

Dentro del trabajo de selección y de formación de jóvenes futbolistas, al igual que con el resto de las capacidades, es necesario una clarificación y concreción del término agilidad y su composición. Por otra parte, se observa cierta imprecisión en el uso de dicho término.

En la valoración de factores de rendimiento es necesario hacer referencia descriptiva de la agilidad como capacidad resultante en cuanto a su aspecto conceptual y a sus componentes.

Muniesa Ferrero, Alfonso y Aguas García, Esmeralda (1994- págs. 366-368), analizan "La agilidad como capacidad resultante" y de dicho trabajo incluimos y adaptamos el siguiente resumen:

...Debemos considerar a la agilidad, si la clasificamos en base a su órgano rector, como una capacidad coordinativa (determinada en primer lugar por procesos de organización, control y regulación del movimiento) más que una capacidad condicional (determinada principalmente por los procesos energéticos).

...La agilidad podríamos definirla como una cualidad física resultante de la composición de otras muchas, que permite al individuo que la posee hacer movimientos complejos con facilidad, naturalidad, velocidad y amplitud, así como adaptarse a nuevos requerimiento motores de difícil ejecución con gran rapidez.

La agilidad ve combinadas en sí, muchas capacidades:
- Velocidad
- Flexibilidad
- Coordinación
- Equilibrio

Una mejora de las referidas capacidades, por separado, supondría una mejora de la agilidad, pero debemos hacernos un planteamiento más sofisticado.

Desde los 8 a los 13 años se produce una mejora general de la agilidad, siendo importante este periodo para el trabajo de la agilidad. Entre los 14 y los 19 años se producen grandes cambios físicos en el organismo humano, que hace perder o equilibrarse la coordinación, a la vez que aumenta mucho la fuerza y con ella la velocidad, importante en la agilidad. Estos cambios hacen que el trabajo que se realice deba adaptarse al nuevo estado del cuerpo.

Cañizares Márquez, José María (1997, 66-67) refiriéndose a la agilidad dice:

...La agilidad está encuadrada como una capacidad mixta, producto resultante de integrar algunas coordinativas o motrices y otras condicionales o básicas.

Tras esto, deseamos matizar, para una mejor comprensión, los siguientes puntos:
   a) "Compleja" indica que es una combinación de otras mas primarias, simples o "Básicas". Estas quieren expresar la independencia que tienen unas de otras, al contrario que ocurre con las "Motrices", cuya principal característica es que dependen unas de otras y que están muy reguladas por el sistema nervioso.
   b) Todas las cualidades señaladas implican numerosas variantes y matices.
   c) La coordinación, entendemos, lleva implícita a los aspectos perceptivos: somáticos o esquema corporal, espacio y tiempo.
   d) Deliberadamente no incluimos la resistencia porque el concepto de agilidad implica un esfuerzo corto y explosivo, pero si este requiere muchas repeticiones o mantenerlo cierto tiempo, la resistencia, en sus diversas acepciones, estará presente.

Una vez expresado esto, tenemos que indicar que unas acciones del juego requieren más de una cualidad que de otra. Por ejemplo, una conducción con regate, necesita menos potencia que un "plongeon" del portero. Por contra, aquel obliga más a la velocidad de desplazamiento con balón.

Deduciremos, por tanto, que las acciones motrices ágiles son aquellas que además de bien hechas o diestras, son rápidas...

Con relación a los **Tipos de agilidad**, el citado autor Cañizares Márquez (1997), dice que el jugador de fútbol necesita dos de las manifestaciones que tiene la agilidad: Suelo y Espacio.

> **Suelo**: Aúna todas las acciones que tiene lugar sobre la superficie de juego, sin balón: carreras adelante, atrás, en línea recta y curva, fintas, reversos, giros, etc. y las propias con balón: conducciones, regates, tiros, pases, etc.
>
> **Espacio**: Incluye a todos los saltos, especialmente los que habitualmente realizan los porteros, aunque sin olvidar los saltos para rematar de cabeza, chilenas, etc. que son acciones propias de los jugadores de campo.

Con lo expuesto hasta aquí sobre la agilidad y siguiendo la idea general de la obra, se ha pretendido aportar consideraciones que puedan ser útiles en un trabajo de selección y formación de jóvenes futbolistas, pero evitando un análisis detenido de las capacidades condicionales y coordinativas, que debe quedar para otras obras mas específicas sobre dichas materias.

Capítulo 13
FORMACIÓN Y DESARROLLO DE LAS CAPACIDADES CONDICIONALES: BREVE SÍNTESIS APLICABLE EN LAS ESCUELAS DE FÚTBOL.

Las capacidades condicionales fuerza, resistencia, velocidad y flexibilidad, tienen máxima influencia en el rendimiento deportivo, y por tanto, máximo interés en la iniciación y formación de jóvenes futbolistas.

Nuestro objetivo en el presente Capítulo, es referirnos a estas capacidades, de una forma simplificada, tratándolas como datos de fundamentación a tener en cuenta cuando se esté formando a los referidos jóvenes futbolistas y sin entrar en otros análisis que pudieran referirse a principios y formas de entrenamiento.

1. Influencia de la fuerza en el rendimiento deportivo

González Badillo, Juan José y Gorostiaga Ayestarán, Esteban (2.002-21), al analizar el papel de la fuerza en el rendimiento deportivo, dicen:

> ...La fuerza juega un papel decisivo en la buena ejecución técnica. En muchos casos el fallo técnico no se produce por falta de coordinación o habilidad del sujeto, sino por falta de fuerza en los grupos musculares que intervienen en una fase concreta del movimiento.
>
> La mejora de la fuerza es un factor importante en todas las actividades deportivas y, en algunos casos, determinante. Nunca puede ser perjudicial para el deportista, si se desarrolla de una manera correcta. Sólo un trabajo mal orientado, en el que se busque la fuerza por si misma, sin tener en cuenta las características del deporte, puede influir negativamente en el rendimiento específico.

Nos parece de interés que cuando se esté valorando a un joven futbolista en cuanto a la fuerza como capacidad condicional, se tengan presente aspectos que nos sitúen correctamente en el desarrollo muscular de los jóvenes. A modo de datos fundamentadores, incluimos un resumen de lo analizado al respecto por Manno, Renato (1999. pp. 79, 87, 88 y 89):

> ***Fuerza muscular y evolución de la psicomotricidad (79)***
>
> ...Un niño veloz de 6 años, también es resistente y fuerte, mientras que a los 14 años, si es veloz es menos resistente y, generalmente, no sobresale en cuanto a la fuerza máxima. La fuerza también responde a este proceso, por lo que si inicialmente la fuerza máxima influye tanto en la fuerza rápida como en la resistente, al crecer la edad, es muy difícil que los que son muy resistentes sean muy rápidos, etc. ...

Fuerza y resistencia (87)

La resistencia es una capacidad importantísima ya en las edades más precoces: su desarrollo es paralelo al de la fuerza. Aunque no es cuestión de entrenar a un lanzador como a un mediofondista, es necesario cuidar de manera global de la capacidad de resistir al esfuerzo lento y prolongado y la de desarrollar un gran volumen de trabajo, incluso específico.

Fuerza y coordinación (88)

Si la resistencia puede tener una influencia global sobre las capacidades de trabajo y sobre el nivel de salud, la coordinación tiene una gran influencia sobre el aprendizaje de la técnica, en especial sobre la velocidad de aprendizaje, sobre la precisión y sobre la corrección de los errores.

Fuerza y flexibilidad (88)

Estas dos capacidades están consideradas como opuestas entre sí e incluso algunos datos del desarrollo parecen confirmarlo: a menudo, al crecer la fuerza, disminuye la flexibilidad, y en la mujer, esta última capacidad parece mayor que en los hombres, más fuertes....

Fuerza y técnica (89)

La técnica está influida por la fuerza sobre todo en la fase inicial del aprendizaje. Sin fuerza no se pueden llevar a cabo mejoras claves de la técnica, que requieren tensiones musculares elevadas o tensiones que se deben mantener durante cierto tiempo; es decir, muchas técnicas se deben realizar con una adecuada reserva de fuerzas, si no, tanto el ritmo de ejecución como los parámetros espaciales, se alteran (Verkoshanskij, 1988). Además, el cansancio aparecería rápidamente y comprometería el número de repeticiones adecuadas para automatizar el movimiento.

No siendo objetivo de esta obra el entrar en definiciones de cada una de las capacidades condicionales, ni en una pormenorización de los factores determinantes, métodos de entrenamiento, etc., sí nos vamos a referir a:
- Factores que condicionan el desarrollo de la fuerza.
- Manifestación de la fuerza en la actividad deportiva.

Para aportar datos sobre estos dos aspectos, incluimos varios párrafos y cuadros de los autores Forteza de la Rosa, Armando y Ramírez Farto, Emerson, en su trabajo *Teoría, Metodología y Planificación del Entrenamiento Deportivo* (2005-pág. 91):

1.1. Factores condicionantes de la fuerza.

Zatciorski (1970) dice que los músculos durante su actividad contráctil manifiestan una magnitud de fuerza estando la misma determinada por varios factores, y sobresaliendo los siguientes:

1. -Grado de excitación de los centros nerviosos que dirigen la contracción muscular.
2.- Los esfuerzos volitivos.
3.- Las características biomecánicas del movimiento.
4.- El estado del aparato apoyo-ligamentoso.
5.- Diámetro fisiológico de los músculos.
6.- Magnitud de la tensión de algunos músculos (coordinación intramuscular).
7.- Cantidad de las interacciones de los músculos en el trabajo (miofibrillas-coordinación intramuscular).
8.- La reactivación de los músculos, la fuerza con la cual el músculo responde al impulso nervioso que le llega.
9.- El quimismo del tejido muscular.

Del autor García Manso y col. (1996), citados por Forteza de la Rosa y Ramírez Farto (2.005), incluimos el siguiente esquema en el que se expresa que existen cuatro grupos de factores determinantes de la fuerza:

CUADRO RESUMEN DE LOS FACTORES QUE INFLUYEN
EN LA FUERZA MUSCULAR.
Según Lizaur, Martín y Padial (1989-64).

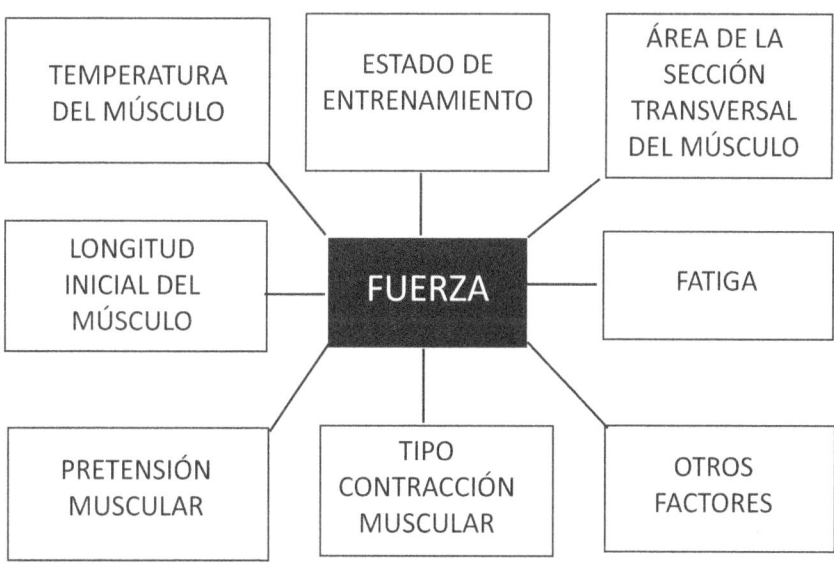

1.2. Manifestaciones de la fuerza en la actividad deportiva.

Los referidos autores Forteza y Ramírez Farto, (2005-pág. 92 y 93), dicen que resulta muy difícil desarrollar una capacidad sin conocer los factores que limitan su desarrollo y también que es importante conocer cuales son sus manifestaciones en la actividad deportiva y citan lo siguiente:

Según Zatsiorski, Vinuesa y Coll, Bergstronn, Weineck, Román Suárez, Holman y Hettinger, etc. la fuerza se manifiesta de tres formas diferentes en la actividad deportiva:

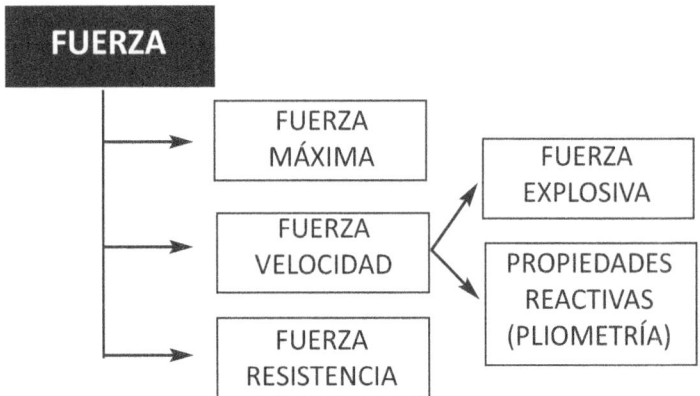

Aunque son manifestaciones de una misma capacidad, entre ellas existe una relativa independencia, pues entre las mismas no existe correlación significativa y el desarrollo de cada una de ellas dependerá de sistemas particulares de trabajo.

Pastor Navarro, Fco. Javier (2004), en su trabajo sobre errores conceptuales frecuentes con respecto al entrenamiento de la fuerza, dice lo siguiente:

> LA FUERZA PUEDE TENER INFLUENCIA POSITIVA EN LAS APTITUDES DE VELOCIDAD
>
> Según Grosser (1992): **fuerza máxima, explosiva y velocidad**, constituyen una **unidad dinámica**, es decir, se determinan e influencian permanentemente. Un buen nivel de la fuerza máxima dinámica, mas desde el punto de vista relativo (producción de fuerza por kilogramo de peso corporal) que absoluto, es condición primaria o de base para poder alcanzar unas altas capacidades de fuerza explosiva, –cualidad que tiene una alta influencia en la **velocidad gestual contra resistencia y en la velocidad frecuencial**– (Cometti, G. 2002) y teniendo en cuenta que, las dos condiciones sí que tienen un grado elevado de entrenabilidad, un aumento apreciable y progresivo de las mismas podrían incre-

mentar las posibilidades de velocidad de todos los futbolistas, tanto para los que están bien dotados genéticamente, como para los que por el contrario no lo están tanto.

… En la actualidad, la cuestión reside en diseñar y aplicar estrategias metodológicas adecuadas para que, el entrenamiento de la fuerza se traduzca en un incremento efectivo de las posibilidades de velocidad en las acciones motrices propias de éste deporte y de las que dependen en gran medida, el rendimiento competitivo final.

2. Influencia de la resistencia en el rendimiento deportivo

La Resistencia es importante para el alto rendimiento en fútbol y es una capacidad entrenable y modificable.

Mediante un adecuado entrenamiento, los límites de exigencia son alcanzables por la mayoría de los jugadores. Las necesidades de resistencia en fútbol, se centran en la capacidad de recuperación tras acciones explosivas y la capacidad de realizar estas acciones en régimen de fatiga general.

(Adaptación de lo expresado por Ávila Moreno, Francisco M., 2005).

De los autores Forteza de la Rosa, Armando y Ramírez Farto, Emerson (2005, pp. 112-114 y 124), y dentro de lo que expresan sobre las Direcciones de la Resistencia, incluimos lo siguiente:

El concepto de resistencia en la actualidad contempla esfuerzos con duraciones muy amplias que van desde los 20 segundos hasta 6 horas y más. El principal factor que limita y al mismo tiempo afecta al rendimiento de un deportista es la fatiga. La resistencia depende de muchos factores, tales como la velocidad, la fuerza muscular, las capacidades técnicas de ejecución de un movimiento eficientemente, la capacidad de utilizar económicamente los potenciales funcionales, el estado psicológico cuando se ejecuta el trabajo, etc.

La resistencia debemos entenderla como el resultado de un proceso de adaptación a una actividad específica, desde la más breve dura-ción con gran intensidad, hasta la actividad prolongada. Para todos los casos, existirá y será necesario un proceso adaptativo.

Tipos de resistencia

Muchas veces se relacionan dos tipos de resistencia: la general y la especial. Nosotros consideramos que la resistencia aunque no es única (tiene varias manifestaciones), si en todos los casos siempre es especial. Lo anterior responde a que siempre la resistencia será el resultado de la adaptación, producto de un trabajo realizado sistemáticamente.

Resistencia General

La llamada resistencia general, podemos quizás entenderla como la aeróbica, cuyo rendimiento es generalmente por una parte, común a muchas disciplinas deportivas, y por otra, garantiza en muchos deportes la capacidad de recuperación necesaria para los trabajos extremos de intervalos de entrenamiento, sobre todo en los tiempos límites de las micropausas y las macropausas.

Resistencia Específica

El desarrollo de la capacidad motora –resistencia, velocidad y fuerza– es necesario para lograr un rendimiento específico en una actividad de resistencia de duración corta (RDC), resistencia de duración media (RDM) o de los distintos tipos de resistencia de duración larga (RDL). De este modo, una menor duración del tiempo de prueba (competición) implica una participación más elevada de la fuerza para la potencia propulsiva y una frecuencia de movimientos más elevada.

2.1. Factores condicionantes de la resistencia

CUADRO RESUMEN DE LOS FACTORES QUE INFLUYEN
EN LA RESISTENCIA
(Según Lizaur, Martín y Padial (1989,pp. 77).

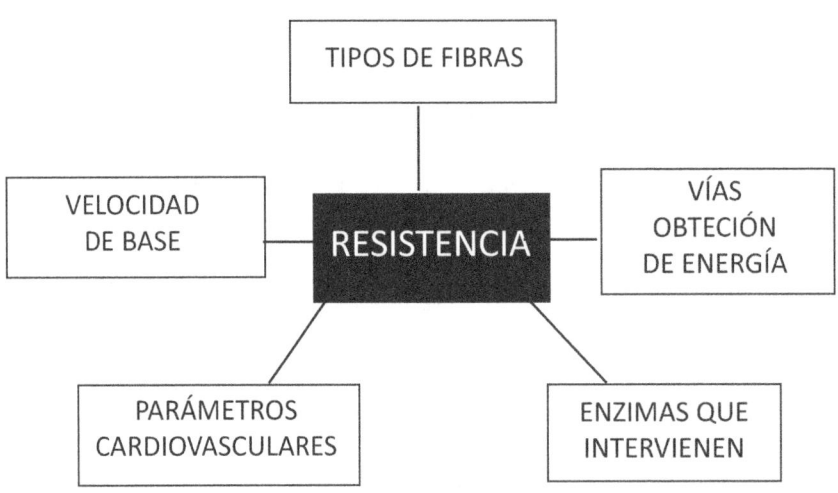

2.2. Tipos de esfuerzo en resistencia

Adaptando lo expresado por los referidos autores Lizaur, Martín y Padial (1989, pp. 77-78), en cuanto a los tipos de resistencia, se incluyen los siguientes párrafos:

• **Resistencia aeróbica**. *Los metabolismos aeróbicos predominan sobre los anaeróbicos. La podemos dividir en:*

• *Capacidad aeróbica: Esfuerzos en los que el metabolismo aeróbico es claramente dominante. (Por ejemplo, Carrera continua)*

• **Potencia aeróbica**: *Esfuerzos que se aproximan a la igualdad en los dos tipos de metabolismo (aeróbico y anaeróbico), considerándose el límite del 50 % en cada uno. (Por ejemplo, 1.500 mts.).*

• **Resistencia anaeróbica**. *Capacidad de mantener un esfuerzo de alta intensidad durante el mayor tiempo posible. Se realiza en deuda de oxígeno, con predominio de los procesos anaeróbicos sobre los aeróbicos. La podemos dividir en:*

–*Capacidad anaeróbica: Esfuerzos en que la deuda de oxígeno no es excesiva a pesar del dominio del metabolismo anaeróbico. Por ejemplo, 800 mts.).*

–*Potencia anaeróbica: Esfuerzos cuya deuda de oxígeno es muy manifiesta, con gran predominio del metabolismo anaeróbico. (Por ejemplo: 400 mts.)*

2.3. Entrenabilidad de la resistencia en edades tempranas

El autor Palau, Xavier, (2005), al analizar el trabajo de resistencia en edades tempranas, dice:

...*La resistencia se puede empezar a trabajar a partir de los 8 años. La carga de trabajo de forma continua y no menos de 3 minutos, aconsejando una duración de 5 a 7 minutos, pero a una intensidad del 50 al 70 % de la capacidad máxima aeróbica.*

De 10 a 12 años hay un crecimiento mantenido de la capacidad de resistir esfuerzos continuos de baja intensidad.

A partir de los 13-14 años se abre un paréntesis de no mejora de ésta capacidad, acusando valores de estabilización e incluso de retroceso para resistir esfuerzos continuados respecto de la etapa anterior. Este fenómeno de "fatiga fisiológica" coincide con el periodo de máxima aceleración de la madurez sexual...

Superado la anterior etapa, la capacidad de resistencia aeróbica, aumenta progresivamente y de manera muy notable desde los 15 años hasta los 17 años, para acceder al 90 % del total fisiológico al final de ésta etapa.

Reindell y colaboradores ratifican que la madurez funcional cardiaca no se manifiesta a su máximo nivel hasta los 19 años o más.

Algunos autores indican que a la edad de 15 a 17 años se mejora la capacidad para esfuerzos de tipo anaeróbicos, es decir, que a partir de esa edad, podemos introducir entrenamientos de dicho tipo anaeróbico.

Con relación a la entrenabilidad de la resistencia, Batalla Flores, Albert (1995-pág. 187), dice lo siguiente:

...Numerosos estudios demuestran que un trabajo sistemático de la resistencia, produce mejoras en su nivel a partir de los 8 o 9 años. Además, se ha comprobado que, a diferencia de los adultos, a los que es difícil compaginar un elevado desarrollo de ésta capacidad con un buen rendimiento en actividades de velocidad, en el niño no existe tal incompatibilidad, por lo que el entrenamiento de la resistencia no va a conllevar, siempre que este sea complementado con otro tipo de actividades, a un "elentecimiento" del sujeto. Algunos autores indican que es a partir de la pubertad cuando mas eficaz es el trabajo de desarrollo de ésta capacidad, aunque otros adelantan ésta edad hasta los 11 años.

Donde no existe acuerdo aparente es en el caso de la resistencia anaeróbica. Aunque esté comúnmente aceptado que debe rechazarse el trabajo de ésta cualidad en la infancia, es decir, antes del cambio puberal, (se aducen razones de salud y de imposibilidad por inmadurez hormonal, de mejorar el rendimiento), existen estudios serios que demuestran lo contrario. Sea como sea, se ha comprobado que el rendimiento de ésta capacidad es muy bajo durante la infancia.

Cuadro resumen sobre edad y tipo de resistencia a desarrollar

EDAD	TIPOS DE RESISTENCIA
De 8 a 12 años	• Fundamentalmente la resistencia aeróbica y dentro de ella, sobre todo la capacidad aeróbica.
De 13 a 14 años	• Resistencia aeróbica en sus dos vertientes de capacidad y potencia. • A pesar de que el desarrollo de la capacidad aeróbica sigue siendo importante en estas edades, se debe alcanzar un buen desarrollo de la potencia aeróbica. • En cuanto a la Resistencia anaeróbica, aun no se debe trabajar de forma sistematizada.
De 15 a 16 años	• Iniciar a los jóvenes en esfuerzos de capacidad anaeróbica, en principio de forma no muy sistematizada, sin olvidar, por supuesto, el trabajo aeróbico.

EDAD	TIPOS DE RESISTENCIA
Desde los 17 años	• Se puede trabajar la resistencia en todas sus facetas de forma sistematizada.
• Hay que tener en cuenta que el trabajo de resistencia debe ser progresivo y sin grandes saltos durante la fase de acondicionamiento.	

3. Influencia de la velocidad en el rendimiento deportivo

| En el fútbol de alto rendimiento la velocidad es determinante, marca diferencias.

Grosser, Manfred, (1992, pp. 11 y 21), dice que la velocidad nunca se manifiesta de forma aislada en el deporte. Es decir la considera un componente del rendimiento deportivo y hace las siguientes conclusiones sobre la velocidad y la práctica deportiva:

• *Existe una velocidad "pura", como característica general del hombre, cuya aparición en la práctica deportiva es, sin embargo, de muy corta duración (por ejemplo, en forma de reacción o de movimientos continuos, solo durante pocos segundos), y además:*

• *Existe una velocidad "compleja" (o bien formas de la velocidad motriz, según Werchoschanski), cuyas formas resultan de un amplio espectro de posibilidades funcionales (por ejemplo, sumando mecanismos de fuerza y/o de resistencia).*

• *Ello significa lo siguiente para la práctica deportiva: Por una parte, en modalidades que requieren un elevado porcentaje de velocidad "pura", que el potencial genético del hombre, delimita su rendimiento, y*

• *Por otra parte, en modalidades que requieren velocidades motrices máximas durante más tiempo o de forma repetida, con poco tiempo en medio, que la velocidad "pura" sólo es un factor de rendimiento más, al lado de otros (como fuerza, resistencia, técnica motriz, condiciones externas).*

Ávila Moreno, Francisco M. (1997), refiriéndose a las exigencias y manifestaciones de la velocidad y con relación a otro deporte colectivo como es el balonmano, hace unas aportaciones que consideramos también pueden ser aplicables a fútbol y que incluimos a continuación por su interés y fundamentación:

La velocidad *es determinante en las acciones decisivas del juego: lanzamientos, 1 x 1, saltos, blocajes, paradas,... Se realiza en espacios de acción reducidos y variables, con oposición, adaptándose siempre a las situaciones y objetivos del juego, se caracteriza por*:

• *Altas exigencias de coordinación.*
• *Importancia de la velocidad de ejecución (movimientos segmentarios independientes).*
• *Por lo exigente del binomio tiempo-espacio y la variedad de situaciones se obtienen ventajas constantemente en función del tiempo de reacción simple y electivo.*
• *Velocidad en desplazamientos cortos, variados, asociados a otros movimientos, constantemente modificados en ritmo y dirección. Capacidad de aceleración, asociada a altas exigencias de fuerza explosiva (paradas, salidas, cambios de dirección, desequilibrios).*

A estas exigencias de velocidad se debe poder responder en cualquier momento de la competición; los momentos más decisivos se suelen producir en los finales de partido donde acumulamos un importante grado de fatiga. Necesitamos poder aplicar la velocidad en régimen de resistencia. Los elementos de resistencia son altamente entrenables.

Las manifestaciones de velocidad son producto de varios factores; en la velocidad de desplazamiento, por ejemplo, influyen la coordinación específica, la fuerza de impulso, o las proporciones corporales, entre otros. Algunos de estos factores son modificables. El sustrato básico de la velocidad, la proporción de fibras rápidas (FT), no es entrenable (se han conseguido algunas modificaciones con entrenamientos muy exhaustivos, sin embargo estas han sido poco significativas y con entrenamientos difícilmente asumibles en deportes de equipo como el nuestro). En la medida que las manifestaciones de velocidad son más simples los componentes genéticos serán más determinantes: velocidad de ejecución, velocidad de reacción.

3.1. Tipos de velocidad y factores condicionantes.

Lizaur, Martín y Padial, (1.989-págs.72 y 73), refiriéndose a los tipos de velocidad describen:

1-Velocidad de reacción. *Sería la capacidad de realizar un movimiento segmentario o global en el menor tiempo posible. Comprende únicamente la parte correspondiente a la respuesta al estímulo... El proceso se divide en dos partes:*

a) Periodo latente, *que se refiere al tiempo que transcurre desde que recibimos el estímulo por los órganos de los sentidos, hasta que llega a la placa motora del músculo.*

De las partes que comprende este proceso, sólo pueden ser mejorables por el entrenamiento la recepción del estímulo por los órganos de los sentidos, aumentando la capacidad de concentración o atención, y la organización o estrategia para la acción en el cerebro, gracias a la consecución de una mayor automatización del gesto. Sin embargo, el recorrido del mismo por las vías aferentes y eferentes, no es mejorable ya que depende del grosor de los nervios, y éste parámetro no es influenciable por el entrenamiento.

b) Periodo de contracción, que es el tiempo que tarda un músculo en contraerse una vez que le ha llegado el estímulo. Este proceso si es mejorable por el entrenamiento.

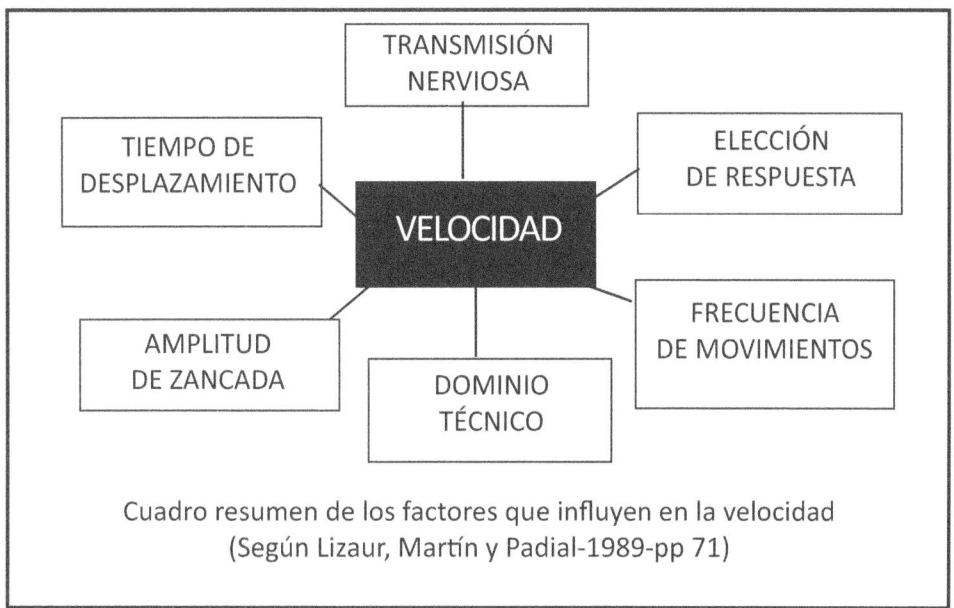

Cuadro resumen de los factores que influyen en la velocidad
(Según Lizaur, Martín y Padial-1989-pp 71)

2- Velocidad de aceleración. Es la capacidad de conseguir la máxima velocidad en el menor tiempo posible, ya sea partiendo de velocidad cero u otra dada. En una carrera de 100 mts. comprendería la fase que va desde la salida hasta aproximadamente los 30 ó 40 mts., durante la cual ponemos nuestro cuerpo desde cero velocidad hasta la máxima posible.

3- Velocidad máxima. Se refiere a la capacidad de mantenimiento de la misma una vez conseguida. Ésta no se puede mantener más allá de los 50 metros ó 6 segundos, y esto sólo en caso de atletas muy entrenados. En escolares los tiempos serían inferiores. Haciendo de nuevo referencia a la carrera de 100 mts., serían los metros recorridos entre los 30 ó 40 a los 80.

4-Resistencia a la velocidad

Es la capacidad de mantener una velocidad próxima a la máxima el mayor tiempo posible, que corresponderían, aproximadamente, a los últimos 20 mts. de una carrera de 100 metros lisos.

3.2. Entrenabilidad de la velocidad

Batalla Flores, Albert (1995-pp.191-192), cuando analiza la evolución y entrenabilidad de la velocidad, expresa lo siguiente:

...La velocidad es una capacidad, en su conjunto, difícilmente mejorable gracias al entrenamiento. Esto quiere decir que los márgenes de mejora de ésta están muy limitados por aspectos genéticos. Además, al estar englobadas dentro del término velocidad capacidades tan diferentes como la velocidad de reacción y la velocidad de desplazamiento, se hace difícil hablar de una evolución general de ésta capacidad, ya que ésta evolución va a ser diferente para cada tipo de velocidad. Además, entre los diferentes autores que la han estudiado no existe siempre acuerdo a la hora de hablar de su evolución o de su entrenabilidad.

Por otro lado, la velocidad se relaciona con un número bastante elevado de capacidades diferentes, de la evolución de las cuales dependerá su propia evolución.

Sea como sea, se halla una relativa mejora de la velocidad acíclica a partir de los 7-9 años, la velocidad de reacción lo hace a partir de los 10 años y la velocidad de desplazamiento, sobre todo, a partir del cambio puberal.

...En cuanto a la entrenabilidad de la velocidad, no existe un acuerdo unánime entre expertos. Algunos hablan del periodo comprendido entre los 6 y los 11 años como el mejor, si no el único, para mejorar la velocidad de reacción y la velocidad gestual. Otros autores hablan de otras fases sensibles en el desarrollo de ésta cualidad...

...el entrenador deberá prestar mucha atención al desarrollo de la velocidad, aunque ésta esté muy limitada por aspectos genéticos. Lógicamente se deberá trabajar primeramente la velocidad de reacción y la gestual como soporte no solo de la velocidad de desplazamiento, sino de la ejecución técnica eficaz de la mayoría de gestos deportivos.

3.3. Velocidad en edades infantiles y juveniles

Refiriéndose a la velocidad en la edad infantil y juvenil, Grosser, M. (1992, pp. 27-28), destaca especialmente tres ámbitos que tienen una influencia causal en la realización de movimientos de máxima velocidad:

- *1.La musculatura para el trabajo motor.*

• 2. *El sistema nervioso central y periférico (cerebro, conductos nerviosos, motoneuronas) para la dirección (coordinación) de la musculatura, y*
• 3.*Las fuerzas psíquicas de motivación y de voluntad que ponen en marcha los procesos de coordinación en forma de activación neuronal.*

Manno, Renato, (1991, pág.190), cuando describe la evolución de la rapidez en los distintos niveles de edad, dice:

La capacidad de desarrollar rapidez está influida por el desarrollo biológico del individuo y, como para las demás capacidades, en ella es de gran importancia el estímulo del entrenamiento introducido en la edad adecuada, que en general, se sitúa entre los 7 y los 12 años.

La rapidez se caracteriza por su escasa entrenabilidad; según Filin, esta no sería superior al 20 %, y según otros autores es todavía inferior.

La velocidad de reacción está muy vinculada a características centrales, mentales; la rapidez de cada movimiento se ve influida por la fuerza; el ritmo de los movimientos aparece influido por ambos factores.

EDAD	TIPOS DE RESISTENCIA

7 a 9 años	• Incremento de
	   Velocidad de reacción
	   Velocidad frecuencial
	   Apenas existen diferencias por el sexo.

9/10–12 años	• Fase sensible para
	   Velocidad de reacción
	   Velocidad frecuencial
	   En parte, también Velocidad de movimiento.

11/13 - 15/17 años	• Al principio de la fase:
	   Fuerza-Velocidad con resistencias medianas.
	• Al final:
	   Fuerza-Velocidad con resistencias mayores.
	• Mejoramiento de la Resistencia máxima
	   de Velocidad.

15/17- 17/19 años	•En los chicos se elevan:
	   Velocidad de base
	   Fuerza-Velocidad
	   Resistencia máxima de Velocidad

4. LA FLEXIBILIDAD

4.1. Conceptos y componentes

Mora Vicente, Jesús (1995, pág. 89), define la flexibilidad "como aquella capacidad física que permite realizar movimientos de gran amplitud. Esta amplitud de movimientos es específica para cada articulación, y aunque la amplitud de movimiento en una articulación (hombro) no implica que suceda de igual forma en otra (cadera), si se puede asegurar que las personas flexibles suelen ser tendentes a mantener este grado de movilidad a nivel general".

Boné Pueyo, Alfredo (1994-pág. 332), cuando se refiere a la flexibilidad y sus componentes dice lo siguiente:

La flexibilidad es aquella cualidad que con base en la movilidad articular y extensibilidad y elasticidad muscular, permite el máximo recorrido de las articulaciones en posiciones diversas, permitiendo al sujeto realizar acciones que requieren gran agilidad y destreza. La flexibilidad está, por tanto, ligada con la "souplese", cualidad más compleja que supone elegancia, gran movilidad y facilidad de movimientos.

Harre (citado por Weineck, 1988), define la flexibilidad como la capacidad para poder ejecutar movimientos de gran amplitud articular por si mismo o bajo la influencia de fuerzas externas.

Rasch y Burke, consideran que a menudo se admite que la flexibilidad es un factor general (inespecífico), pero los estudios experimentales han revelado que se trata de un factor altamente específico. Cada actividad requiere sus características de flexibilidad, hasta tal punto que la flexibilidad desarrollada en un tipo de ejercicio puede no ser capaz de ser utilizada en otro.

La flexibilidad está relacionada con el biotipo corporal, el sexo, la estructura ósea y articular y otros factores que escapan al control del individuo (Rasch y Burke).

J. Leboulch considera que la movilidad normal de las articulaciones es condición indispensable para lograr una actitud que permita obtener un buen rendimiento funcional. Por otra parte, las deformaciones vertebrales debidas a actitudes viciosas habituales no se mantienen sino cuando las rigideces segmentarias se han consolidado. Al educador le corresponde evitar tales rigideces por medio de los ejercicios de relajación y de flexibilidad.

...Hay que señalar que para referirse a la flexibilidad, se utilizan indistintamente conceptos como: movilidad, amplitud, capacidad de extensión, elasticidad...

Componentes de la flexibilidad:

• La elasticidad muscular, que puede definirse como la capacidad que tiene el músculo para volver a su posición inicial después de haber sido estirado.

• La movilidad articular, que puede definirse como la capacidad de movimiento de las articulaciones en función de su estructura.

4.2. Factores que influyen en la flexibilidad

Lizaur, Martín y Padial, (1989-83), utilizando el término movilidad (en lugar de flexibilidad), citan como resumen de los factores que influyen en ella, los siguientes:

> Aspectos anatómicos y biomecánicos
> Características musculares y neurofisiológicas
> La edad
> Estado psíquico
> El ambiente
> Entrenamiento y grado de ejercicio
> La fatiga
> El calentamiento.

4.3. Flexibilidad y lesiones

Diversos autores asignan a la flexibilidad una cierta importancia en la evitación de lesiones y también son coincidentes en que la flexibilidad es específica y que puede tener distintos grado en cada articulación.

Al respecto, Arregui Egaña, J.A. y Martinez Haro, V. (2001), dicen:

> • *Para la medición de la flexibilidad, parece difícil encontrar alguna prueba que pueda medir la flexibilidad global. La mayor parte de los autores se inclinan a pensar que es específica de cada articulación.*
>
> • *Los entrenamientos específicos realizados habitualmente, parecen mejorar algo la flexibilidad. Los entrenamientos genéricos y la competición sólo no consiguen mejora.*
>
> • *Existe relación entre flexibilidad e incidencia de lesiones. Parece que la flexibilidad tiene su importancia evitando lesiones.*

Hasta aquí un breve resumen sobre capacidades condicionales, con el objetivo dominante de esta obra y que no es otro que tratar de forma básica todos y cada uno de los factores de rendimiento, de tal manera que dispongamos de una cierta claridad cuando estemos formando jóvenes futbolistas y orientando las bases de su formación con relación a sus capacidades reales.

Capítulo 14
LOS FACTORES PSICOLÓGICOS EN LOS NIVELES DE LA ESCUELA DE FÚTBOL, COMO AYUDA A LA FORMACIÓN INTEGRAL

Actitud, inteligencia y capacidades cognitivas

1. La actitud y sus componentes como base del perfil psicológico del joven futbolista

La actitud es una disposición a reaccionar de forma favorable o desfavorable. (Sarnoft, 1960. Citado por Hernández Mendo, Antonio y Morales Sánchez, Veró nica, 2000).

Con relación a la actitud y su permanencia, son de interés los siguientes párrafos tomados de "Actitud", 2005:

> *Las actitudes son aprendidas y tienden a permanecer bastante estables. Una vez formada, es muy difícil que se modifique una actitud.*
>
> *Pueden haberse formado desde los primeros años de la vida y haberse reforzado después. Otras actitudes se aprenden de la sociedad. Hay veces que las actitudes pueden modificarse por diversos motivos...*
>
> *Lo que en mayor grado puede cambiar una actitud es la información que se tiene acerca del objetivo buscado.*

ACTITUD POSITIVA

> *En la formación de jóvenes futbolistas interesa una actitud positiva, para progresar en los objetivos formativos tanto para fomentar un deporte para todos, de práctica recreativa y continuada, como hacia el alto rendimiento y que se base en una óptima disposición para el aprendizaje, el entrenamiento y la competición.*

Entre los componentes de la actitud aplicables al perfil psicológico del joven futbolista podríamos valorar:

1.- Autoconcepto, Autoconfianza, Autoestima, Autoeficacia
2.- Motivación
3. Carácter
4.- Competitividad
5.- Valentía
6.- Sacrificio
7.- Creatividad
8.- Autocontrol

> PSÍQUICAMENTE, el jugador de fútbol ideal pertenecerá al tipo temperamental activo o dinámico, adaptándose con facilidad a las acciones breves, intensas, cíclicas, con predominio neuromuscular. De voluntad

férrea y exigente consigo mismo, gran capacidad para reaccionar ante la adversidad. (Álvarez del Villar, Carlos, 1983-pág. 151).

Las destrezas psicológicas o emocionales se pueden potenciar a través del entrenamiento deportivo. Al igual que el entrenador va moldeando en el equipo un comportamiento táctico, puede hacer lo mismo con una conducta emocional. Mejorar el comportamiento emocional en la competición, en los partidos, ofrece un amplio margen de mejora del rendimiento de los deportistas individuales y de los equipos deportivos. (Carrascosa, José, 2003, pág. 39).

Los anteriores criterios tienen aplicación en el ámbito de la iniciación deportiva, si bien con criterios de flexibilidad y siempre subordinados a favorecer el proceso formativo de los niños participantes

EDAD	TIPOS DE RESISTENCIA
Inteligencia en el juego	Capacidad para leer las situaciones y tomar decisiones en el juego. Facilidad para aprender y resolver problemas. INTELIGENTE.
Asumir iniciativas	Capacidad para sumir iniciativas o tomar decisiones en el juego que entrañen un cierto riesgo, que resulten desequilibrantes. ATREVIDO, PIDIENDO EL BALÓN
Competir	Tener la expectativa o la idea de competir, de enfrentarse, de pugnar, de pelear, y de superar al rival en cada acción del juego. BUSCANDO EL ENFRENTAMIENTO.
Estar centrado en la tarea	Inquietud por cuidar el trabajo bien hecho. Poner el énfasis en la tarea. CON MENTALIDAD DE TRABAJADOR, MAS QUE DE CRACK.
Dureza ante la dificultad	Ser capaz de mantener la serenidad y de seguir trabajando igual, sin verse afectado por la dificultad. PERSEVERANTE, FUERTE, SIN QUE LE AFECTE LA DIFICULTAD.
Tolerancia a la fatiga y al dolor	Capacidad para tolerar, aguantar y soportar el esfuerzo, la fatiga y el dolor físico, de forma que no se vea afectado el trabajo. INCANSABLE.

EDAD	TIPOS DE RESISTENCIA
Receptividad y asimilación	Habilidad para escuchar las instrucciones y correcciones del entrenador, asimilarlas y aplicarlas con decisión. DECIDIDO. SIN DUDAS, DIRECTO.
Trabajo colectivo	El juego del equipo se entiende como un solo trabajo en el que cada futbolista realiza su función. HACIENDO UN TRABAJO COLECTIVO

Fuente: Carrascosa, José (2003, pág 38)

Finalmente, incluimos lo que por su parte, dice Rodríguez, I. (1990), citado por Hernández Gómez, Y. y Zárate Villa, M. (2003):

En la actualidad, en muchos casos, el peso de los aspectos psicológicos sobrepasa a los criterios antropométricos, que antiguamente tenían un peso fundamental dentro de los criterios de selección y se sitúan al mismo nivel que el desarrollo de las cualidades físicas.

2. Inteligencia y cognición

Inteligencia en la vida diaria consiste en la capacidad para resolver problemas prácticos, competencia social, carácter e interés en aprender cosas nuevas e interés cultural. (Actitud, 2005).

Inteligencia y cognición no son lo mismo

Maggio, Eduardo y Álvarez, Marcela, (Centro de Formación en Técnicas de Evaluación Psicológica, 2005), con relación a la inteligencia y la cognición, dicen:

Inteligencia es la habilidad para resolver situaciones que cada sujeto tiene en mayor o menor grado y la cognición o el aspecto cognitivo es la manera en que el sujeto enfoca, procesa y utiliza sus recursos. Ejemplo: una persona puede tener una buena capacidad de observación, pero el interés recaerá en función de lo que particularmente le interese observar. Uno puede tener inteligencia pero la excesiva prudencia o desconfianza (estilo cognitivo) hace que se demore en actuar, etc.

La inteligencia de una persona está formada por un conjunto de variables como la atención, la capacidad de observación, la memoria, el aprendizaje, las habilidades sociales, etc., que le permiten enfrentarse al mundo diariamente. El rendimiento que obtenemos de nuestras actividades diarias, depende en gran medida de la atención que les prestemos (factor motivacional que no siempre se tiene en cuenta), así como de la capacidad de concentración que manifestemos en cada momento.

Pero hay que tener en cuenta que para tener un rendimiento adecuado, intervienen otras muchas funciones, como por ejemplo, el que exista en el sujeto un estado emocional estable, una buena salud psicofísica o un nivel de actividad normal. La función de la inteligencia es, no sólo conocer, sino dirigir el comportamiento para resolver problemas de la vida cotidiana con eficacia.

3. Inteligencia corporal cinestésica
a) Inteligencias múltiples

Martínez Zarandona, Irene, (2.005), refiriéndose a las dificultades que existen para definir de forma completa la inteligencia, hace referencia al autor Gardner, Howard del que dice lo siguiente:

Propone que no existe una inteligencia sino muchas, que todos poseemos capacidades similares pero que siempre somos más hábiles para unas cosas que para otras, y la llamó Teoría de las inteligencias múltiples.

Éste autor y sus colaboradores dejaron atrás dos postulados que hasta 1983 no habían sido cuestionados: 1º) Que la inteligencia humana es unitaria, es única y por lo tanto es posible definirla y 2º) Que ésta es cuantificable.

Así, el autor, con su propuesta establece que no hay una sola inteligencia, sino muchas y ofrece criterios para observarlas y desarrollarlas, no para medirlas.

Aunque de momento es solo una teoría, está siendo ampliamente reconocida y es de gran utilidad para conocer nuestras capacidades y las de nuestros jóvenes. Es necesario recalcar, que todos poseemos en alguna medida la totalidad de la inteligencia en diferente grado, pero tenemos mas afinidad con las posibilidades de una u otra(s) de ellas.

Una nota muy importante es que durante la educación de niños y jóvenes, todas las inteligencias deben ser cultivadas en principio. Gardner dice que poseemos todo el espectro de inteligencias, pero conforme el chico vaya definiendo aptitudes que le son mas afines, se le debe apoyar para que logre alcanzar aquellos conocimientos en los que se realice mejor como ser humano.

Esta visión plural de la inteligencia, aunque sólo es una propuesta, también es muy útil para descubrir las áreas donde un niño tiene menos interés o menos posibilidades de desarrollo, sobre todo cuando alguno de ellos falle en cierta materia específica. En vez de recalcarle lo que no puede hacer, se le debe apoyar con ejercicios y actividades específicas de ese área que se le dificulta y tratar de compensarlo...

b) Inteligencia corporal cinestésica

También de Martínez Zarandona, Irene (2005), tomamos la definición que hace de éste tipo de inteligencia y adaptamos varias características de la misma por su aplicación a nuestros criterios selectivos:

La inteligencia corporal cinestésica es la capacidad de unir el cuerpo y la mente para lograr el perfeccionamiento del desempeño físico...

Busquemos un joven futbolista que en su perfil de potencialidades tenga, entre otras, las siguientes características:
- Desarrolla su coordinación y sentido del ritmo.
- Aprende mejor por medio de la experiencia directa y la participación. Recuerda mejor lo que haya hecho y no lo que haya oído, visto u observado.
- Demuestra destreza en tareas que requieren de empleo de motricidad fina o gruesa.
- Exhibe equilibrio, gracia, destreza y precisión en la actividad física.
- Tiene capacidad para ajustar y perfeccionar su rendimiento físico mediante la inteligencia de la mente y el cuerpo.
- Comprende y vive de acuerdo con hábitos físicos saludables.
- Demuestra interés por su carrera deportiva.
- Inventa nuevas maneras de abordar las habilidades físicas y deportivas.

4. Autoconcepto, autoconfianza, autoestima, autoeficacia

Se han citado ocho conceptos como componentes de la actitud. No siendo objeto de este trabajo el entrar en el desarrollo de los mismos, vamos a referirnos a Autoconcepto, Autoconfianza, Autoestima, Autoeficacia y lo hacemos con un resumen de lo expresado por García Allen, Jonathan (2016):

... /... Para entender mejor la diferencia entre autoconfianza y autoestima, antes hablaré del autoconcepto o el conocimiento de uno mismo. El autoconocimiento es lo que la persona cree o piensa sobre sí misma. La mayoría de expertos interpretan el autoconcepto como un conjunto integrado de factores del yo, básicamente tres: cognitivos (pensamientos), afectivos (sentimientos) y conativos (comportamientos)...

La autoeficacia es la apreciación de las capacidades que uno tiene y se centra en las creencias de tener la capacidad y la habilidad de triunfar en un contexto determinado. Mientras que la autoestima es el sentimiento general de cuán valioso es uno como un todo y se refiere a la apreciación de uno mismo. Anotemos un descenso de la autoestima después de la etapa Alevín, al inicio de la pubertad y el cambio de primaria a secundaria en el proceso educativo. Posteriormente, el incremento es gradualmente continuado.

Las personas con un alto nivel de autoconfianza suelen imponerse altos estándares de éxito. Quizás no siempre logren sus metas o quizás su autoestima no sea tan elevada, pero nunca se rinden, siempre con-

tinúan confiando en sí mismos y en sus habilidades. Esta confianza en la propia capacidad permite no desmoronarse ante el fracaso y seguir adelante en el cumplimiento de las propias metas y objetivos. .../...

La autoconfianza tiene que ver con una expectativa realista de nuestras posibilidades. No es creer ciegamente en el logro de todos los objetivos que nos propongamos sin errores ni inconvenientes, sino la convicción objetiva de que disponemos de las capacidades y recursos suficientes para alcanzarlos. La falsa autoconfianza puede debilitar la confianza en nosotros mismos.

5. Los aspectos cognitivos en la formación de los jóvenes futbolistas (Pre-Benjamines, Benjamines y Alevines).
Aspectos cognitivos

De 6 a 12 años, los niños están dentro de un periodo de cambios evolutivos continuados y en progresión. En los aspectos cognitivos se parte de una destacada capacidad intelectual (a los 6 años), hasta situarse en un nivel de pre-adolescencia (a los 12 años), con una significativa progresión cognitiva que le permitiría, en cierto modo, acciones intelectuales cercanas al individuo adulto.

Al final de la etapa Alevín, el joven alcanza ya importantes cambios, tanto biológicos como de socialización y se posiciona, con cierto realismo con respecto a sus propias capacidades y limitaciones cognitivas. Este posicionamiento realista, afecta positivamente cualquier aspecto de su formación y por tanto, también en relación con la práctica del fútbol.

Los aspectos cognitivos adquieren gran importancia en la formación de jóvenes futbolistas. Hay que ser imaginativos y aportarles también los conocimientos teóricos con relación al fútbol.

Las distintas áreas de formación del futuro futbolista, tienen necesidad de ser abordadas desde la doble vertiente teórica y práctica.

Relacionando estos aspectos con la formación de futbolistas, se ve la necesidad de valorar también su nivel en los distintos aspectos cognitvos.

Desde las primeras etapas y de forma progresiva, el joven puede ir adquiriendo los conocimientos teóricos que fundamentan su específica formación y que facilitarán su progreso deportivo.

Es necesario ofrecerles contenidos teóricos diferenciados y adecuados a cada etapa. Pero estos contenidos no deben dejarse a la improvisación, sino que deben ser redactados por niveles y con una coherencia interna entre TEORÍA-PRÁCTICA-MADUREZ DEPORTIVA.

También, desde las primeras edades, ya abogamos por un trabajo metodológico e intencionado, que, de forma breve y simplificada vaya fijando los aspectos cognitivos que mas interesen para la formación integral del futbolista.

Cuando los aspectos cognitivos están bien atendidos por el entrenador y sobre el conocimiento por parte de los jóvenes de unos contenidos teóricos de apoyo, ese grupo se distingue de forma favorable y destacada en todo el contexto deportivo-formativo.

Desde nuestra perspectiva, consideramos que los contenidos teóricos deben dar cobertura a la totalidad de las áreas que concurren en el proceso de formación para el alto rendimiento en fútbol, aunque subordinados al nivel cognitivo de cada etapa:
- Hay aspectos teóricos de las capacidades funcionales y de las capacidades coordinativas que conviene que el joven "entienda".
- Tanto la técnica individual, como la táctica y la estrategia, se prestan para aportar a los jóvenes una teoría clarificadora sobre capacidad de juego y toma de decisiones y también para jugadas a balón parado.
- Se pueden aportar contenidos teóricos sobre la convivencia grupal, mediante normas.
- Hábitos de vida saludables.
- El entorno social (Club-Entrenador-Jugadores-Familia)
- El árbitro y las Reglas de juego
- Higiene, alimentación, talla, peso, etc.

La valoración de estos aspectos en las dos vertientes teórica y práctica cuando estemos formando futbolistas jóvenes, nos permitirá conocer y orientar su nivel de formación real para este deporte.

Con relación a la importancia de los aspectos cognitivos en la detección y formación de los jóvenes futbolistas, y basándonos en lo expresado por De la Torre Navarro, Eduardo (1998) incluimos el cuadro siguiente:

MOMENTOS DE EVALUACIÓN	INSTRUMENTO ADAPTADO A CADA NIVEL (Alevines, Benjamines, Pre-Benjamines
EVALUACIÓN INICIAL	• Cuestionario sobre conocimientos teóricos acerca de principios de juego, funciones de jugadores y conocimientos del Reglamento. • Observación sistemática relacionada con el "Que hacer", "Como hacer" y "Adecuación reglamentaria"
EVALUACIÓN FINAL	• Cuestionario sobre conocimientos teóricos acerca de principios de juego, funciones de jugadores y conocimientos del Reglamento. • Observación sistemática relacionada con el "Que hacer", "Como hacer" y "Adecuación reglamentaria"

Opinamos que los objetivos que planteamos en la presente obra, pueden ser ambiciosos, pero son una referencia si pretendemos calidad en el trabajo a aplicar en nuestra Escuela de Fútbol. No obstante, cuando en cada caso se organice el trabajo con niños, nuestra posición es de que todo estará subordinado a los siguientes principios:
- La salud psico-física de los participantes.
- Seguridad en todas las actividades.
- Favorecer el proceso de formación integral de los jóvenes y en sintonía con la formación fijadas por los organismos educativos y por su familia.
- Participación abierta todos los participantes (salvo problemas de salud)
- Aplicar en las Escuelas de Fútbol, una formación deportiva orientada hacia niveles educativos-recreativos,

Capítulo 15
LA DIRECCIÓN DE EQUIPO EN EL FÚTBOL FORMATIVO

En el Fútbol Formativo, los objetivos de todo el proceso, están focalizados en los intereses del joven. Se trata de ofrecerle actividades que le ayuden a su formación integral y que le motiven hacia una práctica deportiva continuada.

En base a la forma en que el entrenador lleve la dirección del grupo, así se propiciarán las respuestas individuales y colectivas de sus componentes, tanto en relación a la actitud ante el proceso formativo como en el posible abandono de la actividad. El entrenador buscará conseguir que el joven aporte lo mejor de si mismo, en beneficio de su propia formación.

El entrenador de las etapas de Fútbol Formativo, aparte de las necesarias características personales y el nivel adecuado de preparación específica, tiene que actuar equilibrando las finalidades educativas con las intensidades competitivas, pero dando prioridad a los intereses del joven y estos, aportarán su mejor actitud en entrenamientos y competiciones.

I. El equipo: su organización interna y su cohesión
1. La organización interna del equipo de fútbol
(Chappuis, Raymond y Thomas, Raymond. 1989)

El equipo de fútbol es un grupo de estructura organizada, que busca objetivos comunes tanto en el plano de rendimiento como en el de las vivencias de sus participantes, existiendo una distribución de roles que concreta las funciones de cada uno de ellos.

El equipo puede funcionar mediante dos tipos de estructuras organizativas y de filosofía opuesta:

a) Estructura autocrática

Se basa en que los objetivos, roles y valoración, corresponden al entrenador. Pueden observarse tres modos de reacciones afectivas:

• Hostilidad • Apatía • Sumisión.

La actitud autoritaria del entrenador puede favorecer la dependencia, revela inmadurez en el jugador y hace necesario la normalización de esa personalidad.

b) Estructura democrática

La toma de decisiones, la determinación de objetivos, y el reparto de los roles, corresponden a una comisión representativa del equipo y una comisión técnica. El entrenador puede actuar como coordinador y como mediador natural entre los distintos intereses, buscando en la relación colectiva una respuesta de amistad, confianza y progreso.

Esta estructura, permite participar con autonomía en la interdependencia. Necesita de cierto nivel de madurez intelectual y afectiva.

En ambos tipos de estructura es necesario una adecuada organización del trabajo y de su división por funciones.

Con relación a un funcionamiento del equipo basado en la sumisión y la obediencia absoluta de los jugadores a todo lo que determine el entrenador, se produce generalmente, en caso de participantes inmaduros o que lo aceptan por beneficios materiales.

2. Actitud relacional entre los jugadores del equipo

Las expectativas de los jugadores dentro de su equipo, tienen relación con la cohesión afectiva. Si están satisfechos en el clima afectivo, buscarán con entusiasmo un refuerzo del potencial técnico y en el caso de que el clima afectivo esté deteriorado, expresarán una mayor necesidad de mejora en las relaciones humanas.

Esta es una reflexión de sentido general, que cobra una especial acentuación en las etapas de Fútbol Formativo, en las que es necesario tener siempre controlado un adecuado clima afectivo, en beneficio de potenciar las posibilidades de logro de las finalidades educativas.

Si existe una relación entre los jugadores de un equipo, basada en la amistad, el afecto, la confianza, el respeto de intereses... los objetivos que se marquen al grupo serán más fácil de conseguir.

3. La relación entre el entrenador y los jugadores

El entrenador que mantenga una alta y actualizada formación profesional, estará en la mejor situación para dirigir a su equipo en la consecución de objetivos. Creemos que de basar el fundamento de la eficacia de su equipo, en los vínculos afectivos con los jugadores y con los demás participantes.

Además, será conveniente tener en cuenta las siguientes reflexiones:

- Es frecuente que el entrenador se centre en la mejora de las capacidades físicas y técnico-tácticas de sus jugadores, sin entrar en ningún proceso que aporte a cada individuo conceptos de responsabilidad autónoma. De este modo, la participación del jugador puede que sea exitosa, pero solo mientras actúe protegido por su entrenador, pero no en su ausencia, en la que se muestra vulnerable.

- El exceso de seguridad y protección al jugador, puede mermar su creatividad, ya que esta necesita de confianza y libertad.

- A veces, el entrenador tratando de controlar todas las opciones de éxito, impone sus criterios sin aceptar consenso alguno.

- El proceso hacia la responsabilidad autónoma exige el importante soporte de la confianza y el entrenador tiene que asumir de modo natural y sin conflictos que la confianza incluye la aceptación de riesgos técnico-tácticos y los posibles errores de los jugadores.

II. LA MOTIVACIÓN Y SU INFLUENCIA EN EL PROCESO FORMATIVO Y EN EL RENDIMIENTO EN FÚTBOL

Partiendo de la idea de que tanto en Fútbol Formativo como en fútbol de alto rendimiento, los jóvenes e igualmente los participantes adultos, no llegan a poner en actividad todo el potencial de sus capacidades, es importante aplicar una inteligente acción motivadora para que los deportistas aporten el total de esas potencialidades.

Es necesario que el entrenador realice una actuación individualizada, basada en el conocimiento personal de cada jugador y de sus necesidades específicas, de forma que este participe con total motivación y colabore tanto en su propio proceso formativo como en los éxitos del equipo.

En fútbol, también tiene aplicación el principio de que tanto los procesos formativos como el rendimiento, tienden a evolucionar referenciándose en las expectativas concurrentes.

Es decir, el entrenador tendrá en cuenta que el futbolista se motiva y tiende a esforzarse si se le aporta confianza y expectativas elevadas y optimistas y que, en caso contrario, tiende a participar sin ilusión y con insuficiente esfuerzo.

Y entre las personas que pueden propiciar esa necesaria motivación, el entrenador ocupa una posición especial.

III. EL CLIMA MOTIVADOR DEL EQUIPO

1. La motivación

La motivación es la intensidad conductual, la fuerza impulsora de la conducta con la que el jugador participa en entrenamientos, competiciones y otras actividades, para intentar conseguir los objetivos formativos.

La motivación es determinante en nuestros éxitos y en nuestros fracasos, ya que influye en la intensidad con que utilizamos nuestras capacidades.

2. El clima motivador del equipo

Paterna, Antonio M. (2006), con relación al clima motivador del equipo, describe:
Básicamente se pueden distinguir dos tipos de clima motivador: el orientado a la tarea y el orientado al ego.

• Clima motivador orientado a la tarea: se recompensa el esfuerzo, los jugadores son animados por el entrenador, y cada jugador tiene un papel importante en el equipo.

• Clima motivador orientado al ego (rendimiento): los compañeros tratan de superarse unos a otros, son sancionados si cometen errores, y sólo se reconoce a los mejores jugadores.

En las etapas de iniciación el entrenador deberá orientar el clima motivador a la tarea controlando los siguientes aspectos:
- *Enfatizar el proceso de aprendizaje y restar importancia al resultado.*
- *Fomentar el uso de estrategias efectivas de aprendizaje y práctica de las habilidades deportivas para proporcionar mayor satisfacción y diversión a los deportistas.*
- *Establecer metas a corto plazo y evaluar por el esfuerzo y la mejora, y nunca por los resultados.*

3. NIVEL DE ACTIVACIÓN

En cuanto al nivel de activación, el autor Paterna, Antonio M. (2006), analiza lo siguiente:

La activación general del organismo es una respuesta que conlleva la puesta en funcionamiento del sistema nervioso central y del sistema neurovegetativo. Es un producto de la interacción de las condiciones ambientales e internas del organismo.

En el contexto del deporte se considera como un continuo de activación fisiológica y mental que se entiende desde un estado de máxima calma y relajación hasta otro de máxima alerta, tensión y excitación. El nivel óptimo para rendir mejor en los entrenamientos y la competición es individual y exclusivo, y no será el mismo, necesariamente, para un deportista u otro.

3.1. Activación positiva y negativa

La activación puede clasificarse como positiva o negativa. La activación positiva tiene su origen en la motivación, por el reto, el éxito y sus consecuencias, en las sensaciones agradables que acompañan a la realización de la actividad deportiva, etc. La ansiedad, el enfado y las consecuencias negativas del estrés suelen propiciar una activación negativa.

Ambos tipos de activación pueden ser beneficiosas o perjudiciales, según exista un exceso o escasez de ellas.

3.2. Activación colectiva

La activación colectiva puede definirse como el estado de activación en el que aproximadamente se encuentran la mayoría, e incluso todos, los componentes de un equipo deportivo.

IV. APTITUDES PARA LA COMUNICACIÓN ENTRENADOR/JUGADOR

Es un factor importante la capacidad de comunicación del entrenador con los jugadores, el nivel de relación que logra con todos y cada uno de ellos.

Sus habilidades sociales y su esfuerzo en aplicarlas positivamente a los jugadores, facilitarán que en el entorno de su equipo destaque un ambiente satisfactorio desde el que acometer proyectos comunes que puedan ser exitosos.

Mientras que el entrenador de fútbol para el alto rendimiento, actúa y comunica a sus jugadores en un entorno competitivo y forzando hacia el éxito, el entrenador de fútbol formativo, se comunica y se relaciona con sus jóvenes futbolistas en un entorno de base educativa/recreativa. Ambos tienen en común, la búsqueda de la confianza de sus jugadores y la aportación de un liderazgo natural.

1. Facultades para la comunicación (Martens, R. *et al*. 1989)

Es importante dar valor adecuado a las aptitudes del entrenador en cuanto al concepto comunicación, dentro de sus relaciones en el fútbol, tanto internas como externas. Esas aptitudes le ayudarán en sus funciones habituales. Incluimos a continuación algunas de esas aptitudes:

a) Desarrollar credibilidad cuando comunique

Su credibilidad puede ser el factor mas importante individualmente considerado, en la comunicación efectiva con sus jugadores. Al principio, sus jóvenes jugadores le otorgarán abundante credibilidad porque desempeña el prestigioso papel del entrenador. Pero en adelante, le corresponde mantener o aumentar esa credibilidad mediante:

- Ser un buen conocedor del fútbol y aportar un estilo cooperador.
- Ser fiable, claro y coherente en sus actos.
- Irradiar cordialidad, amistad, aceptación y empatía.
- Ser dinámico, espontáneo y abierto.

b) Comunicar con enfoque positivo
c) Transmitir mensajes ricos en información
d) Comunicar con coherencia
e) Aprender a escuchar
f) Mejorar su comunicación no verbal

V. INFLUENCIA DE LOS PADRES EN EL CLIMA MOTIVACIONAL

La autoconfianza del joven futbolista tiene una especial relevancia en su proceso formativo y nos vamos a concretar en el marco de su niñez y comienzo de su adolescencia.

El niño forja su nivel de autoconfianza basándose en gran parte, en la información que le transmiten las personas adultas significativas, a las que tiene una valoración relevante sobre su formación como futbolista y dentro de su entorno relacional. Los padres, la familia, el entrenador, ocupan un lugar especial a tales efectos.

Es natural que los padres influyan de forma diferenciada en el niño futbolista, cuando le va dando información de los resultados que va teniendo, sus consejos sobre el nivel de los logros y sobre todo, su apoyo en posibles desfases.

Sobre los niveles de Fútbol Formativo, es comprobable como los niños de 6 a 12 años, perciben como principal referencia del nivel que van logrando, la información que le llega de sus padres, valorándola como incondicional y a favor de sus intereses como deportista.

Si la participación de los padres es coherente, apoyándole y animándole dentro de una lógica educativa, tanto en progresos como en resultados negativos, el niño no tendrá ansiedad ni pensarás en dejar la actividad.

En pre-benjamines y benjamines (hasta los 9 años), se basan de forma dominante en la información de sus padres para valorarse. En alevines (hasta los 12 años), ya inician su propia comparación con los demás. Tienen en cuenta la evaluación que hagan sus entrenadores y sus compañeros, aunque compatibilizan esto con la opinión decisiva de sus padres.

De 12 a 14 años, ya se observa una clara orientación a tener en cuenta la valoración de sus entrenadores y de los compañeros, a la comparación social y a autovalorarse.

Es comprensible, que compatible con toda esta evolución, permanezcan sus padres, como fuente especial de valoración.

Capítulo 16
INICIACIÓN A LAS REGLAS DE JUEGO

1.-La función del árbitro y de las reglas de juego

Teniendo en cuenta que las Escuelas de Fútbol son el primer peldaño formativo, consideramos conveniente abrir el presente Capítulo de Reglas de Juego aplicables a jóvenes futbolistas, con una breve introducción a la función del árbitro y de las reglas de juego.

En cualquier etapa del fútbol, el árbitro debe ser considerado como un deportista, cuya función es la de dirigir el partido mediante la aplicación de unas reglas de juego que han sido previamente acordadas por los distintos estamentos responsables.

Por tanto, dentro del proceso formativo, orientemos hacia el respeto del árbitro como persona y en cuanto a su función en las actividades deportivas, desde la base del fútbol y por todos los participantes:

Jugadores– Entrenadores–Dirigentes–Personal auxiliar– Padres y familiares- Público en general– etc.

Si desde el Fútbol Formativo, desde esa base del fútbol, entendemos y respetamos la función del árbitro, sus aciertos y sus errores (como a cualquier deportista), abriríamos un proceso más favorable para todos los participantes.

Teniendo en cuenta que el árbitro está en medio de presiones del público, de los componentes de los dos equipos, etc., ¿qué actitud, que comportamiento podemos aportar para facilitar su labor?

Para facilitar la labor arbitral, debemos aplicar los siguientes criterios:
- **a)** Juega limpio, sin simulacros de contactos que busquen ventaja en el juego, no trates de engañar al árbitro.
- **b)** Busca ganar el partido a través de la labor y méritos que pongáis tú y tu equipo.
- **c)** Evitar la postura bastante generalizada de asignar al árbitro la culpa de todo y de que perdemos por sus errores, no siendo frecuente el reconocer que nuestra derrota se ha producido porque el equipo adversario ha sido mejor.
- **d)** Céntrate en tu esfuerzo a favor de tus compañeros, de tu equipo, y actúa de acuerdo con una tendencia mas justa: respetar la función arbitral.

Aparte, y por creer que ayudaría bastante, no cerramos la presente reflexión, sin recomendar que los jóvenes árbitros lleguen con la máxima formación posible a las competiciones básicas.

2. Propuesta de contenidos sobre reglas de juego en las Escuelas de Fútbol

Las reglas de juego de Fútbol-7 (web faf- 5-8-2015), desarrollan las 17 normas aplicables a dicha modalidad.

Aunque los objetivos formativos de estas edades, no obliguen a desarrollar contenidos demasiado amplios, si nos inclinamos por redactar una propuesta simplificada, que dé suficiente cobertura al respecto, de forma que el niño vaya asumiendo de modo natural la normativa del juego y el respeto a todos los participantes.

Hemos seleccionado una parte de las referidas reglas de juego y los aspectos más importantes de cada una de ellas, para que sirvan de referencia sobre los contenidos a aplicar en las Escuelas de Fútbol, y de acuerdo con los objetivos detallados en el Capítulo correspondiente de esta obra.

Teniendo en cuenta las edades de los participantes, sería conveniente intentar transmitir los contenidos de reglas de juego, de forma amena, dentro de sesiones prácticas, o bien mediante medios visuales adecuados. Y sobre todo, será dominante, el garantizar la seguridad del niño futbolista en las actividades en la Escuela de Fútbol, respetando las reglas y criterios dictadas por cada Federación, limitando los esfuerzos físicos y psíquicos, peso de balón, dimensiones y seguridad de instalaciones, etc., impidiendo todo esfuerzo físico o psíquico inadecuados. Tanto en partidos como en entrenamientos o en cualquier otra situación.

La siguiente propuesta, tiene como objetivo, el disponer de un breve resumen de conceptos que conviene que conozca el joven futbolista, sobre las principales reglas de Fútbol 7, pero consultando siempre las debidas actualizaciones en cada ámbito federativo y educativo:

a) El terreno de juego
- Sus dimensiones:

Máximas: 65 x 45 mts. y Mínimas: 50 x 30 mts.
- Sus líneas (Todas las líneas tendrán una anchura de 12 centímetros, como máximo.

2 líneas de meta

2 líneas de banda

1 línea media. El centro del campo se marca con un punto en la mitad de esa línea media y alrededor de ese punto se marca un círculo de 6 mts. de radio.

Explicar que dichas líneas producen unas áreas y unas zonas diferentes, en el terreno de juego y dar detalles de las funciones que cumplen:
- Área de meta
- Área de Penalti

- Zonas de Fuera de Juego
- Área de esquina
- Los marcos (6 x 2 mts).

ZONA DE FUERA DE JUEGO.

La zona de fuera de juego situada en ambos extremos del terreno, se delimitará de la siguiente manera:

- Se trazará una línea paralela a la línea de meta adentrándose 12 metros en el terreno de juego y que unirá las dos líneas de banda. La superficie comprendida entre esta línea y la línea de meta se llamará zona de fuera de juego.

b) El Balón

Su peso:
- Máximo 390 grs. Mínimo: 340 grs.

Su Circunferencia:
- Máxima: 66 cms. Mínima: 62 cms.

No obstante, en todos los niveles de edad de los participantes en la Escuela de Fútbol, se consultará y respetará el peso y características que al efecto marque cada Federación en cada momento y para cada edad.

Teniendo en cuenta las edades de los participantes, sería conveniente intentar transmitir los contenidos de reglas de juego, de forma amena, dentro de sesiones prácticas, o bien mediante medios visuales adecuados.

c) El número de jugadores

- Equipo: 7 jugadores
- Inscripción por partidos: 12 jugadores
- Mínimo: 5 jugadores.

Cambios:
- Avisar al árbitro
- Con juego interrumpido:

El sustituido abandona el terreno

El árbitro autoriza la entrada del sustituto, que entrará por la línea de medio campo.

d) La duración del partido

El partido durará dos tiempos iguales, salvo que por mutuo acuerdo entre el árbitro y los dos equipos participantes, decidan otra cosa, siempre si perjudicar a los niños participantes.

Para Alevines, estos dos periodos de tiempo serán de 30 minutos cada uno y para Benjamines y Pre-Benjamines serán de 25 minutos.

El descanso entre ambos periodos, no excederá de diez minutos.

e) El equipamiento de los jugadores
Equipo básico obligatorio:
- Camisa con mangas, pantalón corto, medias y calzado.
- Caso de usar térmicos, tendrán el mismo color que los pantalones cortos.
- Podrán utilizar, opcionalmente, espinilleras, mallas, pantys, leotardos y guantes, todo de material apropiado y no peligroso.
- No podrán utilizar equipamiento u objeto que sea peligroso para ellos mismos o para los demás jugadores (incluido cualquier tipo de joya).
- El portero vestirá con colores que lo diferencien de los demás jugadores y del árbitro y podrán utilizar pantalones largos y gorras.

f) Faltas e incorrecciones
- Informar a los jóvenes futbolistas sobre las 10 infracciones en que el árbitro sancionará con Libre directo o con Penalti:
  1-Dar o intentar dar una patada a un adversario
  2- Poner una zancadilla a un contrario
  3- Saltar sobre un adversario
  4- Cargar violentamente o peligrosamente a un adversario
  5- Golpear o intentar golpear a un adversario
  6- Empujar a un adversario
  7- Hacer una entrada a un adversario para ganar la posesión del balón, tocándole antes que al balón
  8- Tocar el balón deliberadamente con las manos (salvo el portero en su área de penalti).
  9- Sujetar a un contrario
  10- Escupir a un contrario.
- Informar a los jóvenes futbolistas sobre las infracciones en que el árbitro sancionará con Libre indirecto.
- Informar sobre las sanciones a los jugadores por faltas e infracciones que cometan.
- Explicar diferencias entre Libre Directo, Libre Indirecto y Penalti y las formas de ejecutar correctamente estos saques libres.

g) Saques de centro, de meta, de banda y de esquina
- Informar de forma teórica y práctica sobre las normas que regulan estos saques y formas de realizarlos reglamentariamente.

3. Resumen de las funciones del árbitro de fútbol
Agrupamos las funciones del árbitro de fútbol, de la forma siguiente:
- Antes del partido
- Durante el partido
- Después del partido

a) Antes del partido
Desde que acceda a las instalaciones deportivas hasta que comienza el partido, creemos que el árbitro debe disponer de una capacidad discrecional y motivada, cuya aplicación se oriente a lograr que todas las actividades y el propio partido, se desarrollen dentro de un marco de seguridad y respetando las reglas de juego.

El árbitro inicia su labor antes de empezar el partido, ya que tiene entre otras obligaciones, las siguientes:

Examinar las licencias federativas de los jugadores, entrenadores y personal auxiliar.

Inspeccionar el terreno de juego y los balones que se vayan a utilizar.

Informar al delegado de campo de cualquier deficiencia observada, para que sean normalizadas antes del comienzo del partido.

Controlar si el equipamiento de los jugadores se atiene a las reglas de juego, etc.

En ese espacio de tiempo previo al partido, puede tomar medidas disciplinarias, incluido el sancionar a un jugador para que no participe en el partido, si bien, en ese caso, si podrá ser sustituido.

b) Durante el partido
Al comenzar el partido, el árbitro dispone de un poder completo, que le faculta para aplicar las reglas de juego y decidir posibles medidas tanto disciplinarias como técnicas.

c) Después del partido
Una vez finalizado el partido, cualquier incidencia, incorrección, etc., la reflejará en el acta o en informes que procedan redactarse.

4. Resumen sobre las Reglas de Juego
Aclaración importante

En el presente Resumen sobre las Reglas de Juego del Fútbol, se pretende incluir una información básica, pero suficientemente amplia para que el joven futbolista
- disponga de los conceptos de las normas que regulan el juego,
- respete y entienda mejor la labor arbitral,
- adapte su participación al fútbol bajo criterios de juego limpio y respeto a todos los participantes.

A continuación, incluimos conceptos reglamentarios del fútbol, que consideramos actualizados. Para ello, hemos consultado el Reglamento de Fútbol-7 de la Federación Andaluza y para otros aspectos comunes, las Reglas de Juego 2015-16, publicadas por FIFA, como órgano superior en la materia. Cualquier duda sobre posibles aplicaciones y variaciones en la regulación de dichos conceptos, debe ser consultada en las disposiciones específicas de Fútbol-7 de cada Federación de Fútbol en cada zona y en las directrices de FIFA y sus Federaciones nacionales y no sobre lo que se incluye en la presente obra, que solo busca una acción formativa, divulgativa y no de uso o efectos legislativos ni oficiales.

En resumen, se incluyen conceptos reglamentarios, con una representación gráfica para cada jugada, y como hemos dicho:

• Ayudando a que el joven futbolista respete las reglas, a los árbitros y a los demás participantes, dentro y fuera del terreno de juego.

I. MARCACIÓN Y DIMENSIONES DEL TERRENO DE JUEGO

a) Marcación y dimensiones

El terreno de juego será rectangular y estará marcado con líneas. Dichas líneas pertenecerán a las zonas que demarcan.

Las dos líneas de marcación más largas se denominarán líneas de banda. Las dos más cortas se llamarán líneas de meta.

El terreno de juego estará dividido en dos mitades por una línea media que unirá los puntos medios de las dos líneas de banda.

La longitud de la línea de banda deberá ser superior a la longitud de la línea de meta.

Las medidas mínimas y máximas de la longitud y de la anchura de los terrenos de juego son las que se indican en el gráfico siguiente. Todas las líneas deberán tener la misma anchura, como máximo 12 cm.

b) Área de meta

Se trazarán dos líneas perpendiculares a la línea de meta, a partir de la parte interior de cada poste de meta. Dichas líneas se adentrarán en el terreno de juego y se unirán con una línea paralela a la línea de meta. El área delimitada por dichas líneas y la línea de meta será el área de meta. Se incluyen las medidas en los gráficos.

c) Área penal

Se trazarán dos líneas perpendiculares a la línea de meta, partiendo de la parte interior de cada poste de meta. Dichas líneas se adentrarán en el terreno de juego y se unirán con una línea paralela a la línea de meta. El área delimitada por dichas líneas y la línea de meta será el área penal. Se incluyen las medidas en los gráficos.

En cada área penal se marcará un punto penal a 9 m de distancia del punto medio de la línea entre los postes de meta y equidistante a estos.

Al exterior de cada área penal se trazará un semicírculo con un radio de 6 m desde el punto penal.

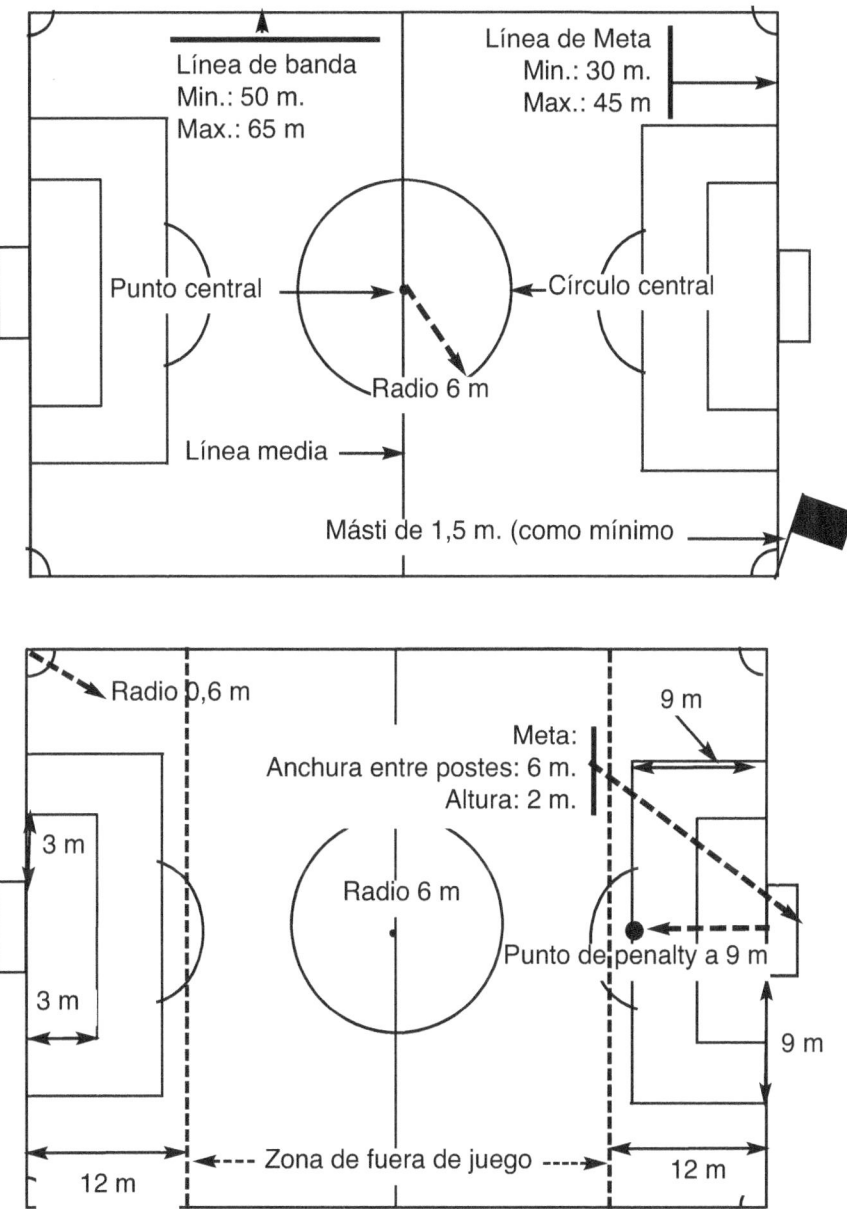

d) Banderines
En cada esquina se colocará un poste no puntiagudo con un banderín, cuya altura mínima será de 1.5 m.
e) Área de esquina
Se trazará un cuadrante con un radio de 0,6 m desde cada banderín de esquina en el interior del terreno de juego.
f) Metas
La distancia entre los postes será de 6 m y la distancia del borde inferior del travesaño al suelo será de 2 m.

Los postes y el travesaño tendrán la misma anchura y espesor, como máximo 12 cm. Las líneas de meta tendrán la misma anchura que los postes y el travesaño..
g) Seguridad
Los postes deberán estar anclados firmemente en el suelo. Se podrán utilizar metas portátiles solo en caso de que se cumpla esta condición

II. INFRACCIONES QUE SE SANCIONAN CON TIROS LIBRES
a) Infracciones que se sancionan con tiro libre directo.
Según las reglas oficiales del juego, se concederá un tiro libre directo al equipo adversario, si un jugador comete una de las siguientes siete infracciones de una manera que el árbitro considere imprudente, temeraria o con el uso de fuerza excesiva:
- dar o intentar dar una patada a un adversario
- poner o intentar poner una zancadilla a un adversario
- saltar sobre un adversario
- cargar sobre un adversario
- golpear o intentar golpear a un adversario
- empujar a un adversario
- hacer una entrada a un adversario para ganar la posesión del balón, tocándole antes que al balón
- sujetar a un adversario
- escupir a un adversario
- tocar el balón deliberadamente con las manos (se exceptúa al guardameta dentro de su propia área penal).

Si un tiro directo entra en la meta contraria es gol y si entra en la meta propia, será saque de esquina a favor del contrario.
b) Tiro penal
Se concederá un tiro penal si un jugador comete una de las diez infracciones que se señalan para el libre directo, dentro de su propia área penal e independientemente de la posición del balón.

c) Posición e infracciones de los jugadores en el lanzamiento de un tiro penal

Posición correcta:
- El balón en el punto penal.
- El jugador que ejecuta el tiro penal, situado ante el balón.
- El portero del equipo defensor, permanecerá sobre la línea de meta y entre los postes, hasta que el balón esté en juego.
- Los demás jugadores, fuera del área penal, a más de 6 mts. del punto penal y por detrás de este punto.
- Después de la señal del árbitro, el lanzador pateará el balón hacia delante y no podrá jugarlo por segunda vez, hasta que sea tocado por otro jugador. El balón estará en juego en cuanto es pateado y se mueve hacia delante.

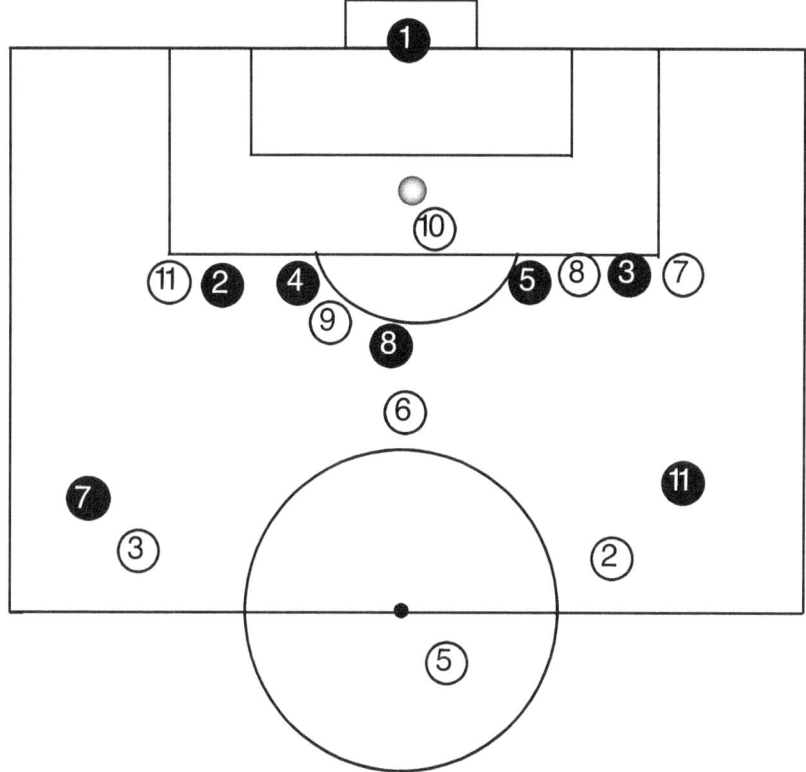

3. Posición de los jugadores en la ejecución de un tiro penal.

Decisiones arbitrales ante posibles infracciones en el lanzamiento de un tiro penal: El árbitro podrá decidir posibles repeticiones y prolongaciones de tiempo necesarios para que se complete el tiro penal.

• Si el ejecutor del tiro penal o un compañero suyo, comete una infracción a las reglas de juego, después de ordenarse el lanzamiento, el árbitro permitirá su saque y decidirá de la forma siguiente:
   a) Si el balón entra en la meta, ordenará la repetición del lanzamiento.
   b) Si el balón no entra en la meta, señalará libre indirecto a favor
      del equipo defensor, desde el punto de la infracción.

• Si el guardameta del equipo defensor del tiro penal o un compañero suyo, comete una infracción a las reglas de juego, después de ordenarse el lanzamiento, el árbitro permitirá su saque y decidirá de la forma siguiente:
   a) Si el balón entra en la meta se concederá gol.
   b) Si el balón no entra en la meta, se repetirá el tiro penal.

d) Infracciones que se sancionan con tiro libre indirecto

Se concederá un tiro libre indirecto al equipo adversario, entre otros, en los casos siguientes:

• Si un guardameta:
Tarda más de seis segundos en poner el balón en juego después de haberlo controlado con sus manos.
Vuelve a tocar el balón con las manos después de haberlo puesto en juego y sin que cualquier otro jugador lo haya tocado.
Toca el balón con las manos después de que un jugador de su equipo se lo haya cedido con el pie.
Toca el balón con las manos después de haberlo recibido directamente de un saque de banda lanzado por un compañero.

• Si un jugador, en opinión del árbitro:
Juega de forma peligrosa.
Obstaculiza el avance de un adversario.
Impide que el guardameta pueda sacar el balón con las manos.
Comete cualquier otra infracción que no haya sido anteriormente mencionada en las Reglas de Juego o sea interrumpido para amonestarle o expulsarle.
El árbitro diferenciará el libre indirecto, levantando el brazo por encima de su cabeza.
Si un tiro libre indirecto entra directamente en la meta contraria, se concederá saque de meta.
Si un tiro libre indirecto entra directamente en la propia meta, se concederá un saque de esquina al equipo contrario.

e) Posición de los jugadores en tiros libres dentro del área penal
• Tiro libre directo o indirecto a favor del equipo defensor:

Los jugadores adversarios deberán encontrarse como mínimo a 6 mts. del balón y fuera del área penal.

El balón estará en juego apenas haya sido pateado directamente fuera del área penal

Un tiro libre concedido en el área de meta podrá ser lanzado desde cualquier punto de dicha área.

• Tiro libre indirecto a favor del equipo atacante y dentro del área penal: Todos los defensores deberán encontrarse como mínimo a 6 mts. del balón, hasta que esté en juego, salvo si se hallan sobre su propia línea de meta, entre los postes de meta.

El balón estará en juego en el momento en que es pateado y se pone en movimiento.

• Tiro libre indirecto a favor del equipo atacante y dentro del área de meta: Un tiro libre indirecto concedido en el área de meta, se lanzará desde la parte de la línea del área de meta, paralela a la misma y en el punto más cercano al lugar donde se cometió la infracción.

El balón estará en juego en el momento en que es pateado y se pone en movimiento.

4. Ejemplo de posición de los jugadores en un tiro libre (directo o indirecto) a favor del equipo defensor y dentro del área penal.

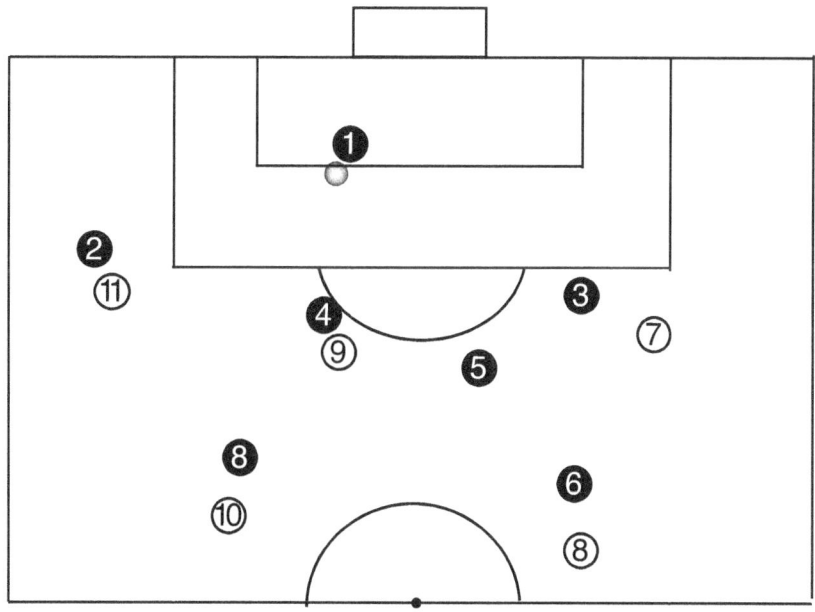

5. Ejemplo de posición de los jugadores en tiro libre indirecto a favor del equipo atacante y dentro del área penal. Todos los defensores a un mínimo de 6 m del balón.

6. Ejemplo de posición de los jugadores en un tiro libre indirecto a favor del equipo atacante y dentro del área de meta. Todos los defensores a un mínimo de 6 m del balón o sobre la línea de meta.

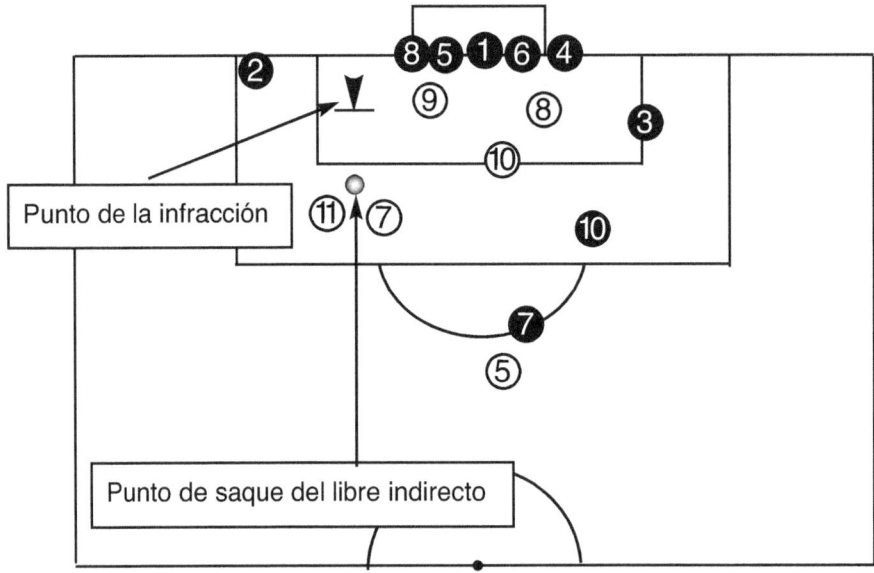

f) Posición de los jugadores en tiros libres fuera del área penal

Todos los adversarios deberán encontrarse como mínimo a 6 mts. del balón hasta que esté en juego.

El balón estará en juego en el momento en que es pateado y entra en movimiento.

El tiro libre se lanzará desde el lugar donde se cometió la infracción o desde el lugar donde se hallaba el balón cuando se cometió la infracción, según el tipo de infracción

7. Ejemplo de posición de los jugadores en tiros libres fuera del área penal

III. REGLA DEL FUERA DE JUEGO

Un jugador incurre en posición de fuera de juego si estando en la zona de fuera de juego, se encuentra más cerca de la línea de meta contraria que el balón y el penúltimo adversario.

a) Infracción de fuera de juego

Para que el jugador incurra en fuera de juego y se sancione la jugada, será necesario que además de estar dentro de la zona de fuera de juego, se encuentre más cerca de la línea de meta contraria que el balón y el penúltimo adversario, pero además, es necesario, que a juicio del árbitro, esté implicado en el juego activo: interfiriendo en el juego, interfiriendo a un adversario o ganando ventaja de dicha posición.

Es decir, que el estar en fuera de juego no supone infracción por el simple hecho de situarse en esa posición.

b) Implicación en el juego activo

Mientras estés en fuera de juego, no puedes implicarte en el juego activo, ya que entonces, se activa la sanción. Es decir, no podrás:

a) Interferir en el juego

b) Interferir a un adversario

c) Ganar ventaja de tu posición antirreglamentaria.

Interfieres en el juego, cuando:
- Impides que un contrario juegue o pueda jugar el balón.

Interfieres a un adversario, cuando:
- Impides que un contrario juegue o pueda jugar al balón.
- Obstruyes su campo visual en el juego.
- Estás en la trayectoria de un tiro a puerta contraria, haciendo gestos o movimientos que distraigan al adversario.

Para estas valoraciones, se tendrá en cuenta que el adversario esté razonablemente cerca del juego.

Ganas ventaja con la posición, cuando:
- Juegas un balón rebotado en los postes o en el travesaño.
- Juegas un balón rebotado en un adversario

c) No está en fuera de juego

Un jugador no estará en posición de fuera de juego si:

a) se encuentra fuera de la zona de fuera de juego,

b) está a la misma altura que el penúltimo adversario o,

c) está a la misma altura que los dos últimos adversarios.

d) No es infracción

No existirá infracción de fuera de juego si el jugador recibe el balón directamente de: un saque de meta, un saque de banda o un saque de esquina.

c) Valoración de la posición de fuera de juego

Para la sanción del fuera de juego, será necesario que el jugador:
- Esté en posición de fuera de juego y además,
- Esté implicado en el juego activo.

Con ambas circunstancias:
- El árbitro sancionará fuera de juego

Para dicha valoración, el árbitro tendrá en cuenta la posición de cualquier parte del cuerpo: cabeza, cuerpo o pies, del jugador atacante, no valorándose la posición de los brazos y siempre en relación al penúltimo adversario, el balón o la línea divisoria central.

IV. FICHAS TEÓRICAS SOBRE EL FUERA DE JUEGO

8. El jugador 7 desborda a su marcador 3, entra en el área penal y marca gol. El atacante 11, pasa a posición de fuera de juego.

El árbitro sancionará el fuera de juego, si a su juicio, el jugador está:

  a) implicado en el juego activo, o

  b) interfiriendo en el juego o a un adversario, o

  c) está ganando ventaja de dicha posición.

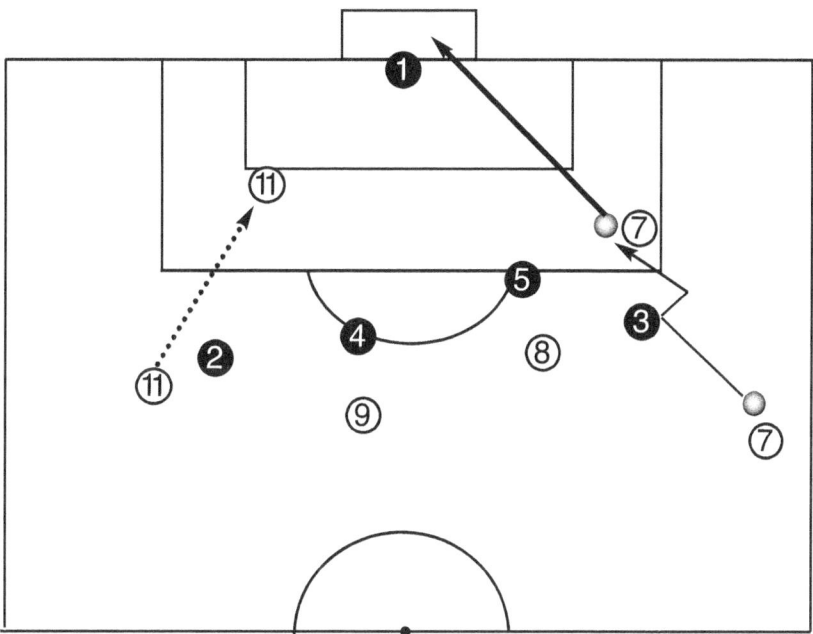

9. No se sancionará con fuera de juego. Gol válido.
Saque de esquina, posición de fuera de juego de 9 y gol en primer jugada. Gol válido, ya que 9 recibe el balón directamente de un saque de esquina.

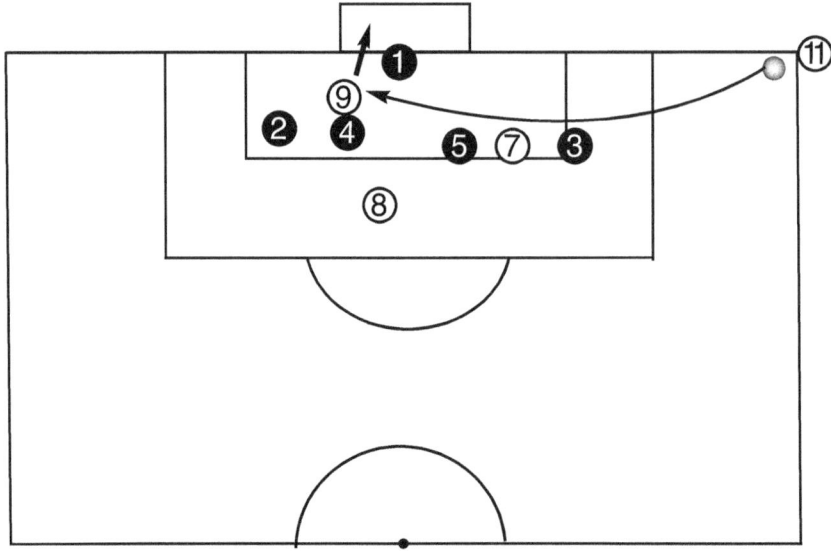

10. Fuera de juego. Gol no válido.
Saque de esquina, prolongación de cabeza de 7, posición de fuera de juego de 9 que marca gol.
Gol no válido, ya que 9 recibe el balón en segunda jugada de un saque de esquina.

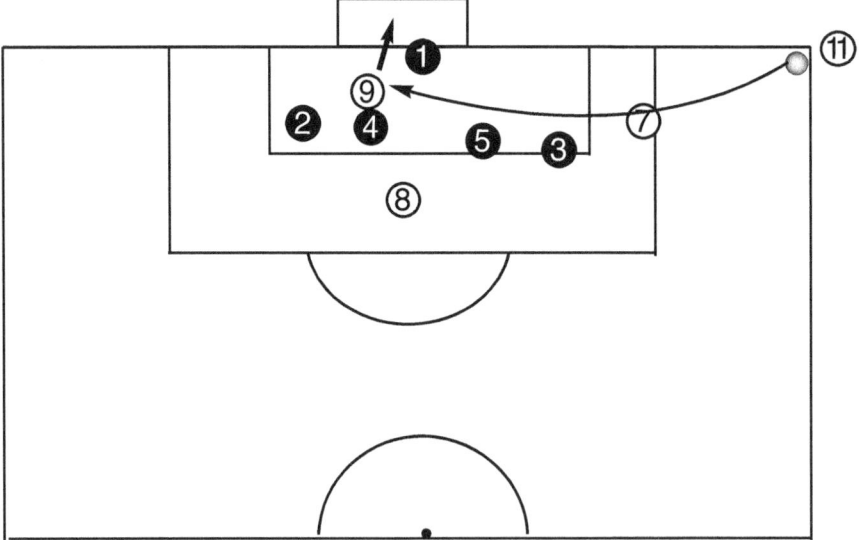

11. No se sancionará con fuera de juego. Gol válido

Saque de banda, posición de fuera de juego de 8 y gol en primera jugada. Gol válido, ya que 8 recibe el balón directamente de un saque de banda.

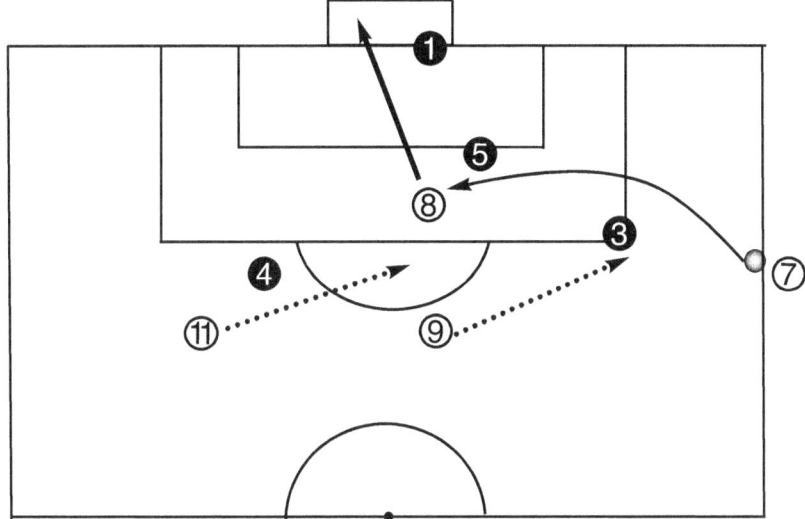

12. Fuera de juego. Gol no válido

Saque de banda, posición de fuera de juego de 11, ya que antes de realizar el saque de banda se ha posicionado en fuera de juego y el gol lo marca en segunda jugada.

Gol no válido, ya que 11 está en posición no reglamentaria y no recibe el balón directamente de un saque de banda, sino de la prolongación de 8.

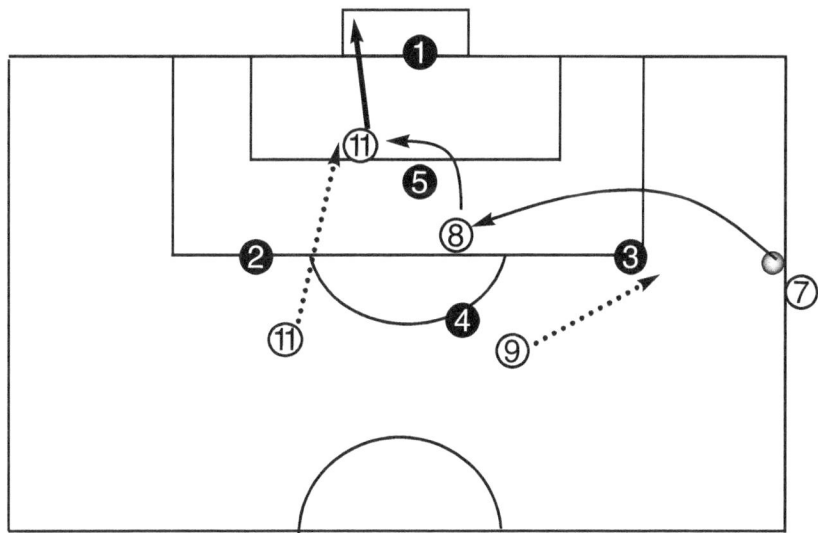

13. No se sancionará con fuera de juego. Gol válido

Saque de meta. El jugador 9 se ha situado en fuera de juego.
El saque del portero va a la posición ganada por 9, que consigue gol.
Gol válido, ya que 9 recibe el balón directamente de un saque de meta.

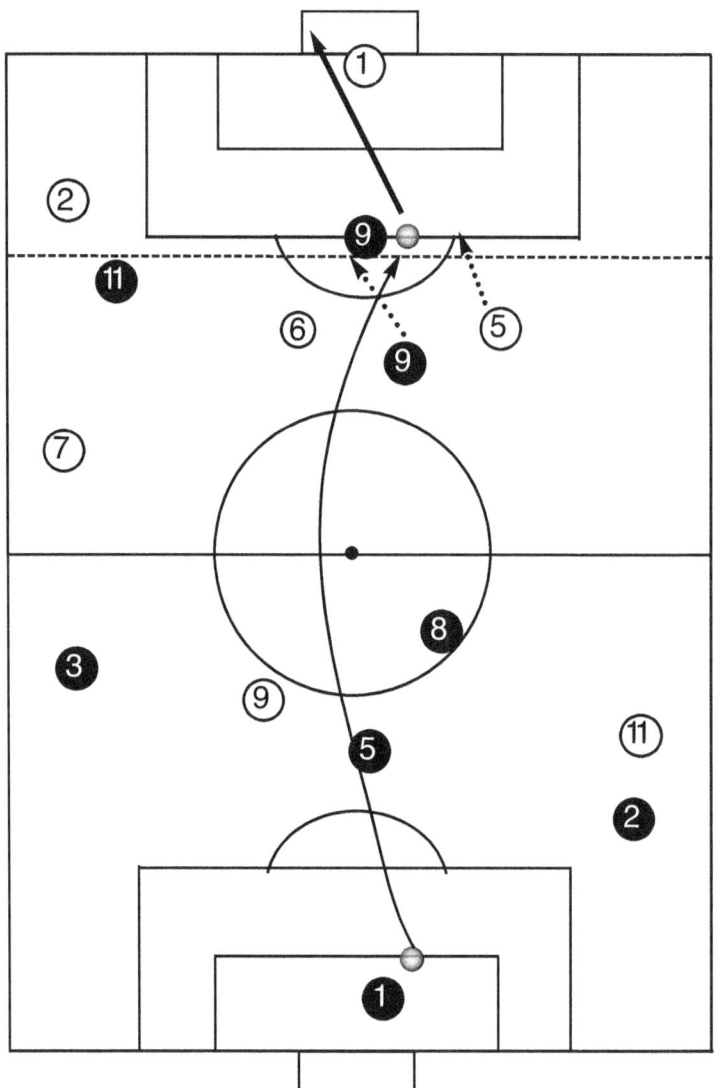

14. Fuera de juego. Gol no válido

Saque de meta. El jugador 9 se ha situado en fuera de juego.

El saque del portero va a su compañero 6 que prolonga a la posición de 9, que consigue gol.

Gol no válido, ya que 9 no recibe el balón directamente de un saque de meta, sino de la prolongación de 6.

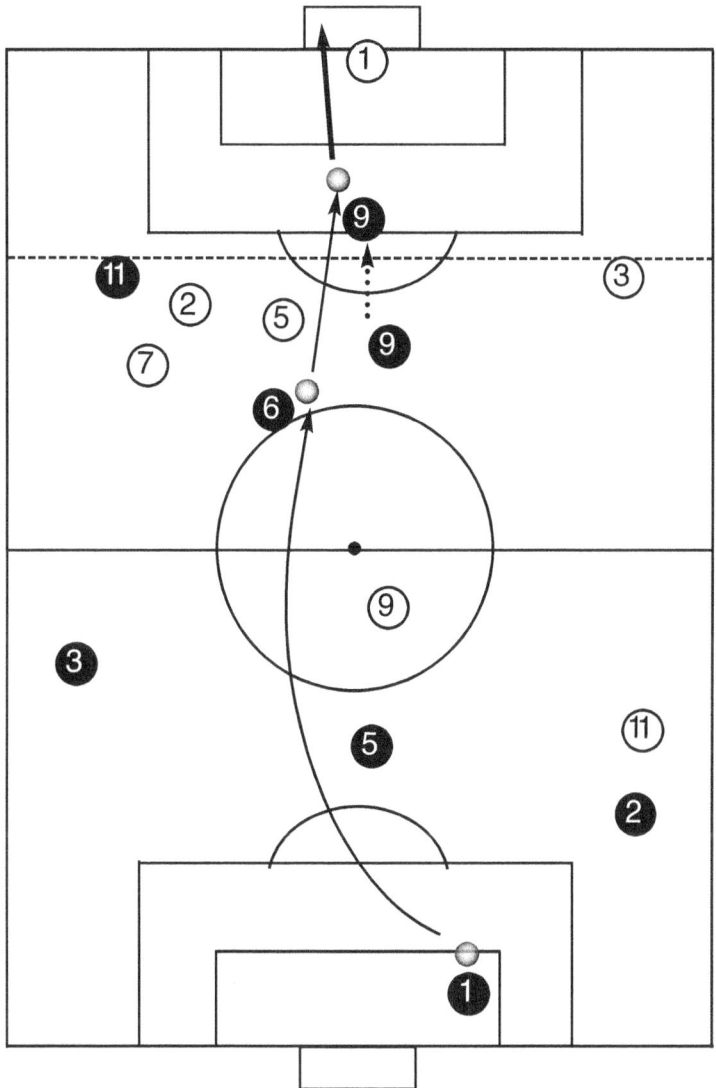

15. Fuera de juego. Gol no válido.

Nuestro centrocampista de banda derecha 7 regatea al defensor adversario 3 y antes de llegar al frontal del área, dispara a portería. 11 y 8 están en posición legal. 9 se sitúa en fuera de juego, antes de que su compañero 7 dispare a gol. El balón da en el larguero y llega a 9, que marca gol.

Rebote en larguero y gol no válido por fuera de juego de 9, que desde el inicio de la jugada está en posición ilegal.

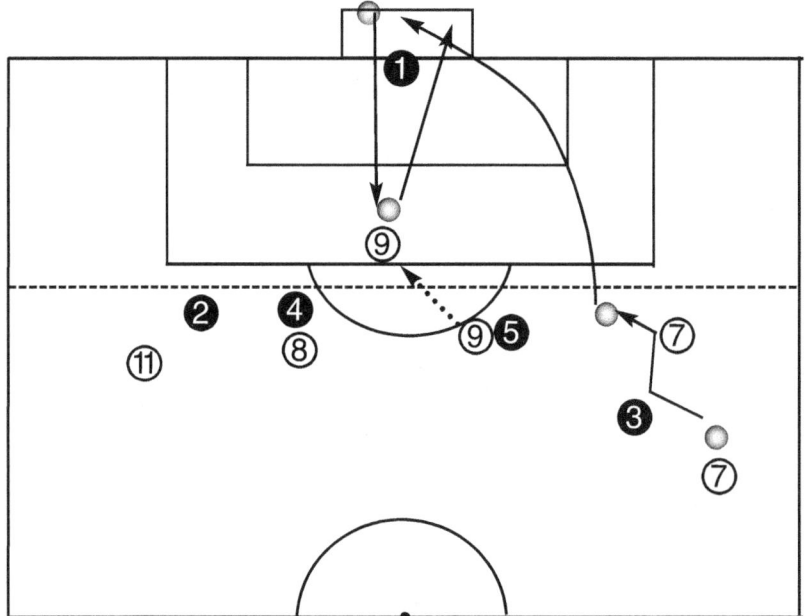

16. No se sancionará con fuera de juego. Gol válido.
El centrocampista ofensivo 10, corta el balón, conduce brevemente y pasa el balón a su delantero 9, que en el momento del pase está en posición legal y que se adelanta y marca gol. Los jugadores 7, 8 y 11, están en posición reglamentaria.

Conducción y pase. No existe fuera de juego, por que en el momento del pase, el jugador 9, está en situación legal. Posteriormente, gana la posición y marca. Gol válido.

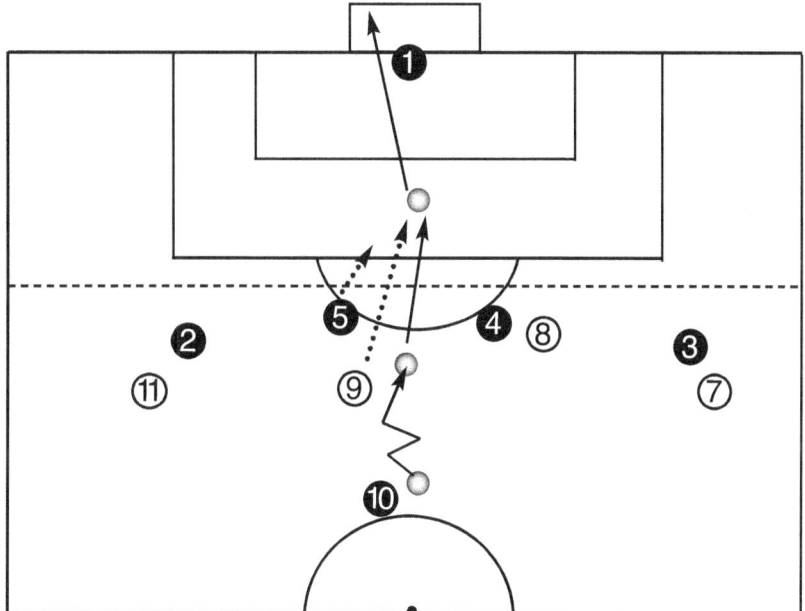

17. No se sancionará con fuera de juego. Gol válido

El centrocampista 8 corta el balón en el círculo central al adversario 6 y envía balón adelantado, por la derecha. 7 inicia carrera, gana la posición a su adversario 3 y se hace con el balón. Conduce brevemente y consigue gol.

Posición inicial legal del jugador que recibirá el balón. Jugada legal. No se sanciona con fuera de juego. Gol válido.

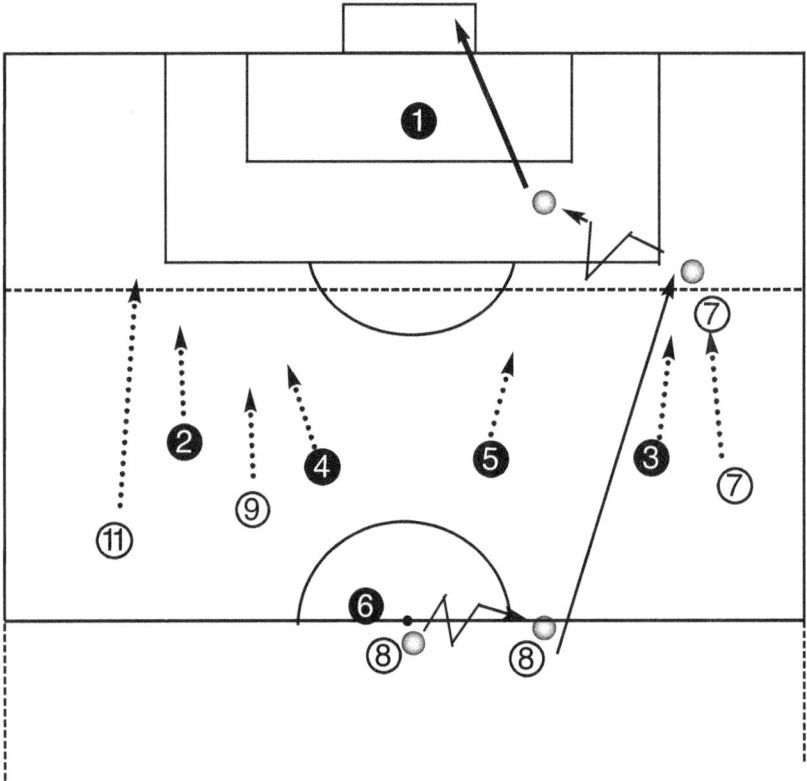

18. Fuera de juego. Gol no válido

Los jugadores 7, 10, 8 y 11, están en posición legal. Su compañero 9, está en fuera de juego e interfiriendo el juego del guardameta adversario, para que 10 dispare directo y marque.

Posición de fuera de juego más interferir en el juego, es igual a sanción. Gol no válido.

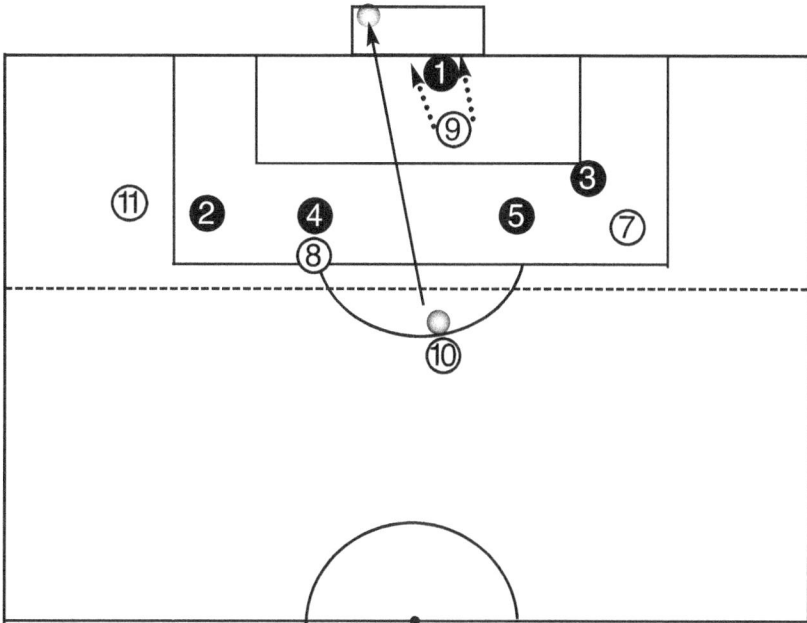

19. No se sancionará con fuera de juego. Gol válido.

Jugada idéntica a la anterior Nº 14, salvo que el atacante 9, no está implicado en el juego activo: no impide que un contrario juegue o pueda jugar el balón, no obstruye a un adversario su campo visual en el juego, no está en la trayectoria de un tiro a puerta contraria haciendo gestos o movimientos que distraigan al adversario. Es gol válido.

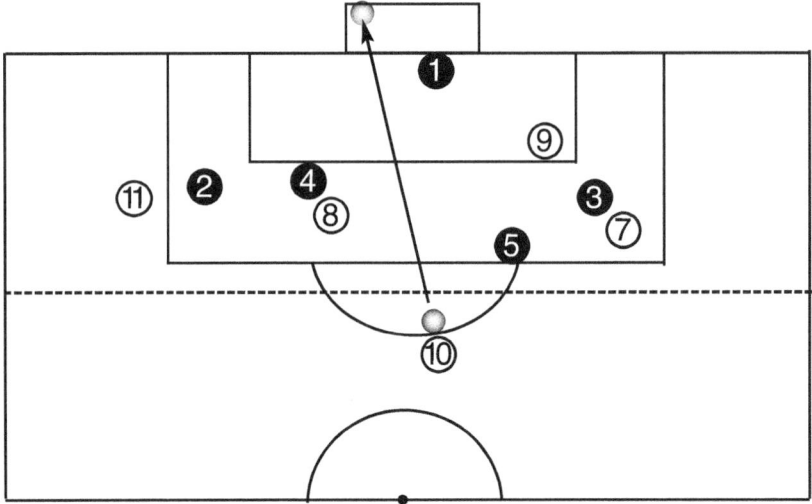

20. Fuera de juego. Gol no válido

Los jugadores 8, 10 y 7, están en posición legal y 9 está en fuera de juego en el frontal del área de meta. El jugador 11 dispara a portería y el rechace del portero va a 9, que marca gol, sacando ventaja de su posición antirreglamentaria. Gol no válido.

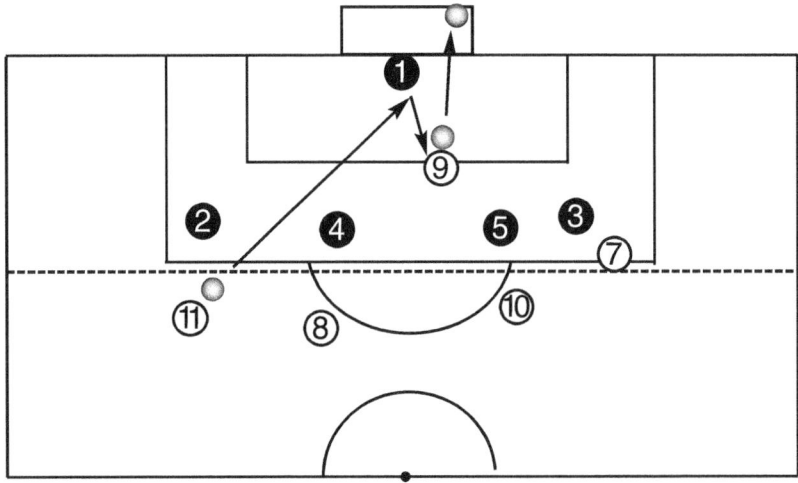

21. No se sancionará con fuera de juego. Gol válido.

Todos los atacantes en posición legal. El jugador 11, dispara a portería y el rechace del portero va al frontal del área de meta, donde llega 8, que ha ganado legalmente la posición y marca. Gol válido.

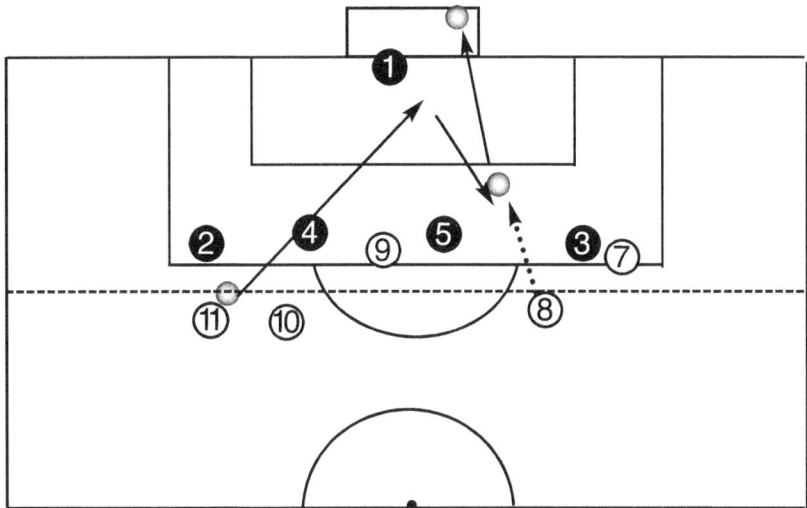

22. Fuera de juego. Gol no válido

Los atacantes 7, 8, 10 y 11, en posición legal y 9 en fuera de juego.
11 dispara a portería y el balón rebota en el defensa 2 y llega al atacante 9, que marca gol, sacando ventaja de su posición antirreglamentaria. Gol no válido.

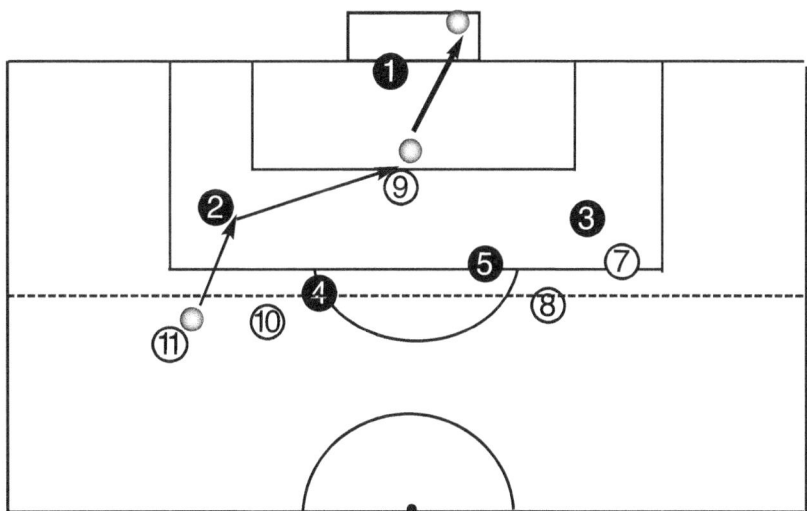

23. No se sancionará con fuera de juego. Gol válido.

Los atacantes 7, 8, 9 y 11, en posición legal y 10 en fuera de juego. Pase de 8 a zona derecha del área de meta, donde llega 7 que ha ganado legalmente la posición y retrasa el balón a 10, que remata y marca gol. El jugador 10 estaba en posición ilegal al inicio de la jugada, pero no participó activamente y cuando 7 le envía el balón 10, ya no está en fuera de juego. Gol válido.

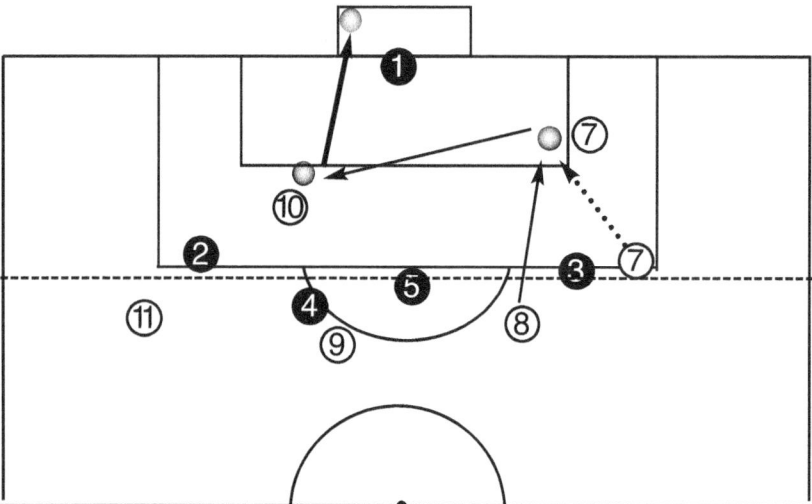

V. REGLAS DE JUEGO EN SAQUES DE ESQUINA, DE BANDA, DE META Y DE SALIDA

Saques de esquina

Los saques de esquina se realizarán desde el interior del cuadrante del banderín de esquina, más cercano al punto en que el balón atravesó la línea de meta. Dicho poste del banderín, no se deberá quitar para realizar el saque. Se puede obtener gol directamente.

Saque de banda

El saque de banda sirve para reanudar cuando el balón atraviesa la línea de banda.

No es válido un gol conseguido directamente de saque de banda
Forma de ejecución

En el momento de lanzar el balón, el ejecutor deberá:

a) Estar de frente al terreno de juego

b) Tener una parte de ambos pies sobre la línea de banda o en el exterior de la misma
c) Servirse de ambas manos
d) Lanzar el balón desde atrás y por encima de la cabeza
e) Lanzar el balón desde el sitio donde salió del terreno de juego

Todos los adversarios deberán permanecer a una distancia que no sea inferior a 2 metros del lugar en que se ejecuta el saque de banda.

El balón estará en juego tan pronto haya entrado en el terreno de juego.

El ejecutor del saque no deberá volver a jugar el balón hasta que este haya tocado a otro jugador.

Saque de meta

Se podrá sacar desde cualquier punto del área de meta.

Estará en juego el balón, en cuanto salga directamente fuera del área penal.

Se puede obtener gol, directamente de un saque de meta.

Saque de salida

El saque de salida es una forma de iniciar o reanudar el juego:
- al comienzo del partido
- tras haber marcado un gol
- al comienzo del segundo tiempo del partido
- al comienzo de cada tiempo suplementario, dado el caso

Se podrá anotar un gol directamente de un saque de salida.

Realización del saque de salida:

Todos los jugadores deben encontrarse en su propia mitad.

Los adversarios, a un mínimo de 6 m del balón.

Balón en punto central y se necesita de la señal del árbitro.

El jugador que hace el saque, no debe jugar el balón por segunda vez, hasta que este haya sido tocado por otro jugador.

VI. FICHAS TEÓRICAS SOBRE SAQUES DE BANDA, DE META, DE ESQUINA, DE SALIDA Y OTRAS REGLAS DE JUEGO EN FÚTBOL 7.

Aplicables en la enseñanza teórico-práctica de los jóvenes futbolistas de nuestra Escuela de fútbol-7:

a) Terreno de juego

¿Qué regla especial tiene el portero referente a la carga en el área de meta?

En el área de meta, las reglas de juego reservan al portero el privilegio de no poder ser cargado, salvo que se encuentre en posesión del balón o esté obstruyendo el paso. No obstante, ese privilegio desaparece en cuanto salga del área de meta, incluso estando dentro del área de penalty.

24. En el gráfico siguiente, indica la medida frontal y la medida lateral del área de meta.

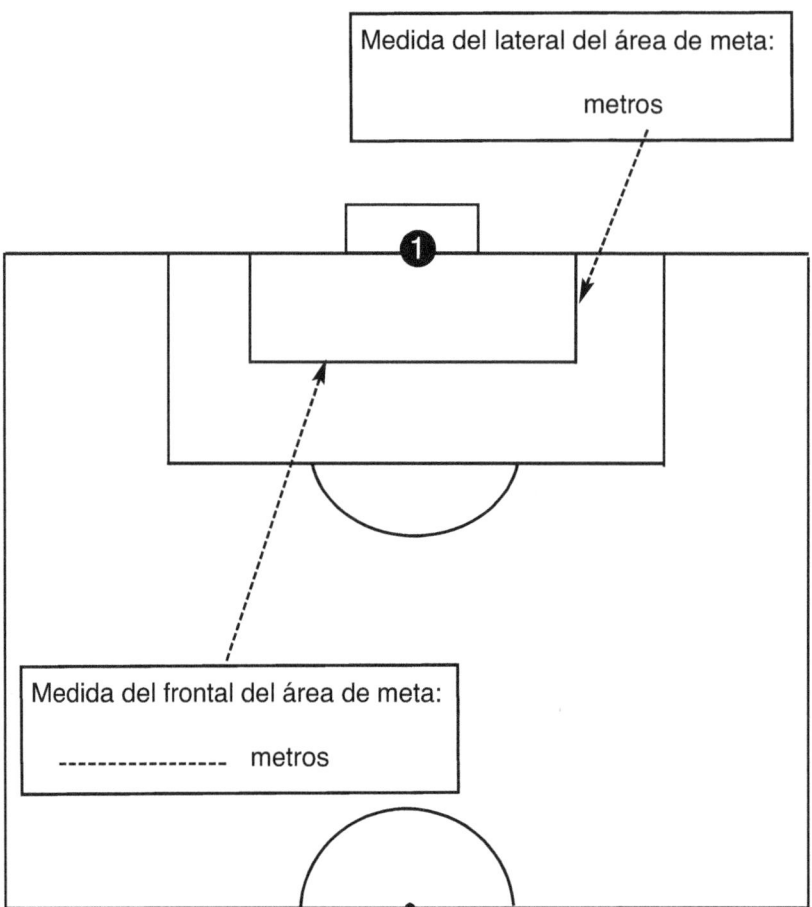

25. En el gráfico siguiente, indica las medidas que en Fútbol-7, corresponden a la portería:
   a) el ancho máximo de los postes y los travesaños de portería
   b) el ancho máximo de la línea de meta
   c) ancho interior: entre los postes
   d) alto: desde el borde inferior del larguero al suelo.

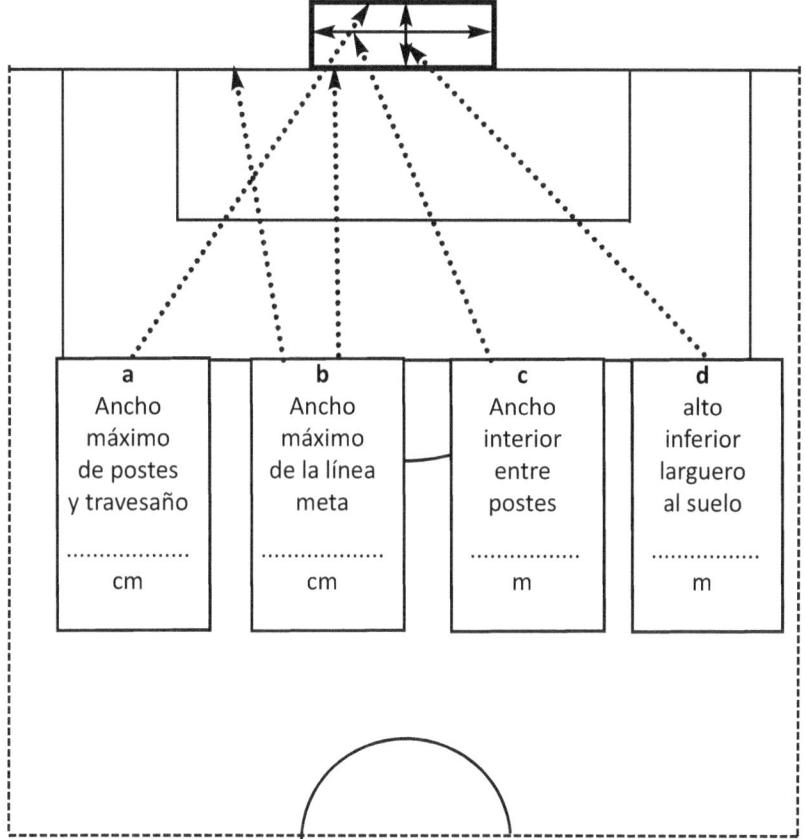

¿Qué privilegio mantiene el portero dentro del área de penalty, una vez que sale del área de meta?
Dentro del área de penalty, una vez que sale del área de meta, el portero mantiene el privilegio de poder jugar con las manos, pero puede ser cargado como cualquier otro jugador.

26. En el gráfico siguiente:
   a) indica la medida lateral del área penal
   b) indica la medida frontal del área penal.
   c) indica metros y centímetros que mide la línea radial que va desde el semicírculo del frontal del área al punto de penalty.
   d) indica la distancia desde la línea de meta al punto penal.

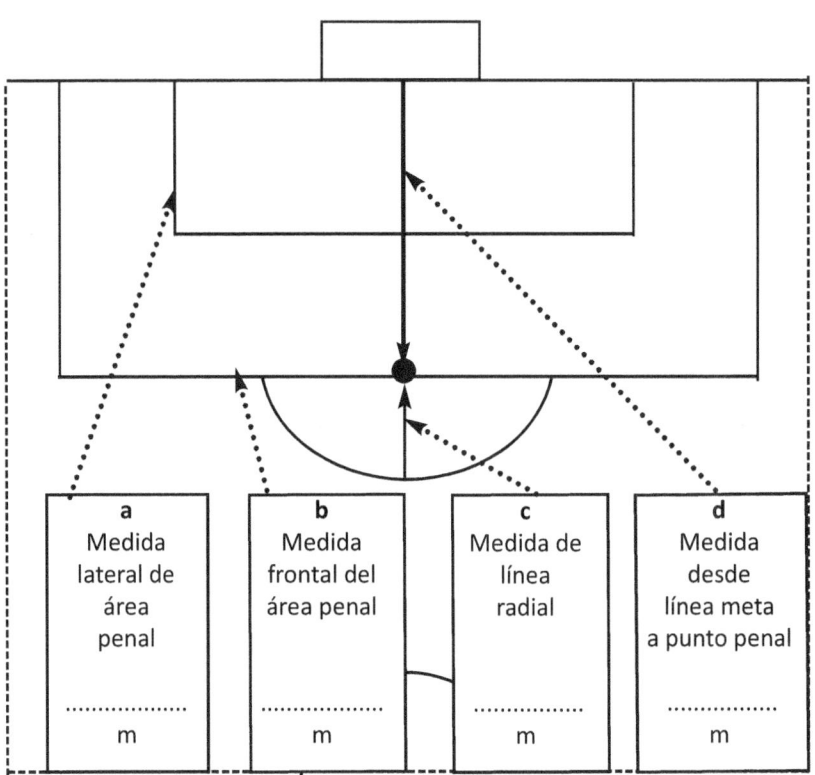

¿Qué es el área de esquina?

El área de esquina es un cuadrante con un radio de 1 m desde cada banderín de esquina, hacia el interior del terreno de juego. En ese pequeño área se coloca un poste no puntiagudo, de adecuado material y con longitud no inferior a un 1,50 mts.

¿Como se llaman cada una de las líneas exteriores que delimitan el campo?

Las dos paralelas del largo del terreno de juego se llaman líneas de banda y las otras dos, donde se sitúan las porterías, se llaman líneas de meta.

Todas las líneas del terreno de juego ¿forman parte de los espacios que delimitan?

Si, todas las líneas del terreno de juego forman parte del espacio que delimitan, a excepción de la línea de medio campo, que puede considerarse una línea neutra.

27. Indica en el gráfico siguiente:

• las medidas reglamentarias máximas y mínimas para el largo del terreno de juego

• las medidas reglamentarias máximas y mínimas para el ancho del terreno de juego

• medida del radio del cuadrante del área de esquina

• altura mínima del poste del banderín

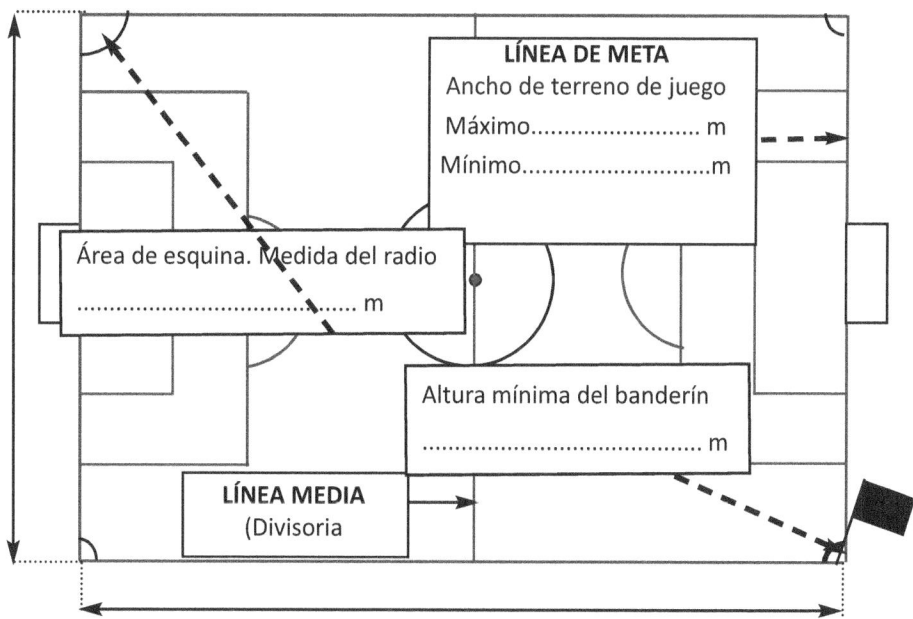

b) Tiros libres

• ¿Qué infracciones se sancionan con el tiro libre directo?
Con el saque libre directo, se sancionan faltas graves que se cometan fuera del área de penalty. Permite conseguir gol directamente.
• ¿Qué infracciones se sancionan con penalty?
Se concederá un tiro penal si un jugador comete una de las diez infracciones que se aplican para el libre directo, pero dentro de su propia área de penalty.

28. Ejemplo de saque libre directo a gol

Barrera situada a 9,15 metros del balón. Resto de defensores también a 9, 15 metros del balón

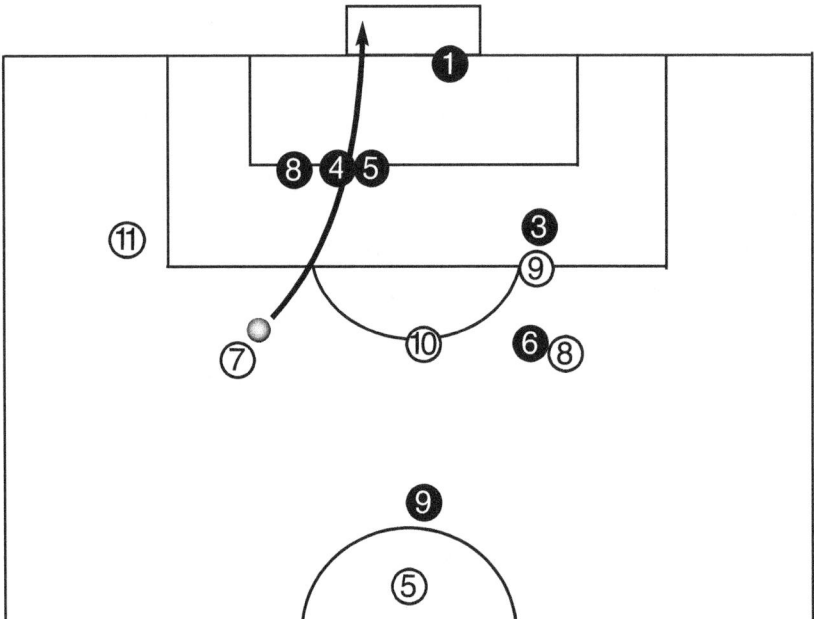

• ¿Qué infracciones se sancionan con saque libre indirecto?
 Con el saque libre indirecto, se sancionan las pequeñas vulneraciones a las reglas de juego. Faltas leves en cualquier zona del terreno de juego. No permite conseguir gol directamente.

29. Ejemplo de un saque libre indirecto, desde fuera del frontal del área penal

Barrera situada a 6 metros del balón. Resto de defensores también a 6 metros del balón. El atacante 10 cede en corto, para el tiro a gol, con efecto para rebasar la barrera, que realiza su compañero 7.

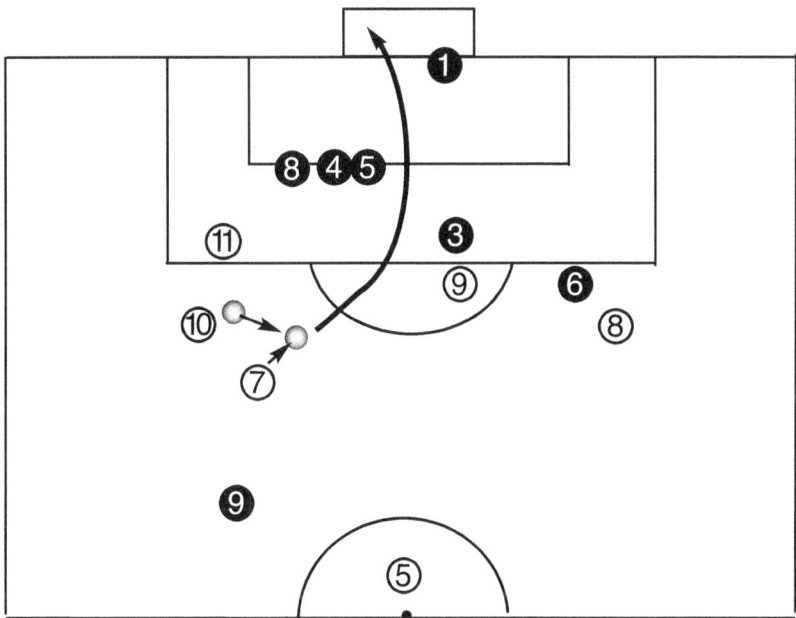

c) Saque de banda

• ¿A que distancia mínima del lugar en que se ejecuta el saque de banda, deben situarse los jugadores adversarios?
Todos los adversarios deberán permanecer a una distancia que no sea inferior a
2 metros del lugar en que se ejecuta el saque de banda.

• Si uno de los jugadores de nuestro equipo, comete una infracción en la forma de realizar un saque de banda ¿Qué sancionará el árbitro?
El árbitro ordenará que el saque sea ejecutado por un jugador del equipo contrario.

30. Ejemplo de un saque de banda

Los defensores están correctamente situados, ya que el defensor 6, que es el que está más cerca del balón, está a más de 2 metros del mismo

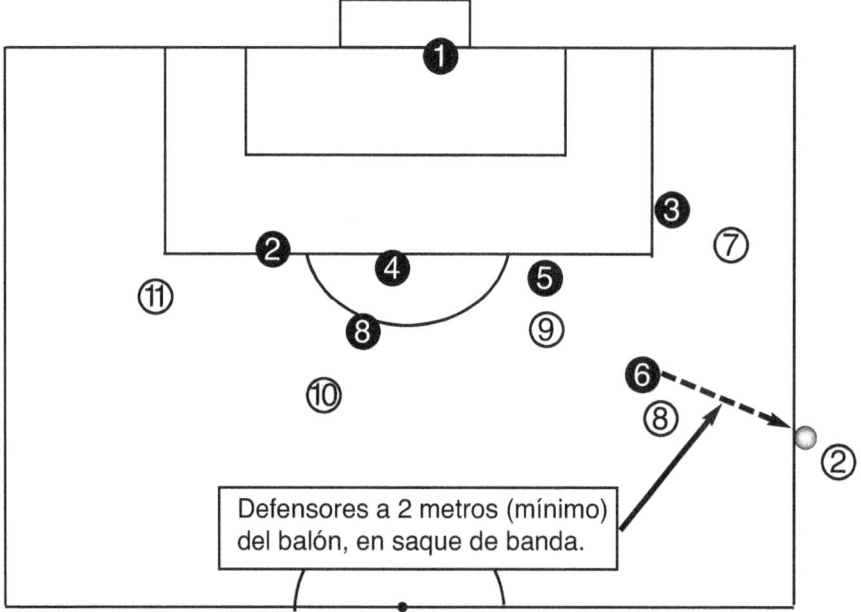

Defensores a 2 metros (mínimo) del balón, en saque de banda.

d) Saque de meta

• ¿Se puede anotar un gol, directamente de un saque de meta en nuestra propia portería? ¿Y en la portería adversaria?
Solo se puede anotar gol directamente de un saque de meta, en la portería del equipo adversario.

• ¿Desde donde debe hacer el equipo defensor el saque de meta?

Un jugador del equipo defensor realizará el saque desde cualquier punto de su área de meta.

• Un jugador defensor va a realizar un saque de meta ¿Dónde deberán permanecer los jugadores adversarios hasta que el balón esté en juego? Hasta que el balón esté en juego, los adversarios deberán permanecer fuera del área de penalty.

• El ejecutor del saque, ¿puede jugar el balón por segunda vez, antes de que lo toque otro jugador?
No, el ejecutor del saque no deberá jugar el balón por segunda vez hasta que este haya sido tocado por otro jugador.

• Cuando se realiza un saque de meta, ¿Cuándo se considera que el balón está en juego?
Se considera que en el saque de meta el balón estará en juego, cuando el lanzamiento lo sitúe directamente fuera del área penal.

31. Ejemplo de saque de meta, realizado por el portero
El balón dentro del área de meta. Los jugadores situados en posición acorde con la norma de este tipo de saque.

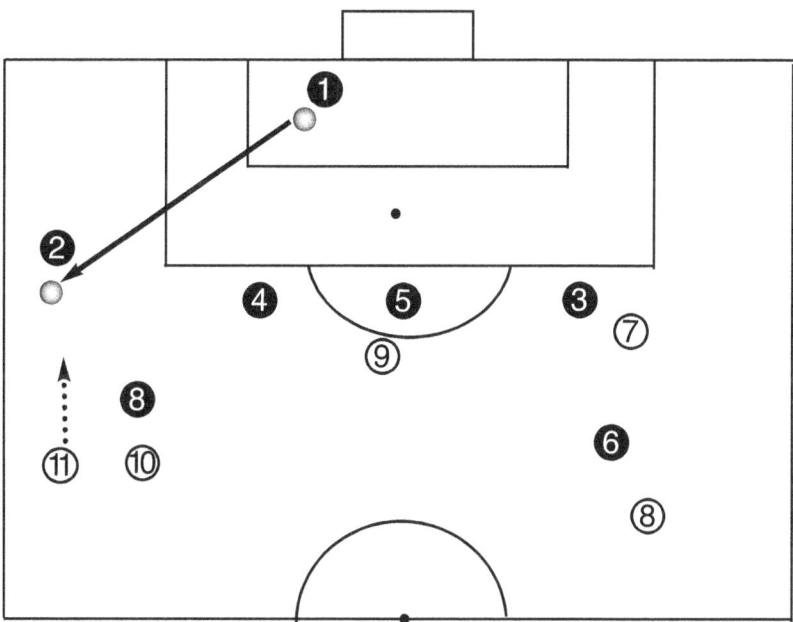

e) Saque de esquina

¿A que distancia mínima del área de esquina, se deben situar los jugadores adversarios, en este saque?

Los adversarios deberán permanecer a un mínimo de 9,15 m. del área de esquina, hasta que el balón esté en juego.

32. Ejemplo de la parte inicial de un saque de esquina

El balón situado correctamente, dentro del área de esquina. El poste del banderín en el vértice.

El lanzador 11 y su compañero 7 que colabora en la estrategia del saque, se preparan para el saque. Dos defensores: el nº 3 en la línea de meta y el nº 6, más abierto, ambos a la distancia mínima reglamentaria (6 m).

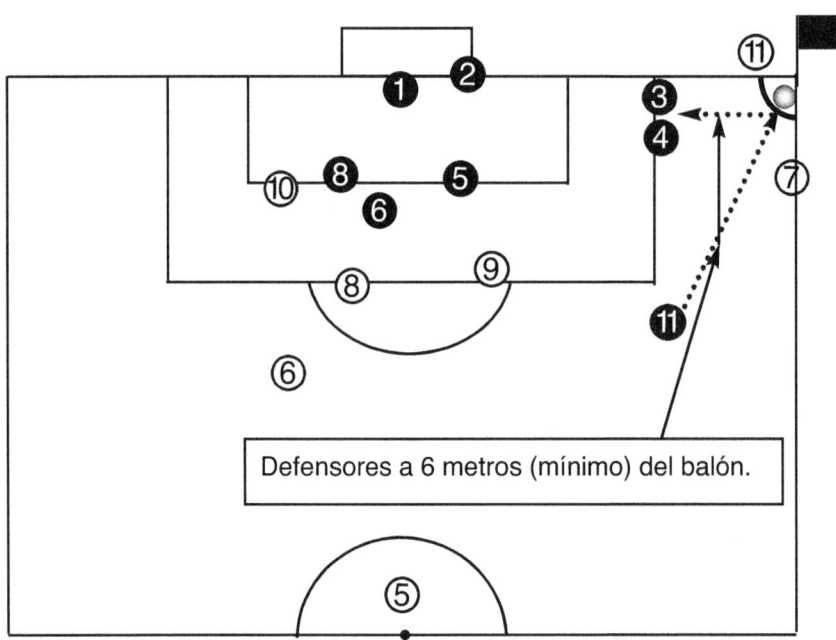

f) Saque de salida

33. Posición de árbitro, balón y jugadores en el saque de salida

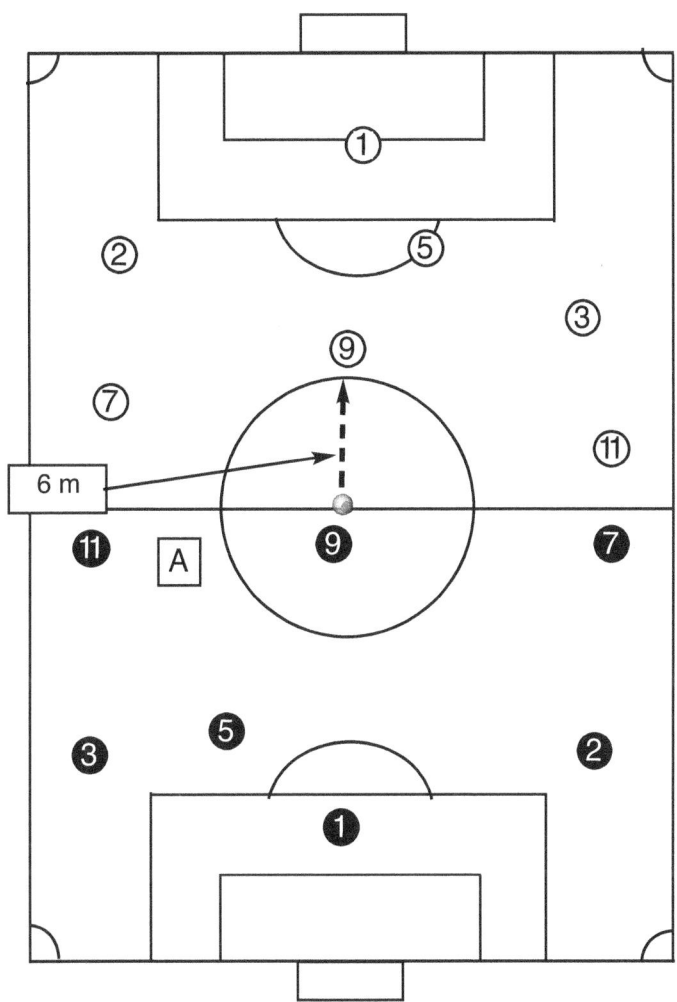

VII. SANCIONES DISCIPLINARIAS

a) Comunicación de sanciones

Un comportamiento deportivo y el respeto a las Reglas de juego y a los árbitros, no solo te facilitará el disfrute de participar en el fútbol, también te evitará sanciones disciplinarias.

La tarjeta amarilla se utiliza para comunicar al jugador, que ha sido amonestado.

La tarjeta roja se utiliza para comunicar al jugador, que ha sido expulsado.

b) Infracciones sancionables con una amonestación (tarjeta amarilla)

Referenciamos las siguientes:

- Desaprobar las decisiones arbitrales: Cualquier jugador, incluso el capitán, será amonestado si desaprueban con gestos o palabras, las decisiones arbitrales.
- Conducta antideportiva
- Perder tiempo deliberadamente en las reanudaciones de juego, aplicando tácticas antideportivas y de engaño.
- Persistencia en infringir las reglas de juego.
- No respetar la distancia que marcan las reglas de juego en los saques Libres, de esquina o de banda.
- Etc.

c) Infracciones sancionables con expulsión (tarjeta roja)

Será motivo de expulsión del jugador, cualquiera de las siguientes infracciones:

- ser culpable de juego brusco grave
- ser culpable de conducta violenta
- escupir a un adversario o a cualquier otra persona
- impedir con mano intencionada un gol o malograr una oportunidad manifiesta de gol
- malograr la oportunidad manifiesta de gol de un adversario que se dirige hacia la meta del jugador, mediante una infracción sancionable con un tiro libre o penal
- emplear lenguaje ofensivo, grosero u obsceno y/o gestos de la misma naturaleza
- recibir una segunda amonestación en el mismo partido

Infracción en ocasión manifiesta de gol:

Los árbitros, para decidir la expulsión de un jugador que mediante infracción, malogre o impida una ocasión manifiesta de gol, valorarán, entre otras, las siguientes circunstancias:

- Distancia hasta la meta
- Posibilidades de controlar y mantener el balón
- Posición y número de jugadores defensores en la jugada
- Posición y número de jugadores compañeros atacantes en la jugada.

Un jugado expulsado deberá abandonar los alrededores del terreno de juego y el área técnica.

d) Juego brusco grave

Un jugador será sancionado por juego brusco grave, cuando se emplee con fuerza excesiva o brutalidad, cuando disputa el balón. El árbitro lo expulsará y concederá un tiro libre directo o tiro penal, según la zona del terreno de juego.

e) Conducta violenta

Un jugador será sancionado por conducta violenta, cuando se emplee con fuerza excesiva o brutalidad contra un adversario, un compañero, los árbitros del partido, o cualquier otra persona, sin existir disputa de balón

En los casos de juego brusco grave o conducta violenta, salvo en caso de ocasión clara de gol, el árbitro no concederá ventaja. Interrumpirá el juego y aplicará las medidas reglamentarias, al respecto.

f) Acciones del jugador realizadas de forma imprudente, temeraria o con uso de fuerza excesiva

Imprudente significa que el jugador muestra falta de atención o consideración
al jugar contra un adversario, o que actúa sin precaución.

- No será necesaria una sanción disciplinaria adicional si la falta se considera imprudente.

  Temeraria significa que el jugador realiza la acción sin tener en cuenta el riesgo o las consecuencias para su adversario.

- Un jugador que actúa de manera temeraria deberá ser amonestado. "Con uso de fuerza excesiva" significa que el jugador se excede en la fuerza empleada, corriendo el riesgo de lesionar a su adversario.

- Un jugador que emplee fuerza excesiva deberá ser expulsado.

g) Cargar sobre un adversario

La acción de cargar sobre un adversario representa una pugna por un espacio utilizando el contacto físico, pero sin utilizar los brazos o los codos y mientras el balón se encuentra a distancia de juego.

Constituye infracción el cargar sobre un adversario:
- de manera imprudente
- de manera temeraria
- utilizando fuerza excesiva

h) Sujetar a un adversario

El hecho de sujetar a un adversario incluye también la acción de extender los brazos para evitar que el adversario adelante o eluda al infractor, utilizando las manos, brazos o el cuerpo.

Los árbitros deberán intervenir oportunamente para tratar con firmeza la infracción de sujetar al adversario, especialmente dentro del área penal, en los saques de esquina y los tiros libres.

Al tratar estas situaciones, el árbitro deberá:
- advertir a todo jugador que sujete a un adversario antes de que el balón esté en juego
- amonestar al jugador si continúa sujetando al adversario antes de que el balón esté en juego
- conceder un tiro libre directo o un tiro penal y amonestar al jugador si la infracción ocurre después de que el balón esté en juego

Si un defensor comienza a sujetar a un adversario fuera del área penal y continúa sujetándolo dentro de la misma, el árbitro concederá un tiro penal.

i) Juego peligroso

Cuando un jugador al tratar de jugar un balón, ponga en peligro a otros jugadores o a él mismo.

Las chilenas o tijeras, serán permitidas, cuando a juicio del árbitro, no supongan peligro para los adversarios.

VIII. RESUMEN SOBRE VARIOS CONCEPTOS DE LAS REGLAS DE JUEGO

a) El Balón

Tendrá una circunferencia no superior a 70 cm y no inferior a 68 cm. Su peso: no superior a 450 g y no inferior a 410 g al comienzo del partido.

El balón no podrá ser cambiado durante el partido sin la autorización del árbitro.

b) Balón a tierra

Si el árbitro se ve obligado a interrumpir el juego, por algún motivo no indicado en las reglas de juego, se reanudará mediante balón a tierra.

El árbitro dejará caer el balón en el lugar que corresponda y se considerará reanudado el juego cuando el balón toque en el suelo.

c) Balón fuera de juego

Cuando haya cruzado completamente, una línea de banda o de meta, o bien, cuando el árbitro interrumpa el juego.

d) Gol marcado

Cuando el balón haya atravesado completamente la línea de meta (entre postes y travesaño) y no haya existido infracción previa del equipo que lo consigue.

e) Aplicación de la ventaja

El árbitro tiene, sobre la marcha del juego, la difícil decisión de aplicar la ventaja o interrumpirlo.

Si la infracción es grave y conlleva la expulsión del infractor, es recomendable interrumpir el juego y proceder a la referida expulsión. No obstante, si existiera oportunidad manifiesta de gol, el árbitro aplicará la ventaja y sancionará al finalizar la jugada.

Si la infracción motiva amonestación y la continuidad favorece la ventaja, se impondrá en la siguiente interrupción del juego.

f) Recuperación de tiempo perdido en el partido

Se recuperará el tiempo perdido por los siguientes conceptos: sustituciones, lesionados, pérdidas deliberadas de tiempo, etc.

La recuperación del tiempo, queda a criterio del árbitro y se aplicará dentro del periodo en que se produce la pérdida.

g) Equipamiento básico obligatorio

Los jugadores no utilizarán ningún equipamiento ni llevarán ningún objeto que sea peligroso para ellos mismos o para los demás jugadores (incluido cualquier tipo de joyas, anillos, collares, brazaletes etc). Para seguridad del propio jugador y de los demás participantes, las Reglas de Juego establecen el siguiente equipamiento básico obligatorio:

El equipamiento básico obligatorio de un jugador se compone de las siguientes piezas:

- un jersey o camiseta. Si se usa ropa interior, las mangas de esta ropa deberán tener el color principal de las mangas del jersey o camiseta
- pantalones cortos: si se usan mallas térmicas cortas o largas, estas deberán tener el color principal de los pantalones cortos
- medias. Si se usa cinta adhesiva o un material similar en la parte exterior, deberá ser del mismo color que la parte de las medias sobre la que se usa.

- canilleras/espinilleras
- calzado

h) Espinilleras
- Deberán estar cubiertas completamente por las medias
- Deberán ser de caucho, plástico o de un material similar apropiado
- Deberán ofrecer protección adecuada

i) Colores
- Los dos equipos vestirán colores que los diferencien entre sí y también del árbitro y los árbitros asistentes.
- Cada guardameta vestirá colores que lo diferencie de los demás jugadores, del árbitro y de los árbitros asistentes.

j) Número de jugadores y sustituciones

a) En partidos oficiales

Los equipos participarán en el partido, con un máximo de once jugadores, no pudiendo iniciarse si uno de los dos equipos tiene menos de siete jugadores.

En partidos oficiales se fija un máximo de tres sustituciones. Las normas de cada competición deben fijar cuantas sustituciones pueden realizarse en los partidos.

Las normas federativas que regulen cada competición deben fijar cuantas sustituciones pueden realizarse.

b) En Fútbol Base

El organismo federativo responsable, podrá autorizar la aplicación de sustituciones ilimitadas.

c) En partidos amistosos

Se podrá utilizar un mayor número de sustitutos, previo acuerdo de los equipos participantes y previa información al árbitro, antes del comienzo del partido.

k) Forma de hacer las sustituciones

Se respetarán, entre otras las siguientes condiciones:
- Informar al árbitro
- No entrar en el terreno de juego hasta que haya salido el jugador sustituido y el árbitro haya hecho la correspondiente señal.
- El jugador sustituido, no podrá volver a participar en el partido (salvo en los que las sustituciones ilimitadas estén permitidas)

Conviene tener en cuenta, que si las sustituciones no se realizan de forma correcta, el árbitro sancionará las infracciones por estos conceptos.

4.ª PARTE:
LA SALUD DEL JOVEN FUTBOLISTA

Capítulo 17.
LA SALUD DEL JOVEN FUTBOLISTA

1. La obesidad y la infancia

Es importante conocer que tanto los médicos especialistas, advierten que la prevalencia de obesidad en España es del 13,9%, y la de sobrepeso y obesidad, del 26,3%.

Posiblemente, en edades de los participantes en las Escuelas de Fútbol, de 6 a 13 años, prevalezca una tasa de obesidad de hasta el 15 % en niños y hasta el 12 % en niñas. Teniendo en cuenta que esa prevalencia de obesidad se relaciona con la ausencia de un estilo de vida saludable y con la no práctica de ejercicios y deportes, nos parece que una Escuela de Fútbol, bien organizada, aporta a los jóvenes, entre otras funciones sociales, una forma natural de vida saludable, fundamentada, precisamente, en practicar deporte y una alimentación e higiene adecuadas.

De Serra, Lluís y otros (2003), se incluye el siguiente resumen:

Fundamento y objetivo: La obesidad es una enfermedad crónica, compleja y multifactorial, que suele iniciarse en la infancia y la adolescencia, y en la actualidad es un importante y creciente problema de salud pública en dicho sector de la población. La inexistencia de cifras de prevalencia de obesidad a escala nacional motivó que el Estudio enKid, *diseñado para evaluar los hábitos alimentarios y el estado nutricional de la población infantil y juvenil española (1998-2000), incluyera su valoración.*

Sujetos y método: Estudio epidemiológico transversal sobre una muestra representativa de la población española de 2 a 24 años (n = 3.534). Se determinaron el peso y talla mediante procedimientos estandarizados con instrumentos homologados. La obesidad y el sobrepeso se definieron como valores del índice de masa corporal iguales o superiores a los valores de los percentiles 97 y 85, respectivamente, de las tablas de referencia españolas de Hernández et al de 1988.

Resultados: La prevalencia de obesidad en España es del 13,9%, y la de sobrepeso y obesidad, del 26,3% (sólo sobrepeso, 12,4%). La obesidad es mayor en varones (15,6%) que en mujeres (12%), y también el sobrepeso. Por edades, los jóvenes de 6 a 13 años presentan valores más elevados de obesidad. Por zonas geográficas, Canarias y Andalucía tienen las cifras más elevadas, y el nordeste peninsular las más bajas. La obesidad es mayor en niveles socioeconómicos y de estudios más bajos, y entre aquellas personas que no desayunan o desayunan mal. Conclusiones: España tiene, en relación con otros países, una prevalen-

cia intermedia de obesidad. Las tendencias indican un incremento de la prevalencia de sobrepeso y obesidad infantil y juvenil en las últimas décadas, más marcado en varones y en edades prepuberales.

Lera, Ángela; Arufe, Victor; Domínguez, Aida; (en Arufe, et al, 2008. pág 90), dicen:

Los datos sobre obesidad y sobrepeso infantil son realmente alarmante y confirman nuestra experiencia docente cotidiana. Según estas cifras en un centro español de 1.000 alumnos, aproximadamente, 100 son obesos y otros 200 tienen sobrepeso, o dicho de otra manera, en una clase de 25 alumnos, 2 o 3 alumnos sufren obesidad y otros 4 o 5, alumnos tienen sobrepeso. Indudablemente, no podemos ignorar esta realidad y debemos afrontar el problema (Santos, 2005).

2. Los efectos de la actividad física sobre los participantes en la Escuela de Fútbol

Es conveniente valorar, no solo los efectos favorables que la actividad física y el deporte, bien organizados, proporcione a la salud actual y futura del joven futbolista que participe en la Escuela de Fútbol, sino también la posible influencia en una deseable continuada práctica del deporte.

Por nuestra parte, nos manifestamos a favor de realizar en las Escuelas de Fútbol, una actividad físico-deportiva:
- De intensidad física y psíquica, moderada
- Dominantemente aeróbica
- Exenta de cargas de ansiedad y estrés
- Sin presiones competitivas inadecuadas
- Compitiendo para formar, no formando para competir
- Aportando al niño, actividades formativas y que favorezcan su salud, que le diviertan, en las que se sienta libre y que le vayan vinculando a un concepto de práctica deportiva continuada.

A pesar de que en las etapas de las Escuelas de Fútbol, son muchos los beneficios sobre la salud, hay que insistir que para lograrlos, es necesario atenerse a los criterios de moderación necesaria antes citados y es conveniente recordar:

"El niño no solo no progresa a través del entrenamiento excesivo, sino que se pone en riesgo su salud".

En los apartados 2 al 7 del presente capítulo, se incluyen diferentes aportaciones relacionados con los efectos de la actividad física y el deporte sobre la salud de los niños, en los ámbitos fundamentales de influencia:

a) fisiológicos, **b)** psicológicos y **c)** sociales

3. Los beneficios del deporte para los niños

En el artículo *Los beneficios del deporte para los niños* (web guia infantil.com (2016), se detallan los siguientes beneficios del deporte para los niños:

1. Introduce al niño en la sociedad.
2. Le enseña a seguir reglas.
3. Le ayuda a abrirse a los demás y superar la timidez.
4. Frena sus impulsos excesivos.
5. Fomentará en el niño la necesidad de colaborar por encima del individualismo
6. Le hará reconocer, aceptar y respetar que existe alguien que sabe más que él.
7. Produce un aumento generalizado del movimiento coordinado.
8. Aumenta sus posibilidades motoras.
9. Favorece el crecimiento de sus huesos y sus músculos.
10. Puede corregir posibles defectos físicos.
11. Potencia la creación y regularización de hábitos.
12. Desarrolla su placer por el movimiento y el ejercicio.
13. Estimula la higiene y la salud.
14. Le enseña a tener ciertas responsabilidades.

4. El ejercicio en la niñez

Analizando la asociación de la actividad física con la salud de los niños, la Redacción de webconsultas.com, en su artículo "El ejercicio en la niñez", detalla los beneficios que aporta:

a) La resistencia cardiorrespiratoria

El corazón y los pulmones necesitan adaptarse cuando nuestro organismo realiza actividades que requieren el movimiento de grandes grupos musculares en períodos de tiempo prolongados. Así se asegurará que la sangre se reparta adecuadamente y nuestro organismo se recupere del esfuerzo realizado.

La resistencia cardiorrespiratoria en los niños se puede fortalecer realizando: carrera suave, natación, bicicleta, remo, andar a ritmo ligero, salto, etcétera.

Hay que progresar lentamente, y tener en cuenta que las personas que no hayan realizado actividades durante cierto tiempo, deben de comenzar lentamente e ir aumentando poco a poco.

b) Fuerza y resistencia muscular

La fuerza muscular es la capacidad que tiene el músculo para generar tensión y vencer la fuerza opuesta. La resistencia muscular es la capacidad del músculo para mantener su contracción durante un período de tiempo prolongado.

Los niños pueden practicarla saltando a la comba, trepando, corriendo, jugando a la carretilla o a tirar de la soga… O con actividades como tirar un balón, remar, realizar ejercicios de fuerza en un gimnasio, sostener o empujar algo… Un trabajo de este tipo con excesiva carga puede ser perjudicial en la infancia, porque el cuerpo está en pleno desarrollo.

Si se tiene alguna duda, es muy recomendable acudir a un profesional experto.

c) Flexibilidad

Es la capacidad que tiene las articulaciones de realizar movimientos con la mayor amplitud posible. No se encarga de generar movimiento, pero sí lo facilita. Se pueden practicar con actividades físicas como: estirar suavemente los diferentes músculos, bailar, jugar a los bolos, a la goma elástica, deportes como gimnasia, kárate, judo y otros similares.

Aunque en la infancia la flexibilidad es mayor, conviene iniciar estas actividades en edades tempranas y mantenerlas a lo largo de la vida.

d) Coordinación

Es la capacidad para utilizar los sentidos, destacando la visión y la audición, unido al movimiento y las diferentes partes del cuerpo, y así poder desarrollar los movimientos con precisión y suavidad.

La coordinación incluye:

En el equilibrio corporal, siendo la habilidad para mantener una determinada postura, especialmente en gravedad. Por ejemplo, andar sobre una barra fija).

El ritmo.

Percepción del cuerpo e el espacio y coordinación espacial, como hacer una voltereta, o aprender un paso de baile.

Coordinación ojo-pie, como conducir un balón con el pie.

Coordinación ojo-mano, como golpear una bola con la raqueta.Estas actividades son muy importantes, sobre todo en la infancia ya que:

Evitan caídas.

Proporcionan satisfacción.

Son importantes para el desarrollo físico-psíquico.

No hay que olvidar que el trabajo deportivo debe adaptarse a la edad y maduración física y funcional del individuo, evitando la especialización precoz y presiones innecesarias a tan temprana edad.

5. Razones por las que los niños y adolescentes deben hacer deporte

En el artículo 10 razones por las que los niños y adolescentes deben hacer deporte, publicado por www.abc.es (2013), se dice que los niños aumentan su autoestima, evitan su sedentarismo, aprenden el valor del esfuerzo, les ayuda a socializarse... ¿por qué no practicarlo? Y añade los siguientes apartados:

Desde el Hospital Universitario Niño Jesús explican los motivos por los beneficios del deporte en los pequeños de la casa:

*1. La práctica habitual de ejercicio físico moderado contribuye al mantenimiento de un **buen estado general de salud** y ayuda a estar bien, sentirse sano y tener vitalidad, facilitando el buen funcionamiento de los diferentes órganos y sistemas del cuerpo.*

Con su práctica habitual se entrena el corazón, el sistema respiratorio, óseo y sanguíneo y se favorece el mantenimiento de un buen estado de ánimo, más fuerte para afrontar los problemas y contratiempos del día a día.

*2. Como herramienta en el **ámbito de la prevención**, el ejercicio físico diario moderado ayuda a prevenir el sobrepeso y la obesidad, también en el caso de los niños y de los adolescentes. Se considera fundamental evitar el sedentarismo y fomentar la realización de los trayectos cortos, caminando o paseando.*

*3. El ejercicio físico moderado puede ayudarnos a descansar y conseguir una mejor calidad del sueño. **Favorece la relajación** y la descarga de la tensión y nervios que a menudo acumulan entre semana, tanto los adultos como los niños y los adolescentes;*

Descansar, por lo tanto no tiene porque ser solo sinónimo de tardes de sofá; cambiar de actividad, introduciendo algún deporte, ayuda al descanso físico y psicológico.

*4. Los niños a través del deporte pueden darse cuenta del valor y de las **recompensas del esfuerzo** continuo y del entrenamiento a medio y largo plazo.*

*5. Aprenden que **conseguir objetivos** requiere una etapa de aprendizaje, sacrificios y esfuerzo, y se les ayuda a entender que no todo es inmediato, ni fácil de conseguir. Aprenden también que hay batallas que se pierden, y hay que ser fuerte para poder afrontarlo y conocen de primera mano el buen sabor de los triunfos conseguidos. Es una manera de ayudar a los niños que tienen poca tolerancia a la frustración*

*6. Los deportes en equipo **fomentan la socialización** y ayudan al niño a compartir triunfos y derrotas y a disfrutar de los sentimientos intrín-*

secos a formar parte de un equipo, a ganar y a perder y ayudarse en equipo para conseguir un objetivo común.

7. Con la práctica ejercicio físico con la familia y los amigos se enseña a los niños una forma de divertirse y pasarlo bien, una alternativa más al amplio abanico de **posibilidades de ocio**.

El deporte ofrece la posibilidad de introducir a los niños a los adolescentes en una alternativa de ocio sana, que pueden compartir con la familia y también con los amigos.

Sobretodo durante la infancia, el ocio deportivo puede ser un punto de encuentro más entre padres e hijos, que pueden sentirse orgullosos por compartir aficiones con sus padres.

A los niños y a los adolescentes, igual que a los adultos, hacer deporte al aire libre y hacer un poco de deporte en familia y/o en grupo les ayuda a descansar y volver a su día a día con más fuerza y ánimo.

8. Hacer deporte en equipo puede ser un canal más para mejorar la **autoestima** de niños y adolescentes que por su cuerpo pueden tener problemas de integración, por sentirse demasiado altos o bajos, o gordos o delgados.

Son sensaciones que pueden llevarse mejor cuando se sienten ágiles y con capacidad para controlar su cuerpo y cuando se sienten seguro e integrados en la práctica de un deporte, de forma normalizada.

9. La sensación de bienestar inmediato que produce el ejercicio físico se debe a la **liberación de las endorfinas**, las hormonas encargadas de facilitar y generar sensación de bienestar y vitalidad que ayuda a enfrentarse a los problemas con mayor energía. Esta sensación responde a una explicación bioquímica que ocurre cada vez que el cuerpo se realiza ejercicio físico.

10. El ocio deportivo **previene el exceso de tiempo dedicado a alternativas lúdicas sedentarias y pasivas**. Son muchas las alternativas de ocio fáciles y cómodas que no suponen ningún tipo de actividad física, ni motivación, ni estimulación para los niños y que realizadas de forma exclusiva, y sin alternar con otras actividades, pueden facilitar el desencadenamiento de problemas de salud.

Para no caer en la tentación de una sedentaria lo mejor es planificar de antemano, organizar con un poco de tiempo e impedir así que la pereza lleve a la alternativa más cómoda y a menudo muy poco saludable.

6. Beneficios del ejercicio a nivel psicosocial

Gayón, Pedro Ramón y otros (2011), en su artículo *Efectos de la actividad física en la salud de los niños y niñas en edad escolar*, y en relación a los beneficios del ejercicio a nivel psicosocial, expresan lo que se incluye en los cinco párrafos siguientes:

A nivel psicosocial, es evidente que el deporte favorece la formación del carácter y la integración en la sociedad del niño y adolescente, ya que, en la mayoría de los casos, aumenta los vínculos sociales y favorece la superación, la cooperación, la decisión, el coraje, etc. (Cagigal, 1996).

El nivel de operatividad motriz de una persona tiene unas repercusiones en las posibilidades de interacción física en el entorno social, y además el poder influir en la capacidad de comunicarse y relacionarse con los demás. Estos efectos interactivos forman parte de las características observables de la actividad físico-deportiva, y son aspectos que parecen, a primera vista, tener la posibilidad de propiciar el establecimiento de vínculos positivos entre la experiencia que se deriva de la práctica de actividades y una serie de efectos beneficiosos concretos de carácter psicosocial. Esto se hace más patente en las edades evolutivas, que coinciden en su mayor parte con edades escolares, por lo que se considera al individuo más susceptible de influencias y cambios. (Sánchez Bañuelos, 1996).

Los trabajos de Turner (1982), de Cohen (1991) o los de Argyle (1996), determinan que las actividades físico-deportivas, que se realizan en grupo, al que los practicantes pertenecen, aumentan sensiblemente el autoconcepto y las capacidades de relación entre los sujetos.

La revisión de la literatura sobre el tema, no aporta una gran claridad, respecto a verificaciones con estudios longitudinales que avalen que la práctica de la actividad físico-deportiva por sí misma, genera en los practicantes valores y actitudes afectivo-sociales.

Sin embargo, las concepciones que exaltan al máximo el valor educativo de la actividad física y deportiva han trascendido hasta nuestros días. Los trabajos de Comellas y Mercader (1992), establecen hipótesis sobre los efectos que la actividad físico deportiva genera sobre quien la practica. Estas finalidades educativas de carácter psicosocial las engloban en dos apartados:

- *Valores y actitudes que comporta la práctica de las actividades físico-deportivas.*
- *Relación: la adquisición de unas pautas de conducta y relación positivas encaminadas a la cooperación, a la amistad y a la sociabilidad.*

7. El ejercicio ideal según la edad del niño.
Beneficios de la práctica deportiva para niños.
(Fundación Española del Corazón)

Refiriéndose a los beneficios de la práctica deportiva, la Fundación Española del Corazón', hace importantes aclaraciones sobre cuál es el ejercicio ideal en cada edad de los jóvenes deportistas, y que incluimos a continuación:

¿Cuál es el ejercicio ideal?

Fundamentalmente los aeróbicos que aumenten la resistencia, mejor en la fuerza muscular y la flexibilidad, y que no supongan una sobrecarga osteomuscular para evitar problemas en el desarrollo. Detallamos las actividades según la edad:

Hasta los 8 años. *Juegos, ejercicios de psicomotricidad, coordinación y equilibrio, ejercicios de sentido del ritmo y del espacio. Marchar, saltar, trepar, danzar.*

Desde los 8 a los 12 años. *Ejercicios que contribuyan al crecimiento y desarrollo general, aumentando las actividades diarias, y desarrollando las principales cualidades físicas (resistencia, fuerza y flexibilidad). Este periodo es muy bueno para aprender la técnica de los distintos deportes.*

Entre los 12 y 14 años. *Aumentar el entrenamiento de la técnica de cada movimiento deportivo y comenzar algún tipo de competición que mantenga la motivación a través del juego.*

A partir de los 14 años. *Se debe comenzar el entrenamiento más especializado, aumentando los volúmenes de carga y entrenamiento en general .../...*

Consejos y precauciones

- *Antes iniciar cualquier práctica deportiva se recomienda un examen médico para evaluar la condición del niño o adolescente.*
- *Si el niño o adolescente está implicado en un deporte competitivo, la revisión médica debe ser anual y realizada por especialistas en medicina deportiva.*
- *Deben excluirse los deportes que requieran un uso excesivo de la fuerza física.*
- *El ejercicio debe comenzar siempre de forma moderada, para intensificarse poco a poco.*
- *Deben estar hidratados, antes, durante y después de la práctica deportiva.*
- *Los cambios de actitud ante una actividad física rutinaria (más cansancio, aumento de la disnea o cualquiera anormalidad) debe consultarse con el médico.*

- Se desaconsejan las carreras de larga distancia antes de la madurez.
- Los obesos deben realizar un plan de entrenamiento específico antes de integrarlos en deportes competitivos.
- Los adolescentes altos deben realizar deportes de competición no demasiado exigentes para atender su desarrollo muscular armónico.

8. Hábitos saludables en la infancia

La Dra. Garijo Ayestarán, en la *www.riojasalud.es* (2016), en su trabajo *Hábitos saludables en la infancia*, aporta una serie de recomendaciones sobre alimentación, sueño e higiene, que consideramos de interés incluir en el presente Capítulo:

a) Alimentación

La **prevención de la obesidad infantil**, comienza en la etapa prenatal: habrá que controlar la ganancia de peso durante la gestación de la madre en niveles inferiores a 12 kg.; Durante la etapa de lactante, la mejor alimentación es la lactancia materna, retrasando la introducción de alimentación complementaria hasta después del 6º mes; Durante la edad **escolar** y adolescencia el niño deberá conocer los alimentos, valorar las necesidades de todos ellos y aprender a comer de todo.

Es importante que la familia se reúna, para comer juntos, y utilizar estos ratos para charlar, compartir impresiones y hacer proyectos. Eduque a comer despacio.

No se debe utilizar la comida como sistema de castigo, no hay que buscar entretenimientos y hay que evitar que los niños coman delante de la televisión.

Lo ideal es hacer **cinco comidas al día**: desayuno, media mañana, comida, merienda y cena.

El desayuno es una comida importante, porque aporta la energía que su cerebro necesita para rendir adecuadamente en el colegio, y puede incluir leche, que puede sustituirse por yogurt o queso, cereales (pan, galletas, o diferentes formas de repostería o comerciales) y una ración de fruta que puede ser entera o en zumo.

A partir de los 2 años puede tomar lácteos desnatados, que no deben superar 500 cc. al día.

Para la **media mañana** (durante el recreo) y la merienda tomarán fruta fresca o un pequeño **bocadillo**, evitando la bollería industrial y las chucherías.

La comida y la cena deben incluir alimentos nutritivos complementarios. Enséñeles a comer verduras, ensaladas, legumbres, verduras crudas o ensalada y, la carne y el pescado horneados, asados a la parrilla o hervidos.

Deben comer al día 5 raciones de fruta. Los niños habitualmente comen la cantidad que necesitan, sírvales raciones proporcionadas para su edad, no es necesario forzarles, siempre que se controle que no coman fuera de horas, y tampoco les enseñe a repetir ni a untar.

b) Sueño

Evite las actividades intensas o excitantes (juegos físicos, ver la TV, jugar al ordenador) en la hora previa a irse a la cama, y las bebidas con cafeína, el café, el té y el chocolate, varias horas antes de acostar al niño.

*Acostumbre a sus hijos a acostarse a la **misma hora** todos los días, leyendo un **libro**. Pueden acompañarse de un objeto (peluche, trapo) pero a partir del año retire el chupete.*

*Los niños deben ir a la cama con sueño pero no dormidos. No deben ir a dormir con el **estómago** vacío ni inmediatamente después de una cena abundante.*

No conviene que los niños tengan un televisor ni el ordenador en la habitación.

*No todos los niños necesitan dormir el mismo número de horas, pero hay que respetar las horas de sueño **necesarias** para cada uno.*

c) Higiene

*Acostumbre a los niños y niñas a **lavarse las manos**, incluidas las uñas, antes de tomar alimentos y siempre después de haber ido al cuarto de baño o de venir de jugar.*

*En cuanto tenga suficiente edad sustituya el baño diario por la **ducha**, de pocos minutos, a una temperatura de 34 a 36º.*

*Para la higiene bucodental, los niños ya pueden **cepillarse** solos los dientes para los 2 años, aunque durante los primeros años es conveniente revisarlos cuando termine. Acostúmbrele a que se cepille, por lo menos dos veces al día, y siempre antes de acostarse. Si ven a los padres hacerlo, aprenderán más fácilmente.*

*No es recomendable que las niñas usen toallitas perfumadas para la **higiene íntima**. Enséñele que los genitales se limpian desde delante hacia atrás.*

Eduque a sus hijos a tener precaución con la exposición al sol, y acostúmbreles a la utilización de protectores solares.

5.ª PARTE:
METODOLOGÍA APLICADA A LA INICIACIÓN AL FÚTBOL
¿Como vamos a conseguir los objetivos propuestos?

Capítulo 18
BASES METODOLÓGICAS PARA EL APRENDIZAJE DE LA TÉCNICA Y DE TÁCTICA, EN LA ESCUELA DE FÚTBOL

1. Introducción

El aprendizaje de la técnica y de la táctica del fútbol, al igual que en los demás deportes, está dentro del marco de debate de los métodos global y analítico.

El presente Capítulo pretende aportar al entrenador y referido al caso específico del fútbol, un resumen que contenga:

- Clarificación de conceptos.
- Estrategia en la práctica aplicable al aprendizaje de la técnica y la táctica en el fútbol.
- El fútbol como habilidad abierta.
- Edad y maduración para el aprendizaje.
- Bases para el proceso enseñanza/aprendizaje de gestos técnico-tácticos y conductas táctico-técnicas del fútbol.

Es decir, pretendemos una documentación que facilite al entrenador una toma de posición en cuanto a estos temas y que al redactar los contenidos de los entrenamientos que tengan como objetivo enseñar/aprender el fútbol, disponga de información necesaria.

2. Clarificación de conceptos

Se incluyen a continuación definiciones de los conceptos que se van a utilizar en el proceso de aprendizaje.

2.1. Elementos de la actividad

Los elementos de la actividad, son las formas en que se puede presentar una tarea: desde el ejercicio hasta la complejidad de un deporte (Pintor, 1987).

- EJERCICIO: Es toda tarea, que siendo pura, pretende mejorar determinados aspectos concretos. No lleva implícito elementos lúdicos.
- JUEGO SIMPLE: Aquella tarea que posee características lúdicas, pero con poca exigencia motriz, con reglas elementales y pocos participantes. Muchos ejercicios se pueden convertir en juegos simples, introduciendo un elemento lúdico. Juego Complejo: Igual que juego simple pero con más complejidad perceptivo-motriz, más participantes y reglas más complejas.
- JUEGO PREDEPORTIVO: Juegos más cercanos al deporte, porque están estructurados como él, sin identificarse con ninguno en especial, pero su intención es eminentemente educativa.
- DEPORTE / FÚTBOL: Siendo un juego, tiene carácter competitivo, reglas complejas e invariables y con una definida estructuración. De este modo saldría: Fútbol reducido, fútbol recreativo, fútbol de alto rendimiento.

Ejercicios: Los niños no disfrutan con ellos hasta los 11-12 años, cuando alcanzan una mayor madurez mental. Su objetivo fundamental es el de mejorar elementos técnicos. No obstante, es interesante señalar que algunos ejercicios son fácilmente transformables a formas jugadas. Todo consiste en introducir algún elemento lúdico, motivante, que atraiga la atención del niño; en este caso se podría desarrollar un poco antes de la citada edad. Por ejemplo, agregar un elementos competitivo como ¿cuantas veces somos capaces de hacer...? Esto amplia más aun el repertorio de actividades en iniciación al fútbol.

JUEGOS: El juego es el medio más importante en la iniciación deportiva, porque se adecua a las necesidades psicológicas del niño y ayuda al profesor-entrenador a ir transfiriendo las habilidades básicas en habilidades específicas.

El aspecto más importante que destacaríamos en la aplicación de juegos, es la participación de todos los jugadores. Hay que buscar todos los recursos didácticos que podamos para que nadie quede sin jugar y todos lo hagan sin esperar. Esto es una prioridad en iniciación deportiva.

2.2. Estrategia en la práctica aplicable al aprendizaje de la técnica y la táctica en fútbol

(Resumen de lo expresado por Diaz Trillo, Sáenz-López y Tierra Orta, 1995):

Delgado Noguera, 1991, define estrategia en la práctica, como «la forma de presentar la actividad».

Tradicionalmente, en la didáctica se han utilizado los términos siguientes: Método analítico (o fraccionado) y método sintético o global.

- **Estrategia en la práctica global**. Cuando presentamos la actividad de forma completa.
- **Estrategia en la práctica analítica**. Cuando la tarea se puede descomponer en partes y se enseñan por separado.
- **Estrategia en la práctica mixta**. Se combinan ambas estrategias global y analítica. Se presenta la actividad de forma global, después se realiza un ejercicio analítico que mejore una parte de la tarea, y al final se vuelve a la estrategia global.

Para estudiar la variantes que nos ofrecen las distintas estrategias en la práctica, con lo expuesto por Sáenz-López Buñuel, 1997, formamos los contenidos de los cuadros nº 1 y 2.

Cuadro n.º 1 - ESTRATEGIA EN LA PRÁCTICA	
TIPO DE ESTRATEGIA	DESCRIPCIÓN
GLOBAL PURA	6decir, la ejecución en su totalidad de la tarea propuesta.
GLOBAL POLARIZANDO LA ATENCIÓN	Es la ejecución total de la tarea propuesta, pero poniendo especial atención en algún aspecto de la ejecución.
GLOBAL MODIFICANDO LA SITUACIÓN REAL	La ejecución en su totalidad de la tarea propuesta, pero modificando las condiciones, normalmente para facilitarlas, pero también puede rebasar la dificultad de la situación real.
ANALÍTICA PURA	La tarea se descompone en partes y la ejecución comienza por la parte que el profesor/entrenador, considera la más importante. Así, sucesivamente, se irán practicando aisladamente todos sus componentes para al final pasar a la síntesis final (tarea completa).
ANALÍTICA SECUENCIAL	La tarea se descompone en partes y la ejecución comienza por la primera parte en orden temporal. En este orden se practican aisladamente para proceder al final a la síntesis.
ANALÍTICA PROGRESIVA	La tarea se descompone en partes. La práctica comienza con un sólo elemento; una vez dominado se irán añadiendo, progresivamente, nuevos elementos hasta la ejecución total de la tarea.

Cuadro n.º 2: ESTRATEGIA EN LA PRÁCTICA MIXTA

Consiste en combinar ambas estrategias (global y analítica) tratando de sacar lo positivo de cada una. Debido a que todas las progresiones deben finalizar de forma global, la estrategia en la práctica mixta, comienza siempre con un ejercicio global; después se practica una parte analíticamente para terminar volviendo a la estrategia global:

GLOBAL - ANALÍTICA - GLOBAL

El ejercicio analítico puede desarrollarse, bien porque se programa con antelación, normalmente por ser la parte más importante, o bien porque se detecta un error específico y se trata de corregir practicándolo analíticamente.

La utilización de esta estrategia en la práctica mixta, requiere un gran conocimiento de la tarea motriz que se enseña y de todas las variantes globales y analíticas, ya que permite ampliar posibilidades de combinación.

a) **GLOBAL-ANALÍTICA-GLOBAL**: Es el esquema clásico y se suele utilizar cuando la tarea es relativamente simple.

b) **GLOBAL-ANALÍTICO-ANALÍTICO-GLOBAL**: Esta variante consiste en realizar más de un ejercicio analítico en la secuencia intermedia.

c) **GLOBAL-ANALÍTICO-GLOBAL-ANALÍTICO-GLOBAL**: Combinar sucesivamente ambas estrategias, puede constituir una interesante progresión de enseñanza.

Situación global modificando la situación real como 1 contra 1	Ejercicio analítico de conducción del balón	Global 2 contra 2	Ejercicio analítico de pase y recepción	Global 3 contra 3
1	2	3	4	5

Es conveniente que el primer ejercicio global se realice modificando la situación real, para facilitar su práctica.

3. Argumentos a favor y en contra de los distintos métodos

Bárbara Knapp, hizo en 1981, un importante trabajo sobre la habilidad en el deporte, que ha sido obra de frecuente referencia.

Por considerarlo de gran interés fundamentador, recogemos a continuación un breve resumen de lo analizado por Bárbara Knapp, formando el cuadro siguiente:

> **Cuadro nº 3:**
> **ARGUMENTOS A FAVOR Y EN CONTRA DE LOS DISTINTOS MÉTODOS**
>
> *Hay argumentos a favor y en contra de los distintos métodos, pero ninguno de estos parece decididamente el mejor para todas y cada una de las habilidades/...*
>
> *¿Qué factores pueden influir en la eficacia de un método concreto? Dos factores importantes son la motivación y el tipo de habilidad.*
>
> *— MOTIVACIÓN. Cuando una persona aprende una habilidad compleja siguiendo el método global, ha de pasar bastante tiempo antes de que llegue a ver unos resultados satisfactorios. Tendrá que hacer grandes esfuerzos, antes de que advierta algún progreso traducido en resultados. Por eso, a no ser que la motivación sea fuerte, puede que abandone antes de adquirir la habilidad deseada.*
>
> *Una vez que aparece un progreso mensurable, probablemente, este será más estable y menos sujeto a «rellanos», que si se utilizara el método fraccionado.*
>
> *— APRENDER PARTES ES MÁS FÁCIL QUE APRENDER TODO. Por eso, si se utiliza el método fraccionado, parecerá que el alumno realiza mayores progresos, con lo que su satisfacción será mayor y disfrutará más con las prácticas: se le presentan muchos objetivos intermedios que puede conseguir, y ello le animará a proseguir sus esfuerzos. Pero los seres humanos aprenden lo que practican, y por ello, es posible que a la larga tarde más el alumno en aprender el todo, porque la transferencia solo afectará a algunas de las habilidades y conocimientos logrados al aprender las partes.*
>
> *— EL CONJUNTO ES UNA ACCIÓN ÚNICA. Con sus características propias y por eso, llegar a dominar el conjunto no equivale exactamente a acoplar unas partes con otras. Harán falta muchos esfuerzos, sobre todo si no se ha proporcionado al alumno, una idea concreta del conjunto al comienzo de sus prácticas.*
>
> *El método fraccionado, puede presentar serias dificultades aún después de haberse adquirido el conjunto de la habilidad, en cuanto a puntos débiles, en la fase correspondiente a la unión de las partes.*

> *Existe también la dificultad de determinar claramente las partes y el todo.*
>
> *– EL TIPO DE HABILIDAD. El propio método dependerá en cierta medida de la complejidad de la habilidad y el problema debe resolverse atendiendo a las aptitudes y a la motivación del alumno.*
>
> *Los niños pequeños parecen disfrutar más, aprendiendo por partes. De hecho, lo que para el adulto es una parte, puede representar un todo para el niño, habida cuenta de sus limitaciones de comprensión.*
>
> *Probablemente el método global es el mejor cuando se trata de una habilidad que se puede alcanzar bastante pronto a un nivel medio de rendimiento y cuando la habilidad es relativamente sencilla para el alumno. En habilidades relativamente complejas, como en los deportes de equipo, puede ser preferible acudir al método fraccionado.*
>
> *Hay que considerar la forma en que las partes están relacionadas con el conjunto de la fracción.*
>
> *Cuando la acción es de una duración relativamente larga y sus partes se suceden unas a otras, puede ser útil el método Global-Fraccionado-Global, ya que cada parte de la acción, depende de la precisión de la precedente.*
>
> *El alumno debe enfrentarse antes que nada con el conjunto de la habilidad. Pero en la ejecución de ese todo, a no ser que se trate de una habilidad simple, habrá partes que resulten difíciles de dominar por un individuo concreto...*
>
> *Por eso es necesario, primero enfrentarse con el todo y luego aislar las partes con vistas al entrenamiento, de acuerdo con las dificultades que encuentre cada individuo o equipo.*

Finalmente, Bárbara Knapp expresa:

... Es posible resumir esta tan difícil cuestión del aprendizaje global y fraccionado diciendo que, mientras que no lleguemos a contar con datos experimentales sobre cada habilidad, probablemente sea mejor en lo que se refiere a las habilidades implicadas en la educación física y la recreación, comenzar con el método global, manteniendo a la vez libertad para, en un momento determinado y en el caso de un individuo concreto, centrarse en una parte que representa una dificultad y constituye un punto débil que impide la ejecución o el perfeccionamiento de la habilidad global.

4. El fútbol como habilidad abierta

Bárbara Knapp, 1981, modificando la definición dada por Guthrie, dice que habilidad es «la capacidad adquirida por aprendizaje, de producir resultados previstos con el máximo de certeza y, frecuentemente, con el mínimo dispendio de tiempo, de energía o de ambas cosas». Y continúa con lo siguiente:

HABILIDADES CERRADAS Y HABILIDADES ABIERTAS.

– Habilidades cerradas son aquellas en las que intervienen condiciones previsibles. Son ajenas a las condiciones externas.

– Habilidades abiertas, son las que han de adaptarse o bien a una serie impredecible de condiciones ambientales, o bien a una serie muy difícil, predecible o impredecible.

En el fútbol, el jugador puede tener unos buenos patrones motores, pero si no realiza la acción correcta en el momento oportuno, resultaría casi una inutilidad como jugador. Por tanto, en fútbol, lo más importante es una intuición de la situación. Es una habilidad abierta.

Las habilidades abiertas, como el fútbol, exigen que el individuo sea capaz de afrontar una gran variedad de situaciones y es prácticamente imposible que nadie pueda poseer todas las cualidades y habilidades del especialista teóricamente perfecto.

En los juegos de equipo, habría que prestar atención a los aspectos mentales de la actividad, ya que mientras mas habilidad tengan los jugadores, menor será, probablemente, el esfuerzo físico que habrán de hacer. El hecho de que Stanley Matthews fuera capaz de mantener su puesto en un equipo profesional de fútbol a los 46 años de edad, es en este sentido, una proeza comprensible.

5. Edad y maduración para el aprendizaje

No es objeto del presente trabajo, entrar en un extenso estudio sobre edad y maduración, pero si recordar algunos criterios generales.

De nuevo siguiendo a Bárbara Knapp, 1981, exponemos parte de lo analizado por dicha autora, con relación a estos conceptos:

La edad suficiente no viene determinada por la edad cronológica, sino por la edad fisiológica, es decir, por el grado de madurez alcanzado por el niño.

Si el niño ensaya una acción antes de tener la aptitud necesaria, puede verse frustrado hasta el punto de bloquear su proceso posterior. El tiempo empleado puede resultar perdido si se hace a una edad inapropiada.

Por otra parte, si no se emprende el ejercicio oportuno hasta bastante después de pasado el momento adecuado, puede que el niño encuentre *muchas más dificultades para aprender esa acción concreta: Existen período "críticos" y el saber cuando se dan es de vital importancia, si se desea adquirir una habilidad deter*minada.

Cuando se trata de niños que participan en una organización de fútbol abierta a todos sin condicionantes alguno, el abanico de edades de maduración es amplio, por lo que sólo algunos iniciarán a tiempo su formación básica.

Este es el caso de campañas de fútbol para todos, fútbol escolar, escuelas de fútbol municipales, competiciones de fútbol iniciación, etc., en el que, con acertado criterio, se da preferencia a la función social sobre la función técnica (Wanceulen Ferrer, Antonio, 1982)». Pero si entra en análisis los efectos positivos para una progresión normalizada hacia el fútbol de alto rendimiento, es cierto que los jóvenes con alto nivel de maduración, habrán empezado su formación para el fútbol, probablemente tarde, y en un contexto posiblemente insuficiente para él, aunque sea muy adecuado para los demás deportistas.

La edad óptima para iniciar unas actividades concretas dependerá, no sólo del grado de maduración, sino de su edad cronológica y de las actividades que haya practicado desde que nació...

A los 9 o 10 años, se le despertará el interés por hacerlo bien en los deportes y juegos y llegar a ser un "primera clase". Pero todavía le cuesta mantener su atención controlada, incluso durante el tiempo que dura un partido de fútbol.

Hacia los 11 años, cobran importancia la competición y los deportes de equipo. Al principio desea demostrar que él es mejor que otros niños y es probable que en un deporte de equipo, trate a todos los demás compañeros como adversarios suyos. Pero poco a poco aprende que no puede dominar al grupo y que ha de cooperar con él y limitar su papel dentro del equipo. Resulta difícil dejar que los niños dejen de ir todos a la vez detrás del balón. Y no es por egoísmo, o por falta de inteligencia, sino por falta de madurez. Todavía no han captado la idea de cooperación en equipo. Más adelante, la mayoría de los niños se convierten en buenos compañeros de equipo.

Es inútil y puede que incluso perjudicial, querer que un niño adquiera una habilidad, antes de haber madurado suficientemente».

6. Bases para el proceso de enseñanza/aprendizaje de gestos técnico-tácticos y conductas táctico-técnicas

Hasta ahora nos hemos referido a la clarificación de conceptos: juego, ejercicio, tipos de estrategia en la práctica aplicada al aprendizaje de la técnica y la táctica en el fútbol, fútbol como habilidad abierta y edad y maduración.

Es decir, hemos tratado algunos planteamientos sobre criterios metodológicos aplicables a la especialidad, pero dado que sobre el proceso de aprendizaje del deporte en general, existen trabajos que facilitarán cualquier consulta fundamentadora al respecto, citamos a continuación a varios autores, que entre otros, han analizado en profundidad dicho proceso, refiriéndose al deporte en general:

Antón, Juan L. y López, Jesús; Blázquez, Domingo; Delgado, Miguel Ángel; Ibáñez, Sergio; Knapp, Bárbara; Riera, Joan; Sáenz-López, Pedro; Santos, José Antonio y Viciana, Jesús.

Y sin llegar a un excesivo tratamiento del tema, incluimos algunos breves resúmenes de lo aportado individualmente por los autores citados, y en todo caso, en la bibliografía que se detalla al final de este trabajo, aparecen referencias completas de sus obras, cuya consulta aconsejamos para quienes deseen ampliar lo analizado:

De Antón, Juan L. y de López, Jesús, 1989, en su trabajo *La formación y aprendizaje de la técnica y la táctica*:

> Partiendo de la base de que el contenido de la formación técnica en deportes de equipo está totalmente influenciado por las conductas de decisión en la elección de la técnica adecuada para solucionar situaciones complejas del juego, entendemos que en el aprendizaje de estas disciplinas deportivas la unidad de formación técnico-táctica es inseparable y debe ser tratada de forma conjunta.
>
> Una característica de la actividad en los deportes colectivos es que todas las acciones vienen determinada por la solución táctica. Esto se debe al sistema de relación que se da en el juego y que tiene más componentes: compañeros adversario, balón, objetivos a alcanzar (canasta, portería, etc), terreno de juego en el que se integran todos los jugadores y con el que deben enfrentarse activa y constantemente...
>
> *La actividad deportiva se realiza siempre en cooperación directa (interacción) con los compañeros de juego y en oposición a los adversarios.*

De Delgado, Miguel Ángel, 1991, en su obra *Los estilos de enseñanza en la Educación Física. Propuesta para una reforma de la enseñanza*:

> *Las estrategias en la práctica no son sólo las dos que hasta ahora hemos abordado, sino que existe una gran variedad y combinación con*

ellas. Podemos presentar un continuun *en el que en ambos polos extremos tenemos la estrategia en la práctica global pura por un lado, y en el otro polo la estrategia en la práctica analítica pura.*

El profesor, buen conocedor de la materia, podrá aplicar la estrategia en la práctica adecuada a cada situación y en función del propio proceso de aprendizaje del alumno. Se podría decir que cada alumno exigiría una estrategia en la práctica individualizada.

De Ibáñez, Sergio, 1997, en su trabajo: *El proceso de formación técnico-táctico en la iniciación deportiva*: evolución histórica de la enseñanza de la técnica y la táctica, habla sobre la concepción integral en la enseñanza de los contenidos deportivos.

Algunos profesores/entrenadores con inquietudes formativas se dan cuenta de estas lagunas, buscando soluciones a las carencias que observamos. Así desarrollan situaciones técnicas específicas dentro del contexto del juego (táctica), y plantean propuestas tácticas en las que hacen hincapié en la correcta ejecución técnica.

Aparece así el concepto metodológico al que nos referimos, a la **Formación Integral de los Contenidos Deportivos**, *desarrollándolos de forma conjunta y no de forma aislada como hasta ahora se venía realizando.*

Los contenidos deportivos ya no se trabajan de forma aislada, sino integrados, atendiendo al mismo tiempo tanto la ejecución como al proceso de búsqueda de soluciones. Pero dentro de nuestro proceso metodológico existirán momentos en los que deberemos centrar nuestra atención sobre el gesto o sobre la conducta. Entendemos por tanto que los contenidos deportivos serán técnico-táctico, cuando prestemos una mayor atención a las ejecuciones motrices, y táctico-técnicos cuando nuestro interés se centre en las conductas motrices.

Con este criterio y apoyándonos en la idea de clasificar los contenidos deportivos en básicos y complejos para realizar un mejor tratamiento metodológico y progresivo, realizado por Pintor (1987), podríamos estructurar los contenidos deportivos en Gestos y Conductas:

GESTOS	CONDUCTAS
• Técnico-Tácticos Individuales • Técnico-Tácticos Colectivos Básicos • Técnico-Tácticos Colectivos Complejos	• Táctico-Técnicas Individuales • Táctico-Técnicas Colectivas Básicas • Táctico-Técnicas Colectivas Complejas

GESTOS	CONDUCTAS
Situaciones prácticas con un claro predominio de la acción técnica sobre la respuesta táctica	Situaciones con predominio en la respuesta táctica sobre la ejecución técnica
Tanto los gestos como las conductas deberán ser de ataque y de defensa	

Para seguir una adecuada progresión, las actividades que se realicen serán habituales para el niño, complicándolas de forma paulatina hasta poder llegar a realizar algunas inhabituales, incluyendo habilidades genéricas y comunes de las prácticas deportivas para introducir poco a poco las específicas del deporte en cuestión, con planteamientos globales y generales en las actividades, realizando poco a poco situaciones más concretas, específicas y parciales del deporte, mas analíticas».

La formación técnico-táctica y táctico-técnica en un deporte es un proceso continuo a lo largo del tiempo, que debe producirse simultáneamente, (concepto de formación integral) y no de forma sucesiva, primero una y después otra.

7. Prácticas con oponentes y compañeros

...El aprendizaje de las tareas en las que intervienen otras personas no puede llevarse a cabo únicamente con contacto exclusivo con los objetos, sino que exige la presencia activa de los contrincantes y/o compañeros. Es imposible aprender a jugar a fútbol mediante la práctica individual con el balón y mediante lanzamientos a portería sin la oposición del contrario, aunque, lógicamente, una buena técnica en el control del balón y en el lanzamiento serán muy importantes en la competición, siempre que se integren en un contexto táctico, donde la situación y los desplazamientos de los compañeros y contrarios son determinantes.

...En los deportes con oposición y colaboración el aprendiz se relaciona con los objetos, con los compañeros y con más de un adversario, por lo que pueden aparecer niveles de relación de complejidad superior, ya que, por ejemplo, la relación entre dos oponentes puede depender de la situación de los compañeros y de otros contrincantes. El "dribling" en fútbol que básicamente es una tarea de oposición de uno contra uno, puede adquirir una nueva dimensión si las acciones de ambos contendientes son dependientes de la actuación de otro jugador, ya que el protagonista de la acción deberá estar pendiente de las de su oponente directo y del comportamiento de otros jugadores».

Finalmente y continuando con Riera, Joan, 1989, resumimos del epílogo de su referenciada obra lo siguiente:

...Todos nuestros esfuerzos serían vanos si se olvidaran tres aspectos fundamentales que resumen todas las principales ideas vertidas acerca de los procesos de aprendizaje y enseñanza:

En primer lugar, hemos reiterado que el aprendizaje de la técnica y la táctica suponen el establecimiento de nuevas formas de adaptación y de relación del deportista con el entorno específico de cada destreza deportiva. Por tanto, la conceptualización del aprendizaje como un proceso centrado en el aprendiz ha de sustituirse por un enfoque relacional, en el que la funcionalidad del aprendiz no puede analizarse con independencia de las propiedades del medio, de los instrumentos, de los objetos, compañeros y contrincantes.

En segundo lugar, el enseñante puede combinar infinidad de procedimientos para facilitar el aprendizaje. No hay una única solución ni un camino óptimo, ni una estrategia infalible a la que el enseñante pueda recurrir. La relatividad, la variedad, la adaptación y la riqueza de matices superan con creces las normas estrictas, los rígidos consejos y las recetas prefijadas. El proceso de enseñanza no puede reducirse a un número limitado de pasos estereotipados y repetitivos.

Finalmente, y no por ello menos importante ya que condiciona las anteriores afirmaciones, conviene recordar que el aprendiz es un ser creativo, que puede actuar con independencia de la intervención del profesor, y que puede influir y alterar cualquier propuesta de enseñanza. El aprendiz se relaciona global y unitariamente con las condiciones de la destreza... El que aprende es una persona, no un conjunto de articulaciones, músculos o sistemas mecánicos o biológicos.

El enseñante puede facilitar el aprendizaje, pero el que tiene la clave del proceso de adquisición es el propio aprendiz

8. Observaciones basadas en el trabajo práctico con jóvenes futbolistas

Aparte de que en la práctica es muy difícil determinar con claridad las partes y el todo, no podemos caer en el espejismo de que enseñando el fútbol exclusivamente de forma analítica, fraccionadamente, por partes, progresa más el aprendizaje, porque cuando esas partes ya dominadas, las pasamos a la acción total, se demuestran lagunas, puntos débiles y ciertamente, incapacidad para el juego real. En este punto conviene concretar, que en fútbol, «la parte es una división de la acción global y no de la acción motriz».

Hemos observado la existencia de "rellanos", "puntos débiles", en definitiva estancamiento, en jóvenes futbolistas inicialmente valorados con alto nivel de aptitud en cuanto a características psicofísicas requeridas para progresar en el fútbol y que dicho estancamiento pudiera ser debido, por lo menos en una buena parte, a una errónea aplicación de estrategia en la práctica.

- Unas veces por excesiva frecuencia del trabajo analítico, y otras, por aplicación de ese trabajo analítico, fuera de tiempo con relación a la edad y maduración del joven.
- En el otro extremo, la estrategia global, también suele ser aplicada con alarmante frecuencia (por comodidad y falta de organización del entrenamiento) en forma de simples «pachanguitas», es decir, juego colectivo complejo, improvisado y al que no se ha sabido incluir contenido formativo.

Con estos errores no se logra el objetivo metodológico de formación integral de los contenidos deportivos.

En el fútbol la existencia de compañeros y adversarios, configuran un juego colectivo de cooperación y de oposición, y por ello, el proceso enseñanza/aprendizaje, tendrá concepción integral, llevando contenidos tanto de ejecución técnica, como sobre la conducta en cuanto a soluciones sobre el juego complejo. En los cuatro niveles: Benjamines, Alevines, Infantiles y Cadetes, la unidad de formación tendrá siempre composición técnico-táctica.

Cuadro nº 5:
RESUMEN PARA EL PROCESO ENSEÑANZA/APRENDIZAJE DE GESTOS TÉCNICO-TÁCTICOS Y CONDUCTAS TÁCTICO-TÉCNICAS DEL FÚTBOL

NIVEL	CONTENIDOS	ESTRATEGIAS EN LA PRÁCTICA
BENJAMINES 8 y 9 años	GESTOS TÉCNICO-TÁCTICOS INDIVIDUALES	GLOBAL: • Modificando la situación real para facilitar el aprendizaje. • Polarizando la atención. • Pura.
BENJAMINES 8 y 9 años	CONDUCTAS TÁCTICO-TÉCNICAS INDIVIDUALES	GLOBAL: • Modificando la situación rea para facilitar el aprendizaje. • Polarizando la atención. • Pura.

NIVEL	CONTENIDOS	ESTRATEGIAS EN LA PRÁCTICA
ALEVINES 10 y 11 años	GESTOS TÉCNICO-TÁCTICOS COLECTIVOS BÁSICOS	GLOBAL: • Modificando la situación real para facilitar el aprendizaje. • Polarizando la atención. • Pura. MIXTA: Como complemento y para mejora de puntos débiles: • Global modificando la situación real para facilitar el aprendizaje. Analítica – Global (La estrategia mixta: aplicar al final de la etapa, sobre 11 años y siempre en forma de juegos)
	CONDUCTAS TÁCTICO-TÉCNICAS COLECTIVAS BÁSICAS	GLOBAL: • Modificando la situación real para facilitar el aprendizaje. • Polarizando la atención. • Pura.
INFANTILES 12 Y 13 años	GESTOS TÉCNICO-TÁCTICOS COLECTIVOS EN PROGRESIÓN	ANALÍTICA. GLOBAL: • Polarizando la atención. • Pura MIXTA: • Global modificando la situación real. • Analítica • Global polarizando la atención GLOBAL: • Polarizando la atención. • Pura.

NIVEL	CONTENIDOS	ESTRATEGIAS EN LA PRÁCTICA
INFANTILE 12 Y 13 años	CONDUCTAS: TÁCTICO-TÉCNICAS COLECTIVAS EN PROGRESIÓN	MIXTA: – Global modificando la situación real. – Analítica – Global polarizando la atención GLOBAL: – Polarizando la atención. – Pura.
CADETE 14 Y 15 años	GESTOS TÉCNICO-TÁCTICOS COLECTIVOS COMPLEJOS	ANALÍTICA. GLOBAL: – Polarizando la atención. – Pura
CADETE 14 Y 15 años	CONDUCTAS: TÁCTICO-TÉCNICAS COLECTIVAS COMPLEJAS	MIXTA: – Global modificando la situación real. – Analítica – Global polarizando la atención GLOBAL: – Polarizando la atención. – Pura.
JUVENILES 16 Y 18 años	GESTOS TÉCNICO-TÁCTICOS COLECTIVOS COMPLEJOS	ANALÍTICA. GLOBAL: – Polarizando la atención. – Pura
JUVENILES 16 Y 18 años	CONDUCTAS: TÁCTICO-TÉCNICAS COLECTIVAS COMPLEJAS	MIXTA: – Global modificando la situación real. – Analítica – Global polarizando la atención GLOBAL: – Polarizando la atención. – Pura.

Como resumen complementario al cuadro n.º 5, diremos lo siguiente:

El fútbol está incluido dentro de las llamadas "tareas complejas de baja organización", por lo que son difíciles de abarcar en el proceso de enseñanza/aprendizaje.

Debe ser enseñado de forma global, pero las tareas son muy complejas para aplicar el tipo "global pura".

En **Benjamines** (8 y 9 años) y **Alevines** (10 y 11 años), proponemos abarcar las progresiones de forma global, modificando la situación real para simplificarla y en segundo lugar polarizando la atención, para ir enseñando los gestos técnico-tácticos y conductas táctico-técnicas, llegando a la práctica global pura.

En Alevines, puede incluirse la forma mixta (global-analítica-global y variantes).

En **Infantiles** (12 y 13 años), aparte de las que se incluyen, creemos que el joven futbolista ya alcanzó la edad en la que acepta las características del trabajo analítico y podemos aplicarlo para completar el desarrollo ordenado y sistemático de todos los gestos técnicos-tácticos.

La estrategia en la práctica mixta, puede ser adecuada en este nivel infantil, para conseguir una ordenada progresión de las conductas tácticos-técnicas.

En esta etapa, son compatibles las formas: Analítica, Mixta y Global.

En **Cadetes** (14 y 15 años), las formas Analítica y Mixta, seguirán aplicándose, incluso en mayor porcentaje. La estrategia analítica podría ser aplicada para perfeccionar y afinar los gestos técnico-tácticos y la mixta para perfeccionar la formación del joven futbolista en cuanto a capacidad compleja del juego. En esta etapa, seguimos considerando compatibles las formas: Analítica, Mixta y Global.

Dentro de la responsabilidad del entrenador como enseñante de fútbol en las edades referidas, recordemos que,

Las relaciones que mejor se retienen son las que primero se aprendieron, mientras que las que se establecieron en último lugar son las primeras en olvidarse» (Riera, 1989).

Es decir, los errores que cometamos en la iniciación obligaría a reeducar, a volver a formar deportivamente al joven, y este posterior proceso de formación, tendría una limitada eficacia.

En todo caso, las aplicaciones propuestas y cualquier otra que se incluyan, carecerán de rigideces, y tendrán como referencia de limitación y precaución, el joven futbolista y sus circunstancias: nivel psico-físico, su maduración, su edad fisiológica.

Con relación a la columna de «Contenidos», nos hemos inclinado por las denominaciones: Gestos y Conductas, en sus distintas formas, por considerarlas más clarificadoras.

Si a partir del cuadro n.º 5, entráramos en desarrollar las actividades correspondientes a esos contenidos, incluiríamos en cada nivel y con la debida progresión:
- En cuanto a Gestos: Actividades, Juegos, Ejercicios, en los que sean dominantes las ejecuciones técnicas sobre la respuesta táctica.
- En cuanto a Conductas: en esas Actividades, los Juegos y Ejercicios, tendrán como dominante la respuesta táctica sobre la Ejecución Técnica.

Y en los ambos casos, sin desequilibrar la acción formativa de ninguna de las dos materias.

Por tanto, el repertorio para una formación metodológica sería el mismo que se ha practicado habitualmente en fútbol, pero con la gran diferencia de presentarlos a través de actividades que incluyan los dos contenidos en un mismo trabajo: Ejecución Técnica y Respuesta Táctica, con predominio de uno de ellos, según objetivos.

9. Orientaciones metodológicas

Giménez Fuentes-Guerra y Sáenz López, en su obra *Aspectos teóricos y prácticos de la Iniciación al Baloncesto* (Wanceulen Editorial, 2003), a modo de pautas que guíen la actuación de los entrenadores, ofrecen las siguientes orientaciones metodológicas, aplicables también al fútbol:

- **EVOLUCIONAR DE LO SIMPLE A LO COMPLEJO.** Al principio de la sesión las actividades más simples, al final las más complejas. Igualmente debe ocurrir a medio y largo plazo, es decir, al comenzar el año realizaré más cantidad de actividades simples y, al terminarlo, más cantidad de complejas.
- **APRENDER JUGANDO**. El medio a través del cual los niños aprenden es el juego. Debemos potenciar el juego frente al ejercicio analítico.
- **APRENDIZAJES SIGNIFICATIVOS**. Para que los aprendizajes sean motivantes y se consigan con más eficacia, deben ser significativos para los niños, es decir, adecuados a sus intereses y a lo que ellos desean.
- **GLOBALIDAD**. Al empezar y al terminar cualquier aprendizaje debe hacerse de forma global, al principio como familiarización y al final como transferencia a situación real.
- **INTERDISCIPLINARIEDAD**. Las sesiones deben ser lo más integrales que nos permita nuestra capacidad. Es importante interrelacionar todos los contenidos del deporte través de actividades de oposición. En iniciación, podemos emplear otros deportes porque tendrán una transferencia positiva.
- **DESCUBRIMIENTO O MODELOS**. Una habilidad podemos aprenderla imitando un modelo o descubriéndolo. Nosotros, como educadores, tenemos la "obligación" de plantear situaciones en las que provoque-

mos que los jugadores/as aprendan las habilidades por sí mismos, sin mostrarles el modelo. Es decir, utilizar la indagación más que la instrucción directa.

- **INDIVIDUALIZACIÓN**. Cada niño es diferente, su personalidad o su ritmo de aprendizaje es distinto. Debemos respetarlos individualizando el proceso de enseñanza-aprendizaje. Logrando la máxima participación individual y ofreciendo situaciones en las que cada alumno/a desarrolle sus habilidades en función de su capacidad.
- **ADECUACIÓN DE MATERIALES Y NORMAS**. Es imprescindible adaptar las reglas, instalaciones y materiales a las características de los niños.
- **ACTITUD DE PACIENCIA Y CLIMA FAVORABLE**. Un ambiente positivo acelera el proceso de aprendizaje, por aumentar las ganas de aprender y por conseguir que los alumnos/as no tengan tensión por sus errores.
- **INFORMACIONES BREVES Y MUCHA PRÁCTICA**. En la enseñanza del deporte, se aprende practicando y no escuchando "los discursos" de los entrenadores/as. Por tanto, hay que dar la información suficiente, pero sin abusar, ya que nada sustituye a la práctica.
- **FOMENTAR EL CONOCIMIENTO DE RESULTADOS INTERNO**. Formando jugadores y jugadoras con capacidad de autoaprendizaje. Podemos hacerlo preguntándoles sobre su ejecución para que reflexionen internamente sobre como lo han hecho o cómo podrían mejorar, a través del conocimiento de resultados interrogativo.
- **UTILIZAR RECURSOS DIDÁCTICOS**. La variedad y calidad de recursos diferencia a un entrenador experto y eficiente de otro novato y aburrido.

Sería muy recomendable que al programar tuviéramos delante estas orientaciones para no olvidarnos de cumplirlas. De esta forma garantizaríamos un proceso de enseñanza-aprendizaje correcto.

10. El proceso de enseñanza/aprendizaje bajo un modelo comprensivo. De la Técnica a la Táctica/De la Táctica a la Técnica

Pilar Sáinz de Baranda, Luis LLópis y Enrique Ortega (2005), en su obra Metodología global para el entrenamiento del portero de fútbol, analizan la iniciación deportiva basada en la técnica, la iniciación deportiva basada en la táctica y también aportan una propuesta sobre el proceso de enseñanza/aprendizaje bajo un modelo comprensivo. Todo ello, con el objetivo de intentar responder a la pregunta ¿Cómo enseñar en fútbol? Los contenidos de la referida obra, los consideramos de interesante consulta. De dichos autores Incluimos los tres apartados siguientes:

a) Métodos de enseñanza aplicados al fútbol

Existe debate relacionado con la metodología mas apropiada para el proceso de enseñanza/aprendizaje del deporte en general y del fútbol en particular.

Dado que gran parte de ese debate hace referencia a los modelos de enseñanza de la técnica y de la táctica, para simplificar nuestro intento de clarificación, nos vamos a concretar en esos dos conceptos, dejando para otros apartados de esta obra, el resto de contenidos, a los que se aplicará una secuencia de enseñanza integradora, tanto de nuestras finalidades educativas relacionadas con la función social como las relacionadas con la función técnica.

Modelos de enseñanza del fútbol:
- De la técnica a la táctica (tradicional)
- De la táctica a la técnica (alternativo).

b) Modelo tradicional: de la técnica a la táctica

En este modelo tradicional, los elementos técnicos del juego (control, pase, regate, conducción, etc) se enseñan descontextualizados del juego real, mediante repeticiones, teniendo como referencia el dominio de las distintas acciones técnicas.

A este modelo se le reconoce una capacidad cierta en cuanto al dominio afinado de los fundamentos técnicos, pero desde una fijación analítica, por repeticiones y con dificultosa utilidad en la aplicación directa al juego.

Durante mucho tiempo, en fútbol formativo, se aplicaba el criterio de que la táctica era un contenido que debía aplicarse con posterioridad a las etapas de iniciación y por, tanto después de los niveles de las Escuelas de Fútbol.

Enfocar el proceso formativo en fútbol, desde el modelo de enseñanza "De la técnica a la táctica", es decir, desde el modelo tradicional, ha promovido en muchos casos, jugadores con gran limitación de su autonomía en el juego y en la toma de decisiones necesarias en cada situación dentro de las funciones de cada uno en el terreno.

c) Modelo alternativo: de la táctica a la técnica

La aplicación del modelo alternativo (de la táctica a la técnica), en la enseñanza del fútbol, tiene la referencia principal siguiente:

La táctica se aplica como base de los contenidos en el proceso de aprendizaje, en las actividades y en las unidades didácticas y sesiones programadas, pero favoreciendo al mismo tiempo, el dominio de las acciones técnicas y todo ello, en un contexto de juego real.

Las acciones tácticas tienen tres fases:
- Conocer la situación
- Decidir las acciones a aplicar
- Realizar las acciones seleccionadas.

Y es dentro de esta fase del juego real, donde debe ubicarse el perfeccionamiento de las acciones técnicas.

Es decir, proponemos, que a través de este modelo alternativo, facilitemos al joven futbolista:
- La comprensión del juego colectivo
- Como debe actuar a favor de ese sentido colectivo del juego
- La aplicación de sus acciones técnicas más conveniente en cada situación de juego.

6.ª PARTE:
EVALUACIÓN DEL PROCESO FORMATIVO

¿Cómo sabemos si hemos conseguido los objetivos propuestos?

CAPÍTULO 19
LA EVALUACIÓN DEL PROCESO FORMATIVO

1. Definición de Evaluación

Gil Madrona, Pedro (2004), después de analizar las definiciones de varios autores, resalta que todas ellas convergen en que se trata de una planificación, un diseño metodológico en la recogida de datos, una interpretación de los mismos y un juicio de valor sobre el estudio evaluado, de donde habrá una toma de decisiones de mejora acerca del programa, material o centro, para cambiar, continuar, ampliar, modificar o suprimir.

Giménez Fuentes-Guerra, Francisco Javier y Sáenz-López Buñuel, Pedro (2003. 87), con respecto a la evaluación dicen:

La evaluación es, en todos los niveles educativos uno de los elementos mas complejos y, sin duda, el mas conflictivo y en el entrenamiento deportivo, esos problemas se acentúan.

La evaluación no indica una medida exacta y cuantitativa, sino que se trata de un concepto dinámico y continuo de información sobre cambios de conducta del individuo. Del mismo modo, no debe ser el jugador/a, el único objeto de la evaluación, pues debemos incluir en la misma al entrenador/a y al proceso.

Las características básicas que debe tener el proceso de evaluación las concretan, Stufflebeam y Shinkfield (1987), en cuatro:

__ÚTIL__. En el sentido que debe ayudar a las personas implicadas a identificar los aspectos positivos y negativos, informando de cómo mejorar estos últimos.

__FACTIBLE__. Utilizando procedimientos que puedan llevarse a la práctica sin dificultad.

__ÉTICA__. Basada en compromisos explícitos.

__EXACTA__. Describiendo con claridad el objeto de evaluación en su evolución y contexto.

2. Importancia de la Evaluación en el Fútbol Formativo

Refiriéndose a la evaluación en el fútbol base, De León Arpón, Miguel (2000, pp. 27-28), dice lo siguiente:

Una planificación sin un sistema de evaluación es como una excursión con los ojos vendados. Si no sabemos desde dónde partimos, por dónde vamos y si hemos llegado o no a nuestro destino, el viaje será una incógnita, lleno de caídas y con pocas posibilidades de éxito. La evaluación es parte del propio proceso de enseñanza/aprendizaje, no un añadido que nos quita tiempo para hacer otras cosas.

Las características de la evaluación sintonizan con la orientación metodológica y la propuesta de objetivos y contenidos. En este sentido es una evaluación integral de los aspectos cuantitativos y cualitativos de la planificación y sus protagonistas. Será una evaluación con vocación formativa más que sumativa al comienzo de la etapa para invertir los términos según los jugadores progresan en madurez y/o nivel competitivo.

Una base datos de jugadores, en la que se reflejen datos personales, lesiones que ha sufrido, los puntos fuertes y débiles a nivel técnico, táctico, físico y psicológico/afectivo, etc., permitirá realizar un seguimiento de su progreso, introducir medidas de atención individualizada, detectar talentos y, en definitiva, mejorar el proceso de enseñanza/aprendizaje."

Siguiendo con lo expresado por De León Arpón, Miguel, en la figura siguiente se expresa resumidamente una propuesta de sistema de evaluación para el fútbol base:

Evaluación inicial   Evaluación continua   Evaluación final:
1. ¿QUÉ EVALUAR?:
a) El entrenador:
- Acción didáctica
- Conocimientos

b) Los jugadores
- Conocimientos
- Habilidades y recursos
- Actitudes y hábitos

c) El plan
- Adecuación de objetivos y contenidos
- Metodología empleada
- Sistema de evaluación

2. ¿QUIÉN?
- Autoevaluación
- Heteroevaluación

3. ¿CÓMO?
INSTRUMENTOS:
- Cuestionarios
- Pruebas / tests
- Observación directa
- Puestas en común
- Registro de lesiones
   Ficha de autoevaluación

3. Ámbitos a evaluar

Adaptando lo expresado por Giménez y Sáenz López (2003), en el Fútbol Formativo, la evaluación del proceso de enseñanza-aprendizaje debería abarcar a los tres ámbitos del comportamiento humano: motriz, cognitivo y afectivo-social:

ÁMBITOS	ASPECTOS	INSTRUMENTOS
COGNITIVO	• Reglamento • Nociones de higiene, de preparación física o de nutrición • Aspectos técnico-tácticos y estratégicos • Creatividad	• Pruebas teórico- prácticas • Cuestionarios • Entrevistas • Observación
AFECTIVO	• Motivación • Intereses • Actitudes sociales • Autoestima	• Observación • Listas de control • Sociograma • Autoevaluación
MOTRIZ	• Datos físicos • Condición física • Gestos técnico-tácticos	• Medición corporal • Test • Pruebas motrices • Observación

Ámbitos y aspectos a evaluar. Fuente: Giménez Fuentes-Guerra y Sáenz López (2003)

4. Bases para la evaluación a realizar en el Fútbol formativo

Perea Villena, Pablo (en Torres Martín, César e Hiniesta Molina, Jesús A, 2009 pp 336-337), analiza los medios e instrumentos básicos de evaluación del aprendizaje en balonmano, y dado que lo consideramos aplicable al fútbol formativo, incluimos a continuación lo expuesto por el referido autor:

Los medios e instrumentos básicos de evaluación del aprendizaje

La estructura de la evaluación en las etapas de formación (base) debe abarcar, según Antón (1990), cuatro dimensiones observables:

Rendimiento, referido a la eficacia del/a jugador/a

Conocimiento técnico-táctico, de la actividad y el reglamento

> *Conducta motriz, que comprende inteligencia motriz, dominio de gestos y adecuación de acciones a exigencias del juego*
> *Comportamiento, el cual incluye voluntad, motivación, iniciativa y participación*

La evaluación, en síntesis, debe ser planteada básicamente en situaciones de juego real, centrando la atención fundamentalmente en la integración y asimilación de hechos tácticos. Es más importante que un jugador sea capaz de percibir, comprender y participar activamente en determinadas situaciones de juego, que domine la técnica sin saber aplicarla (Antón, 1990).

La evaluación del proceso de aprendizaje del/a jugador/a debe ser continua, y a lo largo de ella se establecen una serie de modelos de comportamiento que definen los distintos estadios de juego en que se encuadra el individuo según las diferentes situaciones prácticas. Se tratará, por tanto, de hacer controles diarios con anotaciones de las prácticas, evaluación de las metas de aprendizaje técnico-táctico individual y la posibilidad de evaluar éstos encadenados. Atendiendo a ciertos criterios de valoración, Antón (1990) establece los siguientes criterios de contenidos:

> a) *Volumen de juego: valoración de las zonas de intervención importantes, número de veces de participación, ocupación intensa y efectiva del jugador/a.*
>
> b) *Acciones decisivas: valoración de la importancia de las acciones en proximidad a portería, lanzamientos, interceptaciones, etc. (ataque-defensa).*
>
> c) *Colocación-descolocación: percepción del espacio de juego y sus elementos, ocupación de espacios libres.*
>
> d) *Actitud en la lucha individual: toma de iniciativa en espacios próximos al oponente, anticipación de acciones, etc.*
>
> e) *Inteligencia motriz en el juego: percepción espacio-temporal, elección de soluciones idóneas en cada momento, etc.*
>
> f) *Capacidades técnicas: utilización de recursos, variedad de lanzamientos, precisión, calidad de pases y recepciones, etc. .../...*

Por otro lado, podemos establecer pruebas específicas que midan las distintas capacidades. Así por ejemplo de la técnica, se pueden confeccionar respecto a los distintos gestos técnicos; igualmente desde el punto de vista de la táctica podemos establecer pruebas que valoren tanto las acciones defensivas como ofensivas y relacionadas con los tres niveles de pre-fútbol propios de nuestra Escuela.

...Por último, se podrían montar recorridos técnicos más complejos en los que se enlacen diversos comportamientos motores: cambio de dirección en carrera, orientaciones, lanzamientos a portería, pases y recepciones en carrera, etc., realizándolos de forma continua y midiendo el tiempo total en realizarlos. Todo ello podrá, en suma, dar una idea bastante definida del grado de progresión del niño y de su captación del aprendizaje.

Los principales **métodos y técnicas** utilizados en las ciencias de la actividad física y el deporte van a ser adaptados para la evaluación del proceso de aprendizaje del jugador/a de balonmano. Destacan los siguientes:

• Técnicas de observación. Sirven fundamentalmente para recoger información de aquellos factores relacionados con el proceso de aprendizaje que no pueden ser medidos cuantitativamente.

• Su instrumento más utilizado va a ser las escalas y cuadros de valoración u hojas de observación, a través de las cuales podemos evaluar tanto las actitudes como acciones técnico-tácticas.

• Técnicas de información directa. Pretenden obtener información a partir de las respuestas que los/as jugadores/as dan a una serie de preguntas que se les plantean. Sus instrumentos más utilizados son los cuestionarios y las entrevistas.

• Pruebas específicas. Son las técnicas más usadas y adecuadas para la evaluación del proceso de enseñanza del balonmano, por su fiabilidad y validez. Dentro de ellas destacan los siguientes instrumentos:
   • Preguntas directas (exámenes de conocimientos).
   • Test de habilidades técnico-tácticas, condición física y cualidad motriz.
   • Batería o grupo de test de habilidades técnico-tácticas, condición física y cualidad motriz.

5. Evaluación del profesor/entrenador de fútbol

Lo expuesto por Cañizares, José María (2009, pág 415), con relación a la Evaluación del Profesorado, lo consideramos adaptable a la Evaluación del Entrenador en el Fútbol Formativo:

EVALUACIÓN DEL PROFESORADO.

Que el profesorado sea también sometido a evaluación es una necesidad que debe ser asumida con criterios positivos. No se trata de una actuación de control o fiscalizadora; todo lo contrario, ha de ser una acción claramente orientadora, estimulante, y parte esencial del proceso de formación permanente del profesorado (Díaz, 2005). La evaluación del mismo reúne varias finalidades (Blázquez, 1993):

• *Conseguir una auténtica calidad de la enseñanza.*

• *Mejorar la función docente y estimular el reconocimiento de su labor.*
• *Permitir que su trabajo-acción pueda ser sometido a un proceso de reflexión crítica que se convierta en uno de los elementos de su formación y perfeccionamiento.*
• *Podemos añadir que es un elemento favorecedor de su actualización profesional.*

Sales (2001), propone varias líneas de evaluación del maestro: auto-observación, observador externo (compañero), opiniones del alumnado en asambleas o mediante la aplicación de cuestionarios y realizando grabaciones en formato vídeo (autoscopia).

6. La Evaluación del proceso de entrenamiento

García Herrero, Juan Antonio (2006, pp. 189-190), analiza la evaluación del proceso de entrenamiento y del referido autor, incluimos lo siguiente:

La evaluación es la fase de la planificación que permite realimentar la intervención del entrenador con el equipo. Sin la evaluación, el proceso de entrenamiento se convierte en un proceso lineal donde las posibilidades del entrenador de cambiar, confirmar, reorientar, flexibilizar o eliminar elementos de la planificación no existen. El objetivo por tanto, es transformar ese proceso lineal en una estructura circular que permita poder interrelacionar las distintas partes de la planificación y testarlas para comprobar su eficacia.

Para Blázquez (1992), la evaluación no es simplemente la medición o valoración de las cuestiones relacionadas con los alumnos o los jugadores, sino que ésta puede atender a recoger información sobre:
• el educador o entrenador;
• los alumnos o jugadores;
• el programa de aprendizaje;
• el proceso de aprendizaje.
• la estructura de la planificación
• Etc.

Respetando esto y atendiendo al comportamiento que los jugadores desarrollan en los entrenamientos y en los partidos, hemos identificado una serie de aspectos que pueden ser evaluados por los entrenadores para mejorar el rendimiento de los jugadores.

7. Evaluación de la acción didáctica

Adaptando lo expresado por Cañizares, José María (2009, pp. 414-415), con relación a la Evaluación del proceso de enseñanza, incluimos lo siguiente, con relación a la Evaluación de la acción didáctica en el Fútbol Formativo:

La L. O. E. (2006), en su título VI, expresa que la evaluación del sistema educativo es un elemento fundamental para la mejora de la educación.

La evaluación del proceso implica que todas las fases de la acción didáctica deben ser objeto de evaluación, es decir (Blázquez, 1993):

CC. BB. → Objetivos → Contenidos→ Actividades→ Metodología y Recursos→ Evaluación

    a. Evaluación de las competencias básicas.

Se trata de averiguar el grado de consecución de las competencias básicas.

    b. Evaluación de los objetivos.

La continuidad entre los objetivos de Etapa, Área, Ciclo… Se trata de saber si los objetivos más concretos son instrumentales en función de la consecución de los objetivos más generales.

La pertinencia o actualidad de los objetivos: en qué medida los objetivos propuestos responden a las necesidades actuales.

    c. Evaluación de los contenidos.

La vinculación objetivo-contenido responde hasta qué punto éstos han sido apropiados para la consecución de aquéllos, bien por su relación directa, bien por transferencia. Su proporción vertical-horizontal.

    d. Evaluación de las actividades.

Surgen a partir de los contenidos. Es preciso reflexionar si son adecuadas para satisfacer a los contenidos y conseguir los objetivos formulados. También si son apropiadas al grupo según su madurez, intereses, aprendizajes previos, etc. de aquél. Igualmente si son seguras y no plantean riesgos.

    e. Evaluación de la metodología.

Hay que considerar la organización grupal, técnica de enseñanza, estrategia en la práctica, relación trabajo/pausa, estilos de enseñanza utilizados, clima de aula, las diferencias individuales, etc.

    f. Evaluación de los recursos.

El aprovechamiento de los recursos de todo tipo con que cuente el centro: materiales, personales, humanos, espaciales… y ambientales.

Su idoneidad, seguridad, capacidad para motivar, su multifuncionalidad, etc.

    g. Evaluación del sistema de evaluación. (Metaevaluación).

Una vez que el profesorado evalúa todo lo anterior en el documento de evaluación, a través de técnicas de observación, se vuelve a comprobar-evaluar si los procesos que ha realizado se corresponden con la realidad del centro: alumnos, docentes, etc. y a través de esa "evaluación de la evaluación", el maestro y la maestra investigan y reflexionan sobre su propia práctica.

Es, en cierto modo, un proceso de *feedback* ya que el docente obtiene una información de lo realizado y pone las medidas correctoras oportunas para mejorar la calidad de su enseñanza, que es en definitiva de lo que se trata.

También se puede evaluar la "fase práctica o realización" (Sales, 2001). Se trata de comparar las previsiones realizadas por el maestro o maestra antes de efectuar el acto educativo y la realidad surgida con el alumnado. Obviamente, la fase práctica la podemos incluir directamente en cada uno de los puntos anteriores.

Debemos evaluar los procesos de enseñanza y no exclusivamente a alumnas y alumnos, como tradicionalmente se ha venido haciendo. La evaluación de la enseñanza y de la práctica docente deberá abordar, al menos, los siguientes aspectos:

- La organización y el aprovechamiento de los recursos de la Escuela de Fútbol.
- El carácter de las relaciones entre los entrenadores, entre éstos y el alumnado, así como la convivencia entre alumnas y alumnos.
- La coordinación entre los órganos y personas responsables en la Escuela, de la planificación y desarrollo de la práctica docente: Dirección, Personal Técnico y Personal de Apoyo.
- La regularidad y calidad de la relación con los padres, madres o tutores/as legales.

Además, se evaluarán otros aspectos, como:
- Adecuación de los objetivos a las características del alumnado.
- Distribución equilibrada y adecuada de los contenidos por ciclos.
- Efectividad de la metodología y recursos utilizados.
- Validez de los criterios de evaluación.
- Adecuación de las medidas adoptadas para la atención a la diversidad.

En el Fútbol Formativo, el Área de Formación Deportiva, encabezada por el Director Técnico y los Coordinadores de Etapas, se encargará de planificar el proyecto educativo y de su posterior evaluación para poder orientar posibles modificaciones que beneficien el proceso de formación de los jóvenes futbolistas.

8. Cuadro-Resumen de aspectos formativos susceptibles de ser evaluados. (Adaptado de García Herrero. 2006)

ASPECTO FORMATIVO A EVALUAR	FORMA DE EVALUAR
1. CONDICIÓN FÍSICA Y MOTRIZ • Velocidad • Resistencia • Fuerza • Flexibilidad • Etc.	• Distancias o acciones en las que se utilizan • Porcentajes de utilización • Registros o mediciones cardio-vasculares • Otros..
2. COMPORTAMIENTO TÉCNICO-TÁCTICO INDIVIDUAL • Velocidad • Resistencia • Fuerza • Flexibilidad • Etc.	• Acciones totales • Eficacia perceptiva y/o decisional • Porcentajes • Grado de dominio • Variedad de las acciones • Eficacia mecánica -• Zona y/o momento en el que se desarrolla la acción.
3. COMPORTAMIENTO TÉCNICO Y TÁCTICO COLECTIVO • Acciones técnicas y tácticas colectivas	• Jugadores que intervienen • Momentos de realización • Desarrollo de las acciones • Porcentajes de utilización • Causas del éxito o no éxito • Puntos fuertes o débiles • Patrones de juego
4. COMPORTAMIENTO PSICO-SOCIAL • Relaciones en el juego • Conductas • Adaptación al grupo • Actitud • Respeto a las normas	• Grado y forma de participación • Expresiones, gestos • Pasividad, esfuerzo, sacrificio • Reacciones ante situaciones de éxito o no éxito • Frustraciones

Aspecto formativo a evaluar	Forma de Evaluar
5. CONOCIMIENTO Y COMPRENSIÓN DEL DEPORTE • Problemas y situaciones del juego • Reglamento • Valoración del deporte • Formas de practicarlo • Organización de competiciones	• Resolver de forma teórica y práctica situaciones del juego • Organización y arbitraje de competiciones • Modificación de las reglas • Valoración del deporte: aceptación social, etc.
6. FACTORES MÉDICOS Y ANTROPOMETRICOS • Pliegues, talla, envergadura, peso, nutrición, etc.	• Evaluar con los medios adecuados

9. Test Europeo de condición física (Eurofit)

Brito Ojeda, Estrela Mª, en su obra Fundamentos de la Evaluación física y biológica, hace un importante tratamiento de dicha temática y dice:

Esta batería está basada en los principios de la Carta del Deporte para Todos (Consejo de Europa, 1987) y tiene como principal objetivo motivar a niños y a adultos para que practiquen con regularidad y placer las actividades físicas y deportivas.

Por otra parte, aunque ninguna batería de tests puede ser considerada como eterna, EUROFIT constituye el reflejo de las técnicas más avanzadas, por lo que a medida que se vaya generalizando su uso se deberán ir aportando datos y matizando los elementos que intervienen en la misma sobre la base de la experiencia, especialmente cuando se llegue a toda la población, y dado que uno de sus principales objetivos es la recogida de datos comunes para trazar conclusiones científicas, por ejemplo sobre los problemas de salud a través de los estudios demográficos y su relación con la práctica deportiva, su aplicación deberá hacerse de forma rigurosa.

De la referida autora Brito Ojeda, se incluyen dos de las razones básicas que señala han estimulado la creación de los tests Eurofit:

1. La aptitud física es un importante componente de la salud y la educación física y una de las pocas materias escolares que todos los niños hacen que contribuye a una formación no sólo deportiva, también más sana y feliz.

Los tests que componen la batería EUROFIT pueden tener múltiples aplicaciones ya que, por un lado, aportan abundante información descriptiva, lo que nos permite valorar las actitudes y los programas de condición física de los niños y modificarlos de acuerdo a las necesidades sociales y, por otro, más desde un punto de vista individual, puede ayudar a que el joven tome conciencia de su condición física y le ayude a adoptar una postura más positiva hacia su propio cuerpo. Además:

• Pueden estimular el interés y vincular a los padres sobre un correcto desarrollo de la condición física tanto de sus hijos como de ellos mismos.

• Pueden evidenciar problemas de salud individual y/o colectiva, ya sea a través de sondeos o cuestionarios con preguntas que relacionen su salud con el nivel de práctica deportiva en cada momento.

• Desde el punto de vista de la participación deportiva, los tests permiten reconocer los puntos débiles de algunos aspectos generales o específicos de la eficiencia física, así como evitar lesiones durante la actividad deportiva y captar la potencialidad latente de los jóvenes.

• Es posible modificar los distintos tests de la batería para adaptarlos a niños discapacitados o a grupos poblaciones.

• La disminución de la actividad y de los esfuerzos físicos en la vida diaria de gran parte de los niños significa que el deporte y la educación física son para ellos la única forma de ejercicio.

• Los diferentes estudios realizados vienen a demostrar que se puede mejorar el nivel de condición física y evitar los riesgos de una mala salud, en particular en lo que se refiere a afecciones cardiovasculares.

• El deseo de conocer el nivel de condición física de las personas puede ser un estímulo importante para promover estructuras deportivas y recreativas que conlleven una mejor calidad de vida de los ciudadanos.

2. La evaluación de la aptitud física es útil tanto para los niños como para los educadores.

Hace tiempo que los profesores de Educación física sienten la necesidad de contar con un método de valoración global y objetivo y los tests de EUROFIT, además de contar con una objetividad ampliamente contrastada, están diseñados de una forma sencilla y son fáciles de usar tanto en colegios como en clubes deportivos, por lo que resultan fiables para medir los factores fundamentales de la condición física (resistencia cardiorrespiratoria, resistencia y potencia muscular, fuerza, agilidad, *velocidad y equilibrio) de ahí que la conformación de un conjunto de tests de aplicación en el marco territorial de la Unión Europea permitirá que dichos profesores puedan proceder con criterios universales y sobre bases científicas.*

Por último, aunque los tests que integran la batería EUROFIT se han diseñado para niños y niñas de entre 6 y 18 años, también pueden ser aplicados a poblaciones adultas, lo que permite el estudio longitudinal de las variables de la condición física a lo largo del tiempo.

10. Relación de pruebas motoras y factores que evalúan la Batería de Tests de Eurofit

TESTS	OBJETIVOS
Equilibrio flamenco	Equilibrio general
Golpeo de placas	Velocidad de los miembros
Flexión de tronco hacia delante (sentado)	Flexibilidad
Salto de longitud sin impulso	Fuerza explosiva (potencia)
Dinamometría manual	Fuerza estática
Abdominales	Fuerza del tronco
Suspensión con flexión de brazos	Fuerza funcional
Course Navette 10x5	Velocidad-coordinación
Course Navette (carrera de ida y vuelta)	Resistencia cardiorrespiratoria

Tabla Pruebas y factores que evaluar. Fuente: Fernández, María Teresa (2005)

De acuerdo con lo expresado por Cuadrado, Gonzalo y otros (2005) refiriéndose a la "Batería EUROFIT", se adaptan los siguientes párrafos:

Fundamentalmente el conjunto de pruebas que componen la «Batería EUROFIT» está pensado para ser un elemento de valoración de la condición física en la edad escolar, por lo que uno de los aspectos importantes del proyecto es llegar a disponer de una baremación de las pruebas que se adapte a los diferentes contingentes de población (países y edades) a los que va dirigido.

Objetivos

• La evaluación por medio de estas pruebas suministra una gran cantidad de información en un período de tiempo relativamente corto y no tiene necesidad de ser efectuada más que ocasionalmente.

• …/… La evaluación de la condición física puede tener un valor educativo en sí misma y en algunos países europeos ha sido incorporada con éxito a los programas escolares en el ámbito de los programas de biología humana y de enseñanza de la higiene. Por otra parte los niños tienen un interés real en la condición física cuando se les explica los efectos nocivos del tabaco o de los malos hábitos alimenticios.

Protocolo general

La batería de tests Eurofit representa un medio científico de investigación sobre la aptitud física del niño, destinado a medir el progreso del mismo en lo que se refiere a sus cualidades físicas fundamentales.

…El valor y eficacia de los tests Eurofit dependen del rigor del procedimiento empleado y del ambiente motivante creado por el testador.

El orden que debe seguirse para realizar los tests Eurofit es el siguiente:

1. Test de equilibrio del flamenco;
2. Golpeo de placas o Platte tapping;
3. Flexión de tronco;
4. Salto de longitud sin impulso o salto horizontal;
5. Dinamometría manual;
6. Abdominales;
7. Suspensión en barra con flexión de brazos;
8. Carrera de ida y vuelta 10x5 metros";

Test de resistencia aeróbica de carrera de ida y vuelta "Course navette".

TEST DE CARRERA IDA Y VUELTA "COURSE NAVETTE". VALORACIÓN DE LA CONDICIÓN FÍSICA DE LA POBLACIÓN ESCOLAR MEDIANTE LA BATERÍA EUROFIT. CASTILLA Y LEÓN.

Cuadrado, Gonzalo et tal (2005), en la obra Valoración de la condición física de la población escolar mediante la Batería Eurofit. Castilla y León, define el test de carrera "Course navette", de la forma siguiente:

El test de resistencia cardiorespiratoria de carrera ida y vuelta en 20 metros es un test en que el sujeto empieza la prueba con un ritmo de paso correspondiente a andar y la finaliza corriendo, desplazándose de un punto a otro y haciendo el cambio de sentido al ritmo indicado por una señal sonora que va acelerándose progresivamente. El momento en que el sujeto interrumpe la prueba es el que indica su resistencia cardiorespiratoria. Las fases tienen la duración de un minuto, con numeración progresiva cada 30 segundos. La velocidad de desplazamiento de los sujetos es más lenta al principio y va aumentando paulatinamente cada 60 segundos. Se controla con una banda sonora que emite sonidos a intervalos regulares. Se debe comprobar la velocidad de la cinta en el aparato que se va a utilizar para el test. Para ello se puede emplear el método de referencias de 1 minuto a lo largo de toda la cinta. Si hay una diferencia de más de un segundo se debe ajustar la distancia de carrera con el fin de obtener la velocidad correcta. El propio sujeto debe determinar su ritmo, de tal manera que se encuentre en un extremo de la pista al oír la señal, con una aproximación de 1 o 2 metros. Se ha de tocar la línea con el pie. Al llegar al final de la pista, dar rápidamente media vuelta y sigue corriendo en la otra dirección.

La finalidad del test es ajustarse al ritmo impuesto durante el mayor tiempo posible. La prueba es interrumpida en le momento en que el sujeto no es más capaz de seguir el ritmo que se le impone, o cuando se considera que ya no va a poder llegar a uno de los extremos de la pista. Se anota entonces la cifra indicada por la banda sonora en el momento en que ha parado: ese es el resultado.

BIBLIOGRAFÍA

ADRIAANSEN, Jacobo, traducción Blázquez M. *El modelo futbolístico holandés: los programas educativos del Ajax de Amsterdam*. En CONTRERAS, Onofre R. y SÁNCHEZ GARCÍA, Luis J., *La detección temprana de talentos deportivos*. Cuenca. Ediciones de la Universidad Castilla–La Mancha. 1998.

ÁLVAREZ DEL VILLAR, Carlos (1983). *La Preparación física del Fútbol basada en el Atletismo*. Madrid. Editorial CAV. 1ª Edición

ANTÓN, Juán L. y LÓPEZ, Jesús. Capítulo n.º 2 *La formación y aprendizaje de la técnica y la táctica, de la obra Entrenamiento Deportivo en la Edad Escolar*, coordinada por Antón, Juan L. - Unisport Andalucía - Málaga, 1989.

ARNOLD, Reek y otros. (1990). *La Educación Física en las Enseñanzas Medias*. Edit. Paidotribo. Barcelona.

ARUFE GIRÁLDEZ, Víctor y DOMÍNGUEZ IGLESIAS, Aída (en Arufe, Martínez Patiño y García Soidán-2009). Cap.1. *La educación motriz: bases y principios (en Entrenamiento en niños y jóvenes deportistas)*. Sevilla. Wanceulen Editorial Deportiva. 2009.

ARUFE GIRÁLDEZ, GARCÍA SOIDÁN y BARCALA FURELOS (en Arufe Giráldez, Martínez Patiño y García Soidán-2009). *Epidemiología de las lesiones deportivas: Bases para la prevención en niños y jóvenes (en Entrenamiento en niños y jóvenes deportistas)*. Wanceulen Editorial Deportiva.

BALAGUER, Isabel y PASTOR, Yolanda (en Hernández Mendo, Antonio 2005). *Actividad física y estilos de vida* (en *Psicología del deporte*-Vol.III: Aplicaciones). Sevilla. Wanceulen Editorial Deportiva.

BARROW, Harold M. y BROWN, Janie P. *Hombre y movimiento*. Edit. Doyma. Barcelona. 1990.

BATALLA FLORES, Albert (en Blázquez, Domingo, 1995). *El rendimiento en la iniciación deportiva, en La Iniciación deportiva y el deporte escolar*. Barcelona. Inde Publicaciones. 1995.

BECKER, Benno Jr. (En Guillén, Félix y Bara, Mauricio-2007).Cap 10-*Entrenamiento psicológico para jóvenes deportistas, en Psicología del entrenador deportivo*. Sevilla. Wanceulen Editorial Deportiva.

BERNAL RUIZ, Javier Alberto (2002). *Juegos y actividades de equilibrio*. Sevilla. Wanceulen Editorial Deportiva.

BERNAL RUIZ, Javier, WANCEULEN MORENO, Antonio y WANCEULEN MORENO, José F. «Organización y desarrollo de un campus de fútbol base». Fútbol: Cuadernos Técnicos n.º 34. Wanceulen Editorial Deportiva. Sevilla, 2007.

BLÁZQUEZ, Domingo.- *Métodos de Enseñanza de la Práctica Deportiva*, Parte V de la obra *La iniciación deportiva y el Deporte en la Edad Escolar*, dirigida por Blázquez, Domingo. Inde Publicaciones. Barcelona 1995.

BLÁZQUEZ, DOMINGO. *La iniciación deportiva y el deporte escolar*. Editorial Inde. Barcelona. 1990.

BOMPA, Tudor (1987). *La selección de atletas con talento*. Revista Entrenamiento Deportivo -. Volumen I – Nº 2 - pp. 47-48. Ideasport. Barcelona.

Boné Pueyo, Alfredo (1994). *La flexibilidad como capacidad física básica* Tema 26 en Temario de Oposición E.S.O. Zaragoza. CEPID.

BORTOLI, Robelius de y BORTOLI, Ángela L.de (en Guillén, Félix y Bara, Mauricio-2007) Cap-13 – *Entrenamiento cognitivo en los deportes básicos* (en *Psicología del entrenador deportivo*). Sevilla. Wanceulen Editorial Deportiva.

BRITO OJEDA, Estrella María. *Fundamentos de la evaluación física y biológica* (2011) Wanceulen Editorial. Sevilla-

GONZALO CUADRADO y otros. 2005. *Valoración de la condición física de la población escolar, mediante la batería Eurofit*. Castilla y León. Wanceulen Ed. 2005

CAGIGAL, José María. *Obras selectas en tres volúmenes*. Editores Comité Olímpico Español, Ente de promoción deportiva "José Mª Cagigal" y Asociación Española de Deportes para todos. Chiclana (Cádiz).1996.

CAÑIZARES MÁRQUEZ, José María (1997). *Fútbol: fichas para el entrenamiento de la velocidad y la agilidad.* Sevilla. Wanceulen Editorial Deportiva.

CAÑIZARES MÁRQUEZ, José María (2000). *Fútbol: fichas para el entrenamiento de la coordinación y el equilibrio*. Sevilla. Wanceulen Editorial Deportiva.

CAÑIZARES MÁRQUEZ, José María y CARBONERO CELIS, Carmen (2009). *Temario de Oposiciones de Educación Física*. Primaria. Sevilla. Wanceulen Editorial Deportiva.

CASTEJÓN, Francisco Javier (1995). *Fundamentos de Iniciación Deportiva y Actividad Física Organizada*. Sevilla. Wanceulen Editorial Deportiva.

COCA, Santiago (1985). *Hombres para el fútbol*. Madrid. Editorial Gymnos.

CHAMORRO, Manuel (en Marcos Becerro, J.F., 1992) *Métodos para la selección del niño en el deporte de alta competición* (en *Medicina del Deporte. Guía práctica*). Cádiz. Edita: Comité Olímpico Español.

CONDE CAAVEDA, José (en Mora Vicente, Jesús 1995). *Las capacidades coordinativas* (en *Teoría del entrenamiento y del acondicionamiento físico*). Cádiz. COPLEF Andalucía.

CONTRERAS, Alberto (1989). *Bases para una nueva Educación Física*. Edit. Cepid. Zaragoza.

CONTRERAS Jordán, ONOFRE R. (en Contreras, Onofre R. y Sánchez García Luis J. 1998). Mesa Redonda: *Hacia el establecimiento de un protocolo en el ám-*

bito cognitivo para la detección de deportistas superdotados". (*En La detección temprana de talentos deportivos*). Cuenca. Ediciones Universidad de Castilla-La Mancha.

CORPAS, Francisco J.; TORO, Salvador y ZARCO, Juan Antonio (1991). *Educación Física. Manual para el Profesor*. Ediciones Aljibe. Archidona (Málaga).

Gonzalo CUADRADO SÁENZ et al (2005). *Valoración de la condición física de la población escolar mediante la Batería Eurofit*. Castilla y León. Wanceulen Editorial. Sevilla.

CHAPPUIS, Raymond y THOMAS, Raymond (1989). *El equipo deportivo*. Ediciones Paidós. Barcelona.

DE LA TORRE NAVARRO, Eduardo (en Contreras Onofre R. y Sánchez García, Luis J. 1998). *Valoración de los aspectos cognitivos del joven deportista*. (*En La detección temprana de Talentos deportivos*). Cuenca. Ediciones Universidad de Castilla-La Mancha.

DE LEÓN ARPÓN, Miguel (2005). *Planificación de la Preparación Física en el Fútbol Base. Una perspectiva integral*. Wanceulen Editorial Deportiva. Sevilla.

DEL PINO VIÑUELA, José Emilio (1995). *Fútbol Cuadernos Técnicos.* Números 1, 2 y 3. Sevilla, Wanceulen Editorial Deportiva.

DELGADO, Miguel Ángel. *Los estilos de enseñanza en la Educación Física. Propuesta para una reforma de la Enseñanza*. I.C.E. de la Universidad de Granada. Granada, 1991.

DÍAZ TRILLO, SÁENZ-LÓPEZ y TIERRA ORTA (1995) I*niciación deportiva en Primaria: Actividades Físicas organizadas*. Wanceulen Editorial Deportiva, S.L. Sevilla.

DURAND, Marc (1988). *El niño y el deporte*. Barcelona. Paidós.

EXPÓSITO BAUTISTA, Juan. (2010) *Escuelas de Fútbol. Planificación y Programación*. Wanceulen Editorial Deportiva, S.L. Sevilla.

EXPÓSITO BAUTISTA, Juan. (2010) *Educación Física en Primaria: la Programación Docente en la LOE*. Wanceulen Editorial Deportiva, S.L. Sevilla.

EXPÓSITO BAUTISTA, Juan. (2010) *Educación Física en la ESO: la Programación Docente en la LOE*. Wanceulen Editorial Deportiva, S.L. Sevilla.

FORTEZA DE LA ROSA, Armando y RAMIREZ FARTO, Emerson (2005). *Teoría, Metodología y Planificación del Entrenamiento Deportivo. De lo ortodoxo a lo contemporáneo*. Sevilla. Wanceulen Editorial Deportiva.

GALLARDO VÁZQUEZ, Pedro y GALLARDO LÓPEZ, José Alberto (2009). *La inteligencia emocional y la educación emocional en el contexto educativo*. Sevilla. Wanceulen Editorial Deportiva.

GARCÍA HERRERO, Juan Antonio (2006). *Liderar y entrenar a un equipo de balonmano. De la dirección del grupo al diseño de la planificación técnico-táctica*. Sevilla. Wanceulen Editorial Deportiva.

GIL MADRONA, Pedro (2004) *Evauación de la Educación física en Educación Infantil*. Sevilla. Wanceulen Editorial Deportiva.

GIL MORALES, Pablo A. (2007). *Metodología didáctica de las actividades físicas y deportivas. Manual para la enseñanza y animación deportiva*. Sevilla, Wanceulen Editorial Deportiva.

GIMÉNEZ FUENTES-GUERRA, F.J. (2006). *Fundamentos básicos de la iniciación deportiva en la escuela*. Sevilla, Wanceulen Editorial Deportiva.

GIMÉNEZ FUENTES-GUERRA, Francisco Javier y SÁENZ –LÓPEZ BUÑUEL, Pedro. *Aspectos teóricos y prácticos de la iniciación al baloncesto*. Sevilla. Wanceulen Editorial Deportiva.

GIMÉNEZ FUENTES-GUERRA, Francisco Javier y SÁENZ–LÓPEZ BUÑUEL, Pedro. *Aspectos teóricos y prácticos de la iniciación al baloncesto*. Sevilla. Wanceulen Editorial Deportiva.

GONZÁLEZ BADILLO, Juan José y GOROSTIAGA AYESTARÁN, Esteban (2002). *Fundamentos del entrenamiento de la fuerza: aplicación al alto rendimiento deportivo*. Barcelona. Inde Publicaciones.

GONZÁLEZ MILLÁN, Ismael (1994). *Temario Oposición E.S.O*. Editorial Cepid. Zaragoza.

GROSSER, Manfred (1992). *Entrenamiento de la velocidad. Fundamentos, métodos y programas*. Barcelona. Ediciones Martínez Roca.

GUILLÉN, Félix y BARA, Mauricio (2007). Cap- 1 – Entrenadores eficaces (en *Psicología del entrenador deportivo*. Sevilla. Wanceulen Editorial Deportiva.

GUTIÉRREZ SAINZ, Ángel (en Mora Vicente, Jesús 1995). *Entrenamiento con niños* (en *Teoría del entrenamiento y del acondicionamiento físico*). Cádiz. COPLEF Andalucía.

HIDALGO DÍEZ, Eugenio (en Torres Martín, César – 2006). Cap- 5 – *Dirección de equipo* (en *La formación del educador deportivo en baloncesto*- Nivel II) . Sevilla. Wanceulen Editorial Deportiva.

IBÁÑEZ GODOY, Sergio José (en Jiménez Sánchez, Ana c. y Ortega Vila, Gema). *El papel del entrenador de baloncesto en los procesos de iniciación* (en *Baloncesto en la iniciación*). Congreso Real Madrid 2007. Wanceulen Editorial Deportiva. Sevilla.

IBÁÑEZ GODOY, Sergio José. *El proceso de formación técnico-táctica en la iniciación deportiva*, Bloque IV-Área deportiva, en la obra *Formación y Actualización del profesorado de E. F. y del Entrenador deportivo*, dirigida por Delgado Noguera, Miguel Ángel. Wanceulen Editorial deportiva, S.L. Sevilla, 1997.

JIMÉNEZ, Sergio y Lorenzo, Alberto (2009), *La formación de los entrenadores de baloncesto*. Wanceulen Editorial. Sevilla.

KNAPP, Bárbara. *La habilidad en el deporte*. Editorial Miñón. Valladolid 1981.

LAGO PEÑAS, Carlos (2003). *La enseñanza del fútbol en la edad escolar.* Sevilla. Wanceulen Editorial Deportiva.

LATORRE ROMÁN, Pedro Ángel (1998). *Aspectos hereditarios y adquiridos: la entrenabilidad. Revista Fútbol Cuadernos Técnicos* nº 11- Octubre 1998. Páginas 54 y 55. Sevilla. Wanceulen Editorial Deportiva.

LEÓN ARPÓN, M. de (2005). *Planificación de la preparación física en el fútbol base*. Sevilla, Wanceulen Editorial Deportiva.

Ley Orgánica de la Educación (2006). *BOE* de 4-5-2006- Página 17166- Cap.III- Currículo-Artículo 6.1.

LIZAUR, Martín y RADIAL (en Antón Juan L. 1989). *La formación y desarrollo de las cualidades físicas* (en *El entrenamiento deportivo en la edad escolar. Bases de aplicación*). Málaga. JUNTA DE ANDALUCÍA. Universidad Internacional Deportiva de Andalucía.

LÓPEZ BEDOYA, Jesús (en Blázquez, Domingo 1995). *Entrenamiento temprano y captación de talentos en el deporte*. (*En La iniciación deportiva y el deporte escolar*). Barcelona. Inde Publicaciones.

Lozano Maldonado, Miguel Ángel (2007). *El talento deportivo. Propuesta de programa de detección de talentos deportivos en fútbol*. Sevilla, Wanceulen Editorial Deportiva.

MANNO, Renato (1999). *El entrenamiento de la fuerza. Bases teóricas y prácticas*. Barcelona. Inde Publicaciones.

MANNO, Renato (1991). *Fundamentos del entrenamiento deportivo*. Barcelona. Paidotribo.

MARTENS, R. *et al.* (1989). *El Entrenador. Hispano Europea.* Barcelona.

MARTOS, Pilar y CASTILLO, Joaquina (en Torres, César e Iniesta, Jesús Alfredo-2009), *Fundamentos sociológicos del deporte. Dimensión social y educativa* (en *La formación del educador deportivo de Balonmano*- Nivel I). Sevilla, Wanceulen Editorial Deportiva.

MESTRE Sancho, José A. (2010) *Gestión en el deporte*. Sevilla, Wanceulen Editorial Deportiva.

MESTRE SANCHO, José A. (2010) *Gestión de Instalaciones Deportivas*. Sevilla, Wanceulen Editorial Deportiva.

MUNIESA FERRERO Alfonso y AGUAS GARCÍA, Esmeralda (1994). *La agilidad como capacidad resultante*. Tema 28 en *Temario Oposición E.S.O*. Zaragoza. Cepid.

Mora Vicente, Jesús (1995). *Las capacidades físicas y su ejercitación: Estudio de la flexibilidad* (en *Teoría del entrenamiento y del acondicionamiento físico*). Cádiz. COPLEF Andalucía.

MORENO RODRÍGUEZ, Juan Antonio (2005). *Estrategias de captación y formación de talentos deportivos en el ámbito del balonmano nacional. El argumento de un sistema operativo*. Comunicación Técnica nº 235. Mayo 2005. Madrid. Edita: Real Federación Española de Balonmano.

MORENO RODRÍGUEZ, Juan Antonio (2005). *Bases metodológicas en el diseño y planificación del entrenamiento en el modelo selectivo-intensivo: la concentración de deportistas en colectivos selectos*. Comunicación Técnica nº 236. Mayo 2005. Madrid. Edita: Real Federación Española de Balonmano.

NÚÑEZ ALONSO, Juan Luis y Martín-Albo Lucas, José (2004). *Psicología de la competición*. Sevilla. Wanceulen Editorial Deportiva.

PAREDES ORTIZ, Jesús (2003). *Juego, luego soy*. Sevilla. Wanceulen Editorial Deportiva.

PATERNA, Antonio M. (2006), *Psicología aplicada al deporte* (en Torres, César, coordinador de *La formación del educador de baloncesto. Bloque común*). Wanceulen Editorial. Sevilla.

PEREA VILLENA, Pablo (en TORRES MARTÍN, César e HINIESTA MOLINA, Jesús A.-2009). Cap. 14 – *Metodología de la enseñanza y del entrenamiento del Balonmano* (en *La formación del educador deportivo en balonmano* – Nivel I) . Sevilla. Wanceulen Editorial Deportiva.

PÉREZ TURPIN, José Antonio y SUÁREZ LLORCA, Concepción (2005). *La competición deportiva con jóvenes*. Sevilla. Wanceulen Editorial Deportiva.

PEYRÓ SANTANA, Rafael (en JIMÉNEZ SÁNCHEZ, Ana C. y ORTEGA VILA, Gema-2007). *La importancia de los entrenadores en la iniciación al baloncesto* (en *Baloncesto en la Iniciación*). Congreso Real Madrid, 2007. Wanceulen Editorial Deportiva. Sevilla.

RIERA, Joan. *Fundamentos del aprendizaje de la técnica y la táctica deportivas»*. Inde Publicaciones. Barcelona, 1989.

RODRÍGUEZ CAMPAZAS, Hugo *et al.* (1994). *Temario de Oposición E.S.O*. Editorial Cepid . Zaragoza.

RODRÍGUEZ, María del Mar (en GUILLÉN, Félix y BARA, Mauricio) Cap.7: *Valores y actitudes morales en el deporte* (en *Psicología del entrenador deportivo*). Sevilla. Wanceulen Editorial Deportiva.

ROMERO, Santiago *et al.* (1991). *Diseño del Área de Educación Física en Primaria*. Wanceulen Editorial. Sevilla.

RUIZ PÉREZ, Luis Miguel (en CONTRERAS JORDÁN, ONOFRE R. y SÁNCHEZ GARCÍA, Luis J., 1998). *Valoración de los elementos motores del joven deportista: Mitos y realidades* (en *La Detección temprana de talentos deportivos*). Cuenca. Ediciones de la Universidad de Castilla-La Mancha.

SÁNCHEZ DE LA TORRE, David Luis (2005). *Manual del entrenador de fútbol base*. Sevilla. Wanceulen Editorial Deportiva.

SÁNCHEZ PATO. Antonio; BADA Jaime, Juan de Dios Alfonso; MOSQUERA

GONZÁLEZ, María José y CEBRIÁN SÁNCHEZ, Yolanda. (2008). *Educación en valores a través del deporte*. Sevilla, Wanceulen Editorial Deportiva.

SÁENZ-LÓPEZ BUÑUEL, Pedro y Cols. (2006). L*a formación del jugador de baloncesto de alta competición*. Sevilla, Wanceulen Editorial Deportiva.

SÁENZ-LÓPEZ, Pedro. *La Educación Física y su Didáctica. Manual para el profesor*. Wanceulen Editorial Deportiva, S.L. Sevilla, 1997.

SÁINZ DE BARANDA, Pilar; LLÓPIS, Luis y ORTEGA Enrique (2005). *Metodología global para el entrenamiento del portero de fútbol*. Sevilla, Wanceulen Editorial Deportiva.

SANTOS, José Antonio y VICIANA, Jesús. *Etapas de aprendizaje en integración del Voleibol en la escuela»*, Bloque IV - Area deportiva, en la obra *Formación y Actualización del Profesorado de E.F. y del Entrenador deportivo*, dirigida por Delgado Noguera, Miguel Ángel. Wanceulen Editorial Deportiva, S.L. Sevilla 1997.

SEIRUL.LO, Francisco (1995) en BLÁZQUEZ, Domingo. *La Iniciación Deportiva y el Deporte en la edad escolar*. Publicaciones Inde. Barcelona.

SERPA, Sidonio (en GUILLÉN, Félix y BARA, Mauricio-2007). Cap. 6 – *La motivación y el proceso de entrenamiento* (en *Psicología del entrenador deportivo*). Sevilla. Wanceulen Editorial Deportiva.

TREPÀT, David (1995) en BLÁZQUEZ, Domingo. *La Iniciación Deportiva y el Deporte en la edad escolar*. Publicaciones Inde. Barcelona.

VALLEJO CUELLAR, Lisímaco (2002). *Desarrollo de la condición física y sus efectos sobre el rendimiento físico y la composición corporal de niños futbolistas*. Tesis doctoral para optar al título de Doctor por la Universidad Autónoma de Barcelona en *Investigación para la Intervención Educativa*. Director Dr. Justo Arnal Agustín. Universidad Autónoma de Barcelona. Facultad de Ciencias de la Educación. Bellaterra, Cerdanyola del Vallés (Barcelona). Tomado 17-mayo 2009.

WEINECK, Jurgen (2005-479), *Entrenamiento Total*. Edit. H. Europea

WANCEULEN FERRER, Antonio; WANCEULEN MORENO, Antonio y WANCEULEN MORENO, Jose F. (2008) *Bases para el proceso de selección y formación de jóvenes futbolistas para el alto rendimiento*. Sevilla, Ed. Wanceulen.

WANCEULEN FERRER, Antonio; VALENZUELA LOZANO, Miguel; WANCEULEN MORENO, Antonio y WANCEULEN MORENO, Jose F. *Fútbol formativo: aspectos metodológicos*. Editorial Wanceulen. Sevilla, 2011.

WANCEULEN FERRER, Antonio; VALENZUELA LOZANO, Miguel; WANCEULEN MORENO, Antonio y WANCEULEN MORENO, Jose F. O*rganización del fútbol formativo: en un club de élite*. Editorial Wanceulen. Sevilla, 2011.

WANCEULEN FERRER, Antonio; WANCEULEN MORENO, Antonio y WANCEULEN MORENO, José F. *Como construir con éxito una plantilla de fútbol base en un club de élite*. Editorial Wanceulen. Sevilla, 2011.

WANCEULEN FERRER, Antonio; WANCEULEN MORENO, Antonio y WANCEULEN MORENO, José F. *Sistemas de juego en fútbol–7* .Editorial Wanceulen. Sevilla, 2011.

WANCEULEN FERRER, Antonio; WANCEULEN MORENO, Antonio y WANCEULEN MORENO, Jose F. *Valoración táctica del futbolista.* Editorial Wanceulen. Sevilla, 2011.

BERNAL RUIZ, Javier A. WANCEULEN MORENO, Antonio y WANCEULEN MORENO, José F. *Organización y desarrollo de un campus de fútbol base. Fútbol: Cuadernos Técnicos* n.º 34 Ed. Wanceulen. Sevilla, 1997.

WANCEULEN FERRER, Antonio *El Fútbol como medio educativo: sus posibilidades en el desarrollo de los valores humanos. Fútbol: Cuadernos Técnicos* n.º 13. Wanceulen Editorial Deportiva. Sevilla, 2003.

WANCEULEN FERRER, Antonio (1982) *Las Escuelas de Fútbol.* Madrid, Ed.Esteban Sanz.

WANCEULEN FERRER, Antonio *Las Escuelas de Fútbol. El Entrenador Español.* Ed. Comité Nacional de Entrenadores de Fútbol. Madrid, 1982.

WANCEULEN FERRER, Antonio *Las Escuelas de Fútbol: Pasado, Presente y Futuro. Fútbol: Cuadernos Técnicos* n.º 1. Wanceulen Editorial Deportiva. Sevilla, 2002.

WANCEULEN FERRER, Antonio y DEL PINO VIÑUELA, Jose Emilio (1997) *Fichas teóricas: funciones específicas por puestos. Fútbol: Cuadernos Técnicos* n.º 16. Wanceulen Editorial Deportiva. Sevilla, 2004.

WANCEULEN FERRER, Antonio; WANCEULEN MORENO, Antonio y WANCEULEN MORENO, Jose F. (2008) *Bases para el proceso de selección y formación de jóvenes futbolistas para el alto rendimiento.* Sevilla, Wanceulen Editorial Deportiva.

WANCEULEN FERRER, Antonio; WANCEULEN MORENO, Antonio y WANCEULEN MORENO, Jose F. *Bases para la detección y selección de talentos para el fútbol de alto rendimiento. Fútbol: Cuadernos Técnicos* n.º 12. Wanceulen Editorial Deportiva. Sevilla, 2003.

WANCEULEN FERRER, Antonio; WANCEULEN MORENO, Antonio y WANCEULEN MORENO, Jose F. *El perfil del joven futbolista para el alto rendimiento. Fútbol: Cuadernos Técnicos* n.º 36. Wanceulen Editorial Deportiva. Sevilla, 2007.

WANCEULEN FERRER, Antonio; WANCEULEN MORENO, Antonio y WANCEULEN MORENO, Jose F. *El proceso de selección y formación del joven futbolista. Fútbol: Cuadernos Técnicos* n.º 37 Wanceulen Editorial Deportiva. Sevilla, 2007.

WANCEULEN FERRER, Antonio; WANCEULEN MORENO, Antonio y WANCEULEN MORENO, Jose F. *Enseñar a competir. Filosofía del proyecto formativo.*

Fútbol: Cuadernos Técnicos n.º 36. Wanceulen Editorial Deportiva. Sevilla, 2007.

WANCEULEN MORENO, Antonio. *Estructuración Metodológica de la sesión de entrenamiento en el fútbol base. Fútbol: Cuadernos Técnicos* n.º 7. Wanceulen Editorial Deportiva. Sevilla, 2003.

WANCEULEN FERRER, Antonio; WANCEULEN MORENO, Antonio y WANCEULEN MORENO, Jose F. *La competición en el joven futbolista : visiones positiva y negativa. Fútbol: Cuadernos Técnicos* n.º 39. Wanceulen Editorial Deportiva. Sevilla, 2007.

WANCEULEN MORENO, Antonio. *La determinación de objetivos y la secuenciación de contenidos técnico-tácticos en las distintas etapas formativas en la estructura de cantera de un club de fútbol de élite. Fútbol: Cuadernos Técnicos* n.º 18. Wanceulen Editorial Deportiva. Sevilla, 2004.

WANCEULEN FERRER, Antonio; WANCEULEN MORENO, Antonio y WANCEULEN MORENO, Jose F. *Los factores socio-ambientales en el proceso de selección y formación de jóvenes futbolistas. Fútbol: Cuadernos Técnicos* n.º 38. Wanceulen Editorial Deportiva. Sevilla, 2007.

WANCEULEN FERRER, Antonio; WANCEULEN MORENO, Antonio y WANCEULEN MORENO, Jose F. *Metodología global y metodología analítica : su aplicación al proceso de enseñanaza-aprendizaje de la técnica y táctica del fútbol. Fútbol: Cuadernos Técnicos* n.º 12. Wanceulen Editorial Deportiva. Sevilla, 2003.

WANCEULEN MORENO, Antonio (1997) *Estructuración Metodológica de la sesión de entrenamiento en el fútbol base. Fútbol: Cuadernos Técnicos* n.º 7 Ed. Wanceulen. Sevilla, 1997.

BIBLIOGRAFÍA - PÁGINAS WEB

ABC- FAMILIA/ VIDA SANA
Día 13/02/2013 - Tomado de **www.abc.es** el 10-5-2016

ARÉVALO BAEZA, Marta (2006). *Las fundaciones deportivas españolas* – Tesis doctoral, dirigida por Pradillo Pastor, José Luis. Universidad de Alcalá de Henares- Departamento de Didáctica- Tomado el 15-1-2010 de **e-Bu@h** Biblioteca digital de la Universidad Alcalá de Henares.

ARREGUI EGAÑA, J.A. y MARTÍNEZ HARO, V. (2001). *Estado actual de las investigaciones sobre la flexibilidad en la adolescencia*. Rev.Int.Med.Cienc. "Act. Fís. Deporte" Nº 2- 2001-ISSN: 1577-0354. Tomado el 20-4-2006 de **www.cdeporte.rediris.es/revista.**

ÁVILA MORENO, Francisco M. (1997). *Detección de talentos en balonmano*. Trabajo presentado en el Seminario Europeo. Sevilla. Mayo 1996. Publicado en *Revista Digital Lecturas*: Educación Física y Deportes. Año 2. Nº 6. Buenos Aires.

Agosto 1997. Tomado el 25-4-2006.

BERRAL DE LA ROSA, Francisco José y BERRAL DE LA ROSA, Carlos Javier (2005). *Somatotipo de los atletas*. Tomado el 10-4-2005, de **www.ono.com/nutridepor**.

CEDEÑO, Geraldin (2003). *Aproximación a la antropología del deporte*. Tomado el 6-10-2005. **www.rendeportin.com**.Venezuela.

Consejo Superior de Deportes (2005). Cineantropometría. Tomado el 28-3-2006 de **www.csd.mec.es**.

Fundación del Corazón: Beneficios de la práctica deportiva para niños. Tomado de **www.fundaciondelcorazon.com** el 10-5-2016

GARCÍA ALVAREZ, Victor Dámaso y SALVADORES CANEDO, Juan R. (2005). *El efecto relativo de la edad en fútbol*. Tomado el 24-4-2006. **www.entrenadores.info**.

GARCÍA ALLEN, Jonathan . *Falsa autoconfianza: la pesada máscara del autoengaño* web: **psicologiaymente.net** - Tomado el 8-5-2016

GARCÍA AVENDAÑO, Pedro (2004). *Introducción a la kineantropometría*. Tomado el 6-10-2005 de **www.rendeportin.com**

GARIJO AYESTARÁN, María Caridad. *Hábitos saludables en la infancia* Tomado de **www.riojasalud.es**, el 10-5-2016.

GAYÓN, Pedro Ramón *et al.* (2011), en el artículo *Efectos de la actividad física en la salud de los niños y niñas en edad escolar*, publicado por EFDeportes, Revista digital. Buenos Aires, Año 15, Nº 152, enero 2011, tomado de **www.efdeportes.com** el 10-5-2016.

Guiainfantil.com – 2016. *Los beneficios del deporte para los niños*. Tomado el 10-5-2016.

HERNÁNDEZ GÓMEZ, Yudith y ZÁRATE VILLA, Mahe (2003). *Estudio de la detección y selección de talentos en jóvenes esgrimistas*. Fuente Instituto de Medicina del Deporte. Ciudad de La Habana. Tomado el 12-4-2006. **www.inder.co.cu**.

HERNÁNDEZ MENDO, Antonio y MORALES SÁNCHEZ, Verónica (2000). *La actitud en la práctica deportiva: concepto*. Revista digital. **Lecturas: EF y Deportes**. Buenos aires. Año 5. Nº 18. Febrero 2000. Tomado el 10-4-2005.

IGLESIAS GALLEGO, Damián (2005). *Conocimiento táctico y toma de decisiones en la formación de jóvenes jugadores de baloncesto*. Tomado el 25-3-2006 de **www.cdeporte.rediris.es** . Editorial Ciencias del deporte.

MAGGIO, Eduardo y Alvarez, MARCELA (2005). *Los contenidos del informe psicológico*. Parte 3. Tomado el 20-12-2005. **www.geocities.com/ centrotecnica**. Centro de Formación en Técnicas de Evaluación Psicológica.

MARTÍNEZ ZARANDONA, Irene (2005). *Inteligencias múltiples*. Tomado el 12-4-2006. **www.sepiensa.org**.

PALAU, Xavier (2005). *Entrenabilidad de la resistencia en edades tempranas*.

www.efdeportes.com. Revista digital. Buenos Aires. Año 10. Nº 88. Septiembre 2005. Tomado el 23-2-2006.

RODRÍGUEZ, B. Armando (2003). *Composición corporal y deporte*. Tomado el 6-10-2005. www.rendeportin.com. Venezuela.

ÁVILA MORENO, Francisco M. (1997). *Detección de talentos en balonmano. Trabajo presentado en el Seminario Europeo*. Sevilla. Mayo 1996. Publicado en *Revista Digital Lecturas: Educación Física y Deportes*. Año 2. Nº 6. Buenos Aires. Agosto 1997. Tomado el 25-4-2006.

Doctor QUINTERO LUMBRERAS y Doctor QUINTERO GUTIÉRREZ DEL ÁLAMO (2009). *Desarrollo social*. Tomado de www.doctorquintero.com, el 23-11-09.

HERNÁNDEZ GÓMEZ, Yudith y ZÁRATE VILLA, Mahe (2003). *Estudio de la detección y selección de talentos en jóvenes esgrimistas*. Fuente Instituto de Medicina del Deporte. Ciudad de La Habana. Tomado el 12-4-2006. www.inder.co.cu.

ÁGUILA, Cornelio, y ANDÚJAR, Casimiro (2000). *Reflexiones acerca del entrenamiento en la infancia y la selección de talentos deportivos*. Revista Digital Lecturas: EF y Deportes. Buenos Aires. Año 5. Nº 21. Mayo 2000. Tomado el 23-4-2006.

BELLENDIER, Jorge (2001). *El biotipo en el voleibol masculino*. Revista Digital Lecturas EF y Deportes. Buenos Aires. Año 7. Nº 40. Septiembre 2001. Tomado 23-4-2006.

GALINDO ALBARRÁN, Ariel O. *El potencial del rendimiento muscular*. Tomado el 21-9-2005. Página Web de Ariel O. Galindo Albarrán.

GARRIDO, Raúl Pablo; GONZÁLEZ, Marta; GARCÍA, Manuel y EXPÓSITO, Isabel (2005). *Correlación entre los componentes del somatotipo y la composición corporal según fórmulas antropométricas*. Revista Digital Lecturas EF y Deportes. Año 5. Nº 84- Mayo 2005-Buenos Aires. Tomado el 9-4-2006.

MONTIEL, David (2000). *Apuntes de Técnica*. Tomado el 9-8-2006 de entrenadores.info, página diseñada por Albert Ruiz.

PASTOR NAVARRO, Francisco Javier (2004). *Errores conceptuales frecuentes, con respecto al entrenamiento de la fuerza y sus relaciones con la velocidad en el ámbito de fútbol de alto rendimiento*. Revista Digital. Año 10. Nº 70. Buenos Aires. Marzo 2004. Tomado 23-4-2004

Redacción. (2005). Actitud. Tomado el 20-12-2005, de www.rincondelvago.com.

TORO Salinas, Andrés H. (2001). *Análisis fisiológico del esfuerzo físico según el puesto del jugador*. Tomado el 9-4-2006. **Web Publice Standard**.

Editorial Espasa Calpe. Diccionario de la Lengua Española, 2005-**www.wordreference.com**. Tomado el 27-9-2010.

ARMAS, Ronald, et al (2006). Planificación. **www.monografias.com**. Tomado el 27-9-2010.

EVOLI, Jeftee. *Planeación estratégica*. **www.monografias.com**. Tomado el 27-9-2010´

Organización. **www.wikipedia.com**. Tomado el 26-9-2010.

THOMPSON, Iván (2007). *Concepto de organización*. **www.promonegocios.net**. Tomado el 24-9-2010.

PALOMERAS, Joan (2008). *Coaching para la planificación estratégica*. **www.manuelgross.bligoo.com**. Tomado el 27-9-2010.

RAMÍREZ MORALES, Flor María . *Programas*. **www.elprisma.com**. Tomado el 29-9-2010.

RAMÍREZ MORALES, Flor María. *Presupuestos*. **www.elprisma.com**. Tomado el 29-9-2010.

Redacción de Webconsultas.com - *Ejercicio y deporte El ejercicio en la niñez* Tomado de **webconsultas.com** 10-5-2016.

Real Decreto 1513/2006 de 7 de Diciembre de 2006, por el que se establecieron enseñanzas mínimas de la Educación Primaria. Resumen tomado de Web- **noticiasjurídicas.com** el 19-3-2010.

SERRA, Lluís *et al*. (2003). *Obesidad infantil y juvenil en España. Resultados del Estudio* en *Kid* (1998-2000) Medicina Clínica Vol. 121. Núm. 19. 29 Noviembre 2003. http://**www.elsevier.es/es**. Tomado el 17 de Mayo 2016.

THOMPSON, J. Mónica. Proyecto. **www.promonegocios.net**. Tomado el 29-9-2010.

VECINO, José Manuel. *Nueva metodología organizacional* (DICE). **www.elempleo.com**. Tomado el 26-9-2010.

www.ingramcontent.com/pod-product-compliance
Lightning Source LLC
Chambersburg PA
CBHW081344230426
43667CB00017B/2720